산 미켈레 이야기

악셀 문테 지음
이혜진 옮김

The Story of San Michele
Copyright © by Axel Munthe
Korean translation rights© 2025 Marco Polo Press
All rights reserved.

목차

1. 청춘 / 6
2. 라탱 지구 / 25
3. 빌리에 대로 / 35
4. 유행을 좇는 의사 / 50
5. 환자들 / 61
6. 샤토 라모 / 82
7. 라플란드 / 118
8. 나폴리 / 151
9. 다시 파리로 / 172
10. 죽은 이의 인도자 / 185
11. 마담 레캥 / 203
12. 자이언트 / 207
13. 맘젤 아가타 / 214
14. 모리스 자작 / 223
15. 존 / 237
16. 스웨덴 가는 길 / 257

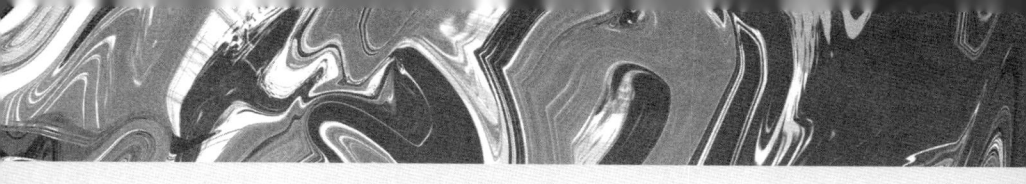

17. 파리의 의사들 / 264

18. 살페트리에르 / 282

19. 최면 / 299

20. 불면증 / 307

21. 성 안토니오의 기적 / 318

22. 스페인 광장 / 332

23. 의사들 / 343

24. 그랑 호텔 / 357

25. 가난한 이들의 작은 자매회 / 368

26. 홀 양 / 379

27. 여름 / 407

28. 조류보호구역 / 428

29. 밤비노 / 435

30. 성 안토니오 축제 / 439

31. 요트 경주 / 446

32. 끝의 시작 / 463

33. 고탑에서 / 468

1
청춘

소렌토에서 출발한 돛단배가 작은 해안으로 들어서는 순간, 나는 자리에서 벌떡 일어섰다. 한 무리의 사내 녀석들이 뒤집어 놓은 배들 사이에서 장난을 치거나 윤기가 흐르는 구릿빛 몸을 파도에 담그고 있었다. 붉은색 프리지아 모자를 쓴 늙은 어부들은 보트 창고 바깥에 자리잡고 앉아 그물을 손보았다. 선착장 맞은편에는 안장을 얹고 굴레에 꽃다발을 꽂은 당나귀 대여섯 마리가 서 있었다. 그 주변에서 까만 머리칼을 땋아 은색 스파델라를 꽂고 어깨에 빨간 손수건을 둘러 묶은 소녀들이 모여 조잘조잘 떠들거나 노래를 불렀다. 나를 카프리까지 태우고 갈 작은 당나귀는 로지나였고 그 소녀의 이름은 조이아였다. 소녀의 검은 눈동자는 청춘의 열기로 반짝였고 입술은 목에 두른 산호목걸이마냥 붉었다. 기분 좋게 웃을 때마다 하얗고 건강한 치아가 고르게 박힌 진주처럼 빛났다. 소녀는 열다섯 살이라고 했고 나는 그 어느 때보다도 젊다고 말했다. 그러나 로지나는 노쇠했고, 조이아는 "에 안티카[나이가 아주 많아]."라고 했다. 그래서 나는 안장에서 내려 마을로 가는 바람 부는 오솔길을 가뿐히 걸어 올라갔다. 앞에서는 바커스 신을 모시는 사제처럼 머리에 화환을 얹은 조이아가 맨발로 춤을 추고 뒤에서는 로지나가 생각에 잠긴 듯 고개를 숙이고 귀를 축 늘어뜨린 채 자그마한 검정 편자를 박은 발로 비틀비틀 걸었다. 나도 모르게 내 머릿속은 황홀한 경이로움으로, 내 심장은 삶의 기쁨으로 가득했다. 세상은 아름다웠고 나는 열여덟 청춘이었다. 우리는 꽃이 활짝 핀 지네스트라와 머틀 덤불을 누비고 다녔다. 달콤한 향이 나는 풀밭 여기저기에는 린네의 나라에서는 본 적이 없던 작은 꽃들이 우아하게 머리를 들어 지나가는 우리를 바라보는 듯했다.

"이 꽃은 이름이 뭐지?" 조이아에게 물었다. 내가 들고 있던 꽃을 건네받아 사랑스러운 눈길로 들여다보던 조이아가 말했다. "피오레(꽃)!"

"이 꽃은?"

아까처럼 꽃을 들여다본 조이아가 말했다. "피오레!"

"그럼 이건 뭐라고 부르지?"

"피오레! 벨로(아름다워)! 벨로!"

조이아가 향기로운 머틀을 한가득 꺾었지만, 나한테 주지는 않았다. 소녀는 그 꽃을 온몸이 온통 은색이고 많은 기적을 일으킨 카프리 섬의 수호성인 성 코스탄초에게 바칠 거라고 했다. 산 코스탄초, 벨로! 벨로!

에레크테움 신전의 여인상 기둥처럼 석회암을 머리에 인 소녀들이 길고 웅장한 행렬을 이루며 우리 쪽으로 천천히 다가왔다. 그중 한 소녀가 내게 미소를 짓더니 오렌지 하나를 손에 쥐어줬다. 소녀는 조이아의 언니였는데, 조이아보다 훨씬 예뻐 보였다. 조이아의 형제는 8남매였고, 두 명은 파라디소(천국)에 있었다. 조이아의 아버지는 산호를 캐러 '바르바리아'로 떠났다. 얼마 전 아버지가 보낸 아름다운 산호목걸이를 보며 조지아가 말했다. "케 벨라 콜라나. [정말 아름다운 목걸이야.] 벨라! 벨라!"

"너도 아름다워. 조이아, 벨라, 벨라!"

"그래."

부서진 대리석 기둥에 발부리가 걸려 넘어질 뻔했다.

"로바 디 팀베리오. [티베리우스의 물건이야.]" 조이아가 말했다. "팀베리오 카티보, 팀베리오 말로치오, 팀베리오 카모리스타! [나쁜 티베리우스, 티베리우스, 이 사악한 눈, 악당 같은 티베리우스!]" 그러더니 대리석에 침을 뱉었다.

"맞아." 말을 꺼내는 순간, 나는 타키투스와 수에토니우스가 생생히 기억났다. "팀베리오 카티보!"

큰길에 접어드니 광장이 나타났다. 군인 둘이 난간에 서서 마리나를 내려다보고 있었고, 돈 안토니오의 식당 앞에는 카프리 섬 사람들 몇몇이 나른한 표정으로 앉아 있었다. 그리고 사제 여섯 명이 성당으로 이어지는 계단에서 손짓을 해가며 이야기를 나누고 있었다. "모네타! 모네타! 몰타 모네타! 니엔테 모네타. [돈! 돈! 돈이 더 필요해요! 돈이 부족합니다.]"

조이아는 아버지의 고해성사 신부이자 보기와는 달리 진정한 성자인 자친토 신부에게 달려가 손에 입을 맞췄다. 조이아는 한 달에 두 번 고해성사를 본다던데 나는 고해성사를 얼마나 자주 봤더라?

한 번도!

카티보! [나쁜 놈!]

조이아가 자친토 신부한테 내가 레몬나무 아래서 자기 볼에 뽀뽀했다고 말했을까? 물론 그럴 리는 없겠지!

우리는 마을을 지나 푼타 트라가라 호텔 앞에서 멈췄다.

"저 바위 꼭대기까지 올라갈 거야." 발아래 자수정처럼 반짝이는 가파른 세 개의 파라글리오니를 가리키며 내가 말했다. 하지만 조이아는 내가 오르지 못할 거라 장담했다. 어떤 어부가 갈매기 알을 찾아 거기에 오르려 했지만, 블루 그로토만큼이나 푸른 도마뱀의 모습으로 티베리우스가 숨긴 황금 보물을 지키고 있는 악마의 영혼이 어부를 바다로 내동댕이쳐버렸다고 했다.

정감 어린 작은 마을 위로 험준한 바위와 오르기 어려운 절벽들을 드러낸 칙칙한 몬테 솔라로가 서쪽 하늘을 배경으로 우뚝 솟아 있었다.

"당장 저 산을 오르고 싶어." 내가 말했다.

조이아는 전혀 좋은 생각이 아니라고 했다. 티베리우스가 바위를 잘라 777개의 계단을 놓은 가파른 길이 산허리까지 이어졌다. 어두운 동굴 속 중간쯤에는 흉포한 늑대인간이 그리스도인들을 이미 여럿 잡아먹었다고 했다. 계단 꼭대기에는 아나카프리가 있는데 거기 사는 산사람들은 아주 나빠서 조이아는 그곳에 가지 않았다. 포레스티에리(이방인)조차도 가려 하지 않았다. 차라리 빌라 티베리오나 아르코 나츄라레(자연 동굴) 아니면 마트로마니아 동굴을 가!

"아니, 그럴 시간 없어. 나는 당장 저 산에 올라야겠어."

광장으로 되돌아오니, 오래된 종탑에 매달린 녹슨 종들이 막 낮 12시를 알렸다. 마카로니가 준비되어 있다고 말하는 것 같았다. 알베르고 파가노(파가노 호텔)에 있는 커다란 종려나무 아래에서 오찬을 먼저 즐기는 건 어때? 1리라면 요리 세 가지에 포도주를 마음껏 즐길 수 있는데. 아니, 그럴 시간이 없어. 나는 당장 산을 올라야 해.

"아디오, 조이아 벨라, 벨라! 아디오 로지나!"

"아디오, 아디오 에 프레스토 리토몰! [안녕, 곧 돌아올게!]"

아! 곧 돌아가겠다고 했는데!

"에 운 파초 잉글레세. [저 영국 사람, 제정신이 아니야.]"

조이아의 붉은 입술에서 나온 마지막 말을 들으며, 나는 운명에 이끌리듯 아나카프리로 가는 페니키아 계단을 뛰어 올라갔다. 중간쯤 올라가니 오렌지를 한가득 담은 커다란 광주리를 머리에 인 나이 든 여인이 보였다.

"부온 조르노, 시뇨리노." 여인은 아침 인사를 건네곤 광주리를 내려 오렌지 하나를 꺼내 내게 건넸다. 오렌지 더미 위에는 빨간 손수건으로 묶은 신문과 편지 뭉치가 있었다. 그 여인은 포르타-레테레(우편배달부) 마리아로, 1주일에 두 번 아나카프리로 우편을 배달했다. 훗날 나와 평생 친구로 지내다가 95세에 세상을 떠났다. 편지 뭉치를 뒤적이던 마리아는 커다란 편지 봉투를 집어 들면서 미국에 간 남편한테서 편지가 오기만을 간절히 기다리는 염소 치는 난니나에게 온 편지인지 봐 달라고 부탁했다. 아닌데요. 그럼 이건가요? 아뇨, 데스데모나 바카 부인에게 온 편지네요.

"데스데모나 바카 부인이라." 믿기지 않는지 마리아가 이름을 따라 말했다. "어쩌면 라 몰리에 델로 스카르텔루초(곱사등이의 아내)를 말하는 건지도 모르겠네요." 마리아가 골똘히 생각하며 말했다. 다음은 울리세 디시데리오 씨에게 온 편지였다. "카폴리모네(레몬헤드)를 말하나 보군요."라고 마리아가 말했다. "그가 이렇게 생긴 편지를 한 달 전에도 받았거든요."

그다음 편지는 젠틸리시마 시뇨리나(상냥한 아가씨) 로지나 마차렐라에게 왔다. 이 아가씨를 찾기가 더 어려워보였다. 카치아카발라라(치즈 만드는 여자)인가? 아니면 조파렐라(다리를 저는 여자)? 혹시 카파토스타(고집불통)? 페미나 안티카(고리타분한 할멈)인가? 아니면 로지넬라 파네 아스키토(재미없는 로지넬라)? 혹시 그

페세리아(입이 건 여자) 아니에요? 커다란 생선 광주리를 머리에 이고 막 우리를 따라잡은 여자가 다른 이름을 댔다. 맞아, 몰리에 이파네 에 키폴라(찢어지게 가난한 집 여편네)한테 온 게 아니라면 페세리아일 거야. 그런데 페피넬라 엔코포 우 캄포산토(묘지 위에 사는 여자)나 마리우첼라 카파로싸(빨간 머리 마리우첼라)나 조반니나 아마차카네(극악스런 조반니나)한테 온 편지는 없어요? 이런, 안됐지만 없네요. 신문 두 부는 본당 주임 신부인 안토니 디 지우세페 신부와 교구 사제인 나탈레 디 토마소 신부에게 전달해야 한다는 걸 마리아도 잘 알고 있었다. 마을에서 신문을 구독하는 사람은 그들뿐이었으니까. 본당 신부는 아주 많이 배운 사람이라 늘 어느 편지가 누구에게 온 것인지 알아냈다. 하지만 오늘은 대주교를 알현하러 소렌토에 가 있는 터라, 마리아가 나에게 편지 봉투에 적힌 이름들을 읽어 달라고 부탁했다. 마리아는 자기 나이가 얼만지 몰랐다. 하지만 열다섯 살 때 엄마가 이 일을 그만 둔 뒤로 계속 우편을 배달했다고 했다. 물론 글은 못 읽었다. 내가 바로 오늘 아침 소렌토에서 우편선을 타고 오느라 아직 아무것도 못 먹었다고 하자, 늙은 마리아가 오렌지를 하나 더 건넸다. 나는 껍질까지 몽땅 먹어치웠다. 곧바로 다른 여자가 바구니에 있던 프루타 디 마레(해산물)를 꺼내줬는데 그걸 먹고 나니 목이 너무 말랐다.

아나카프리에 여관이 있나요?

아니요, 하지만 관리인의 아내인 안나렐라가 염소젖으로 만든 맛 좋은 치즈와 삼촌인 디오니시오 신부님의 포도밭에서 나는 좋은 포도주 한 잔을 줄 수 있을 거예요. 포도주 맛이 정말 기가 막혀요. 참, 아름다운 마르게리타도 있지.

물론 그 이름은 들어서 알고 있었다. 그리고 그녀의 이모가 '운 로

드 잉글레세(영국 귀족)'랑 결혼했다는 이야기도 들었다. 아니다, 나는 그녀를 알지 못했다. 하지만 아름다운 마르게리타를 꼭 만나 보고 싶었다.

마침내 칠백 하고도 칠십칠 개의 계단 끝에 올랐다. 그리고 옛 도개교의 커다란 쇠경첩이 아직도 바위에 달려 있는 아치형 문을 지나갔다. 우리는 아나카프리에 있었다. 이스키아, 프로치다, 소나무 숲이 울창한 포실리포, 하얗게 부서지는 파도가 반짝이는 나폴리 해변, 장밋빛 연기 구름이 피어오르는 베수비오 산이 둘러싸고 있는 나폴리 만 전체가 발아래 펼쳐졌다. 바람을 막아주는 몬테 산탄젤로 아래로 소렌토 평야가, 그리고 저 멀리에는 아직 눈이 녹지 않은 아펜니노 산맥이 보였다. 머리 위에는 가파른 바위에 독수리 둥지처럼 폐허가 된 작은 예배당이 있었다. 둥근 지붕은 무너져 내렸지만, 거대한 석조 더미들이 그물 같은 대칭형의 이상한 패턴을 이루며 허물어진 담벼락을 여전히 떠받치고 있었다.

"로바 디 팀베리오." 늙은 마리아가 말했다.

"저 작은 예배당 이름은 무엇인가요?" 기대에 찬 목소리로 내가 물었다.

"산 미켈레."

"산 미켈레, 산 미켈레!"

그 이름이 계속 마음속에 맴돌았다. 예배당 아래 포도밭에서 어떤 노인이 새로 포도나무를 심을 고랑을 깊게 파고 있었다.

"부온 조르노, 마스트로 빈첸초!"

포도밭도, 근처에 있는 작은 집도 노인의 것이었다. 노인은 대부분 정원 곳곳에 흩어져 있던 로바 디 팀베리오의 돌과 벽돌을 가지고 직접 이 집을 지었다. 우편배달부 마리아가 내 이야기를 하자 마스트로 빈첸초가 정원에 들어와 앉으라고 권하고는 포도주 한 잔을 내었다. 나는 이 작은 집과 예배당을 바라봤다. 말하기 힘들 만큼 심장이 거세게 두근댔다.

"저기에 당장 올라가야 해요." 나는 우편배달부 마리아에게 말했다! 그러나 늙은 마리아는 먼저 자기랑 뭘 좀 먹는 게 좋겠다고 했다. 안 그러면 아무것도 찾지 못할 거라고. 배고프고 목이 말랐던 나는 하는 수 없이 마리아의 말을 따랐다. 나는 마스트로 빈첸초에게 손을 흔들어 인사하며 곧 돌아오겠다고 했다. 우리는 아무도 없는 길을 쭉 따라 걷다가 작은 광장에 들어섰다. "에코 라 벨라 마르게리타! [여기가 아름다운 마르게리타라오!]"

아름다운 마르게리타는 장밋빛 포도주 한 병과 꽃다발을 정원 테이블 위에 올려놓으며 '마카로니'는 5분쯤 걸린다고 했다. 마르게리타는 티치아노가 그린 플로라 같은 금발에 얼굴이 오밀조밀하고 옆모습은 순수 그리스인 같았다. 마르게리타는 마카로니를 한가득 담은 접시를 내 앞에 내려놓은 뒤 옆에 앉아 호기심 가득한 미소를 지으며 나를 바라봤다. "비노 델 파로코, 본당 신부님이 드시는 포도주예요."

마르게리타는 내가 잔을 비울 때마다 포도주를 따르며 뿌듯하게 말했다. 정원에 있는 나무에서 오렌지를 따던 마르게리타의 동생 줄리아가 오렌지를 한가득 들고 우리 자리에 함께했다. 나는 본당 신부님, 마르게리타, 짙은 눈동자를 가진 아름다운 줄리아의 건강을 빌며 포도주를 마셨다. 자매는 부모님을 여의었고 오빠 안드레아는 뱃사람이었는데 그가 어디 있는지는 하느님만이 알고 계셨다. 이모가 카프리에 있는 집에서 따로 살고 있다는데, 영국 귀족과 결혼했다는 그 사람인가? 그렇다. 그 사람이 맞는데 이름이 도통 기억나지 않았다.

"레이디 G-예요." 아름다운 마르게리타가 자랑스럽게 말했다. 기억하느라 잠시 머뭇거린 나는 잔을 들어 그녀의 건강을 빌었다. 그 뒤로는, 머리 위 하늘이 사파이어처럼 파랬고 사제의 포도주가 루비처럼 붉었으며 금발의 아름다운 마르게리타가 입가에 미소를 머금고 내 옆에 앉아 있던 것 말고 아무것도 생각나지 않았다.

"산 미켈레!"라는 말이 갑자기 내 귀에 울렸다.

"산 미켈레!" 마음속 깊이 메아리치는 그 소리!

"안녕, 아름다운 마르게리타!"

"안녕, 얼른 돌아와요!" 곧 돌아온다고 했지!

다시 아무도 없는 길을 걷기 시작한 나는 웬만하면 한눈팔지 않고 목적지까지 곧장 가려 했다. 지금은 성스러운 시에스타라 작은 마을 전체가 잠들었다. 태양이 가득한 광장엔 아무도 없었다. 성당도 문을 닫았고, 그 고요함 속에서 자장가처럼 단조로운 돈 나탈레 신부의 목소리만이 반쯤 열려 있는 학교 문틈으로 우렁차게 흘러 나왔다. "로 미 아마초, 투티 아마치, 엘리 시 아마카, 노치 아마키아모, 보이 비 아마카테, 롤로 지 아마차노. [나는 나를 죽이고, 너는 너를 죽이고, 그는 그를 죽이고, 우리는 우리를 죽이고, 너희는 너희를 죽이고, 그들은 그들을 죽입니다.]" 교실에는 맨발을 한 소년 열두 명이 선생님 앞에 둥글게 서서 박자에 맞춰 큰소리로 외쳤다.

길을 따라 조금 더 내려가니 로마 귀부인 같은 여인이 당당하게 서 있었다. 바로 안나렐라였는데, 내게 이리 오라며 친근하게 손짓했다. 도대체 나는 왜 안나렐라 부인이 아니라 아름다운 마르게리타한테 갔던 거지? 안나렐라가 만든 카치아카발로가 이 마을에서 제일 좋은 치즈란 걸 왜 몰랐을까? 교구 신부의 포도주는 디오니시오 신부의 포도주에 댈 바가 아니라는 건 모두가 알고 있었다.

"알트로 체 일 비노 델 파로코! [교구 신부님 포도주보다 낫다니까요!]" 안나렐라 부인은 거 보란 듯 어깨를 으쓱이며 말했다. 정자 아래에 디오니시오 신부의 백포도주를 앞에 두고 앉는 순간 부인의 말이 옳다는 생각이 들었지만, 병을 다 비우고 나서 결론을 내려야 공정할 듯했다. 그러나 부인의 딸인 조콘다가 생긋 웃으며 새 병을 따서 다시 채워준 잔을 받아들면서 나는 마음을 굳혔다. 그래, 디오니시오 신부의 백포도주가 최고다! 그 포도주는 맑은 햇살 같았고, 신들의 음료 같은 맛이 났으며, 내 빈 잔을 채우고 있는 조콘다는 꼭 젊은 헤베를 보는 듯했다.

"알트로 체 일 비노 델 파로코! 내가 그랬잖아요?" 안나렐라가 말하며 웃었다. "기적의 포도주죠!"

정말 기적이었다. 두 모녀가 웃음을 터뜨리는 사이에 갑자기 내가 유창한 이탈리아어로 떠들어대기 시작했으니 말이다. 디오니시오 신부가 아주 친근하게 느껴졌다. 그 이름도 마음에 들었고, 그 포도주도 마음에 들었으며, 그분을 만나보고 싶다는 생각이 들었다. 그렇게 어려운 일도 아니었다. 신부님이 저녁에 성당에서 '리 필리에 드 마리아(마리아의 딸들)'에게 강론을 할 예정이었으니까.

"참 박식한 분이에요." 안나렐라가 말했다. 디오니시오 신부는 순교자와 성인들의 이름을 모두 외웠고 로마에 가서 교황님 손에 입을 맞추기도 했다. 안나렐라도 로마에 가본 적이 있을까? 아니라고 했다. 그럼 나폴리는? 역시 안 가봤다. 안나렐라는 딱 한 번, 그것도 결혼한 날에 카프리에 가본 적이 있었다. 하지만 조콘다는 거기에 가보지 못했다. 카프리에는 '젠데 말라멘테(나쁜 사람들)'이 많아요. 나는 안나렐라에게 카프리의 수호성인에 관해 모두 알고 있다고 말했다. 얼마나 많은 기적을 일으켰고 온몸이 은으로 되어 있어 얼마나 아름다운지 말이다. 어색한 침묵이 흘렀다.

"그래요, 카프리 사람들은 성 코스탄초 몸이 온통 은이었다고 하죠." 안나렐라는 그 넓은 어깨를 불쾌하다는 듯 으쓱이며 큰 소리로 말했다. "하지만 누가 알겠어요, 키 로사?"

산 코스탄초가 일으킨 기적은 열 손가락에 꼽을 정도지만, 아나카프리의 수호성인 성 안토니오가 일으킨 기적은 백 가지도 넘었다. 알트로 체 산 코스탄초! [성 코스탄초와는 비교도 안 된다고요!] 곧바로 나는 성 안토니오에게 당신의 이 매혹적인 마을에 내가 될 수 있는 한 빨리 다시 돌아오는 새로운 기적을 일으켜 달라고 온 마음을 다해 기도했다. 성 안토니오가 일으키는 기적의 힘을 단단히 믿고 있는 인정 많은 안나렐라는 값을 치르겠다는 내 제안을 딱 잘랐다.

"파게레테 우날트라 볼타. [다음에 갚아요.]"

"아디오 안나렐라, 아디오 조콘다!"

"아리비델라, 프레스토 리토르노, 산탄토니오 비 베네디카! 라 마돈나 비 아콤파니! [잘 다녀와요. 다시 만나요. 성 안토니오의 축복이 있기를! 성모님께서 함께 하시길!]"

늙은 마스트로 빈첸초는 아직도 냄새가 좋은 땅에 새로 포도나무를 심을 고랑을 깊게 파며 포도밭에서 열심히 일하고 있었다. 가끔 색깔 있는 대리석 조각이나 붉은 벽토 조각을 골라 담장 너머로 던졌다. '티베리우스의 물건'이라고 했다. 나는 새로운 친구 옆에 있던 부서진 붉은 화강암 기둥 위에 앉았다. 에라 몰토 두로. 너무 단단해서 부수기 어려웠다고 마스트로 빈첸초가 말했다. 내 발 언저리에서 닭 한 마리가 벌레를 찾아 땅을 파헤치고 있었는데 바로 코앞에 동전 하나가 보였다. 얼른 동전을 주워 보니 아우구스투스의 얼굴과 '디비우스 아우구스투스 파테르'라는 글자가 한눈에 들어 왔다. 마스트로 빈첸초는 어디다 쓸 수도 없는 동전이라고 했지만, 나는 아직도 이 동전을 가지고 있다. 마스트로 빈첸초는 정원을 오롯이 혼자 만들었고 포도나무와 무화과나무를 손수 심었다. 굳은살이 잔뜩 박인 커다란 손을 보여주며 힘든 일이었다고 말했다. 땅 곳곳에서 돌기둥, 기둥머리, 조각상 파편들과 그리스도인들의 머리 등 티베리우스의 물건이 쏟아져 나와 포도나무를 심기 전에 이 쓰레기들을 모조리 파다 내버려야 했다. 돌기둥을 잘라 정원 디딤돌을 만들었고 집을 짓는 데에도 대리석들을 많이 가져다 썼다. 나머지는 절벽에 내버렸다. 정말 운 좋게도 집 바로 밑에서 생각지도 못한 커다란 지하실을 발견했다. 저기 복숭아나무 아래에 있는 것과 똑같은 지하실의 붉은 벽에는 벌거벗은 사람들이 그려져 있었는데, 모두들 손에 꽃과 포도송이를 들고 미친 사람들처럼 춤을 추고 있는 모습이었다. 마스트로 빈첸초는 몇 날 며칠 이 그림들을 모두 긁어내고 시멘트로 벽을 발랐지만 바위를 폭파하고 새 수조를 만든 것에 비하면 일도 아니었다며 비죽 웃었다. 이제는 나이가 들어 더는 포도밭을 돌볼 수 없게 되자, 본토에서 소 세 마리를 키우며 열두 명의 자식들과 살고 있는 아들이 집을 팔고 와서 함께 살자고 했단다.

내 심장이 또 두근댔다. 그럼 그 성당도 마스트로 빈첸초의 것일까? 아니었다. 그곳은 누구의 소유도 아닐 뿐더러 거기에 귀신들이 산다는 소문이 돈다고 했다. 마스트로 빈첸초도 소년 시절에 난간에 기대서 있는 키 큰 수도사를 직접 봤고, 어느 늦은 밤 계단을 오르다가 예배당에서 나는 종소리를 들은 뱃사람들도 있다고 했다. 마스트로 빈첸초가 설명하기로는, 그곳에 궁이 있던 시절 티베리우스가 예수 그리스도를 죽음으로 내몰았다고 했다. 그 뒤로 저주를 받은 그의 영혼이 성당 바닥 밑에 묻힌 수도사들에게 용서를 구하려고 지금도 나타나는 것이었다. 또 티베리우스가 커다란 검은 뱀의 모습으로 그곳에 나타난다는 말도 있었다. 수도사들은 바르바로사라고 하는 도적에게 아마차티(살해)를 당했다. 바르바로사가 배를 타고 섬에 들어와 저 꼭대기 성에 피신해 있던 여자들을 모두 노예로 끌고 갔다고 해서 그 성을 카스텔로 바르바로사라고 부른다. 학식 높은 은둔자이자 빈첸초의 친척이기도 한 안젤모 신부가 이런 이야기와 아울러 영국인들이 이 성당을 요새로 썼고 그 뒤에 프랑스인들에게 아마차티를 당했다는 이야기를 모두 들려줬다고 했다.

"저길 좀 봐요!" 정원 담벼락 가까이에 있는 총알 더미를 가리키며 마스트로 빈첸초가 말했다. "그리고 이것도." 그는 영국군의 군복에 달렸던 금속 단추를 주워들었다. 그러면서, 프랑스 군대가 커다란 대포를 예배당 근처에 배치하고는 영국이 점령하고 있던 카프리 마을에 대고 발포했다고 했다. "잘한 일이지." 마스트로 빈첸초가 비웃었다. "카프리 놈들은 하나같이 못된 놈들이야."

그 뒤 프랑스는 예배당을 탄약고로 썼다. 그래서 아직도 이곳을 라 폴베리에라고 부른다. 지금은 폐허만 남았지만, 정원 담벼락에 쓴 돌들을 대부분 여기서 가져다 썼으니, 마스트로 빈첸초에겐 아주 쓸모 있는 곳이었다.

벽을 타고 올라가 예배당으로 난 길을 따라 걸었다. 바닥에는 남자 키만큼 무너져 내린 아치 모양의 천장 잔재가 흩어져 있고, 아이비와 야생 인동 덩굴이 벽을 뒤덮었으며, 도마뱀 수백 마리가 커다란 머틀과 로즈마리 덤불 사이를 활발하게 누비고 다니다가 잠깐 멈춰서는 눈알을 번뜩이고 몸통이 들썩일 만큼 숨을 쉬면서 나를 쳐다보았다. 올빼미 한 마리가 어두운 구석에서 소리 없이 날갯짓하며 날아올랐고, 해가 드는 테라스 모자이크 바닥에 잠들어 있던 커다란 뱀은 불청객에게 경고하듯 쉭쉭 소리를 내며 틀었던 똬리를 천천히 풀며 예배당 안으로 스르륵 미끄러져 들어갔다. 저것이 한때 황제의 저택이 자리했던 폐허를 아직도 떠돌고 있다는 늙은 황제의 음울한 유령일까?

발아래 펼쳐진 아름다운 섬을 내려다봤다. 이런 곳에서 사는 황제가 어쩜 그리 잔인할 수 있었을까? 그토록 찬란한 천상과 지상의 빛 속에 머물면서 어떻게 그런 어두운 영혼을 가졌을까? 황제는 어떻게 이곳을 떠나 더 동떨어진 동쪽 절벽 위, 아직도 그의 이름을 간직한 별장으로 물러나 생의 마지막 3년을 보낼 생각을 했을까?

이런 곳에서 살다가 생을 마감할 수 있다면! 설령 이러한 삶에서 누리는 영원한 기쁨이 죽음에 정복되더라도 말이다!

점점 나이 들고 기운이 달리는 아버지를 위해 아들이 집을 팔고 싶어 한다는 마스트로 빈첸초의 말을 듣는 순간, 내 심장은 그 담대한 꿈에 얼마나 격렬히 뛰었던가? 그 예배당이 그 누구의 소유도 아니라는 말을 듣는 순간, 얼마나 무모한 생각들이 시끄러운 뇌리를 스치고 지나갔더라? 나의 것이 되면 안 되나? 내가 마스트로 빈첸초의 집을 사면 안 될 이유가 뭐지? 예배당과 집을 포도 넝쿨과 삼나무 길과 하얀 로지아*를 떠받치는 기둥들로 연결하고, 신들의 모습을 담은 대리석상과 황제들의 동상들로 채우고…그 멋진 상상이 사라질까 봐 나는 눈을 감았다. 그러자 점점 현실들이 희미한 그 꿈의 세계로 사라져 갔다.

화려한 망토를 두른 키 큰 형체가 내 옆에 나타났다.

"모두 그대가 차지하게 될 것이다." 그 형체는 땅끝 이쪽에서 저

---

*   loggia: 이탈리아 건축에서 한쪽 벽이 없이 트인 방이나 홀을 이르는 말.

쪽까지 손으로 훑으며 감미로운 목소리로 말했다. "저 예배당, 저 정원, 저 집, 성이 있는 저 산까지, 그대가 기꺼이 대가를 치른다면, 모두 다 가질 수 있다!"

"누구십니까? 저승에서 온 유령인가요?"

"나는 이곳에 머무는 불멸의 영혼이다. 나에게 시간은 아무 의미가 없다. 이천 년 전에도 나는 우리가 서 있는 이곳에 다른 이와 함께 서 있었지. 운명이 그대를 이곳으로 이끌었듯, 그도 운명에 이끌려 이곳으로 왔다. 하지만 그대처럼 행복을 바라지 않고, 그저 망각과 평화만을 바랐다. 그는 그것을 바로 여기, 이 외로운 섬에서 찾을 수 있으리라 믿었다. 나는 그가 치러야 할 대가가 무엇인지 알려주었지. 세세대대에 지워지지 않을 악명을 남기는 것. 그는 거래를 받아들였고 대가를 치렀다. 그는 몇 안 되는 믿음직한 벗들을 가까이에 두고 이곳에서 11년 동안 살았지. 그들은 명예를 알고 진실함을 지닌 이들이었다. 그는 두 번, 팔라타인 힐에 있는 그의 궁으로 돌아가려고 길을 나섰다. 그의 용기는 두 번 다 꺾이고 말았지. 로마는 다시는 그를 보려 하지 않았다. 그는 고향으로 향하는 여정 중에 저기 저 곳에 있는 친구 루쿨루스의 집에서 죽었다. 그가 남긴 마지막 말은 자기를 사인교에 태워 고향으로 데려다줄 배까지 옮겨달라는 것이었다."

"나에게는 어떤 대가를 바라는 겁니까?"

"너의 분야에서 이름을 남기겠다는 야망을 버리는 것, 네 미래를 희생하는 것."

"그렇게 하면 난 어떻게 되는 겁니까?"

"그렇게 될 수도 있었던 존재, 실패자."

"살아야 할 이유를 모두 앗아가는군요."

"잘못 알고 있군. 그대에게 살아갈 가치가 있는 것을 모두 주려는 것뿐이야."

"적어도 연민만큼은 남겨 주십시오. 의사가 되더라도 연민이 없다면 살 수 없을 테니까요."

"알겠다. 그대에게 연민만은 남겨 주지. 하지만 연민을 느끼지 않는 편이 더 나을 텐데."

"더 요구할 것은 없습니까?"

"그대가 죽기 전에, 다른 대가를 치를 것이다. 훨씬 무거운 대가이지. 그러나 그 대가를 치르기 전까지 그대는 이곳에서 구름 한 점 없이 행복한 날에 해가 지고, 별이 빛나는 꿈같은 밤에 달이 떠오르는 모습을 오랫동안 지켜볼 것이다."

"내가 여기서 죽나요?"

"그 질문에 답을 찾으려 하지 말게. 죽을 때를 알게 된다면, 인간은 삶을 감당할 수 없는 법이지."

그가 내 어깨에 손을 올리자 온몸에 전율이 흐르는 것 같았다.

"내일 해가 질 무렵, 다시 한 번 그대와 함께하겠다. 그때까지 잘 생각해 보기를."

"깊게 생각해야 별 도움이 안 됩니다. 휴가를 끝내고 오늘 밤 이 아름다운 땅과 멀리 떨어진 고된 일상으로 돌아가야 합니다. 게다가 나는 생각하는 게 익숙치 않아요. 어떤 대가를 치르든 거래를 받아들이겠습니다. 그런데 빈털터리인 내가 어떻게 이 집을 살 수 있을까요?"

"그대의 손은 비어 있지만 아주 튼튼하지. 그대의 머릿속은 시끄럽지만 맑고 의지가 굳으니, 성공할 것이다."

"내가 어떻게 집을 지을 수 있을까요? 건축이라고는 하나도 모르는데."

"내가 돕겠다. 어떤 스타일을 원하는가? 고딕 양식은 어떤가? 나는 차분한 빛과 문득문득 떠오르는 수수께끼를 지닌 고딕 양식이 꽤 좋던데."

"나는 당신이 이름을 붙일 수도 없을 나만의 스타일을 만들어낼 겁니다. 나에게 중세의 황혼이라뇨! 나의 집은 그리스 신전처럼 햇살과 바람과 바다의 소리를 한껏 받아들이는 곳이면 좋겠어요. 빛, 빛, 어디에나 빛이 들어야 하지요!"

"빛을 조심하게! 빛을 조심해! 빛이 너무 많으면 언젠가 죽어야 하는 인간의 눈에 좋지 않다네."

"값비싼 대리석으로 기둥을 세워 로지아와 회랑을 떠받칠 겁니다. 과거가 남긴 아름다운 조각들을 정원 곳곳에 놓고요. 예배당은 벽 앞에 긴 예배 의자를 두어 조용한 서재로 만드는 겁니다. 삼종기도를 알리는 아름다운 종소리가 울려 퍼지고 매일매일 행복한 날이 이어지겠죠."

"나는 종을 좋아하지 않는다."

"우리가 서 있는 이곳, 우리 발아래 있는 바다에서 스핑크스처럼 솟아오른 이 아름다운 섬에, 파라오의 땅에서 가져온 화강암 스핑크스를 둘 겁니다. 그런데 이 모든 걸 어디서 찾느냐 말입니다!"

"그대가 서 있는 곳은 티베리우스의 별장이 있던 자리다. 지나간 시대의 귀한 보물들이 포도나무 밑에, 예배당 밑에, 집 밑에 묻혀 있다. 그대가 만난 늙은 소작농이 정원 담장 너머로 버린 화려한 대리석 조각들은 늙은 황제가 밟고 다니던 것이었고, 춤추는 어린 사슴과 꽃으로 만든 화환을 쓴 바커스의 여사제들을 그린 프레스코는 지금은 무너졌지만 한때 황제의 궁벽이었던 것을 장식했었다. 보아라." 그 형체가 말하며 깊고도 깊은 깨끗한 바다를 가리켰다. "황제가 죽었다는 소식이 이 섬까지 전해졌을 때, 그의 궁들이 바다로 내던져졌다는 타키투스의 말을 학교에서 배우지 않았단 말인가?"

나는 당장 저 깎아지른 절벽 아래에 펼쳐진 바다로 뛰어들어 기둥들을 찾고 싶었다.

"그렇게 서두르지 않아도 된다." 그 형체가 크게 웃었다. "이천 년 동안 산호들이 그 주위를 거미줄처럼 휘감고 파도가 그것을 모래 바닥에 깊이깊이 묻어 버렸다. 거기서 그대의 때가 올 때까지 기다릴 것이다."

"그러면 스핑크스는? 스핑크스는 어디서 찾을 수 있나요?"

"오늘날 삶과 멀리 떨어진 쓸쓸한 평야. 한때 그곳에 다른 황제의 호화로운 별장이 서 있었다. 그는 나일 강둑에서 아름다운 정원으로 스핑크스를 옮겨왔지. 그 궁에는 돌더미 말고는 아무것도 남지 않았지만 땅 속 깊은 곳에 아직도 스핑크스가 있다. 찾아보면 발견할 수 있을 것이다. 스핑크스를 이곳에 가져오려면 그대의 목숨을 바쳐야 할지도 모른다. 그러나 그대는 해낼 것이다."

"당신은 과거뿐만 아니라 미래도 아는가 보군요."

"나한테는 과거든 미래든 다 똑같다. 나는 모든 것을 안다."

"당신이 알고 있는 것이 하나도 부럽지 않습니다."

"나이답지 않게 어른스러운 말이로군. 그렇게 말하는 건 어디서 배웠나?"

"오늘 이 섬에서 배웠습니다. 이곳에 사는 친절한 사람들은 글을 읽을 줄도 쓸 줄도 모르지만, 어릴 때부터 눈을 혹사하며 지식을 얻겠다고 나섰던 나보다 훨씬 행복하다는 걸 배웠지요. 그리고 당신도 그렇다는 걸, 당신이 하는 말에서 알았습니다. 당신은 훌륭한 학자예요. 당신은 타키투스를 외웠군요."

"나는 철학자다."

"라틴어를 잘 압니까?"

"예나 대학에서 공부한 신학 박사다."

"아! 당신 목소리에서 독일어 억양이 조금 느껴진다 싶었던 이유가 그거였군요. 독일어를 아나요?"

"물론." 그가 쿡하고 웃었다.

나는 그 형체를 찬찬히 살폈다. 그 몸가짐이나 경청하는 자세는 신사다웠다. 그제야 그가 망토 아래에 차고 있는 칼이 눈에 들어왔고 귀에 거슬리는 목소리는 언젠가 들어본 듯했다.

"실례합니다만, 우리가 이미 라이프치히 아우어바흐 켈러에서 만났던 것 같군요. 당신의 이름이…?"

그 순간, 카프리에 있는 교회들에서 저녁기도를 알리는 종소리가 울리기 시작했다. 고개를 돌려 그를 바라봤지만, 그는 이미 사라지고 없었다.

2
라탱 지구

라탱 지구. 오텔 드 라비니르. '미래의 집'이라는 뜻을 가진 이곳의 학생 방에는 탁자, 의자, 마룻바닥 할 것 없이 곳곳에 책이 쌓여 있다. 벽에는 카프리 섬을 담은 빛바랜 사진 한 장이 걸려 있다.

라 살페트리에르, 오텔-디유, 라 피티에 병동에서 맞이하는 아침. 이 침대, 저 침대 오가며 피와 눈물로 써내려간 인간 고통의 책을 한 장 한 장 읽는다. 오후에는 파리의과대학 해부학실과 계단식 강의실 또는 파스퇴르 연구소 실험실에서 현미경 속 보이지 않는 세상, 인간의 삶과 죽음을 결정하는 대단히 작은 존재들의 신비를 감탄 어린 시선으로 들여다본다. 오텔 드 라비니르에서 지새우는 밤들은 어떠한가. 한 명의 의사가 탄생하려면 확실한 정보, 각 나라에서 온 관찰자들이 수집하고 선별한 장애와 질병의 고전적 징후들을 숙지하는 귀한 시간들이 반드시 필요하지만 넉넉하진 않다. 공부하고, 공부하고, 또 공부할 밖에!

여름방학에는 생 미셸 거리에 늘어선 카페들이 텅 비고 의과대학은 문을 닫는다. 실험실과 계단식 강의실에서는 사람 그림자도 찾아볼 수가 없고 진료소도 반쯤 빈다. 그러나 병동에 누워 있는 환자들에게 휴일은 없다. 죽음은 쉬지 않는다. 오텔 드 라비니르에는 휴

일도 없다. 라임나무가 늘어선 뤽상부르 공원에서 가끔 산책을 하거나 루브르 박물관에서 여가 시간을 한껏 즐기는 일 말고는 머리를 식힐 거리가 없다. 친구도 없다. 강아지도 없다. 심지어는 애인도 없다. 앙리 뮈르제가 말한 '보헤미안의 삶'은 오간 데 없지만, 미미는 여전히 거기에 있다. 정말 그랬다. 저녁 식사 전 간단한 음료를 즐기며 담소를 나누는 아페리튀프 시간이 다가오면 미소 띤 얼굴로 거의 모든 학생과 팔짱을 끼고 생미셸 거리를 기분 좋게 산책하고, 시험 준비를 하느라 책에 파묻혀 있는 그를 대신해 다락방에서 외투를 손보거나 빨래를 한다.

나에겐 미미가 없다! 뭐, 복에 겨운 내 동료들은 저녁 시간 카페 테이블에 앉아 한가로이 웃고 떠들고 인생을 즐기고 사랑하면서 느긋하게 준비해도 된다. 영리한 라틴인들은 머리가 나보다 훨씬 빨리 돌아간다. 그들한테는 다락방 벽에 붙여놓고 자신을 채찍질할 빛바랜 카프리 사진 따위도 없고, 팔라초 알 마레(바닷가 궁전)의 모래 바닥에서 그들을 기다리고 있는 귀한 대리석 기둥들도 없다. 잠을 이루지 못하는 기나긴 밤, 오텔 드 라비니르의 다락방에 앉아 있다 보면 샤르코의 『신경계 질환에 대한 강의』나 트루소의 『오텔 디유의 임상 연구』 쪽으로 자꾸 고개가 돌아간다.

그러다 갑자기 끔찍한 생각이 머리를 스쳐 지나갔다. 내가 여기 이러고 앉아 있는 동안, 나이 많은 마스트로 빈첸초가 저세상 사람이 되거나 언덕 위에 있는 그 자그마한 집을 다른 사람한테 팔기라도 한다면, 미래의 내 집은 어떻게 되는 거지? 이마에 식은땀이 흐르고 걱정으로 심장이 멎을 것만 같았다. 벽에 붙인 희미한 카프리 사진을 빤히 쳐다보고 있자니 사진이 점점 희미해지다가 스핑크스처럼 신비로운 무언가로 사라지고 결국 꿈을 묻은 석관 같은 윤곽만 남는 것 같았다…그러다 뻑뻑해진 눈을 비비며 나는 꼭 옆구리에서 피를 뚝뚝 흘리면서도 결승 지점을 향해 질주하는 경주마처럼 다시 미친 듯이 책을 파고들었다. 그렇다. 경주였다. 상과 트로피를 거머쥐기 위한 경주. 동료들은 마치 우승은 따 놓은 당상이라는 듯 나에게 돈을 걸기 시작했고, 카이사르 같은 머리와 독수리 같은 눈을 가진 교수마저도 나를 유망한 인재로 착각했다. 오랫동안 주의 깊게 지켜본 바로는 전 세계에서 몰려드는 환자들로 붐비는 살페트리에 병동이나 생제르맹 대로에 있는 진료실에서 한 치의 오차도 없는 판단을 내렸던 샤르코 교수가 평생 딱 한 번 잘못 내린 판단이었다. 그 오판에 나는 큰 대가를 치렀다. 잠과 내 시력을 담보 잡힌 것이다. 이 문제는 아직도 해결되지 않았다. 인간의 뇌를 그 누구보다 잘 아는 샤르코라면 절대 오류를 저지르지 않으리라는 믿음 때문에, 난 잠시 그가 옳다고 여겼다. 그의 예언을 실현해내고야 말겠다는 생각뿐이었던 나는 어떤 대가를 치르더라도 승리를 거머쥐기 위해 피곤함도, 잠도, 심지어 배고픔도 잊은 채 정신력과 체력을 한계점까지 끌어올려 쏟아부었다.

 더 이상은 뤽상부르 공원에 있는 라임나무 아래를 걷거나 루브르를 찾지 않았다. 아침부터 밤까지 내 폐는 병동과 계단식 강의실의 탁한 공기로 가득 찼고, 밤부터 아침까지는 끊임없이 피워 댄 담배 연기가 자욱한 오텔 드 라비니르의 내 방에서 답답한 공기를 잔뜩 들이마셨다. 시험을 하나 치르고 돌아서기가 무섭게 또 시험, 시험, 이런, 무슨 의미가 있는지 모를 시험이 꼬리에 꼬리를 물었다. 공부, 공부, 공부하자! 올봄에 학위를 받아야만 한다.

 손대는 것마다 운이 좋았다. 놀랍다 못해 이상하리만큼 행운이 따라 낙제가 하나도 없었다. 벌써 인체라는 경이로운 조직의 구조를 이해했고, 그 조직이 톱니바퀴 돌 듯 조화롭게 작동하면 건강하고 이상이 생기면 병이 나며 고장이 나면 죽는다는 이치를 깨달았다. 병동에 있는 환자들을 침상에 묶어 놓은 고통의 원인들도 이미 익숙했다. 예리하게 벼린 수술 도구들을 다루는 법도, 커다란 낫을 손에 들고 밤이건 낮이건 병동을 이리저리 돌아다니며 언제든 목숨을 앗아갈 준비가 되어 있는 그 무자비한 적에 당당히 맞서 싸우는 법도 배웠다. 사실 그 적은 수 세기 동안 헤아릴 수 없는 고통과 슬픔이 머물다 간 이 음침하고 낡은 병원을 영원한 거처로 삼은 듯했다. 때로는 인간처럼 앞뒤 안 가리고 분노하여 젊은이고 노인이고 닥치는 대로 부딪히며 희생양의 숨통을 서서히 틀어막거나, 또 다른 희생양을 찾아내 벌어진 상처에 붙여놓은 붕대를 잡아떼고는 마지막 핏방울이 흘러내릴 때까지 지켜본다. 때로는 소리 없이 발끝으로 가만가만 다가와 부드러운 손길로 환자의 눈을 쓸어내리면, 환자는 얼핏 미소가 어린 얼굴로 세상을 떠난다.

 그가 다가오지 못하게 자리를 지키고 있는 나도 정작 그가 다가오고 있음을 종종 알지 못한다. 그저 엄마의 젖을 물고 있는 작은 아기들만이 그의 존재를 느끼고 그가 지나갈 때마다 불안감에 빽빽 울다가 잠들었다. 흔한 일은 아니지만, 평생을 병동에서 보낸 나이 많은 간호사들은 그가 제때에 나타나 병상에 십자가를 내려두는 모습을 보기도 했다. 처음에는 무기력하게 병상을 지키고 있는 나의 맞은편에 그가 의기양양하게 버티고 있어도 그 존재를 알아차리지 못했다. 그땐 환자의 생명에만 내 모든 관심을 쏟아부었다. 그의 임무가 시작되는 순간 나의 임무는 끝났다. 그러면 그저 패배에 분노하며 내 사악한 동료에게서 고개를 돌리는 수밖에 없었다. 그러나 그에게 익숙해지자 나는 더욱 집중해서 그를 지켜보았고, 보면 볼수록 그를 알고 이해하고 싶은 마음이 커졌다. 나처럼 그도 해야 할 몫이 있고, 내가 그런 것처럼 그도 완수해야 할 임무를 지고 있음을 깨달았다.

결국 우리는 동지였다. 목숨을 두고 씨름한 끝에 그가 승리하면, 서로 두려움 없이 얼굴을 마주하고 친구가 되는 편이 훨씬 나았다. 나중에는 그를 내 유일한 친구로 여기고 그리워하다 좋아하는 지경에 이르렀다. 물론 그는 나를 전혀 신경 쓰지 않는 것 같았지만 말이다. 내가 그의 음울한 낯빛을 읽어낼 수 있다면 그가 나에게 무엇이든 알려주지 않겠는가! 인간의 고통에 대한 내 부족한 지식의 빈자리를 채워줄지도! 그만이 내 의학 교과서에서 빠진 마지막 장을 읽지 않았던가! 모든 것을 설명하고 모든 수수께끼를 풀어낼 방법이, 모든 질문의 답이 담긴 부분을!

하지만 그토록 온화한 그가 어쩜 그리 잔인해질 수 있을까? 어떻게 한 손으로는 그토록 많은 평화와 기쁨을 주면서 한 손으로는 그렇게 많은 젊음과 목숨을 앗아갈 수 있을까? 어째서 어떤 희생자의 목은 서서히 옥죄고, 어떤 희생자의 목은 그토록 재빠르게 내리칠까? 어째서 그는 어린아이의 목숨을 두고 그토록 오랫동안 투쟁하고, 나이 든 이들의 목숨은 서서히 잦아들어 자비의 안식에 들게 할까? 죽이는 것도, 벌하는 것도 그의 임무였을까? 그는 집행자이자 심판자였나? 그는 거둬들인 사람의 목숨을 어떻게 했을까? 그들은 더 이상 존재하지 않는 것일까? 아니면 그저 잠에 들었을 뿐일까? 그는 그들을 어디로 데려갔을까? 그는 죽음의 왕국을 다스리는 최고의 지배자일까, 혹은 더 강력한 생명의 지배자가 부리는 한낱 도구일 뿐일까? 그가 오늘은 이겼지만, 그것이 그의 마지막 승리였을까? 결국 누가 승리할까? 그일까, 생명일까?

정말 그가 임무를 시작하면 나의 임무는 끝날까? 나는 불공평한 마지막 싸움을 무덤덤하게 바라보는 방관자가 되어 파멸의 일을 하는 그를 곁에서 무력하고 무감하게 지켜만 봐야 했나? 말할 힘을 잃은 지 오래된 그들이 도움을 바라며 나에게 보냈던 그 간절한 눈길을 외면해야 했나? 물에 빠진 사람이 지푸라기라도 잡듯 나의 손을 꼭 붙들던 그들의 떨리는 손끝을 놓아야 했나?

나는 패배했다. 그러나 무력하지 않다. 내 손엔 아직 막강한 무기가 있다. 그는 영원한 잠에 드는 약을 가졌지만 나에게도 자애로운 어머니 대자연이 맡긴 나만의 약이 있다. 그가 자신이 가진 약을 천천히 나눌 때 괴로움을 평화로, 고통을 잠으로 바꾸어 줄 자비의 약을 쓰지 말아야 할 이유가 뭐란 말인가? 내가 살릴 수 없는 사람들이 죽을 수 있도록 돕는 임무가 내게 주어지지 않았단 말인가?

그 나이 많은 수녀님은 내가 끔찍한 죄를 짓는 거라고 말했었다. 전능하신 하느님께서 헤아릴 수 없는 지혜로 그렇게 되도록 정하셨으며, 죽음의 때에 더 많은 고통을 주시면 심판의 날에 더 많이 용서하신다고 했다. 연로한 신부님이 병자성사를 주고 병상을 떠난 뒤 내 동료들 중에서 나만 모르핀 주사를 들고 오자, 상냥한 필로메느 수녀마저도 못마땅한 눈으로 나를 쳐다보았다.

아직도 파리에 있는 모든 병원에는 커다란 흰색 코르넷을 쓰고 어떤 희생도 감수하는 온화한 성 빈첸시오 아 바오로회 수녀님들이 계셨다. 병실 벽에는 여전히 십자가가 걸려 있었고, 신부님은 생 클레어실에 마련된 소성전에서 매일 아침 미사를 드렸다. 수녀님들과 신부님이 마 메르(나의 어머니)라고 부르는 수녀원장님도 여전히 매일 저녁 아베마리아가 울린 뒤에 병상을 돌았다.

'라 레이시자시옹 데 오피탈(병원의 세속화)'은 아직 시급한 시대의 문제가 아니었고, "신부들은 물러가라! 십자가를 내버려라! 수녀들을 문 밖으로!"라고 목청껏 외치는 거센 요구도 아직은 들려오지 않았다. 아! 안타깝게도 머지않아 그들이 모두 떠나는 모습을 보았다.

물론 수녀들에게도 잘못이 있었다. 분명, 손톱 솔보다는 묵주가 훨씬 익숙했고, 우리 외과병동의 만병통치약이었지만 곧 다른 것으로 대체된 석탄산 용액보다는 성수에 손을 더 자주 담갔다. 하지만 생각이 맑고 마음이 순수한 수녀들은 주어진 사명에 평생을 바쳤고 그들이 돌보는 이들을 위해 기도하기를 바랄 뿐 다른 아무런 대가도 바라지 않았다. 아무리 최악의 적이라도 그 희생적 헌신과 끝없는 인내를 모욕하지는 않았다. 사람들은 수녀들이 슬프고 시무룩한 얼굴로 일하고 육체보다는 영혼을 구원할 생각뿐이며 그 입에 희망보다는 수난의 말을 더 많이 담는다고 말했다. 사실 그들은 완전히 잘못 알고 있다. 오히려 반대. 수녀들은 나이 상관없이 늘 밝고 행복하며, 명랑하고 어린아이처럼 재미있고 잘 웃는다. 그들이 그 행복을 다른 이들과 나누는 모습을 지켜보고 있으면 참 놀라웠다. 게다가 그들은 너그러웠다. 믿는 이에게나 믿지 않는 이에게나 한결같았다. 외려 믿지 않는 이들을 더 돕고 싶어 하는 것 같았다. 그들을 애처롭게 여겼고 그들이 모욕하고 저주를 퍼부어도 원한을 품지 않았다.

수녀들은 내게 무척 친절하고 다정했다. 내가 그들과 같은 교리를 따르지도 않고 고해성사도 보지 않으며 소성전 앞을 지날 때 성호경을 긋지 않는다는 것을 잘 알았다. 처음에는 수녀원장님도 남들을 위해 자신의 삶을 희생한 그 신앙으로 조심스레 나를 이끌려고 하였지만, 곧 가엾다는 듯 고개를 저으며 포기하고 말았다. 내가 기꺼이 연옥이 있나 없나 토론할 마음은 있지만 지옥은 믿지 않는다고 대놓고 말하는 데다가, 죽어가는 환자의 고통이 너무 극심하고 너무 오래 이어진다면 그에게 모르핀을 전량 투여하겠다고 말한 뒤로는 친애하는 노신부님마저도 나를 구원하겠다는 마음을 모두 접었다. 노신부님은 성자였지만 논쟁에 약했고, 우리는 곧 이런 논란이 될 만한 이야기는 외면했다. 모든 성인의 삶을 알고 있는 신부님은 이 병동에 이름이 붙은 성녀 클라라의 아름다운 이야기를 처음으로 들려줬다. 내가 클라라 성인이 흠모했던 아시시의 프란체스코 성인의 놀라운 모습을 처음으로 바라보게 된 것도 신부님 덕이었다. 프란체스코 성인은 하늘과 땅의 모든 가난하고 의지할 곳 없는 이들의 친구이자, 내 평생의 벗이 되어주었다. 그러나 나에게 가장 큰 가르침을 준 사람은 생 오귀스탱 수녀회의 하얀 수련복을 입은 젊고 아름다운 필로메느 수녀였다. 성모님을 닮은 수녀는 나에게 성모님을 공경하라고 가르쳤다. 상냥한 필로메느 수녀! 수녀는 몇 년 뒤 나폴리에서 콜레라에 걸려 죽음을 맞이했다. 죽음도 그 모습을 망가뜨리지 못했다. 생전의 모습 그대로 주님의 나라에 들었다.

 매주 일요일에 병원을 찾아와 성전에서 오르간을 연주한 앙투안 수사도 특별한 친구였다. 음악을 무척 좋아하는 나는 그 시절 음악을 들을 그 유일한 기회를 한 번도 놓치지 않았다! 제단 가까이에 앉아 성가를 부르는 수녀님들을 볼 수는 없었지만, 필로메느 수녀의 맑고 깨끗한 목소리는 아주 잘 들렸다. 성탄절 전날 앙투안 수사는 심하게 오한이 들었다. 수녀원장님과 노신부님이 이 상황을 어떻게 해결할지 오랫동안 상의한 끝에 나를 앙투안 대신 오르간에 앉히기로 했다는 엄청난 소문이 생 클레어 병동 침상에서 침상으로 전해졌다.

 그 당시에 내가 들었던 음악이라고는 내가 머물던 오텔 드 라비니르의 발코니 아래에서 가난한 노인 돈 가에타노가 일주일에 두 번

낡아빠진 손 오르간으로 연주하던 음악뿐이었다. <트로바토레>에 나오는 '미제레레'가 노인의 대표곡이었다. 노인은 물론, 붉은색 가리발디를 입고 손 오르간 위에 반쯤 얼어붙은 자세로 웅크리고 앉아 있던 그의 원숭이와 잘 어울렸다.

아 케 라 모르테 오뇨라 에 타르다 넬 베니르!
[아, 어찌하여 죽음은 이토록 더디게 다가오는가!]

올이 다 해진 프록코트를 입고 마지막 비극 원고를 꼭 끌어안은 채 눈 덮인 거리를 떠돌던 가난하고 늙은 무슈 알프레도에게도 잘 어울렸다. 몸을 녹일 숯을 살 몇 푼이 없어서 불씨만 남은 브라치에로(난로) 주변에 모여 앉은 이탈리아 빈민촌의 내 친구들하고도 잘 어울렸다. 그 슬픈 선율은 새날을 맞이할 용기조차 없이 오텔 드 라 비니르에서 책을 앞에 두고 앉아 있던 날이나 온 세상이 암담하고 희망조차 없어 보이던 날, 빛바랜 사진 속 카프리 섬이 너무나 멀게 느껴지는 날, 내 마음과도 잘 어울렸다. 그런 날이면 나는 침대에 몸을 내던지고 뻑뻑한 눈을 감았다. 그러면 안토니오 성인이 또 다른 기적을 일으켰다. 금세 나는 모든 근심 걱정을 털어내고 꿈에 그리던 아름다운 섬으로 항해를 떠났다. 조콘다가 미소를 지으며 디오니시오 신부의 포도주가 담긴 잔을 건넸다. 그러면 몽롱해진 내 머리에 다시 한 번 힘차게 피가 돌았다.

세상은 한없이 아름답고, 나는 젊었다. 언제라도 세상에 맞서 싸워 이길 준비가 되어 있었다. 아직도 포도밭 한가운데에서 열심히 일하던 마스트로 빈첸초는 정원 뒤쪽에 성전으로 이어지는 작은 길을 따라 걷는 나에게 손을 흔들었다. 나는 잠시 테라스에 앉아 발아래 펼쳐진 아름다운 섬을 넋을 잃고 내려다보면서, 붉은 화강암으로 만든 내 스핑크스를 저 절벽 꼭대기까지 어떻게 끌어올릴지 고민했다. 사실 무척 어려운 일이겠지만, 당연히 내 힘으로 어렵지 않게 해낼 것이다.

"안녕, 아름다운 조콘다! 안녕, 곧 돌아올게!" 그래, 당연히 곧 돌아갈 것이다. 아주 곧, 다음 꿈에서! 떠오르는 태양이 창문으로 몽상가를 지그시 바라봤다. 눈을 뜬 나는 이불을 박차고 일어났다. 미소를 지으며 떠오르는 태양을 보며 인사를 전한 나는 다시 책상 앞에 앉아 책을 들었다. 그러다 봄이 찾아 왔고 싹을 틔운 가로수에서 처음으로 밤나무 꽃가지가 내 방 발코니로 날아들었다. 신호였다. 시험을 치렀다. 어렵게 따낸 프랑스 역사상 최연소 의학박사 학위증을 주머니에 쑤셔 넣고 나는 '미래의 집'을 떠났다.

3

빌리에 대로

'빌리에 대로, 문테 박사, 2시부터 3시까지 진료.'
초인종이 울리고 밤낮없이 급박한 내용과 호출이 담긴 메시지가 전달된다. 아직까지는 한가한 여자들 손에 들린 치명적 무기인 전화기가 초조하게 울려대며 꿀맛 같은 휴식을 깨뜨리지 않는다.

진료실에는 온갖 환자들과 처방전이 빠르게 밀려들어왔다. 환자들은 대부분 신경증을 앓고 있는 여성들이다. 많은 사람들이 아팠다. 아주 심각한 병에 걸려서. 나는 그들이 하는 말을 진지하게 경청하고 아주 신중하게 진찰했다. 어떤 문제든 그들을 기필코 도울 수 있다고 확신하면서. 여기서 누가 어떻게 아픈지 세세히 말하고 싶지는 않다. 언젠가는 그들의 이야기를 할 때가 오지 않겠나. 전혀 아프지 않은 사람들도 많았다. 나를 찾아와 상담 받지 않았다면 절대로 아플 일이 없을 사람들이었는데. 많은 사람들이 병들었다고 상상했다. 그 사람들은 끝도 없이 이야기를 해댔다. 할머니가 이렇다는 둥 시어미니가 저렇다는 둥 말을 늘어놓거나, 주머니에서 증상과 질환을 빽빽이 적은 작은 종이를 꺼내 들고 읽어 내려갔다. 샤르코는 이들을 "르 말라드 두 프티 파피에", 즉 종잇조각을 쥔 환자라고 불렀다.

병원 밖 세상물정은 하나도 모르던 나에겐 이 모든 일이 그저 새로웠다. 병원에서야 그런 헛소리에 허비할 시간이 없었으니 실수를 많이 저지를 수밖에 없었다. 나중에 인간의 본성을 더 많이 알게 되면서 이런 환자들을 다루는 법을 터득했지만, 나와 환자들은 결코 잘 지낼 수 없었다. 내가 안색도 좋고 다 나은 것 같다고 말하면 환자들은 꽤 속상한 빛을 보였다. 하지만 환자들의 혀를 들여다보며 조금 붉은 것 같다는 말을 덧붙이면 금세 기분이 좋아졌다(대체로 그런 경우가 많았다). 이런 경우 대부분 과식이라고 진단을 내렸다. 낮에 케이크나 과자를 너무 많이 먹었거나 밤에 과식을 한 것이다. 당시 내가 내린 진단이 맞았을 테지만, 소용이 없었다. 아무도 그 말을 들으려 하지 않았으니까. 세상에, 과식이라니. 그들이 듣고 싶었던 말은 충수염이었다.

그때만 해도 충수염은 뭔가 그럴싸한 질환을 찾는 상류층에서 매우 인기 있는 병이었다. 신경이 예민한 숙녀들은 그게 머리에 생기는 병인지 뱃속에 생기는 병인지 중요하지 않았다. 그저 그 병을 우아하게 즐길 뿐이었다. 그건 의사들도 마찬가지였다. 나도 서서히 충수염에 말려들었고, 많은 사례를 다루며 여러 성과를 거뒀다. 그러다 미국 외과 의사들이 미국에서 맹장이란 맹장을 죄다 제거하는 운동을 벌이기 시작했다는 소문이 나돌자, 나를 찾는 충수염 환자 수가 눈에 띄게 줄었다. 아수라장이었다.

"맹장을 떼어내다니! 내 맹장!" 유행에 민감한 여성들은 마치 엄마가 아이를 붙들고 말하듯이 절망적으로 프로세수스 베르미쿨라리스(충수)를 부여잡고 말했다. "너 없이 어떻게 살겠니!"

"그들의 맹장도 떼어 버리고, 내 맹장도 떼어내야 할 판이군!" 환자 명단을 우울하게 훑어보며 의사들이 말했다. "살다 살다 그런 엉터리 같은 말은 처음 들어! 사람들 맹장에는 전혀 문제가 없는데, 도대체 왜 그러는 건지 알아야겠어. 일주일에 두 번씩 그들을 진찰하는 사람이라고, 내가. 절대 반대야!"

곧 충수염은 한물가고 사람들의 욕구를 충족할 새로운 질환을 찾아내야 했다. 교수들은 기대에 부응했다. 새로운 질병이 시장에 등장했고 새로운 단어가 탄생했다. '콜리티스(대장염)'이라는 아주 귀한 단어가 말이다! 외과 의사의 칼날을 피해갈 수 있는 안전하고 깔끔한 질환으로, 언제든 원할 때 증상이 나타나며 모든 사람들의 입맛에 딱 맞았다. 언제 걸릴지, 언제 나을지 아무도 몰랐다. 몇 수 앞을 내다보는 동료들이 이 병을 벌써 환자들에게 시도해 큰 성과를 거뒀다는 말을 들었지만, 행운은 아직 내 편이 아니었다(지금은 대장염이라는 용어를 사용하지만 당시에는 아직 알려지지 않았다. 대장염이 크게 유행하기 시작하던 초창기에는 의사와 환자들 모두 대장염이라는 이름으로 많은 죄를 저질렀다. 요즘에도 종종 이 진단에 모호하고 만족스럽지 못한 면이 있다).

충수염이 시들해지던 무렵 나를 찾아온 환자들 중에 샤르코의 추천을 받아 상담 받으러 왔다는 백작 부인이 있었다. 가끔 내게 환자를 보내준 샤르코를 생각해서 그 부인이 그렇게 아름답지 않더라도 최선을 다할 생각이었다. 크게 실망한 기색을 감추지 못한 백작 부인은 크고 나른한 눈으로 젊은 신탁자를 바라보며 "무슈 르 독터 뤼멤(담당의사)"과 이야기를 하고 싶지 그 조수가 아니라고 말했다. 나는 새 환자와 초면에 이렇게 인사를 나누는 데 이골이 나 있었다.

처음에 부인은 자기가 충수염에 걸렸는지 몰랐다. 무슈 르 독터 뤼멤도 물론 알지 못했다. 하지만 곧 부인은 그렇다고 확신했고, 나는 그렇지 않다고 확신했다. 내가 배려 없이 무뚝뚝하게 말을 하자 부인은 무척 불안해했다. 샤르코 교수가 부인한테 나를 찾아가면 틀림없이 문제를 찾아내 도와줄 것이라고 했다는데, 그러기는커녕…부인은 눈물을 터뜨렸고 그 모습이 몹시 애처로워 보였다.

"제게 무슨 문제가 있나요?" 흐느끼던 부인은 절망한 듯 두 손을 내게 내밀며 물었다.

"진정이 되시면 말씀드리지요."

부인은 바로 울음을 그쳤다. 커다란 눈에 맺힌 눈물을 닦아낸 뒤 용기를 내어 말했다.

"무슨 말씀을 하셔도 견딜 수 있어요. 이미 많이 버텼으니 걱정 마세요. 더 이상 울지 않을 거예요. 제게 무슨 문제가 있는 거죠?"

"대장염입니다."

사람 눈이 저렇게까지 커질 수 있을까 싶을 만큼 부인의 눈이 휘둥그레졌다.

"대장염이라니! 늘 그렇지 않을까 생각했는데! 분명 선생님 말이 맞을 거예요! 대장염이라니! 대장염이 뭐지요?"

그 질문만은 받지 않으려고 그렇게 조심했는데. 나도 그게 뭔지 모른다. 아니, 그 시절에는 누구도 알지 못했다. 하지만 나는 대장염이란 게 오래가고 치료하기 어렵다고 말했다. 그 말은 옳았다. 백작부인은 빙그레 미소 지었다. 그 말을 들은 부인의 남편은 그저 신경이 예민할 뿐이라고 말했다! 부인은 꾸물거릴 시간이 없으니 바로 치료를 시작하자고 했다. 그래서 부인이 일주일에 두 번 빌리에 거리로 오기로 했다. 부인은 바로 다음 날 다시 찾아왔다. 환자들 태도가 갑자기 바뀌는 일이야 이미 익숙한 데도, 부인이 그렇게 환한 얼굴과 밝은 표정으로 나타나니 놀랄 수밖에 없었다. 어찌나 놀랐던지 부인에게 나이를 묻고 말았다.

부인은 겨우 스물다섯 살이었다. 대장염이 전염되는지 물으러 찾아왔던 거다.

네, 아주 전염력이 큽니다. 이 말을 내뱉는 순간 나는 이 젊은 여성이 나보다 훨씬 영리하다는 것을 깨달았다.

백작에게 한 방을 쓰지 않는 게 더 안전하다고 말해줄 수는 없나요?

나는 부인에게 확실하게 말했다. 그런다고 안전하지는 않습니다. 무슈 르 콩트(백작님)와 알고 지내는 영광을 누리지는 못했지만 그분이 대장염에 걸리는 일은 없을 거라 확신합니다. 이 질환은 부인처럼 아주 예민하고 쉽게 흥분하는 사람만 옮지요.

부인은 항변하듯 불안하게 흔들리는 그 큰 눈으로 방을 둘러보았다. 설마 내가 부인을 예민하다고 하진 않았겠지…?

아니, 분명히 말했어.

내가 부인을 치료할 수는 없을까?

응. 없어.

친애하는 안느,

상상이 가? 나 대장염에 걸렸대! 이 스웨덴 의사를 추천해줘서 정말…정말 기뻐. 아니 샤르코였던가? 아무튼 나는 그 사람에게 샤르코라고 말했어. 그래야 나한테 시간과 관심을 더 많이 쏟아부을 테니까. 네 말이 맞아. 그 사람, 생긴 거랑 다르게 아주 똑똑해. 난 벌써부터 친구들한테 그 의사를 추천하고 있어. 틀림없이 그 사람은 네가 연 무도회에서 넘어진 뒤로 여전히 자리에 누워 있는 내 시누이한테도 큰 도움이 될 거야. 장담하지만 시누이도 대장염에 걸렸을 거야! 미안. 우리 내일 조세핀이 초대한 저녁 식사 자리에서 못 만날 것 같아. 이미 조세핀에게 내가 대장염에 걸려 갈 수 없다고 전했거든. 조세핀이 식사 모임을 내일 이후로 연기하면 좋을 텐데.
너를 사랑하는 줄리에트가.

P.S. 문득 귀가 안 들릴까 봐 걱정인 네 시어머니도 이 스웨덴 의사에게 진료받는 게 어떨까 생각했어. 물론 후작 부인이 더는 의사를 안 만나고 싶어 하는 줄 알지만, 누군들 의사 만나는 게 좋겠니! 그래도 비공식적인 방법을 써서라도 그가 부인을 한 번 보게 하면 어떨까? 이 모든 일의 근원이 대장염이라 해도 전혀 놀랍지 않을 것 같아.

P.S. 네가 후작 부인을 설득해 여기서 저녁 식사를 할 수 있다면 내가 언제 그 의사를 식사에 초대해볼게. 물론 앙 프티 코미테, 몇몇 사람들하고만 말이지. 너도 알겠지만 그 의사, 안경을 쓰고 나를 쓱 살펴보고는 내가 대장염에 걸렸다는 걸 알아냈잖아? 사실, 너희 시어머니 못지않게 의사라면 치를 떠는 우리 남편도 그 의사를 만났으면 좋겠어. 틀림없이 그이도 좋아할 거야.

일주일 뒤, 나는 생제르맹 대로에 있는 백작 부인의 저택에 생각지도 못한 저녁 식사 초대를 받았다. 영광스럽게도 미망인인 후작 부인 옆자리에 앉은 나는 그녀가 근엄하고 무심한 표정으로 엄청난 양의 푸아그라 요리를 허겁지겁 먹는 모습을 매의 눈으로 정중하게 지켜봤다. 나에게 말 한마디도 건네지 않는 부인에게 조심스레 말을 걸어보려 했지만, 부인이 전혀 듣지 못한다는 사실을 알고는 그만두었다. 저녁 식사 후 백작이 나를 흡연실로 데려갔다. 작고 살집이 두둑한 그는 매우 점잖았고 표정이 온화하다 못해 수줍음이 많아 보였다. 나이는 아내보다 적어도 두 배는 되어 보였고, 뼛속까지 신사인 사람이었다. 나에게 궐련을 하나 권하며 큰 소리로 말했다.

"내 아내의 충수염을 치료해줘서 얼마나 감사한지 모릅니다. 충수염이라니, 생각만 해도 정말 끔찍하군요. 솔직히 나는 의사를 정말 싫어합니다. 의사를 많이 만났지만, 지금까지 아내에게 도움을 준 의사는 아무도 없었지요. 뭐, 아내가 누구에게도 제대로 기회를 주지 않고 이 의사, 저 의사 찾아다녔지만. 선생도 조심하는 게 좋겠어요. 장담컨대 선생에게도 그럴 겁니다."

"글쎄요, 그럴 것 같지는 않습니다만."

"그렇다면 다행이고. 아내가 선생을 많이 신뢰하는 것 같던데, 선생에게는 큰 힘이 될 겁니다."

"그거면 됩니다."

"솔직히 처음에는 선생이 썩 마음에 들지 않았지만, 이렇게 만나고 보니 첫인상을 바로잡고 싶군요. 게다가," 백작이 점잖게 한마디 덧붙였다. "나는 우리가 앙 본 브와, 옳은 길로 가고 있다고 믿어요. 그건 그렇고, 대장염이 뭡니까?"

곧이어 백작이 유쾌하게 덧붙인 한마디 말에 나는 곤란한 상황에서 벗어날 수 있었다.

"뭐가 됐든, 충수염보다야 낫겠지. 염려 말아요. 나도 곧 선생만큼 그 병을 알게 될 테니."

백작은 더 이상 묻지 않았다. 그 솔직하고 정중한 태도가 무척 마음에 들었다. 그래서 용기를 내서 질문을 던졌다.

"이런," 대답하는 백작의 목소리에서 당황하는 기색이 느껴졌다.

"부디 그랬으면 좋겠군요. 우리가 결혼한 지 5년이 됐지만 지금까지 그런 조짐은 없습니다. 우리에게도 아이가 생기면 좋으련만! 알다시피, 나는 유서 깊은 가문에서 태어났습니다. 아버지도 그러셨지요. 투렌에 있는 시골 땅은 우리 가문이 삼백 년이나 소유했어요. 나 때문에 우리 가문 대가 끊기게 생겼지요. 참으로 괴로운 일이에요…이 지독히 불안한 상황을 끝낼 도리가 없을까요? 내게 제안할 만한 게 없습니까?"

"파리의 이 무기력한 분위기는 확실히 백작 부인께 좋지 않습니다. 투렌에 있는 성으로 거처를 옮겨보면 어떨까요?"

백작의 얼굴에 화색이 돌았다.

"내 말이 바로 그겁니다." 백작이 내게 손을 내밀었다. "그럴 수만 있다면 더 바랄 게 없어요! 거기에는 사냥터도 있고 돌봐야 할 넓은 토지도 있지요. 그곳에 머문다면 나야 좋지만, 아내는 지루해 죽을지도 모릅니다. 매일 친구를 만나 파티에 참석하거나 매일 밤 극장에 가기 좋아하는 사람이라 외로울 거예요. 하지만 늘 피곤하다면서도 다달이 그렇게 지낼 수 있는 힘은 대체 어디서 나는 건지. 나는 도저히 그렇게는 못 살 겁니다. 이제 아내는 대장염 치료로 파리에 있어야 한다고 그러더군요. 그 전에는 충수염이었지요. 그렇다고 내 아내를 이기적이라고 생각하지는 말아요. 전혀 그렇지 않으니까. 아내는 늘 나를 생각하지요. 심지어 나 혼자서라도 라모 성에 가라고 합니다. 내가 거기서 지낼 때 얼마나 행복해 하는지 아니까요. 그런 아내를 파리에 두고 어떻게 나 혼자 떠날 수 있겠습니까? 아내는 젊고 경험이 많지 않아요."

"부인 나이가 어떻게 되나요?"

"겨우 스물아홉입니다. 나이보다 어려보이지요."

"그렇습니다. 어린 아가씨 같아 보이더군요."

백작은 잠시 말이 없었다.

"그건 그렇고, 휴가를 언제 낼 예정입니까?"

"3년 동안 휴가를 내지 못했습니다."

"올해는 무슨 이유를 대서라도 휴가를 받으세요. 사냥은 좀 합니까?"

"될 수 있으면 동물은 죽이지 않습니다. 왜 물으시는지요?"

"라모 성에 멋진 사냥터가 있어요. 거기서 일주일만이라도 제대로 쉬면 선생에게 도움이 될 겁니다. 내 아내가 그러더군요. 선생이 너무 과로한다고, 그냥 보기에도 그렇더랍니다."

"무척 친절하시군요, 무슈 르 콩트. 하지만 괜찮습니다. 잠을 못 잘 뿐 다른 문제는 없습니다."

"잠이 모자라다니! 내 잠을 좀 나눠주고 싶군요! 잠이 넘치다 못해 남아돈답니다. 왠지 모르겠는데, 머리가 베개에 닿기가 무섭게 잠이 들지요. 세상에 난리가 나도 깨질 않아요. 아내는 일찍 일어나는 편인데, 아내가 일어나는 소리를 들어본 적이 없지요. 아침 아홉 시에 하인이 커피를 가지고 와 나를 흔들어 깨워야 일어난답니다. 사실 선생이 조금 가엾군요. 그나저나 혹시 코골이를 고칠 방법이 있습니까?"

그것은 아주 쉬운 사례였다. 우리는 거실에 있는 숙녀들과 함께 자리했다. 백작 부인은 교묘하게 준비한 비공식 상담을 할 수 있게 내 자리를 후작 부인 옆에 마련했다. 다시 한 번 이 노부인과 대화를 시도한 뒤, 나는 부인이 끼고 있는 보청기에 대고 부인은 대장염이 아니지만 푸아그라를 그만 먹지 않으면 걸릴 것이라고 큰 소리로 말했다.

"말했잖아요." 백작 부인이 속삭였다. "정말 현명한 의사죠?"

후작 부인은 곧바로 대장염의 증상을 모두 알고 싶어 했다. 보청기에 대고 독이 될 만한 정보를 하나씩 하나씩 흘려보내는 동안 부인은 환한 미소를 지었다. 자리에서 일어날 즈음 나는 목소리를 잃었지만 새로운 환자를 얻었다.

일주일 뒤, 빌리에 거리에 멋진 마차 한 대가 멈춰 섰다. 하인은 백작 부인이 보낸 편지를 들고 서둘러 위층으로 뛰어올라왔다. 후작 부인이 밤새 대장염이 틀림없는 증상을 앓았으니 바로 와 달라는 내용이었다. 그렇게 나는 파리 사회에 발을 들였다.

대장염은 들불처럼 파리 전역에 퍼져 나갔다. 대기실이 금세 사람들로 가득 차는 바람에 식당을 임시 대기실로 마련했다. 어떻게 그 많은 사람들이 몇 시간이나 대기실에 앉아 기다릴 만큼 시간과 인내심이 넘쳐나는지 항상 궁금했다. 백작 부인은 일주일에 두 번 꾸준히 진료를 받으러 왔지만 몸이 나쁘다 싶으면 며칠씩 더 찾아왔다. 확실히 부인에게는 충수염보다 대장염이 훨씬 잘 어울렸다. 갈수록 나른하고 창백한 얼굴빛은 가시고 그 커다란 두 눈은 젊음으로 반짝였다.

어느 날, 후작 부인의 저택에서 나오는 길에 막 집으로 돌아가려는 백작 부인을 보았다. 곧장 작별 인사를 하러 백작 부인에게 다가갔다. 부인은 내 마차 옆에서 서서, 마차 깔개로 반쯤 덮은 큼직한 꾸러미 위에 앉아 있던 톰과 친근하게 이야기를 나누고 있었다. 부인은 내일 생일을 맞는 후작 부인에게 줄 자그마한 선물을 사러 루브르 상점에 갈 생각이었지만 선물을 정하지 못해 고민하고 있었다. 나는 강아지가 어떻겠냐고 물었다.

"강아지라니! 정말 멋진 생각이에요!"

백작 부인은 어린 시절 후작 부인을 만나러 갈 때마다 부인 무릎 위에 퍼그 한 마리가 앉아 있었다고 했다. 뒤룩뒤룩 살이 쪄서 걷기도 힘든 데다가 온 집안이 떠나가라 시끄럽게 코를 고는 퍼그였다. 백작 부인의 숙모는 이 개가 죽자 몇 날 며칠 눈물을 흘렸다. 정말 좋은 생각이었다. 우리는 길을 따라 캉봉 거리 모퉁이까지 걸었다. 거기에는 개를 파는 유명한 가게가 있었다. 온갖 종류의 잡종견과 설명문 사이에 내가 찾던 개가 있었다. 귀족 느낌이 나는 작은 퍼그는 제발 이 온갖 종들이 뒤섞인 세상에서 자신을 꺼내달라는 듯 우리를 쳐다보며 필사적으로 고로롱대며 시선을 끌었다. 여기에 들어온 것은 순전히 운이 나빴던 것이지 자기 잘못이 아니라는 듯 핏발 선 눈동자로 우리를 애처롭게 쳐다보았다. 자신에게 찾아온 행운을 깨닫고 북받치는 감정에 숨이 넘어갈 것 같던 그 녀석을 마차에 태워 생제르맹 대로에 있는 저택으로 보냈다.
  백작 부인은 어떻게든 루브르 상점에 가서 새 모자를 써볼 생각이었다. 처음에는 상점까지 걸어가겠다더니 곧 마차를 타겠다는 게 아닌가. 그래서 거기까지 내 마차를 태워주겠다고 나섰다. 부인은 잠시 망설였다. '내가 이 마차를 타고 가는 것을 사람들이 보고 뭐라고 할까?' 그러더니 기꺼이 내 호의를 받아들였다. 부인을 루브르 상점까지 데려다주고 돌아가려던 게 아니었냐고? 전혀 그렇지 않았다. 사실 딱히 할 일이 없었다. 백작 부인은 여성스러운 호기심을 발휘해 저 꾸러미에 뭐가 있냐고 물었다. 내가 부인에게 막 다른 거짓말을 하려는 참에 그 소중한 꾸러미를 끝까지 지키는 임무를 맡고 있던 톰이 평소처럼 내 옆자리에 뛰어 올라 앉았다. 그러자 꾸러미가 풀어지면서 인형 머리가 튀어 나왔다.
  "세상에, 도대체 왜 인형을 마차에다 싣고 다니시는 거예요? 누구한테 줄 인형이죠?"

"애들한테 줄 겁니다."

부인은 나에게 아이가 있는 줄 몰랐다고 했다. 내가 개인적인 일을 말하지 않아 기분이 상한 듯 보였다. 애가 몇이나 되나요? 한 열두 명쯤 됩니다. 이 이야기에서 벗어날 길이 없었다. 이제 모든 비밀을 밝힐 밖에.

"같이 가시죠." 내가 아무렇지도 않게 말했다. "돌아오는 길에 내 친구 잭을 함께 만나러 갑시다. 잭은 파리 식물원에 사는 고릴라에요. 식물원은 바로 우리가 가는 길에 있어요."

그날 백작 부인은 뭐든 할 수 있을 것만큼 기분이 매우 좋았다. 그리고 아주 즐겁다고 했다. 몽파르나스 역을 지난 뒤로 방향 감각을 잃은 부인은 자기가 어디에 있는지 모르겠다고 했다. 우리는 칙칙하고 악취 나는 빈민가를 지나갔다. 누더기를 걸친 아이들이 오물과 온갖 쓰레기로 막힌 배수로 안에서 놀고 있었다. 집집마다 여자들이 문 앞에 나와 앉아 아기에게 젖을 물리고 그 옆에는 자그마한 아이들이 모닥불 주변에 웅크려 앉아 있었다.

"여기가 파리라고요?" 백작 부인의 눈빛에 두려움이 서렸다.

네, 여기가 바로 빛의 도시 파리입니다! 나는 우물 바닥처럼 어둡고 축축한 막다른 골목 앞에 마차를 세우며 한마디 덧붙였다. 여기가 루셀 골목입니다. 살바토레의 아내는 집안에 하나뿐인 의자에 앉아 슬픔의 아이 페트루치오를 무릎 위에 앉혀 놓고 가족이 저녁에 먹을 폴렌타(옥수수죽)를 휘젓고 있었다. 그 모습을 페트루치오의 두 누나들이 열심히 지켜보았고, 막내는 새끼 고양이 뒤를 따라 바닥을 기어 다니고 있었다. 나는 살바토레의 아내에게 아이들에게 선물을 주고 싶어 하는 친절한 숙녀를 모시고 왔다고 말했다. 쭈뼛거리는 백작 부인을 보니 가난한 이의 집에 처음 발을 들이는 모양이었다. 첫 번째 인형을 페트루치오 엄마에게 건네려던 부인 얼굴이 붉게 달아올랐다. 페트루치오는 태어날 때부터 마비로 손이 곱아 아무것도 잡을 수 없었기 때문이었다. 페트루치오가 기쁜지 어쩐지 알 수 없었다. 그 뇌도 팔다리처럼 아무것도 느끼질 못했다. 하지만 아이 엄마는 아들이 인형을 무척 좋아한다고 확신했다. 차례대로 인형을 하나씩 받아든 페트루치오의 두 누나들은 기뻐하며 침대 뒤로 달려가더니 거기에 숨어 엄마놀이를 하기 시작했다.

살바토레가 언제쯤 퇴원할 것 같다고 내가 말했던가요? 그이가 공사장 발판에서 떨어져 다리가 부러진 지 6주쯤 지났잖아요.

"맞아요, 방금 라리브와지에르 병원에서 살바토레를 만나고 왔어요. 몸이 꽤 좋아졌던데 얼른 퇴원했으면 좋겠어요. 새 집주인과는 어떻게, 잘 지내고 있어요?"

"덕분에 잘 지내고 있어요. 집주인이 아주 친절해요. 다음 겨울에는 벽난로도 하나 놔주겠다고 약속했답니다."

"전에 봤을 때는 방이 어두컴컴했던 것 같은데, 집주인이 천장 아래에 있는 작은 창을 내줬다니, 정말 괜찮은 사람인가 봐요?"

"여기 좀 보세요, 정말 환하고 쾌적해요, 시아모 인 파라디소! [천국이 따로 없다니까요!]" 살바토레의 아내가 말했다. 그리고 아칸젤로 푸스코한테 들은 말이 사실이냐고 물었다. "예전 집주인이 나를 찾아와 거리로 내쫓으며 소지품을 몽땅 빼앗던 그날, 우리 가난한 사람들에게 그가 보여준 악행을 하느님께서 벌하실 날이 올 거라고 선생님이 된통 악담을 퍼부었고 불과 몇 시간 뒤에 그가 목매달아 죽었다는 게 사실이에요?"

"맞아요, 모두 사실이에요. 그리고 그때 일을 후회하지 않아요."

우리가 집을 나설 무렵, 살바토레 가족에게 방을 내준 친구 아칸젤로 푸스코가 막 일을 마치고 어깨에 커다란 빗자루를 걸쳐 맨 채로 돌아왔다. 그 친구의 직업은 파레 라 스코파(비질하는 사람)였다. 당시 파리의 거리청소부는 대부분 이탈리아 사람이었다. 그를 백작 부인에게 소개할 수 있어서 기뻤다. 그가 내게 베푼 귀한 마음에 할 수 있는 최소한의 보답이었다. 나와 함께 경찰서에 가서 그 예전 집주인의 죽음과 관련한 내 증언을 뒷받침해줬다. 아칸젤로 푸스코가 없었다면 내가 어떤 곤란한 일에 연루되었을지 아무도 모른다. 그나마 가까스로 그 일을 모면했다. 나는 살인 혐의로 거의 체포될 뻔했다(이 이상한 이야기는 따로 들려주겠다).

이탈리아식으로 귀에 장미꽃을 꽂은 아칸젤로 푸스코는 남부의 신사 같은 태도로 그 꽃을 백작 부인에게 건넸다. 부인은 그 아름다운 젊음에 이토록 우아한 찬사를 받아본 적이 없는 듯 보였다.

파리 식물원에 가기에는 너무 늦은 시간이라 나는 백작 부인을 바로 저택으로 데려다줬다. 부인은 너무 말이 없었다. 그래서 기분을 북돋아 줄 셈으로 재미있는 이야기를 들려줬다. 『블랙우드 잡지』에 실린 인형에 관한 내 짧은 글을 우연히 읽고 그 가난한 아이들에게 줄 인형을 수십 개 만든 어느 친절한 숙녀의 이야기였다.

"아주 근사한 옷을 입은 인형들도 있던데, 그분도 알고 있나요?"

"네, 알고 있어요."

"그 숙녀분 예뻐요?"

"네, 무척."

"파리에 있어요?"

"아뇨, 그분이 더 이상 인형을 만들지 못하게 말려야 했어요. 환자보다 더 많은 수의 인형을 받았거든요. 그래서 그 숙녀에게 기분 전환할 겸 생 모리츠로 가시라고 했습니다."

저택에 도착해 백작 부인과 작별 인사를 나누면서 파리 식물원에 고릴라를 보러 갈 시간이 없어 유감이지만 부디 나와 함께 다닌 일을 후회하지 않았으면 좋겠다고 말했다.

"후회하지 않아요, 정말 감사드려요. 아, 그렇지만…부끄럽네요."
부인은 울먹이며 저택으로 뛰어들어갔다.

4
유행을 좇는 의사

나에게는 매주 일요일 생제르맹 저택에서 무기한 저녁 식사를 할 수 있는 초대장이 있었다. 백작은 의사에게 가졌던 반감을 지운 지 오래였다. 사실 내가 볼 때 백작은 매력 있는 사람이었다. 가족 만찬에는 수도원장만 동석했다. 가끔 백작 부인의 사촌인 모리스 자작도 참석했는데, 아주 무례할 정도로 나를 모른 체했다. 그를 처음 볼 때부터 아주 마음에 들지 않았는데, 알고 보니 나만 그런 게 아니었다. 백작과 자작은 서로 할 말이 많지 않아 보였다.

    수도원장은 구교의 사제로 나보다 삶과 인간의 본질을 더 많이 아는 세계에 속한 사람이었다. 처음에는 나한테 말을 잘 걸지 않았지만, 그 예리한 눈을 내게 고정하고 뚫어져라 쳐다보고 있을 때는 왠지 그가 나보다 대장염을 잘 알고 있는 기분이 들었다. 이 노인 앞에만 서면 부끄러워지고 솔직히 속마음을 털어놓고 싶어졌다. 하지만 그럴 기회는 없었다. 그와 단 둘이 이야기를 나눌 일이 전혀 없었다. 어느 날 상담을 앞두고 급히 점심을 먹으려 식당에 들어섰는데, 놀랍게도 수도원장이 나를 기다리고 있었다. 순전히 본인 의지에 따라 백작 가문의 오랜 친구 자격으로 왔다며 자신이 찾아왔다는 말은 전하지 않았으면 한다고 말했다.

"백작 부인을 아주 잘 치료했더군요." 수도원장이 말을 꺼냈다. "우리 모두 선생께 무척 감사하고 있답니다. 후작 부인 일도 말해야 겠군요. 지금 막 부인을 뵙고 오는 길입니다. 내가 부인의 고해 사제 거든요. 모든 면에서 부인이 얼마나 좋아졌는지, 아주 놀랐습니다. 하지만 오늘은 백작 이야기를 하려고 선생을 찾아왔답니다. 백작이 아주 걱정스러워요. 건강 상태가 아주 좋지 않아요. 집밖으로 한 발 자국도 나가려 하지도 않고, 하루 종일 흡연실에서 커다란 시가만 피워대고 있어요. 점심을 먹은 뒤에는 몇 시간씩 잠을 잡니다. 낮에는 시도 때도 없이 입에 시가를 물고 안락의자에 잠들어 있는 모습을 종종 볼 수 있어요. 그런 백작이 시골에만 가면 아주 딴사람이 되지 뭡니까. 매일 아침 미사를 드린 뒤에는 말을 탑니다. 활기가 넘치고 생기가 돌아요. 그 큰 사유지를 관리하는 일에도 무척 관심을 기울이지요. 백작의 유일한 희망은 투렌에 있는 성에 가는 겁니다. 파리를 떠나도록 백작 부인을 설득하지 못한다면 안타깝지만 백작 혼자서라도 가야 한다는 게 내가 내린 결론이에요. 백작은 선생을 대단히 신뢰하고 있어요. 선생이 건강을 생각해서 파리를 떠나야 한다고 말하면 들을 겁니다. 그 부탁을 하러 왔어요."

"죄송합니다만, 신부님, 그럴 수 없습니다."

놀란 기색을 숨기지 않은 그는 의심스럽다는 눈빛으로 나를 바라봤다. "거절하는 이유를 물어도 되겠습니까?"

"백작 부인은 지금 파리를 떠날 수 없습니다. 부인이 백작 곁에 있는 게 자연스럽지 않겠습니까?"

"시골에서는 부인의 대장염을 치료하지 못할 이유가 있나요? 성에는 부인이 예전에 충수염에 시달릴 때 보살피던 아주 실력 좋고 믿을 만한 의사가 있습니다."

"그 결과가 어땠죠?"

그는 대답하지 못했다.

"이번에는 제가 질문을 드려도 될까요? 만일 갑자기 백작 부인의 대장염이 낫는다면, 신부님께서는 부인이 파리에서 떠나게 할 수 있습니까?"

"솔직히 말하면 못합니다. 하지만 왜 이런 가정을 하지요? 이 병은 오래가고 낫기 힘들다고 알고 있습니다만."

"저는 부인의 대장염을 하루 만에 고칠 수 있습니다."

그는 나를 멍하니 쳐다보았다.

"그렇다면 왜 모든 성인의 이름으로 고치지 않죠? 선생은 막중한 책임을 지고 있어요."

"책임 따위는 두렵지 않습니다. 만약 그랬다면 저는 지금 이 자리에 있지 않겠죠. 자, 우리 솔직히 말해 보죠. 그래요, 저는 하루 만에 백작 부인을 치료할 수 있습니다. 부인은 신부님이나 저처럼 대장염을 앓고 있지 않아요. 충수염에도 걸린 적이 없습니다. 그저 부인의 상상, 예민한 신경에서 오는 병이죠. 제가 부인의 병을 너무 빨리 치료해버리면 부인은 정신적 균형감을 잃을 수도 있고, 더 나쁜 경우에는 모르핀이나 정부를 찾게 될지도 모릅니다. 제가 부인에게 어떤 도움이 될 수 있을지 더 지켜봐야겠죠. 지금 백작 부인에게 파리를 떠나라는 말은 심리적 오류가 될 겁니다. 부인은 아마 거부할 거예요. 한 번 거부하고 나면 저에게 보였던 신뢰도 그것으로 끝날 거고요. 두 주만 시간을 주세요. 부인 스스로 파리를 떠나려 할 겁니다. 아니면 적어도 그래야겠다고 생각할 거예요. 이건 전략의 문제입니다. 백작에게 혼자 가라고 하는 것도 잘못된 지시일 수 있어요. 신부님께서도 잘 아시잖습니까?"

그는 나를 유심히 쳐다봤지만 아무 말도 하지 않았다.

"이제 후작 부인 이야기를 해보죠. 제가 부인께 한 일을 칭찬하시는 말씀, 감사히 받겠습니다. 의학적으로 저는 아무것도 하지 않았습니다. 저 아니라 누구라도 할 수 있는 일이 없어요. 귀가 들리지 않는 사람들은 다른 사람들에게서 강제로 고립되어 큰 고통을 겪죠. 정신적 자원을 가지고 있지 못한 사람들이 특히 그렇죠. 대다수가 그런 사람들입니다. 그 사람들을 위해 할 수 있는 일은 그런 불행에서 그들의 관심을 돌려놓는 것뿐이에요. 후작 부인은 귀가 안 들린다는 사실보다는 대장염에 온통 생각이 가 있습니다. 그래서 어떤 결과가 나왔는지 원장님께서도 직접 보셨죠. 저도 대장염이라면 지긋지긋해지려는 참이에요. 후작 부인께서 이제 시골로 내려가시면 대장염 대신 애완용 강아지만 생각하게 해 드릴 겁니다. 시골 생활에 그것만큼 잘 어울리는 건 없죠."

자리를 뜨던 수도원장이 문 앞에서 돌아서더니 나를 지긋이 바라봤다.

"선생, 올해 나이가?"

"스물여섯입니다."

"부즈 이레 르앙, 몽 피스! 부즈 이레 르앙! [장차 멀리 뻗어나가겠어요!]"

'네,' 나는 잠시 생각했다. '사기와 속임수로 가득한 이 굴욕적인 삶에서, 이 모든 가식적인 사람들에서 멀리, 아주 멀리 떨어져 늙은 우편배달부 마리아와 마스트로 빈첸초, 조콘다가 있는 마법의 섬으로 돌아갈 겁니다. 그리고 절벽 가장 높은 곳에 우뚝 선 작고 하얀 집에서 제 영혼을 깨끗이 씻어낼 겁니다. 이 끔찍한 도시에서 얼마나 더 시간을 버려야 할까요? 안토니오 성인이 언제쯤 새로운 기적

을 일으키실까요?'

책상 위에는 작별 인사가 담긴 편지가 놓여 있었다. 감사와 치하의 말을 전한 후작 부인은 잘 있으라는 말 대신에 '오 르부아(다시 만날 때까지)'라는 인사를 남겼다. 그리고 큰 액수의 지폐를 넣어 두었다. 나는 방 한구석에서 흐릿해져가는 카프리 섬 사진을 바라보다가 그 돈을 주머니에 넣었다. 행운이 따르고 번성했던 시절에 모았던 돈은 다 어디로 갔지? 마스트로 빈첸초의 집을 고칠 돈을 모아야 했지만, 사실은 한 푼도 모으지 못했다. 죗값을 치른 건가? 그럴지도 모르겠다. 하지만 그런 거라면, 교수들은 죄다 파산해야 한다. 교수들이고 내 동료들이고, 나와 같은 고객을 둔 우리는 모두 한 배를 탄 셈이니까. 그나마 다행히 내게는 내가 사기꾼이 되는 걸 막아줄 다른 환자들이 많았다. 그때는 지금보다 전문의 수가 훨씬 적었다. 나는 수술 말고도 온갖 것들을 다 알아야 했다. 내가 외과에 맞지 않는다는 것을 깨닫는 데 2년이 걸렸다. 환자들은 더 빨리 알아차리지 않았을까. 나를 신경과 의사라고 생각했겠지만, 의사가 할 수 있는 일들은 다 했다. 심지어는 산과의 일까지도 말이다. 신이 산모와 아이를 도우신 거다. 사실은 내 환자들이 치료를 잘 견뎌냈다. 매의 눈으로 장군으로 승진할 장교 명단을 훑어보던 나폴레옹이 누군가의 이름 옆에다 "운이 좋은 사람인가?"라고 적곤 했다는데, 나도 손대는 일마다, 내가 만났던 환자들마다 신기할 정도로 운이 좋았다. 나는 좋은 의사가 아니었다. 공부도 너무 빨리 끝냈고, 병원 수련 기간도 너무 짧았다. 그런데도 성공한 의사였다.

도대체 비결이 뭐지? 신뢰를 주는 거다. 신뢰라니? 어디서 오는 거지? 머리? 마음? 인간 정신의 표면에서 비롯하나? 아니면 인간 존재의 깊은 곳에서 뿌리를 둔 선악의 식별이라는 거대한 나무인가? 어떤 경로를 통해 다른 사람들과 신뢰를 나눌 수 있지? 눈빛에 드러나는 건가, 사람들이 하는 말에서 들을 수 있던가? 난 잘 모르겠다. 그저 신뢰라는 게 책을 읽는다고 얻을 수 있는 것도 아니고 환자 곁에서 시간을 보낸다고 생겨나는 것도 아니란 것만은 안다. 누군가에게는 태어날 때부터 주어지고 누군가에게는 허락되지 않는 마법 같은 재능이다. 이런 재능을 가진 의사는 죽은 사람도 살려낼 판이다. 재능이 없는 의사는 홍역 환자를 진료하더라도 동료 의사에게 도움을 요청할 수밖에 없다. 이 귀한 재능은 순전히 내 노력과 수고로 거두는 게 아니었다. 이 사실을 어깨에 힘이 잔뜩 들어가고 내 자신에게 만족하기 시작하던 찰나에 깨달았으니 얼마나 다행인지 모른다. 내 지식이 얼마나 보잘것없는지 깨달았고, 지혜롭고 경험 많은 보호자인 대자연에 더욱 의지하여 조언과 도움을 구하게 되었다. 병원 일과 가난한 환자들을 계속 맡았다면 결국 좋은 의사가 되었을지도 모른다. 하지만 유행을 좇는 의사가 되는 길을 택하면서 그 기회를 모조리 날려버렸다. 유행을 좇는 의사를 만난다면 그에게 전적으로 맡기기 전에 안전거리를 유지하고 잘 살펴봐야 한다. 그 사람이 좋은 의사일 수도 있지만 열에 아홉은 그렇지 않다. 대체로 그런 의사는 인내심을 가지고 환자가 주저리주저리 늘어놓는 말을 듣고 있을 여유가 없다. 아직은 아니라고 해도 속물이 될 가능성이 높다. 순서를 기다리고 있는 환자 앞에 백작 부인을 먼저 들어오게 하거나, 백작의 하인보다는 백작의 간 상태를 더 꼼꼼히 살펴보거나, 백일해에 걸려 상태가 나빠지는 어느 집 막둥이를 살펴보는 대신 영국 대사관에서 열리는 가든파티에 참석한다. 그리고 아주 양심 바른 사람이 아니라면, 머지않아 틀림없이 마음이 돌덩이처럼 단단하고 무뎌지는 조짐을 보일 거다. 쾌락을 추구하는 주변 사람들처럼 다른 사람의 고통에 무심하고 무감해진다. 연민 없이 좋은 의사가 될 수는 없다.

*

늘 심리학에 관심이 많았던 나는 긴 일과를 끝내고 스스로에게 왜 그 어리석은 사람들이 몇 시간이고 상담실에 앉아 나를 기다렸을까 묻곤 했다. 어째서 내 말을 따랐지? 그냥 내 손이 닿았을 뿐인데 왜 좋아졌다고 느꼈을까? 말할 기운도 없고 죽음의 공포가 두 눈에 가득하면서도 어째서 내가 이마에 손을 얹으면 그렇게 평온하고 차분해질 수 있을까? 생 안느 정신병원에 수용된 환자들이 분노하며 입에 거품을 물고 들짐승처럼 괴성을 지르다가도 내가 그들이 입고 있는 구속복을 풀어주고 손을 잡아주기만 하면 진정하고 유순해지는 이유가 뭐였을까? 그건 내가 자주 쓰는 비결이었다. 감시인들도 다 알고 있는 사실이었고, 많은 동료들, 심지어 교수조차도 나를 두고 이렇게 말했다. "쎄 가르송-라 알 르 디아블 오 코르! [이 녀석 몸에 악마가 들었어!]" 나는 왠지 모르게 정신병 환자들이 좋았고, 친구들과 지내듯 살 데아지티(정신병원)를 아무렇지도 않게 돌아다녔다. 그 끝이 좋지 않을 거라는 경고를 한두 번 들은 게 아니었다. 그렇다는 건 나도 잘 알고 있었다.

어느 날, 아주 가깝게 지내던 환자 하나가 어떻게 구했는지 모를 망치로 내 뒤통수를 후려쳤다. 의식을 잃은 나는 응급실로 실려 갔다. 아주 무시무시한 공격이었다. 그 친구는 전직 대장장이로 망치 쓰는 일에 전문가였다. 처음엔 사람들이 내 두개골이 골절된 줄 알았다. 천만에! 그냥 코모시옹 세레브할(뇌진탕)일 뿐이었다. 이 작은 사고로 셰프 드 클리니크(병원장)한테 분에 넘치는 칭찬을 들었다. "이 빌어먹을 스웨덴 놈은 곰 대가리야. 망치 안 부서졌나 확인해보게!"

"모든 것은 손이 아니라 머리에 있는지도 모르겠군."

48시간이나 정지했던 정신 기능이 다시 돌아왔을 때 나는 이렇게 중얼거렸다. 병문안 오는 사람도 없고 책도 없이 일주일 동안 내 '곰 대가리'에 얼음주머니를 얹고 지내면서 이 문제를 진지하게 생각했다. 하지만 아무리 대장장이의 망치라 해도 모든 문제는 손에 있다는 내 이론을 꺾지 못했다.

*

나는 무슨 생각으로 메나제리 페종(페종 동물원)에서 흑표범 우리 사이에 손을 디밀었을까? 아무리 근처에 성가시게 구는 사람이 없었다 해도, 어떻게 그 큰 고양이가 바닥에 뒹굴며 두 발로 내 손을 잡고 기분 좋게 그르렁거리다가 나를 향해 그 큰 주둥이를 쩍쩍 벌리며 하품을 할 수 있었지? 어떻게 나는 레오니의 발에 생긴 종기를 째고 그 커다란 암사자가 일주일 동안 고통스럽게 세 발로 불안하게 어슬렁거리게 만든 나뭇조각을 빼냈을까? 국부마취도 소용이 없었는지, 가여운 레오니는 내가 발에서 고름을 짜내자 아이처럼 칭얼댔다. 상처를 소독할 때 약간 짜증을 내기는 했어도 낮게 그르렁대는 소리에 노여움 따윈 없었다. 그저 그 날렵한 혀로 상처를 핥지 못해 실망한 눈치였다. 치료를 마치고 페종 씨가 치료비로 준 새끼 개코원숭이를 안고 동물원을 떠나려는데, 이 유명한 사자 조련사가 한마디 했다. "의사 양반, 아무래도 직업을 잘못 고르신 것 같군요. 동물 조련사를 해야 했어요!"

파리 동물원에 있는 커다란 북극곰 이반은 나를 보자마자 수조에서 나와서 울타리 앞에 두 발을 딛고 우뚝 서서 검은 코를 내 앞에 디밀고는 내 손에 있는 물고기를 아주 친숙하게 받아먹지 않았던가? 사육사는 이반이 다른 사람한테 그런 적이 없다며 틀림없이 나를 같은 동물로 봤을 거라고 했다. 내 손이 아니라 물고기 때문이 아니었냐고? 더는 줄 게 없는데도 이반은 계속 같은 자세로 그 자리에 서서 흰 눈썹 아래 반짝이는 검은 눈동자로 나를 빤히 쳐다보더니 내 손에 코를 대고 킁킁거렸다. 나는 그 녀석한테 배운 북극 악센트를 섞어가며 스웨덴어로 서로 이야기를 나눴다. 낮은 목소리로 미안하다고 속삭이며 내가 고향에 있을 때 네 동족 두 마리가 떠내려 온 빙하 사이에 있던 우리 배 근처에서 헤엄치는 모습을 봤다고 말했다. 틀림없이 이반은 내가 한 말을 모두 이해했을 거다.

이 동물원의 유명한 고릴라 자크는 그 동족 중에서 유일하게 포로로 잡혀 햇빛 한 줌 들지 않는 적들의 땅에 끌려온 불쌍한 녀석이었다! 그런 녀석이 나를 보자마자 그 두툼하고 거친 손을 내 손 위에 척 얹는 게 아닌가? 내가 등을 부드럽게 쓰다듬어주니 어찌나 좋아하던지. 녀석은 조용히 내 손을 잡고 잠시 그대로 앉아 있었다. 가끔 손금을 보는 것처럼 내 손바닥을 유심히 들여다보기도 하고, 관절에 이상은 없나 확인하듯 내 손가락을 하나하나 구부려 봤다. 그러다가 내 손을 놓고는 싱긋 웃으며 자기 손바닥을 그렇게 유심히 들여다보는 게, 네 손이나 내 손이나 별 다를 게 없다고 말하는 것 같았다. 그 점에서는 자크가 옳았다. 녀석은 대부분 시간을 관람객들 눈에 띄지 않는 우리 구석에 가만히 앉아 지푸라기를 만지작거렸다. 사람들이 자유롭던 시절 낮잠을 자던 시카모어 나무의 가지라 여겼으면 하는 헛된 바람을 갖고 설치해 준 그네는 쳐다보지도 않았다.

아랍 사람들이 쓰는 셰리르처럼 대나무로 만든 나지막한 침상에서 잠을 잤지만 꽤 일찍 일어나는 편이었다. 이 녀석이 병에 걸리기 전에는 침상에 누워 있는 모습을 본 적이 없었다. 사육사는 자크에게 낮은 식탁 앞에 앉아 턱 밑에 냅킨을 두르고 점심 먹는 법을 가르쳤다. 단단한 나무로 만든 칼과 포크도 쥐어 줬지만 녀석은 쓰지 않았다. 그보다는 우리 선조들이 불과 수백 년 전까지 그랬고 지금도 인류 대다수가 그러는 것처럼 손가락으로 집어 먹는 것을 훨씬 좋아했다. 그래도 컵으로 우유를 열심히 마셨고 아침에는 설탕을 듬뿍 넣은 커피도 마셨다. 자기 손으로 코를 푸는 것도 맞지만, 페트라르카의 연인 라우라도, 스코틀랜드의 메리 여왕도, 태양왕도 그랬다.

불쌍한 자크! 우리 우정은 마지막 순간까지 이어졌다. 녀석은 크리스마스 이후로 앓았다. 갈수록 안색이 파리해지고 두 볼이 핼쑥해졌으며 두 눈은 퀭했다. 잠을 제대로 못 자서 있는 대로 날카로워지더니 금세 살이 내리고 곧 불길한 마른기침을 해대기 시작했다. 녀석의 체온을 여러 번 잴 때마다 무척 조심해야 했다. 이 녀석도 아이들처럼 체온계 안에서 뭐가 움직이는지 들여다보려다 깨뜨릴 수가 있었다. 어느 날 내 무릎에 앉아 손을 꼭 잡고 있던 자크는 갑자기 숨이 넘어갈 듯 기침을 해댔고 가벼운 폐출혈이 생겼다. 사람들처럼 녀석도 피를 보더니 겁에 질렸다. 전쟁 중에 입은 상처가 크게 벌어져도 무심하게 바라보던 용감한 영국 병사들이 뚝뚝 떨어지는 붉은 피 몇 방울에 하얗게 질리던 모습을 종종 봤다. 자크는 점점 식욕을 잃었다. 살살 달래었지만 바나나 무화과 하나 먹이기도 힘들었다.

어느 날 아침, 자크는 머리끝까지 담요를 덮어 쓴 채 침상에 누워 있었다. 생 클레어 병원에서 돌보던 환자들이 죽을 만큼 지치고 세상만사 다 귀찮을 때 딱 그런 모습이었다. 녀석은 내가 다가가는 소리를 들었는지 담요 속에서 손을 뻗어 내 손을 꼭 잡았다. 나는 녀석이 불안해하지 않게 손을 꼭 잡고 무겁고 불규칙한 숨소리와 목에서 가르랑대는 가래 소리를 들으며 한참을 앉아 있었다. 이내 녀석이 온몸이 들썩일 만큼 심하게 기침을 해댔다. 자크는 몸을 일으켜 앉아 절망에 빠진 듯 머리를 두 손으로 감싸 쥐었다. 얼굴 표정이 완전히 변했다. 동물의 모습은 벗어던지고 죽어가는 인간을 닮았다. 나에게 곁을 내준 녀석은 전능하신 하느님께서 인간이 가하는 고통을 보상하시려고 동물들에게 주신 특권인 편안한 죽음의 권리를 박탈당했다. 고통이 끔찍할 만큼 극에 달했다. 내가 종종 생클레어 병원에서 목격했던 바로 그 집행자의 손이 서서히 자크의 숨통을 옥죄었다. 나는 서서히 조여 오는 손길에서 그 죽음의 집행자를 알아봤다.

  그 뒤에 무슨 일이 벌어졌냐고? 내 가여운 친구 자크는 어떻게 되었냐고? 앙상해진 자크의 몸뚱이는 해부학 연구소로 보내졌고, 커다란 두개골과 해골은 뒤피트앙 박물관에 여전히 똑바로 서 있다. 하지만 그게 다일까?

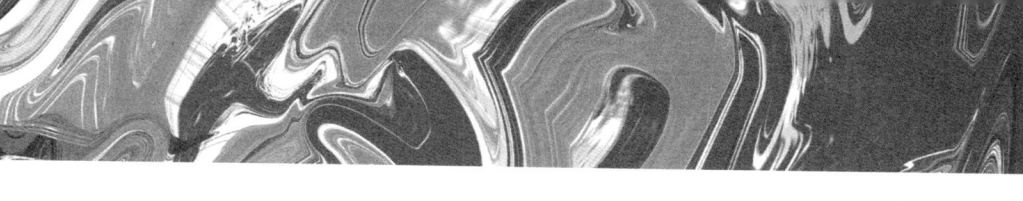

5

환자들

생제르맹 저택에서 일요일에 열리던 만찬이 무척 그리웠다. 수도원장과 면담하고 두 주쯤 지났을 때였다. 충동적인 성격이 발동한 백작 부인은 갑자기 분위기를 바꿀 필요가 있다고 느껴 백작과 함께 투렌 성으로 가기로 마음먹었다. 모두가 깜짝 놀랐지만, 수도원장만은 그럴 줄 알았다는 눈치였다. 마지막 일요일에 그곳에서 저녁 식사를 하는데 그 노련하고 통찰력 있는 두 눈에 장난기가 서리는 것을 봤다. 백작 부인은 친절하게도 매주 건강 상태를 알려왔고, 가끔 수도원장을 통해서도 소식을 접했다. 모든 일이 잘 돌아가고 있었다. 백작은 매일 아침 말을 탔고 낮잠을 자지 않았으며 담배도 많이 줄였다. 백작 부인은 다시 음악을 시작했고 마을의 가난한 이들을 열심히 보살폈으며 대장염에는 불평 한마디 하지 않았다.

수도원장도 좋은 소식을 전했다. 후작 부인이 성에서 한 시간 거리에 있는 시골집에서 아주 잘 지내고 있다는 소식이었다. 온종일 팔걸이의자에 앉아 귀가 들리지 않는다고 푸념하며 축 처져 있는 대신, 뒤룩뒤룩 살이 쪄서 운동이 필요한 사랑하는 룰루를 위해 하루에 두 번씩 길게 산책을 나갔다.

"조그만 게 사납기가 이루 말할 수 없어요." 수도원장이 편지를 보냈다. "부인 무릎에 앉아서 보는 사람마다 으르렁댄답니다. 글쎄 하녀를 두 번이나 물었지 뭡니까. 사람들이 죄다 녀석을 꼴 보기 싫어하지만 후작 부인만은 애지중지하며 하루 종일 끼고 산답니다. 어제는 고해성사를 보는데 이 녀석이 그만 부인의 아름다운 티 가운에 토를 하는 바람에 주인이 기겁을 하고 말았죠. 성사도 그만둬야 했어요. 부인께서는 내가 선생에게 이 녀석의 증상이 대장염으로 발전할 가능성이 있는지, 처방을 내려줄 수 있는지 물어보기를 바랍니다. 누구보다도 선생이 녀석의 상태를 잘 이해하리라 믿는다는군요."

틀린 말은 아니었다. 당시 나는 뛰어난 개 전문 의사로 이름을 알리는 중이었고, 나중에는 개를 사랑하는 고객들 사이에서 꽤 유명한 의사로 독보적인 위치를 차지했다. 사람을 치료하는 의사로서 내 재능을 두고 사람들마다 의견이 엇갈렸지만, 신뢰할 수 있는 수의사라는 명성에 심각하게 금이 간 적은 없다고 자신 있게 말할 수 있다. 그렇다고 이 분야에서 다른 의사들에게 잘루지 드 미티에(직업적 질투)를 느낀 적이 없다고 부정할 만큼 자만심으로 똘똘 뭉친 인간은 아니다(분명히 말하지만 이미 다른 분야에서는 그런 질투를 느낄 만큼 느꼈다).

좋은 개 전문 의사가 되려면 개를 좋아해야 하지만, 사람을 대할 때와 마찬가지로 이해도 해야 한다. 다른 점이 있다면 사람보다는 개를 사랑하고 이해하기가 쉽다. 한 가지만은 잊지 말아야 한다. 개마다 생각하는 방식이 전혀 다르다. 재빠르게 움직이는 폭스테리어의 눈동자에 반짝이는 영리함은 세인트버나드나 늙은 양치기 개의 차분한 눈빛에 어리는 고요한 지혜와는 전혀 다른 정신 활동을 나타낸다. 개가 똑똑하기로 소문이 나 있지만 얼마나 똑똑한지는 개마다 큰 차이가 있다. 대개는 강아지가 눈을 뜨는 순간 이미 판가름이 난다. 물론 둔한 개도 있지만, 그 비율은 사람보다 낮다. 개를 이해하고 생각을 읽는 법은 배우기가 쉬운 편이다. 개는 시치미를 떼지 않는다. 속이는 법도 없다. 말을 못하니 거짓말을 하지도 못한다. 개는 성인이다. 천성이 솔직하고 정직하다. 생존 싸움에서 간계에 의존할 수밖에 없었던 야생의 조상들에게 물려받은 죄의 낙인이 새겨진 개도 있지만, 이러한 낙인은 경험을 통해 사람에게 정직하고 공정한 대우를 받을 수 있다고 배우는 순간 지워진다. 귀염 받는 개라 해도 간혹 그 낙인이 남아 있을 수 있지만 그런 경우는 아주 드물다. 그런 개는 정상이 아니며 도덕적 광기에 시달리고 있으니 고통 없이 죽을 수 있게 해줘야 한다.

개는 주인이 우월하다는 사실을 기꺼이 인정하고 주인의 최종 판단을 받아들이지만, 개를 사랑하는 많은 사람들이 생각하는 것과는 달리 자신을 노예라 여기진 않는다. 자발적으로 복종하고 자신의 작은 권리를 존중해주기를 바란다. 주인을 왕을 넘어 신으로 여긴다. 신이 엄격해야 할 때에는 엄격하기를 바라지만, 공정하기도 바란다. 신이 자신의 속마음을 헤아린다는 것도 알고, 그 마음을 감춰봐야 부질없다는 것도 잘 안다. 개는 신의 생각을 읽을 수 있을까? 대부분 그럴 거다. 심령연구협회에서 뭐라고 떠들지만, 사람과 사람 사이의 텔레파시는 아직 증명되지 않았다. 하지만 개와 사람 사이의 텔레파시는 계속해서 입증되고 있다. 개는 주인의 생각을 읽을 수 있다. 주인이 어떤 기분인지, 어떤 결정을 내릴지 짐작할 수 있다. 주인이 지금 나를 달가워한다는 것도, 나의 왕이 종종 열심히 일하고 있거나 일해야 할 때에는 얌전히 기다려야 한다는 것도 본능적으로 안다. 그렇지만 주인이 슬픔과 걱정에 휩싸이면, 이제는 자신이 나서야할 때라는 걸 알고 조용히 다가가 주인 무릎에 머리를 기댄다. 걱정 마세요! 세상이 주인님에게 등을 돌려도 제가 주인님을 괴롭히는 사람들을 모두 물리칠게요! 모든 시름을 내려놓고, 우리, 산책이라도 가요!

주인이 아플 때 개가 하는 짓을 보면 기분이 참 묘하고 애처롭다. 어김없는 본능의 경고를 받은 개는 병을 두려워하고, 죽음을 외면한다. 오랜 세월 주인과 한 침대에서 자던 개도 주인이 아프면 그 자리에 머물기를 꺼린다. 그러지 않는 경우가 아주 가끔 있지만, 죽음의 시간이 가까워지면 여지없이 주인에게서 멀어져 방구석에서 몸을 웅크리고는 구슬프게 낑낑댄다. 나도 개가 하는 행동으로 죽음이 다가왔다는 경고를 받은 적이 있었다. 개가 죽음을 얼마나 알고 있을까? 못해도 우리만큼은 안다. 어쩌면 더 많이 알지도.

이 글을 쓰고 있자니 아나카프리에 살던 그 가난한 여자가 생각난다. 마을의 이방인인 그녀는 결핵으로 서서히 죽어가고 있었다. 죽음이 어찌나 느리게 다가오는지, 병문안을 오던 몇 안 되는 사람들마저 지쳐서 그녀를 운명에 맡기고 말았다. 그녀의 친구는 잡종 개 한 마리뿐이었다. 내가 말한 그 규칙에서 유일하게 벗어난 이 개는 주인의 침대 발치에서 한 걸음도 움직이지 않았다. 그 가난한 여자가 살고 죽었던 그 허름하고 지저분한 집에서 눅눅한 흙바닥 말고 몸을 누일 수 있는 곳은 그 자리뿐이었다.

어느 날, 우연히 그 집을 지나가던 나는 그 작은 마을에 있던 열두 사제 중에 가난한 자와 병든 자에게 눈곱만큼이라도 관심을 둔 유일한 사제인 살바토레 신부를 만났다. 나를 본 살바토레 신부는 그녀에게 병자성사를 베풀 때가 되지 않았냐고 물었다. 그녀는 평상시와 달라 보이지 않았고 맥박도 나쁘지 않았다. 우리에게 요전보다 좋아진 것 같다고 말하기도 했다. "라 밀리오리아 델라 모르트. [죽음으로 고통에서 해방되기를.]" 살바토레 신부가 말했다. 나는 그녀가 그렇게 삶에 집착하는 모습에 문득문득 놀랐다. 그리고 사제에게 한두 주는 더 살 수 있을 거라고 말했다. 그렇게 우리 둘은 마지막 성사 드릴 때를 더 기다리기로 했다. 우리가 방을 나서자마자 그 집 개가 괴롭게 울부짖으며 침대에서 뛰어내리더니 방 한구석에 웅크리고 앉아 처량하게 낑낑거리기 시작했다. 여자를 들여다봤지만 딱히 달라진 게 없었다. 하지만 맥이 잡히지 않았다. 그녀는 뭐라 말을 하려고 안간힘을 썼지만, 무슨 말인지 이해하지 못했다. 그녀는 초점이 흐려진 눈으로 나를 바라보며 앙상한 팔을 들어 올려 개를 여러 번 가리켰다. 이번에는 그녀가 무슨 말을 하려는지 이해했다. 내가 그녀에게 몸을 기울여 개를 잘 돌보겠다고 하는 말을 속삭였고, 그녀도 분명 들었을 거다. 마음이 놓이는 듯 고개를 끄덕이던 그녀는 이내 눈을 감았고 죽음의 평화가 얼굴에 번져 나갔다. 이내 깊은 숨을 내쉬는 그 입술 사이로 피가 흘러내렸다. 그렇게 모든 것이 끝났다. 직접적인 사인은 내출혈이었다. 그 개는 어떻게 나보다 먼저 알았을까?

    저녁에 사람들이 시신을 수습해 갔다. 추모객은 묘지까지 주인을 따라가는 개뿐이었다. 다음 날, 예전부터 나와 가까웠던 묘지 파는 늙은 파치알레가 와서 아직도 그 개가 무덤가에 누워 있다고 말해줬다. 온종일 쏟아지던 비가 다음 날 밤까지 이어졌다. 아침에 가보니 개가 여전히 자리를 지키고 있었다. 저녁 무렵, 개를 살살 달래 산 미켈레로 데려 가야겠다 생각해 파치알레에게 목줄을 들려 보냈다. 하지만 개는 파치알레를 보고 사납게 으르렁대며 꼼짝도 하지 않았다. 셋째 날, 내가 직접 묘지로 갔다. 겨우겨우 녀석을 집으로 데려올 수

5. 환자들 • 65

있었다. 그 녀석은 내가 누군지 알았다.

그 당시 산 미켈레에는 개가 여덟 마리 있었다. 새로 온 이 낯선 개에게 어떤 반응을 보일지 몰라 걱정스러웠다. 하지만 개코원숭이 빌리 덕에 일이 잘 풀렸다. 왠지 몰라도 빌리는 낯선 개를 보자마자 큰 호감을 보였고, 어리둥절하던 개는 이내 빌리와 죽고 못 사는 단짝이 되었다. 우리집 개들은 산 미켈레의 정원을 지배하는 거대한 원숭이라면 질색을 하고 두려워했다. 사나운 마렘마 종인 바르바로사도 신참에게 으르렁거리지 않았다. 그 개는 거기서 2년간 행복하게 살다가 내가 키우던 다른 개들과 함께 담쟁이덩굴 아래 묻혔다.

다정한 격려, 인내심, 잘 했다고 칭찬하며 주는 간식, 이 세 가지만 있으면 개에게 거의 모든 것을 가르칠 수 있다. 절대로 화를 내거나 어떤 폭력도 써서는 안 된다. 똑똑한 개를 체벌하면 주인을 모욕하는 셈이다. 심리적으로도 잘못된 방법이다. 그렇더라도, 아직 이성적 판단을 할 나이가 지나지 않은 아주 어린아이들이나 장난꾸러기 강아지들이 아직 예의범절의 기본 규칙을 배우지 않으려고 고집을 피울 때에는 엉덩이를 몇 대 툭툭 두드려도 괜찮다고 생각한다.

개인적으로 우리 개들한테는 어떤 재주도 가르치지 않았다. 하지만 많은 개들이 한 번 익힌 재주를 뽐내며 아주 즐거워한다. 서커스 공연을 하는 것은 전혀 다른 문제다. 게다가 똑똑한 개에게 공연을 시키는 건 개의 능력을 무시하는 일이다. 어쨌거나 공연하는 개들은 돈을 벌기 때문에 대체로 좋은 대접을 받는다. 아무래도 동물원에 갇힌 불쌍한 야생동물보다는 확실히 형편이 낫다. 개들이 아플 때 왜 그런 처치를 받아야 하는지 단호한 목소리로 조곤조곤 설명하면 굉장히 아픈 수술이라도 대체로 순순히 받아들인다. 병든 개에게 먹이를 강요해서는 안 된다. 본능적으로 먹으면 안 되는 줄 알지만 그저 주인이 기뻐하니 먹는 거다. 병이 낫는 데 전혀 도움이 되지 않는다. 그렇다고 걱정할 필요는 없다. 아주 어린아이들이나 개들은 며칠 동안 먹지 않아도 지내는 데 별로 불편하지 않다. 개가 큰 용기를 내서 고통을 견뎌내지만, 주인이 안쓰러워해주기를 바란다. 개를 사랑하는 사람들에게 위로가 될지 모르겠지만, 확실히 개들은 우리가 생각하는 것보다 통증에 그렇게 민감하지 않다. 개가 아플 때에는 꼭 필요한 경우가 아니고서는 가만두는 게 좋다. 괜히 개입했다가 개들 스스로 회복하려는 습성에 혼란을 일으킬 뿐이다. 어떤 동물이고 아플 때는 혼자 있고 싶어 한다.

죽음을 앞두었을 때도 마찬가지다. 아! 개의 수명은 너무 짧다. 친구를 잃고 슬퍼하지 않는 사람은 없다. 공원 나무 아래 묻어주고 돌아서며 이렇게 말한다. 절대로 다시는 개를 키우지 않을 거야. 어떤 개도 이 녀석을 대신할 수 없어. 녀석만큼 우리와 잘 지낼 수 있는 개는 없어. 하지만 잘못 생각하는 거다. 우리는 그냥 개를 사랑한 게 아니라, 바로 그 개를 사랑한 거다. 개들은 다 비슷비슷하다. 언제든 주인을 사랑하고 사랑받을 준비가 되어 있다. 개는 신이 창조하신 가장 사랑스럽고 도덕적으로 가장 완벽한 생명체다. 죽은 친구를 제대로 사랑했다면, 새로운 친구 없이는 견딜 수 없다. 아아! 그 친구 역시 떠나야할 순간이 온다. 신이 사랑하는 존재는 이른 나이에 떠나기 마련이니까. 그 시간이 가까워질 때 내 말을 꼭 기억하면 좋겠다. 개를 안락사 시설에 보내거나 친절한 의사에게 마취제를 써서 고통 없이 죽게 해 달라고 요청하지 않기를. 그런다고 고통 없는 죽음이 될 순 없다. 괴로움을 주는 죽음이다. 개들은 이런 가스와 약물의 치명적 효과에 아주 처절하게 몸부림친다. 어른도 죽일 수 있는 용량을 흡수한 개는 수십 분 동안이나 정신과 육체의 고통을 느끼며 살아 있을 때가 많다.

나는 안락사 시설에서 이루어지는 죽음의 현장을 여러 번 보았고, 직접 마취제를 써서 많은 개들을 죽이기도 했다. 그래서 내가 무슨 말을 하고 있는지 잘 안다. 다시는 그런 짓은 하지 않을 거다. 차라리 개를 사랑하는 믿을 만한 사람에게 늙은 개를 맡기며 개를 공원에 데려가 뼈다귀를 던져주고 그걸 먹는 사이에 권총을 귀에 대고 쏴 달라고 부탁해라. 개가 한순간에 고통 없이 떠날 수 있다. 훅하고 불어 끄는 촛불처럼 그렇게 생명을 다한다. 키우던 늙은 개들을 내 손으로 그렇게 많이 떠나보냈다. 그 녀석들 모두 마테리타에 있는 사이프러스 나무 밑에 묻어 줬다. 무덤 위에는 고풍스러운 대리석 기둥을 세웠다. 그곳에는 12년간 어느 품위 있는 여성의 충실한 친구였던 개도 한 마리 묻혀 있다. 내 나라 온 국민의 어머니가 되어야 했던 그 여성은 카프리에 올 때마다 그 개의 무덤에 꽃다발을 두고 갈 만큼 너그러운 마음을 지녔다.

운명은 가장 사랑스러운 동물을 공수병이라는 가장 끔찍한 질병을 퍼트리는 존재로 정해놓았다. 나는 파스퇴르 연구소에서 과학과 그 두려운 적 사이에서 벌어지는 길고 지난한 싸움의 시작을 목격했다. 그리고 최종 승리도. 참으로 비싼 대가를 치른 승리였다. 수많은 개들이 희생되어야 했고 아마 사람의 생명도 희생되었을 거다. 가끔 불행한 운명을 맞이한 동물들을 찾아가 내가 할 수 있는 작은 위안을 주었다. 하지만 너무나 고통스러워서 한동안 파스퇴르 연구소에 가는 일을 아예 그만두었다. 그러나 옳은 일이었고, 반드시 해야 할 일을 했다는 것만큼은 의심하지 않는다. 실패의 순간도 많이 보았고, 새로운 치료 방법이 나오기 전후에 많은 사람들이 죽어가던 모습도 목격했다. 파스퇴르는 개를 사랑하는 선의의 무지한 사람들은 물론 많은 동료들에게 격렬한 공격을 받았다. 심지어는 그의 혈청으로 여러 환자들을 죽음에 이르게 했다는 비난을 받았다. 그는 실패에 굴하지 않고 자신의 길을 계속 갔지만, 그 당시 그를 지켜본 사람들은 그가 개에게 가해야만 했던 고통에 얼마나 괴로워했는지 잘 알았다. 그는 개를 무척 사랑했고 참으로 인정 많은 사람이었다. 파스퇴르가 자신은 새를 쏠 만한 용기도 없는 사람이라고 하는 말도 들어봤다. 그는 연구소에 있는 개들이 최소한의 고통만을 겪을 수 있도록 최선을 다했다. 대단히 개를 사랑하는 사람이라고 알려진 전직 경찰 페르니에를 빌뇌브 드 에탕[새로운 연못 마을]에 있는 개 사육장 관리자 자리에 앉힌 사람도 파스퇴르였다. 이 사육장에는 혈청을 접종한 개 육십 마리가 있었는데, 정기적으로 옛 롤랑 고등학교에 마련한 사육장으로 데려가 교상 실험을 했다. 공수병에 걸린 개 마흔 마리도 있었다. 입에 거품을 물고 미쳐 날뛰는 개들을 다루는 일은 무척 위험했다. 사람들의 용기에 새삼 놀란 적이 한두 번이 아니었다. 파스퇴르도 겁내지 않았다. 공수병에 걸린 개의 턱에서 곧바로 타액 표본을 확보할 생각뿐이었다.

한 번은 파스퇴르가 조수 두 명이 손 보호용 가죽 장갑을 끼고 실험대에 붙잡아 둔 광견병 걸린 불도그 입에서 치명적인 침 몇 방울을 직접 빨아들이려고 유리관을 입에 물고 있는 모습을 보았다. 이 연구소에 있는 개들은 대부분 경찰이 파리 거리에서 잡아온 떠돌이 개였다. 하지만 그중에는 한때 좋은 환경에서 살았을 법한 개들이 많았다. 이곳에서 개들은 세상에서 잊힌 무명용사들처럼, 질병과 죽음에 맞서는 인간의 심리적 싸움 속에서 고통 받으며 죽어갔다. 리처드 월레스 경이 인근 라 바가텔에 세운 우아한 애완견 묘지에는 애완견과 응접실을 지키던 개 수백 마리가 묻혀 있다. 그리고 개들을 사랑했던 사람들은 그 쓸모없고 호화로운 삶의 기록을 정성껏 새긴 대리석 십자가를 무덤가에 세웠다.

러시아 농부 여섯 명이 미친 늑대 떼에 물려 차르의 비용으로 파스퇴르 연구소에 보내지는 끔찍한 일이 일어났다. 얼굴과 손을 사정없이 물어뜯긴 이들은 처음부터 살 가망이 없었다. 게다가 늑대 공수병이 개 공수병보다 훨씬 위험한 데다가 얼굴을 물리면 십중팔구 죽는다고 알려져 있었다. 그 사실을 누구보다 잘 아는 사람이 파스퇴르였다. 그런 성품이 아니었다면 그도 틀림없이 농부들을 맡지 않겠다고 거절했을 거다. 그들은 티요 교수의 책임 아래 디유 병원의 특별 병동에 입원하였다. 당시 파리에서 가장 유명하고 인간적인 외과 의사였던 티요 교수는 열렬한 파스퇴르 지지자이자 그의 좋은 친구였다. 파스퇴르는 티요와 함께 매일 아침 농부들에게 접종주사를 놓고 하루하루 간절한 마음으로 지켜보았다. 환자들이 내뱉는 말은 한마디도 이해할 수 없었다.

아흐레째 되던 날 오후, 나는 목이 심하게 찢어진 농민이 우유 한 방울이라도 마실 수 있게 입에 넣어주고 있었다. 얼굴이 거의 다 찢겨 나간 몸집 큰 농민이었다. 그런데 그의 눈이 갑자기 거칠고 기괴하게 빛나고 턱 근육이 수축하는가 싶더니 별안간 발작을 일으켰다. 벌어진 입에서 거품이 일고 사람이나 동물한테서 한 번도 들어본 적이 없는 철컥철컥 소리와 함께 소름끼치는 비명소리가 터져 나왔다. 마구 몸부림치며 침대에서 뛰쳐나가려는 그를 뒤에서 끌어안았지만, 나를 때려눕히다시피 했다. 곰의 앞발처럼 강한 두 팔로 나를 움켜잡고는 숨통이 끊어져라 조여 왔다. 거품을 문 그 입에서 나는 악취 섞인 숨결이 내 얼굴에 닿았고, 독이 섞인 침이 내 얼굴을 타고 흘러내렸다. 그의 목을 움켜쥐자 그 끔찍한 상처를 동여맸던 붕대가 풀려나갔고, 으르렁거리는 그의 턱에서 떼어낸 손은 온통 피로 물들어 있었다. 온몸에 경련이 일더니 팔에 힘이 빠진 그가 옆으로 쓰러졌다. 나는 비틀거리는 걸음으로 가장 강력한 소독제를 찾아 나섰다.

복도에는 마르테 수녀가 애프터눈 커피를 마시며 앉아 있었다. 기절할 것만 같던 나는 공포에 질려 쳐다보는 수녀의 커피잔을 얼른 빼앗아 들이켰다. 하느님의 자비로 내 얼굴과 손에 긁힌 자국 하나 나지 않았다.

마르테 수녀는 좋은 친구였다. 내가 알기로 수녀는 약속을 지켰고, 그날의 비밀은 새어 나가지 않았다. 내가 이 일을 비밀에 부칠 만한 이유가 있었다. 농부들에게 다가가지 말고 정말 필요한 경우에는 두꺼운 장갑을 착용해 손을 보호한 후에 접근하라는 엄격한 지시가 내려왔기 때문이다. 나중에 교수님께 직접 이 일을 말씀드렸더니 불같이 화를 내셨다. 하지만 나에게 은근히 약했던 터라 예전에 내가 실수를 저질렀을 때처럼 곧 마음을 풀었다.

"새크리 수에두아! [에라 이 스웨덴 놈아!]" 교수가 중얼거렸다. "너도 그 농부처럼 미친 거지!"

그날 저녁 그 농부는 침대 철제기둥에 손발이 묶여 다른 곳과 떨어진 별도의 부속 건물로 옮겨졌다.

다음 날 아침, 나는 마르테 수녀와 그를 보러 갔다. 방은 어두침침했다. 그의 얼굴은 붕대로 칭칭 감겨 있어 눈 밖에 보이지 않았다. 하고 싶은 말이 많아 보이는 그 눈을 잊을 수 없을 것 같았다. 그 뒤로 오랫동안 그 눈이 떠올랐다. 숨소리는 죽음의 전조 현상이라고 하는 체인 스토크스 호흡처럼 짧고 불규칙했다. 그는 잔뜩 쉰 목소리로 어지러울 정도로 빠르게 말했다. 때때로 들려오는 고통에 찬 거친 비명과 그르렁거리는 신음에 온몸에 소름이 돋았다. 그는 질질 흐르는 침에 잠긴 듯 알아들을 수 없는 단어들을 마구 내뱉었다. 한참을 듣고 있다 보니 절망적인 억양으로 끊임없이 반복하고 있는 단어 하나가 귀에 들어왔다.

"크레시챠! 크레시챠! 크레시챠!"

나는 그의 눈을 뚫어져라 쳐다보았다. 선량하고 겸손하며 애절한 빛을 담은 눈이었다.

"의식은 있는 것 같네요." 나는 마르테 수녀에게 나지막이 말했다. "원하는 게 있나 봐요. 뭔지 들어보죠!"

"크레시챠! 크레시챠! 크레시챠!" 그가 외쳐댔다.

"얼른 십자가를 가져오세요." 수녀에게 말했다.

십자가를 침대에 올려놓았다. 주절거리던 말소리가 이내 멈췄다. 농부는 얌전히 누운 채 두 눈을 십자가에 고정했다. 숨소리는 조금씩, 조금씩 옅어졌다. 갑자기 마지막 격심한 경련과 함께 그 거대한 몸의 근육들이 뻣뻣해지고 심장이 멎었다.

다음 날 다른 농부에게서 어김없이 공수병 증상이 나타났다. 곧이어 다른 농부에게서도. 사흘 뒤에는 모두가 미쳐 날뛰었다. 그들이 지르는 비명과 울부짖는 소리를 디유 병원 어디서든 들을 수 있었다. 심지어 노트르담 성당에 있던 사람들도 들었다. 병원 전체가 우울했다. 아무도 병동 가까이에 가려 하지 않았다. 그 용감한 수녀님들조차 겁에 질려 달아났다. 지금 내 눈에 보이는 것은 핏기라고는 없는 얼굴로 조용히 침대를 오가며 절망에 빠진 사람들을 무한한 연민의 눈빛으로 들여다보는 파스퇴르뿐이었다. 의자에 몸을 내던진 그는 두 손으로 머리를 감쌌다. 매일 그를 봐 왔지만, 그가 얼마나 아프고 지쳤는지 눈치채지 못했다. 그러나 거의 알아채지 못할 정도로 말투에 묻어나던 망설임과 그 손길에서 느껴지던 미묘한 당혹감을 생각해 보면, 그는 머지않아 자신에게 닥칠 운명의 첫 번째 경고를 그때 이미 받고 있었던 거다. 한창 수술 중이던 티유가 병동으로 달려왔다. 수술복은 피로 얼룩져 있었다. 그는 파스퇴르에게 다가가 어깨에 손을 얹었다. 두 남자는 말없이 서로를 바라보았다. 그 위대한 외과 의사는 수많은 공포와 고통을 목격했던 친절한 푸른 눈으로 병동을 찬찬히 둘러보았다. 얼굴은 종잇장처럼 창백했다.

"더는 못 견디겠네." 그가 떨리는 목소리로 이렇게 말하고는 방을 뛰쳐나갔다.

그날 저녁 두 사람 사이에 협의가 이루어졌다. 두 사람이 내린 결정을 아는 사람은 거의 없었다. 하지만 그들이 유일하게 내릴 수 있는 옳은 결정이자 두 사람 모두에게 명예로운 일이었다. 다음 날 아침, 병동은 고요했다. 밤사이 비운의 사람들은 고통 없는 죽음을 맞이했다.

파리에 거대한 반향이 일었다. 신문마다 러시아 농부들의 죽음과 관련한 끔찍한 기사들뿐이었고 한동안 사람들은 이 이야기밖에 하지 않았다.

*

다음 주 어느 늦은 밤, 유명한 노르웨이 동물 화가가 기르던 개에게 손을 물렸다며 겁에 질려 빌리에 거리로 달려왔다. 몸집이 큰 불도그로, 아주 사나워 보이지만 사실 온순하고 잘 따르는 가족 같은 개였다. 지난해에는 개의 초상화를 그려 살롱에 전시하기도 했다. 우리는 즉시 테르므 거리에 있는 화가의 작업실로 달려갔다. 개를 침실에 가둬두었던 주인은 내게 개를 그 자리에서 쏴 달라고 부탁했다.

자신은 그럴 용기가 없다면서…개는 이리저리 날뛰었고, 가끔 침대 밑에 숨어 사납게 으르렁댔다. 방이 너무 어두웠던 탓에 열쇠를 주머니에 넣고 아침이 밝을 때까지 기다리기로 했다. 화가가 입은 상처를 소독하고 치료한 다음, 잠잘 수 있게 수면제를 주었다. 다음 날 아침 개를 유심히 지켜보았지만 정말 공수병에 걸렸는지 확신할 수가 없어서 사살하려던 계획을 다음 날로 미루기로 했다. 공수병 초기 단계에서 오진은 흔하다. 이 무시무시한 병명의 유래가 된 전형적인 증상도 믿을 게 못 된다(공수병은 물을 두려워한다는 뜻이다). 공수병에 걸린 개는 물을 싫어하지 않는다. 앞에 놔준 물그릇에 머리를 처박고 게걸스럽게 물을 마시는 모습을 종종 봤다. 이런 증상은 공수병에 걸린 사람한테나 적용된다. 공수병을 의심 받아 죽은 개들은 대다수는 아니어도 상당수가 비교적 해가 없는 질병을 앓았다. 그러나 그렇다는 것도 사후 검사로나 증명할 수 있을 뿐(일반 의사나 수의사나, 열의 하나는 제대로 증명하지 못한다), 보통은 개에 물린 사람을 설득하기가 참 어렵다. 끔찍한 전염병의 공포가 아직 가시지 않은 데다가 공수병의 공포가 그에 못지않다. 의심되는 개를 안전하게 가두고 먹이와 물을 제공하는 게 옳다. 물린 사람이 열흘이 지나도 살아 있다면 공수병이 아니니 다 괜찮다는 뜻이다.

다음 날 아침, 살짝 열린 문틈으로 개를 지켜봤다. 개는 시뻘건 눈으로 반갑다는 듯 나를 바라보며 꼬리를 힘차게 흔들었다. 그러나 쓰다듬어주려고 손을 뻗자 갑자기 으르렁대며 침대 밑으로 물러났다. 이걸 어떻게 받아들여야할지 몰랐다. 아무튼 주인에게 개가 공수병에 걸린 것 같진 않다고 말했다. 주인은 내 말을 들으려 하지 않고 그냥 개를 쏴 죽여 달라고 했다. 부탁을 거절한 나는 하루 더 기다려보자고 했다. 주인은 밤새 작업실을 서성이다가 책상에 놓인 의학안내서를 펼쳐 인간과 개에게 나타나는 증상에 연필로 표시를 했다. 나는 책을 벽난로 속에 던져버렸다. 하루 종일 개 주인 곁에 있겠다고 했던 이웃집 러시아 조각가는 그날 저녁 나에게 그가 음식을 모두 마다하고 침을 질질 흘리며 공수병이라는 말만 했다고 전했다. 나는 화가에게 얼른 커피를 한 잔 마시라고 했다. 절망에 휩싸인 그는 나를 보며 못 삼키겠다고 말했다. 그에게 잔을 건네는 순간 그의 턱 근육이 섬뜩할 정도로 경련을 일으키며 굳어갔다. 몸을 덜덜 떨던 그는 고통에 찬 비명을 지르며 의자에 쓰러지듯 털썩 주저앉았다. 나는 그에게 강력한 모르핀 주사를 놓으며 개는 괜찮으니 다시 그 방에 들어가겠다고 자신 있게 말했다. 하지만 정말 그럴 용기가 있었을까. 모르핀 효과가 도는지 의자에서 반쯤 잠이 든 그를 두고 나왔다. 밤에 다시 찾아가니, 러시아 조각가가 집안이 온통 난리라고 말했다. 집주인이 관리인에게 당장 개를 죽이라고 통보하였고, 방금 그가 창문을 통해 개를 쏘았다는 것이다. 문가로 기어간 개는 또다시 발사된 총알에 목숨을 잃었다. 개는 흥건히 고인 피 웅덩이 속에 쓰러져 있었다. 주인은 의자에 앉아 아무 말 없이 그 모습을 빤히 쳐다보고 있었다. 그 눈빛이 마음에 들지 않은 나는 탁자에 놓인 그의 권총을 가져와 주머니에 넣었다. 총에는 아직 총알 한 방이 남아 있었다. 나는 촛불을 켠 뒤 러시아 조각가에게 죽은 개를 내 마차까지 옮기는 일을 도와 달라고 했다. 곧바로 개의 사체를 파스퇴르 연구소로 가져가 검시해보려 했다. 문 앞에 피만 흥건할 뿐 개는 없었다.

"문 닫아요!" 뒤에서 조각가가 외치는 순간, 으르렁거리는 소리와 함께 침대 밑에서 개가 튀어 나와 나에게 달려들었다. 크게 벌린 주둥이에 피가 흘러 넘쳤다. 나는 들고 있던 촛대를 떨어뜨렸다. 어둠 속에서 닥치는 대로 총을 쏘았고 개는 바로 내 발 앞에 쓰러져 죽었다. 개를 마차에 싣고 파스퇴르 연구소로 달려갔다. 파스퇴르의 오른팔로 훗날 그 자리를 이어받을 루 박사는 상황이 아주 나빠 보인다며, 곧바로 검시를 해서 그 결과를 가능한 한 빨리 알려주겠다고 약속했다. 다음 날 테르프 거리를 찾아갔다. 조각가가 작업실 밖에 서 있었다. 밤새 불안에 떨며 서성이는 친구 곁을 지키다가 한 시간 전쯤 친구가 의자에서 잠이 드는 모습을 보고 방에 돌아가 씻은 뒤 이제 막 작업실로 돌아온 참이었다. 조각가는 작업실 문을 안에서 걸어 잠갔다는 것을 눈치챘다.

"들어보세요." 잠시도 한눈 팔지 말고 곁을 지키라는 말을 어긴 데에 변명이라도 하듯 그가 말했다. "괜찮아요. 이 친구, 아직 잠자고 있어요. 코 고는 소리 들리죠?"

"문을 부숴야겠어요. 날 도와요." 내가 외쳤다. "코 고는 소리가 아니라 숨소리가 거친 거예요. 이건…."

문이 열리자 우리는 작업실로 달려갔다. 그는 손에 권총을 쥔 채 소파에 누워 숨을 헐떡이고 있었다. 눈에 총을 대고 쏜 거다. 우리는 그를 내 마차로 옮겼다. 전속력으로 마차를 보종 병원으로 몰았다. 라베 교수가 바로 그를 수술했다. 그가 쏜 권총은 내가 그 집에서 가져왔던 총보다 구경이 작았다. 총알을 제거했다. 내가 병원에서 나올 때까지도 그는 의식이 없었다. 그날 저녁 루 박사가 보낸 편지를 받았다. 검시 결과는 음성이었다. 개는 공수병에 걸리지 않았다. 나는 다시 보종 병원으로 마차를 몰았다. 노르웨이 화가는 섬망 증상을 보였다. 그 유명한 외과 의사는 프로뇨시스 페시마, 즉 예후가 아주 좋지 않다고 했다. 셋째 날부터 뇌척수막염이 진행됐다. 그는 목숨은 건졌지만, 한 달 뒤 퇴원할 때는 앞을 보지 못했다. 마지막으로 들은 소식은 그가 노르웨이 정신병원에 있다는 것이었다.

이 비극적 사건에서 내 역할을 만족스럽게 해내지 못했다. 최선을 다했지만 부족했다. 이런 일이 몇 년 뒤에만 일어났어도 이 남자는 자신을 쏘지 않았을 거다. 나는 그가 느끼는 공포를 어떻게 다스려야 할지 알았을 거고, 훗날 몇 번이나 그랬던 듯, 우리 둘 다 생명의 위협을 느껴 손에 권총을 움켜쥐었던 때보다 훨씬 강해져 있었을 거다.

동물 생체해부를 반대하는 사람들은 살아 있는 동물 실험을 전면 금지하라고 주장하지만 도저히 받아들일 수 없는 요구라는 것을 언제쯤 깨달을까? 파스퇴르의 공수병 백신 덕에 이 끔찍한 질병으로 인한 사망률이 최저로 떨어졌고 베링의 디프테리아 항독소 혈청으로 해마다 십만 명이 넘는 아이들이 생명을 구한다. 이 두 가지 사실만으로도 선의를 가진 동물 애호가들에게 파스퇴르처럼 신세계를 발견한 사람들이나 코흐, 에를리히, 베링처럼 지금까지 치료할 수 없었던 질병을 다룰 새로운 치료법을 발견한 사람들이 외부 제약이나 방해를 받지 않고 연구를 계속해야 한다는 사실을 설득하기에 충분하지 않을까? 자유롭게 연구할 수 있는 사람들은 손에 꼽을 만큼 적다. 물론 나머지 사람들에게는 엄격한 제한을, 더 나아가서는 전면 금지를 주장할 필요가 있다. 하지만 나는 한 걸음 더 나아가고자 한다. 살아 있는 동물 실험을 반대하는 가장 중요한 논거는, 병리학과 심리학 관점에서 볼 때 사람의 신체와 동물의 몸이 근본적으로 다르므로 그러한 실험이 실제로 가지는 가치가 크게 줄어든다는 것이다. 하지만 왜 이런 실험을 동물체에 한정해야 할까? 어째서 살아 있는 사람 몸에 실시해서는 안 되지? 남은 인생을 감옥에서 허비하며 다른 사람은 물론 자신에게도 아무런 도움도 안 되고 때로는 위험을 초래하기만 하는 태생적 범죄자나 만성적 악행을 저지르는 이들은 어떤가? 상습적으로 법을 어기는 이런 범죄자들이 인류 이익을 위해 마취를 받고 특정 생체 실험에 참여하겠다고 하면, 그 형기를 줄여 줘서는 안 될 이유가 있을까? 법복을 입기 전 판사가 살인자에게 교수형과 징역살이 몇 년 중에 선택하라고 제안할 수 있다면, 틀림없이 제안을 받아들일 지원자들이 부족하지 않을 거다. 보로노프 박사의 실험이 가지는 실용적 가치가 어떠하든, 불쌍한 원숭이들을 대신해 기꺼이 지원하겠다는 사람들을 모집할 사무실을 감옥에 열 수 있도록 허용해서는 안 될 이유가 있나? 선의를 가진 동물 애호가들은 어째서 서커스단과 동물원에서 야생 동물 전시를 중단하도록 노력하지 않는 건가? 이런 남부끄러운 일을 우리 법이 허용하는 한, 미래 세대가 우리를 문명인으로 여길 가능성은 거의 없다. 우리가 실제로 얼마나 야만적인 집단인지 깨닫고 싶다면, 순회 동물원 막사에 들어가 보면 된다. 위험한 맹수는 우리 안에 있지 않다. 그 앞에 서 있다.

원숭이와 동물원 이야기를 하다가 꺼내기엔 좀 그렇지만, 기운이 팔팔하던 시절 내가 꽤 괜찮은 원숭이 의사였다는 사실에 조금이나마 자부심을 느낀다. 예상치 못한 복잡한 문제와 위험이 도사리는 아주 힘든 전문 분야로, 기본적으로 빠른 판단력과 인간 본성에 대한 깊이 있는 지식을 갖춰야 성공을 거둘 수 있다. 어린아이와 마찬가지로 환자가 말을 못하는 게 가장 큰 어려움이 아니냐고 하는데, 정말 터무니없는 소리다. 원숭이도 때에 따라서 말을 꽤 잘 한다.

가장 큰 어려움은 이 녀석들이 느리게 돌아가는 우리 두뇌로는 따라갈 수 없을 만큼 똑똑하다는 점이다. 사람 환자는 속일 수 있다. 안타깝지만 속임수는 우리 직업에 꼭 필요하다. 진실을 말하기에는 너무나 슬플 때가 많다. 사람이 하는 말을 맹목적으로 믿는 개는 속일 수 있지만 원숭이는 그럴 수 없다. 말하는 사람의 속내를 훤히 꿰뚫기 때문이다. 원숭이는 마음만 먹으면 언제든 사람을 속일 수 있다. 종종 재미삼아 그러기도 한다. 파리 식물원에 사는 내 친구인 늙은 개코원숭이 쥘은 아주 불쌍한 표정을 지으며 배 위에 손을 얹고 나에게 혀를 내민다(어린애보다 원숭이 혀를 보기가 쉽다). 나는 입맛이 없지만 그저 친구인 네가 기뻐했으면 하는 마음에 사과를 먹었을 뿐이라는 뜻이다. 내가 미처 입을 열어 얼마나 걱정하는지 말하기도 전에, 쥘은 내 손에 있는 마지막 바나나를 낚아채서 날름 먹어버리고는 껍질을 우리 너머에 있는 나한테 던져버린다.

"내 등에 난 붉은 반점 좀 봐줘." 에드워드가 말한다. "처음에는 그저 벼룩한테 물린 줄 알았는데, 지금은 물집이 잡힌 것처럼 화끈거려. 더는 못 참겠어. 아프지 않게 어떻게 좀 해줄래? 아니, 거기 말고, 조금 더 위로. 이리 가까이 와 봐. 너 근시인 거 다 안다고. 정확히 어디인지 알려줄게!"

그 말과 동시에 그네에 앉아 있던 녀석이 내 안경을 잡아채 눈에 대어 보더니 악동 같은 웃음을 지으며 안경을 산산조각 내버린다. 그러고는 그 모습을 바라보며 감탄하는 동료들에게 기념품으로 나눠준다.

원숭이는 사람 놀리기를 참 좋아한다. 하지만 우리가 녀석들을 조금이라도 놀리는 눈치다 싶으면 있는 대로 짜증을 낸다. 원숭이 앞에서는 웃어도 안 된다. 녀석들이 참지 못한다. 원숭이의 신경 체계는 아주 예민하다. 갑자기 겁을 주면 거의 발작을 일으킨다. 원숭이들이 경련을 일으키는 일이 드물지 않다. 간질을 앓는 원숭이를 치료한 적도 있다. 예상치 못한 소음에 하얗게 질린다. 종종 얼굴을 붉히지만 부끄러워서 그러는 게 아니다. 하느님도 아시다시피 화가 난 거다. 그러나 이런 관찰은 원숭이 얼굴만 봐서 될 일이 아니다.

이 녀석들은 종종 예상치 못한 다른 곳을 붉힌다. 창조주께서 이들을 지으실 때 그분만이 아는 이유로 이 특별한 곳을 선택하여 그렇게 풍부하고 섬세한 카네이션 색과 진홍색, 파란색, 주황색 등 그토록 생생한 색의 향연을 선사하신 까닭을 우리의 어리석은 눈으로는 여전히 헤아릴 수 없다. 많은 관람객들이 처음에는 그 모습에 놀라 아주 추하다고 서슴없이 말하기도 한다. 그러나 미의 기준은 세대와 나라마다 무척 다르기 마련이다. 아름다움을 중요하게 여기는 그리스인들은 아프로디테의 머리카락을 파란색으로 칠했다. 파란색 머리라니…원숭이들 사이에서 이 짙은 장밋빛은 분명 아름다움의 상징이자 암컷들에게는 거부할 수 없는 매력이다. 그리고 그런 화려한 색을 엉덩이에 가진 복 많은 녀석은 관람객들이 잘 볼 수 있게 종종 꼬리를 세우고 뒤돌아서 뒤태를 보여준다. 원숭이는 모성애가 강하다. 새끼 원숭이에게 뭔가 하려 해서는 안 된다. 아랍 여성들이나 나폴리 여성들처럼 원숭이들도 그런 사람은 악한 눈을 가지고 있다고 믿는다. 성욕이 강할수록 농탕질 부리기가 쉽다. 그래서 동물원에 있는 커다란 원숭이 집에서는 끔찍한 '막장 드라마'가 끊임없이 펼쳐진다. 아무리 작은 비단마모셋이라도 분노에 휩싸인 오셀로가 되어 언제든 거대한 개코원숭이와 싸울 수 있다. 암컷들은 자신들을 두고 싸우는 각양각색의 투사들을 동정 어린 시선으로 흘끗 쳐다보거나 서로 맹렬히 다투는 가운데 단 하나의 승자를 가리는 이 싸움을 지켜본다.

우리에 갇혀 무리를 이루고 사는 원숭이들은 그럭저럭 견딜 만한 삶을 산다. 우리 안팎에서 일어나는 음모와 소문을 쫓아다니느라 바빠서 불행할 틈이 없다. 우리에 갇힌 고릴라, 침팬지, 오랑우탄 등 커다란 유인원의 삶은 순교자의 삶처럼 순수하고 단순하다. 결핵에 걸리더라도 병이 너무 서서히 진행되어 죽지 못하면 극심한 건강염려증에 빠진다. 모두 알겠지만, 폐결핵은 우리에 갇힌 크고 작은 원숭이들을 죽음으로 이끄는 원인이다. 병에 걸려 증상이 나타나고 심해졌다가 낫는 과정은 우리 사람들과 같다. 공기가 차가워서 병에 걸리는 것이 아니다. 공기가 부족해서다. 대부분의 원숭이들은 활발히 돌아다닐 수 있는 공간과 밤에 쉴 따뜻한 잠자리만 있으면 놀라울 정도로 추위를 잘 견딘다. 토끼를 잠자리 친구 삼아 온기를 유지하기도 한다. 가을로 접어들면, 인간뿐만 아니라 원숭이들을 세심하게 보살피는 어머니 대자연은 추위에 떨고 있는 원숭이들의 몸에 북방의 겨울을 나기에 적당한 털옷을 입힐 채비를 한다. 북부 기후 지역에 갇혀 있는 열대 동물도 예외가 아니다. 이 동물들은 야외에서 생활했다면 더 오래 살았을 것이다. 하지만 동물원들은 대부분 이런 사실을 모르는 체 하는 것 같다. 어쩌면 그러는 편이 나을지도 모르겠다. 이 불행한 동물들의 수명을 늘이는 일이 바람직할까. 판단은 각자의 몫이다. 내 답은 부정적이다. 죽음은 우리보다 더 자비롭다.

6

샤토 라모

여름의 파리는, 파리 키 사뮤즈(즐거운 파리)를 누리는 이들에게는 천국이다. 그러나 파리 키 트라바유(일하는 파리)에 속한 이들에게는 그렇지 않다. 특히 스칸디나비아 노동자 수백 명이 모여 있는 빌레트에서 장티푸스와 씨름하거나 몽파르나스 지구에서 이탈리아인 친구들과 그들의 많은 아이들 사이에서 번지는 디프테리아와 맞서야 한다면 말이다. 사실 빌레트에도 스칸디아비아나 아이들이 적은 편은 아니었다. 애가 없는 집은 산파나 나 같은 의사의 도움을 받지 않고도 아이를 낳을 시기를 고르는 듯 했다. 너무 어려 장티푸스에 걸리지 않는 아이들은 대부분 성홍열을 앓았고 나머지 아이들은 백일해에 걸렸다. 물론 프랑스인 의사에게 진료비를 낼 돈이 없는 사람들은 내가 최선을 다해 돌봐야 했다. 농담이 아니라, 빌레트에서 장티푸스에 걸린 스칸디나비아 노동자들 수가 족히 서른이 넘었다.

 어쨌든 나는 주일마다 오르나노 대로에 있는 스웨덴 교회에 나갔다. 내 친구인 스웨덴 목사는 내가 다른 사람들에게 모범이 된다며 무척 기뻐했다. 신자 수는 평소의 절반밖에 안 되었다. 나머지 절반은 병석에 누워 있거나 누군가를 간호했다. 목사는 온종일 부지런히 움직이며 아픈 이와 가난한 이를 도왔다. 내가 본 그 누구보다 착한 사람이었고, 가진 돈도 한 푼 없는 사람이었다. 그가 받은 보상이라고는 집에 들인 전염병뿐이었다. 목사의 여덟 자녀 가운데 첫째와 둘째는 장티푸스에 걸렸고, 밑으로 다섯 아이들은 성홍열을 앓았으며, 막내는 2프랑짜리 동전을 삼켜 장폐색으로 죽을 뻔했다. 그 뒤 작고 조용하고 평화로운 사람인 스웨덴 영사가 갑자기 미치광이처럼 날뛰더니 나를 죽일 뻔했다. 이 이야기는 나중에 다시 할 생각이다.

몽파르나스 지구의 상황이 훨씬 나빴지만, 나는 여러모로 수월하다고 느꼈다. 이런 말하기 그렇지만, 나는 종종 대하기 어렵고 뚱한 데다가 불만 많고 까다로우며 이기적인 내 동포들보다는 가난한 이탈리아 사람들과 훨씬 잘 지냈다. 이 사람들은 돈 몇 푼과 끝없는 인내심, 활기찬 성격, 호감을 사는 태도 말고는 거의 빈손으로 조국을 떠나왔어도 언제나 만족하고 감사하였으며 서로를 끔찍이 여기며 도왔다.

살바토레의 어린 딸 셋이 모두 디프테리아에 걸렸다. 맏딸은 죽었고 몸과 마음이 지친 엄마가 다음날 이 끔찍한 병에 걸렸다. 오직 슬픔의 아이, 무력한 바보 페트루치오만이 전능하신 하느님의 헤아릴 수 없는 뜻에 따라 보호받았다. 살바토레 가족이 디프테리아에 걸리자, 거리 청소부 아칸젤로 푸스코는 잠시 일을 쉬면서 마음을 다해 이 가족들을 돌봤다. 루셀 골목 전체가 감염되어 집집마다 디프테리아가 퍼졌다. 어린애가 있는 집은 여지없었다. 아동 병원 두 곳 모두 환자가 넘쳤다. 빈 병상이 있다 해도 이 외국인 가정 아이들 몫은 아니었다. 그래서 아칸젤로 푸스코와 내가 이 아이들을 돌봐야 했다. 우리가 미처 돌보지 못한 많은 아이들은 각자 최선을 다해 살아남거나 목숨을 잃었다. 아무리 냉정한 의사라도 다른 사람들은 커녕 자기 몸 하나 소독할 길 없는 가난한 사람들 틈에서 디프테리아라는 전염병에 홀로 맞서 싸워야 하는 시련을 겪었다면 그런 경험을 떠올리며 몸서리칠 수밖에 없을 거다. 나는 그곳에서 몇 시간이나 아이들의 목 안에 약을 바르고 긁어냈다. 한 아이를 끝내면 다른 아이가 들어왔다. 당시에는 할 수 있는 일이 많지 않았다. 기도를 막고 있는 독성 막을 더 이상 제거할 수 없게 되어 아이가 창백해지고 질식할 지경에 이르자, 기관을 절개해야 한다는 징후가 빛처럼 빠르게 나타났다! 수술대가 없어서 아이를 야트막한 침대나 어머니 무릎에 눕히고는 형편없는 석유등 불빛 아래서 곧바로 수술을 해야 했다! 게다가 수술을 도와줄 사람이라고는 거리 청소부밖에 없는데!

다음 날까지 기다렸다가, 나보다 나은 외과 의사를 찾는 게 어떨까? 내가 기다릴 수 있을까? 기다려도 되려나? 아! 다음 날까지 기다렸다가 때를 놓쳐 눈앞에서 아이가 죽었던 적이 있었다. 곧바로 수술을 해서 목숨을 살린 아이도 있지만, 수술을 하는 도중에 아이가 죽기도 했다. 디프테리아를 극도로 두려워하는 나는 비슷한 상황을 겪는 다른 의사들보다 상황이 나빴다. 나는 그 두려움을 극복하지 못했다.

하지만 아칸젤로 푸스코는 두려워하지 않았다. 이 끔찍한 전염병이 사람들 사이로 파고드는 모습을 보았으니, 얼마나 위험한 병인지는 나만큼이나 잘 알았다. 하지만 그는 자신의 안전 따위는 조금도 신경 쓰지 않았다. 오로지 남 걱정뿐이었다. 모든 일이 끝나자 사방에서, 심지어 공공 병원에서도 나에게 찬사를 보냈지만, 가지고 있는 좋은 옷을 팔아 어린 소녀의 시신을 운구하는 장의사에게 돈을 지불한 아칸젤로 푸스코에게 말 한마디 건네는 사람이 없었다.

그렇다, 모든 일이 끝나고 아칸젤로 푸스코는 청소해야 할 길거리로, 나는 돈 많은 환자들에게 돌아갈 때가 되었다. 내가 빌레트와 몽파르나스에서 며칠 보내는 사이에, 파리 사람들은 가방을 꾸려 그들의 성이나 좋아하는 해변 휴양지로 떠나기 바빴다. 큰길은 문명세계에서든 그렇지 않은 세계에서든 즐거움 가득한 파리를 찾아 넘쳐나는 돈을 써대는 외국인들 차지였다. 많은 사람들이 대기실에 앉아 있었다. 그들은 손에 들고 있는 여행 안내서를 참을성 없이 뒤적이다가 먼저 진료를 받겠다고 아우성이었다. 그리고 피로회복제만 그렇게 요구해댔다. 정작 필요한 사람은 그러지 않는데 말이다.

밤이고 낮이고 아주 곤란한 시간에 자신들이 묵고 있는 호텔로 나를 부르는 사람들도 있었다. 그들은 최신 유행하는 고급 티 가운을 입고 안락의자에 편히 앉아서 다음 날 오페라 극장에서 열리는 가면무도회에 참석할 수 있게 "고쳐주기"를 바랐다. 그런 사람들은 나를 두 번 찾는 법이 없었다. 딱히 놀랍지도 않았다.

시간만 버렸어! 피곤으로 지친 다리를 끌며 타는 듯 뜨거워진 아스팔트길을 따라 집으로 향했다. 먼지를 뒤집어 써 잎이 축 처진 밤나무 아래를 지나며 맑은 공기를 들이마셨다.

"너나 나나" 난 밤나무를 보며 말했다. "아무래도 이 커다란 도시에서 벗어나 기분 전환을 해야겠다. 하지만 이런 생지옥 같은 곳에서 어떻게 벗어나지? 너는 상처 난 뿌리가 철제 고리에 묶여 아스팔트 아래에 꼼짝없이 갇혀 있고, 나는 대기실을 차지하고 있는 이런 부유한 미국인들과 침상에 누워 있는 많은 환자들에게 붙잡혀 있으니 말이야. 어찌어찌해서 떠난다 치자. 그럼 식물원에 있는 원숭이들은 누가 돌보지? 이제 북극곰이 가장 힘들어하는 때가 올 텐데, 헉헉대는 그 녀석 기운을 누가 북돋아줄까? 다른 사람들이 아무리 다정하게 말을 건네도 녀석은 한마디도 이해하지 못할 거야. 녀석은 스웨덴어만 알아듣거든! 몽파르나스 지구는 또 어떻고? 몽파르나스! 생각만으로도 몸이 떨려. 자그마한 석유등의 희미한 불빛에 비친 아이의 창백한 얼굴이 떠오르는구나. 방금 절개한 아이 목구멍에서 흐르던 피도 생각난다고. 아이 엄마가 두려워 우는 소리가 귀에 맴돌아. 백작 부인은 뭐라고 할까?…백작 부인이라니! 아니, 내가 분명 어떻게 됐나 보다. 말제르브 대로에서 그런 것들을 떠올리다니, 남 걱정할 때가 아니야! 도대체 내가 백작 부인이랑 무슨 상관이지? 수도원장이 지난번 보낸 편지에 부인은 투렌 성에서 아주 잘 지내고 있다고 했어. 나도 파리에서 아주 잘 지내고 있지. 세상에서 가장 아름다운 이 도시에서 말이야. 아무래도 잠을 좀 자야겠다. 그런데 오늘밤 백작에게 초대를 기꺼이 받아들여 내일 출발하겠다고 편지를 써 보낸다면, 그는 뭐라 말할까? 오늘밤엔 푹 잤으면 좋겠다! 환자들에게 지어준 효과 좋은 수면제 한 알을 먹어볼까? 워낙 강력해서 한 알 먹으면 몽파르나스든 투렌이든 백작 부인이든, 세상만사 다 잊고 하루 24시간 푹 잘 수 있을 텐데."

나는 너무나 피곤해서 옷도 갈아입지 못하고 침대에 누웠다. 굳이 수면제는 필요 없었다. 파리 사람들이 하는 말처럼 레 퀴지니에 농 파팡, 요리사는 배고프지 않는 법이니까.

다음 날 아침 진료실에 들어가니 책상 위에 놓인 편지 한 통이 눈에 들어왔다. 수도원장이 보낸 편지였는데, 백작이 다음과 같은 추신을 직접 적었다.

"선생은 종달새 소리가 가장 좋다고 했지요. 이곳에서는 아직도 그 소리를 들을 수 있답니다. 하지만 그 시간이 그리 길지는 않을 겁니다. 그러니 어서 오는 게 좋겠습니다."

종달새라니! 그러고 보니 지난 2년 동안 튈르리 정원에서 짹짹거리는 참새 말고는 다른 새소리를 못 들었구나!

*

역에서 나를 태운 말들은 참 아름다웠다. 수백 년 된 라임나무가 있는 드넓은 공원에 자리한 리슐리유 시대의 성도, 내가 묵을 호화로운 방에 놓인 루이 16세 가구도, 이층으로 올라가는 내 뒤를 따르던 커다란 세인트버나드도, 모든 게 아름다웠다. 단순한 흰색 프록코트를 입고 허리끈에 프랑스 장미 한 송이를 꽂은 백작 부인도 아름다웠다. 부인의 눈이 예전보다 더 커진 것 같았다. 백작도 두 볼에 홍조가 돌고 눈도 초롱초롱 빛나는 게 전혀 다른 사람이 되어 있었다. 사람 좋은 웃음으로 나를 맞이한 덕에 쑥스럽던 마음이 금세 풀어졌다. 하지만 여전히 나는 이런 호화로운 환경에서 지낸 적 없는 울티마 툴레, 즉 먼 나라에서 온 이방인이었다. 수도원장은 오랜 친구를 만나듯 나를 반겼다. 백작은 마침 차를 마시기 전에 산책을 하려던 참이었다며 함께 산책을 하거나 마구간을 둘러보겠냐고 물었다. 나는 정말 아름다운 말 열두 마리에게 하나씩 줄 당근으로 가득한 바구니를 받았다. 털이 자르르하게 손질된 말들이 반질반질한 참나무로 만든 칸막이 안에 일렬로 서 있었다.

"이 녀석에게 좋은 당근을 주면 금세 친해질 겁니다." 백작이 말했다. "여기 머무는 동안 이 말을 타세요. 이쪽이 선생을 모실 마부입니다." 백작이 가리킨 영국 소년이 쓰고 있던 모자챙에 손을 대며 내게 인사했다.

"그래요. 아내가 정말 좋아졌어요." 정원을 한 바퀴 둘러보고 오는 길에 백작이 전했다. "아내는 대장염 이야기는 꺼내지도 않아요.

매일 아침 마을의 가난한 집을 방문하고 마을 의사와 오래된 농장을 아픈 아이들을 위한 진료소로 바꾸는 일을 의논하는 중이지요. 생일날에는 가난한 집 아이들을 모두 성에 초대해 커피와 케이크를 베풀었지 뭡니까. 아이들이 집으로 돌아갈 때에는 인형을 하나씩 선물했답니다. 정말 좋은 생각이었죠?"

"만약 아내가 선생에게 인형 이야기를 하면, 잊지 말고 잘했다고 말해 줘요."

"꼭 기억하지요. 쥬 느 드 몽 파 뮤. [좋은 생각이에요]."

저택 앞 커다란 라임나무 아래에 차가 준비되었다.

"친애하는 안느, 친구를 소개할게요." 우리가 다가가자 백작 부인이 곁에 앉은 숙녀에게 말했다. "유감이지만 선생님은 우리보다 말이 더 좋은가 봐요. 지금껏 나한테는 말 한마디도 안 걸었으면서 마구간에서 말이랑 30분이나 이야기했잖아요."

"말들도 대화를 나눠 무척 좋았나 보더군." 백작이 껄껄 웃었다. "사냥할 때 타는 내 늙은 말 있잖소. 낯선 사람한테 그렇게 까칠한 녀석이 선생 얼굴에 코를 대고는 반갑다는 듯 킁킁거리더군."

안느 남작 부인이 만나서 반갑다고 인사를 한 뒤, 시어머니인 마르퀴스 도에리에르(남편을 여읜 후작부인)에게 좋은 소식이 있다며 전해주었다.

"어머님은 잘 들린다고 하시지만, 저는 잘 모르겠어요. 룰루가 코 고는 소리도 잘 못 들으시니 말이죠. 제 남편이 흡연실에서도 그 소리가 들린다고 하면 엄청 화를 내세요. 아무튼, 어머님이 사랑하는 룰루는 우리 모두에게 복덩어리에요. 룰루가 오기 전까지 어머님은 혼자 있는 걸 못 견뎌 하셨어요. 하루 종일 어머님 보청기에 대고 말을 해야 해서 얼마나 피곤했는지 모른답니다. 지금은 룰루를 무릎에 앉혀 놓고 몇 시간이고 조용히 혼자 앉아 계세요. 선생님, 팔걸이 의자에서 잠시도 떠나지 않던 어머님이 아침마다 룰루를 운동시킨다고 정원에서 뛰어가는 모습을 직접 보셔도 믿지 못할 거예요. 선생님이 어머님한테 매일 조금씩이라도 걸으시라고 하셨잖아요. 그때 어머님이 그럴 기운이 없다고 하셔서 선생님이 얼마나 화를 내셨는지, 아직도 기억에 생생하답니다. 정말 믿기 어려운 일이 일어난 거예요. 선생님께서는 어머님께 처방해 준 그 고약한 약 때문이라고 하시겠지만, 제 생각엔 다 룰루 덕이에요. 기특한 녀석, 마음껏 코를 골아도 뭐라 할 사람이 없어요!"

"레오 좀 봐요." 백작이 화제를 돌렸다. "태어날 때부터 선생을 알았던 것처럼 선생 무릎에 머리를 얹고 있잖소. 와서 비스킷을 달라고 보채지도 않는군."

"어떻게 된 거야, 레오?" 백작 부인이 말했다. "조심해, 안 그러면 선생님한테 홀리고 말 거야. 선생님은 살페트리에서 샤르코와 일하셨단다. 쳐다만 봐도 사람들을 선생님 원하는 대로 조종할 수 있어. 선생님, 레오와 스웨덴어로 대화를 나누어 보세요."

"당치 않습니다. 제가 듣기에 레오의 침묵만큼 다정한 언어는 없습니다. 저는 최면술사가 아닙니다. 그저 동물을 사랑하는 사람일 뿐이죠. 동물들도 누가 자기를 좋아하는지 바로 알아보고 그 사람에게 그대로 대합니다."

"선생님, 머리 위 나뭇가지에 앉은 다람쥐에게 최면을 걸려는 건가요?" 남작 부인이 물었다. "계속 다람쥐를 쳐다보느라 우리한테는 조금도 신경 쓰지 않으시네요. 나무에 있는 다람쥐를 불러서 선생님 무릎 위에 앉아 있는 레오 옆에 앉혀 보세요."

"저에게 견과류를 주고 모두 물러나 계신다면, 다람쥐가 내려와서 제 손에 있는 견과류를 가져가게 할 수는 있을 듯합니다만."

"참 정중하시네요, 무슈 르 스웨드와." 백작 부인이 말하며 웃었다. "이리 와, 안느. 선생님께서 다람쥐와 둘이만 있게 자리를 비켜달라고 하시잖아."

"놀리지 마십시오. 부인이 머무르기를 마지막까지 바라는 사람이 접니다. 다시 만나서 정말 기쁩니다."

"정말 신사적이세요, 박사님. 처음으로 저에게 찬사를 보내셨어요. 칭찬을 받으니 좋군요."

"이곳에서는 의사가 아닙니다. 그저 초대받은 손님일 뿐이죠."

"그럼 의사는 칭찬하면 안 되나요?"

"네, 환자가 부인처럼 아름답고, 의사가 부인의 부친 나이보다 아래면 안 됩니다. 칭찬하고 싶어도 말이죠."

"음, 그렇다 해도 선생님은 기꺼이 유혹을 잘 참아내셨을 거예요. 선생님은 거의 만날 때마다 저를 겁주셨죠. 처음 본 자리에서 어찌나 무례하시던지 그대로 뒤돌아 나올 뻔했는데, 기억하세요? 친애하는 안느, 선생님이 그때 뭐라고 했는지 알아? 나를 보면서 지독한 스웨덴 억양으로 이렇게 단호하게 말하셨지. '마담 라 콩테스, 부인에게는 약이 아니라 규율이 필요하군요!' 규율이라니! 스웨덴에서는 의사가 처음 상담하러 온 젊은 숙녀에게 그런 식으로 말하나요?"

"저는 스웨덴 의사가 아닙니다. 파리에서 학위를 받았지요."

"음, 파리 의사들한테 상담을 많이 받아봤지만, 나한테 규율을 이야기한 사람은 없어요."

"그래서 부인이 그렇게 많은 의사들과 상담해야 했던 겁니다."

"선생님이 우리 시어머니께 뭐라 말했는지 아세요?" 남작 부인이 대화에 끼어들었다. "화가 잔뜩 난 목소리로, 어머님이 아무리 대장염에 걸렸다 해도 선생님 말에 따르지 않으면 그 길로 나가 다시는 오지 않겠다고 하셨답니다! 제가 거실에서 그 말을 듣다가 후작 부인이 쓰러질까 봐 달려 나왔어요. 아시겠지만 친구들한테 선생님을 추천하고 있어요. 솔직히 말씀드려도 언짢아하지 마세요. 스웨덴 사람들은 우리 라틴계 사람들을 너무 막 대해요. 선생님이 병상에서 환자를 다루는 방식이 유감스럽다고 하는 환자들도 있죠. 우리는 학생처럼 명령을 받는 데 익숙지 않아요."

"조금만 더 친절하면 어떨까요?" 백작 부인이 즐거운 듯 미소를 지었다.

"노력해보죠."

"이야기 좀 들려주세요." 저녁 식사 후 거실에 앉아 있을 때 남작 부인이 말했다. "의사는 이상한 사람들을 많이 만나고 종종 아주 이상한 상황에 휩싸이잖아요. 누구보다 실제 생활을 잘 아실 테니, 들려줄 이야기도 많으시겠죠."

"부인 말씀대로라 해도 의사가 환자 이야기를 할 순 없습니다. 게다가 실제 생활이라면, 제가 아직 풋내기라 많이 알지 못합니다."

"알고 계신 것만이라도 들려주세요." 남작 부인이 거듭 말했다.

"인생이 아름답다는 것은 알고 있습니다. 우리가 종종 인생을 엉망으로 만들어 바보 같은 웃음거리나 가슴 아픈 비극으로 만들어버린다는 것도 압니다. 그래서 울어야 할지 웃어야 할지 도무지 알 수가 없습니다. 우는 게 쉽지만, 너무 큰 소리만 내지 않는다면 차라리 웃는 편이 낫지요."

"동물 이야기를 해주세요." 고맙게도 백작 부인이 더 안전한 화제를 꺼냈다. "선생님 나라에는 곰이 많다고 하던데, 그 이야기 좀 들려주세요. 곰 이야기요!"

"옛날에 북쪽 고지대 큰 숲 근처 오래된 저택에 한 여인이 살았습니다. 이 여인이 무척 아끼는 애완 곰이 있었죠. 굶주려 다 죽어가던 상태로 숲에서 발견되었어요. 너무 작고 기운이 없는 곰을 여인과 늙은 요리사가 우유를 먹여 키웠지요. 그렇게 시간이 흘러 곰은 몸집이 커지고 힘도 세졌어요. 마음만 먹으면 소도 때려잡아 앞발로 끌고 다닐 정도로 말이죠. 하지만 곰은 그러지 않았습니다. 사람이든 짐승이든 해칠 마음이 없는 세상 온순한 곰이었죠. 우리 밖에 나와 앉아 그 작고 똘똘한 눈으로 근처 들판에서 풀을 뜯고 있는 소들을 아주 순하게 쳐다보곤 했어요. 마구간에서 키우던 갈기가 덥수룩한 조랑말 세 마리도 그런 곰이 익숙한지, 곰이 주인과 함께 마구간을 드나들어도 그러려니 했죠. 아이들은 곰에 올라타기도 하고 우리에 들어가 곰의 앞발 사이에 누워 잠을 잔 적이 한두 번이 아니었죠. 라플란트종 개 세 마리가 온갖 장난을 치고 곰의 귀와 짤막한 꼬리를 물고 흔들며 놀리곤 해도 곰은 그러거나 말거나 신경 쓰지 않았습니다. 곰은 고기를 입에 대본 적도 없었고, 개와 같은 먹이를 먹었어요. 종종 한 접시에 빵, 죽, 감자, 양배추, 순무 같은 것들을 놓고 먹기도 했죠. 식욕이 엄청났지만, 곰과 친했던 요리사는 먹이를 충분히 준비해줬습니다. 곰들은 될 수 있으면 채식을 합니다. 그중에서도 과일을 제일 좋아하죠. 가을이 오면 곰은 바닥에 주저앉아 나무에 달린 아주 잘 익은 사과들을 아쉬운 듯 바라봤습니다. 어린 곰일 때는 가끔 유혹을 못 이겨 나무를 타고 올라가 사과를 한 움큼 따오고는 했어요. 곰이 움직임이 둔하고 느린 듯 보여도, 사과나무 앞에 서면 남학생보다도 사과를 아주 잘 딴답니다. 이제는 그러면 안 된다는 것을 배워서 그러진 않지만, 여전히 그 작은 눈을 동그랗게 뜨고는 바닥에 떨어진 사과가 어디 없는지 찾아봤어요. 가끔 벌통 때문에 사달이 나기도 했죠. 코에 피가 나는 상태로 이틀이나 사슬에 묶여 벌을 받았어요. 그 뒤로 다시는 벌통을 건드리지 않았습니다. 그리고 정당한 이유가 있을 때가 아니고는 곰을 사슬에 묶지 않았어요. 묶더라도 밤에만 묶어 놓았죠. 개가 그런 것처럼 곰도 묶여 있으면 기분이 나빠질 수 있으니까요. 당연한 겁니다. 주인은 매주 일요일 오후에 결혼한 언니 집에 다녀왔어요. 울창한 숲을 지나 한 시간 정도 걸어가야 하는 호숫가 외딴 집이었어요. 그때도 곰을 묶어 놨습니다. 녀석이 호기심거리 가득한 숲을 돌아다니는 게 좋지 않다고 생각한 거죠. 곰은 배도 잘 타지 못했어요. 한 번은 곰이 갑작스러운 돌풍에 놀라는 바람에 배가 뒤집어져서 주인이 곰을 데리고 해안까지 헤엄쳐 나온 일도 있었습니다. 이제 녀석은 주인이 일요일마다 사슬에 묶고는 머리를 다정하게 툭툭 두드리며 얌전히 기다리고 있으면 다녀와서 사과를 주겠다고 약속하는 말이 무슨 뜻인지 알게 되었어요. 안쓰럽게도 녀석은 주인한테 산책에 데려갈 수 없다는 말을 들은 착한 개처럼 체념했습니다.

어느 일요일이었어요. 주인이 여느 때처럼 곰을 사슬에 묶어 두고 숲을 반쯤 지났을 때였죠. 갑자기 뒤쪽 구불구불한 길에서 나뭇가지가 부러지는 소리가 들리는 것 같아 돌아보고는 깜짝 놀라고 말았어요. 곰이 엄청난 속도로 따라오지 뭡니까. 사람들은 곰이 아주 굼뜨다고 생각하지만 사실 말이 빠르게 걸을 때보다도 훨씬 빨라요. 순식간에 주인과 거리를 좁힌 곰은 헐떡거리며 킁킁 냄새를 맡더니 평소 때와 마찬가지로 개처럼 주인 뒤를 따르는 겁니다. 주인은 몹시 화가 났어요. 이미 점심 시간에 늦어서 곰을 다시 집에 두고 올 시간이 없었죠. 그렇다고 곰을 데리고 가고 싶진 않았어요. 게다가 곰이 자기 말을 어기고 사슬을 끊어버린 것은 아주 나쁜 행동이었죠.

주인은 아주 엄한 목소리로 곰에게 당장 돌아가라고 명령하면서 양산을 곰에게 휘둘렀습니다. 멈칫하던 곰은 그 꾀 많은 눈으로 주인을 보았어요. 하지만 집에 돌아갈 마음이 없는지 곰은 계속 주인에게 코를 들이밀며 킁킁거렸어요. 그때 곰 목에 채운 새 목걸이까지 없어진 걸 본 주인은 더 화가 나서 양산이 두 동강이 나버릴 정도로 곰의 코를 세게 내려쳤습니다. 또다시 움찔한 곰은 머리를 흔들더니 꼭 할 말이 있는 것처럼 그 커다란 입을 몇 번이나 벌렸어요. 그러고는 몸을 돌려서 왔던 길을 다시 걸어가기 시작했어요. 곰은 주인의 시야에서 사라질 때까지 중간 중간 걸음을 멈추고 뒤돌아봤어요.

그날 저녁 주인이 집에 돌아와 보니, 곰은 늘 앉아 있던 우리 밖에 아주 잘못했다는 표정으로 앉아 있는 겁니다. 아직 화가 풀리지 않은 주인은 곰에게 다가가 아주 엄하게 야단을 치며, 사과도 저녁밥도 없이 이틀 동안 사슬에 묶여 있을 줄 알라고 했어요. 곰을 자식처럼 아꼈던 늙은 요리사는 화를 내며 부엌에서 달려 나왔어요. '이 녀석을 왜 나무라세요, 부인!' 요리사가 말했어요. '오늘 하루 종일 착하게 지낸 녀석한테, 세상에! 여기에 엉덩이를 딱 붙이고 천사처럼 얌전하게 앉아 있었습니다. 문만 바라보며 이제나저제나 주인님이 돌아오기만 기다렸다고요.' 그 곰이 아니었던 겁니다."

종탑 시계가 11시를 알렸다.

"자러 갈 시간이군요." 백작이 말했다. "내일 아침 일곱 시에 말을 준비해두라고 지시해두었습니다."

"편히 주무세요. 좋은 꿈 꾸시고." 방으로 올라가는 나에게 백작부인이 인사를 건넸다.

*

나는 그야말로 오만가지 꿈을 꾸느라 잠을 설쳤다.

다음 날 아침 여섯 시, 레오가 방문을 긁어댔다. 정각 일곱 시에 백작과 나는 말을 타고 오래된 라임나무들이 멋지게 늘어선 길을 따라 숲 쪽으로 갔다. 곧 느릅나무와 너도밤나무가 울창한 진짜 숲에 들어섰다. 곳곳에 멋진 오크나무도 보였다. 숲은 고요했다. 이따금 딱따구리가 리듬감 있게 나무를 쪼는 소리, 산비둘기가 구구거리는 소리, 동고비가 날카롭게 우는 소리나 찌르레기가 아주 낮은 알토로 마지막 구절을 노래하는 소리가 들려왔다. 머지않아 눈부신 햇살 아래 드넓게 펼쳐진 들판과 초원이 나타났다.

저기다. 사랑스런 종달새가 눈에 보이지 않는 날갯짓으로 하늘 높이 날아올라 삶의 기쁨을 가득 담은 그 마음을 하늘과 땅에 쏟아내고 있었다. 나는 그 작은 새를 바라보며 어린 시절 얼어붙은 북쪽나라에서 그랬던 것처럼 다시 한번 축복했다. 그 시절에는 여름을 알리는 이 작은 회색 전령사를 감사한 마음으로 바라보며 기나긴 겨울의 끝을 확신하곤 했다.

"마지막 노래군요." 백작이 말했다. "이제 끝이겠지요. 곧 새끼들 먹이를 준비해야 하니, 노래 부르며 하늘을 날아다닐 시간이 없을 겁니다. 선생 말이 옳아요. 저 녀석은 새들 중에서 가장 위대한 예술가입니다. 진심을 다해 노래 부르죠."

"이렇게 고운 소리로 우는 작고 무해한 새를 죽이는 작자들이 있다니! 시장에 가면 이런 새들이 수백 마리씩 팔리고 있어요. 이 새들로 배를 채우는 사람들에게 말이죠. 노랫소리로 온 하늘을 기쁨으로 채우는 새들이지만 그 불쌍한 죽은 몸뚱이는 아이들 손바닥 안에 들어갈 만큼 작지요. 그런데도 인간은 먹을 게 없다는 듯 그것을 게걸스럽게 먹어댑니다. 우린 식인이라는 말만 들어도 치를 떨고 조상들에게서 내려오는 그런 습관에 빠져 있는 야만인들을 교수형에 처하지만, 이렇게 작은 새들을 죽이고 먹는 사람들은 아무런 처벌을 받지 않아요."

"이상주의자군요, 선생."

"아니요, 사람들은 감상주의자라며 비웃습니다. 뭐, 마음껏 비웃으라지요. 상관없어요. 하지만 이 말은 기억했으면 좋겠군요! 그들이 더 이상 비웃지 못할 날이 올 겁니다. 그리고 창조주께서 동물 세계를 우리의 보호 아래 두셨지, 우리의 자비 아래 두지 않으셨다는 사실을 깨달을 날도 올 겁니다. 우리가 생명의 권리를 가지고 있듯이, 동물들도 그런 권리를 가지고 있죠. 우리가 동물의 생명을 거둘 수 있는 권리는 우리 스스로를 지키거나 생존하기 위한 경우만으로 엄격히 제한해야 해요. 그저 재미 삼아 죽이는 일은 없어야 합니다. 그런 일이 계속되는 한, 우리 인간은 문명인이라고 주장할 수 없어요. 그저 미개인일 뿐이죠. 날고기 한 점을 차지하려고 돌도끼로 서로 죽이던 야생의 조상들과 미래 인간 사이의 잃어버린 고리인 거예요. 야생 동물을 죽일 수밖에 없는 상황이 분명 있지만, 오늘날 그 목숨을 앗아가는 자랑스러운 사냥꾼이라는 자들은 가축 도살자와 같은 수준으로 떨어질 겁니다."

"박사 말이 옳을지도 모르겠군요." 또다시 하늘을 올려다보며 백작이 말했다. 우리는 말을 돌려 다시 성으로 향했다.

점심 식사를 하는 중에 하인이 백작 부인에게 전보를 가져왔다. 부인에게 전보를 건네받은 백작은 아무 말 없이 내용을 읽었다.

"제 사촌 모리스를 만나신 적이 있을 거예요." 백작 부인이 말했다. "지금 투르에 주둔하고 있는데, 네 시 정각에 기차를 타면 저녁 식사에 맞춰 도착한다는군요."

*

그랬다. 부인의 말처럼 모리스 자작은 우리와 함께 저녁 식사를 했다. 자작은 훤칠하고 잘생긴 젊은이로 이마는 좁고 각이 졌으며, 귀가 큼직했다. 비정해 보이는 턱선에 콧수염은 알 라 지니할 갤리페(갤리페 장군)처럼 길렀다.

"여기서 뵐 줄이야. 반갑네요, 무슈 르 스웨드와! 스웨덴 선생!" 자작이 잘난 체하며 악수를 청했다. 작고 말랑말랑한 손으로 청하는 불쾌한 악수로 이 남자가 어떤 부류의 사람인지 가늠할 수 있었다. 이제 그의 웃음소리를 들을 일만 남았다. 자작은 그 기회를 놓치지 않았다. 저녁 식사를 하는 내내 방 안에는 크고 단조롭게 낄낄거리는 그의 웃음소리가 가득했다. 그는 이제 막 백작 부인에게 자기 동료가 겪은 아주 불운하고 위험한 이야기를 들려주기 시작했다. 동료가 하인의 침대에 누워 있는 자신의 정부를 발견했다는 내용이었다. 수도원장이 불편한 기색을 보이자 백작은 맞은편에 앉은 아내에게 아침에 말을 탔던 이야기를 꺼내며 자작의 말을 끊었다. 밀이 아주 잘 자랐다, 클로버가 지천에 깔렸다, 때늦게 종달새가 들려주는 마지막 노래를 들었다고 말이다.

"그럴 리가요." 자작이 말했다. "지금도 종달새가 얼마나 많이 날아다니는데요. 어제도 제가 한 마리 쐈는데 그렇게 멋진 사격은 처음이었어요. 그 쪼그만 짐승이 나비 정도로밖에 안 보이더라구요."

나는 머리끝까지 화가 났다. 그 순간 수도원장이 내 무릎에 손을 올리며 나를 말렸다.

"정말 잔인해요, 모리스." 백작 부인이 말했다. "종달새를 죽이다니."

"종달새를 잡는 게 뭐 어떻다는 건데? 그놈들은 아주 많아. 게다가 사격 연습하기에 아주 좋은 상대라고. 제비 말고는 이보다 더 좋은 사냥감은 없어. 이런, 줄리에트. 내가 우리 부대에서 알아주는 명사수인 거 알잖아. 계속 연습하지 않으면 금세 감이 떨어진단 말이지. 다행히 병영 주변에 제비가 엄청 많아. 수백 마리가 마구간 처마 밑에 둥지를 틀었지. 요즘 새끼에게 먹이를 주느라 내 창문 앞을 아주 바쁘게 날아다닌다고. 아주 재미있어. 아침에 밖에 나갈 필요도 없이 그냥 내 방에서 총을 겨누기만 하면 돼. 어제는 말이야 가스통이랑 천 프랑을 걸고 열 마리 중 여섯 마리를 맞추는 내기를 했거든. 못 믿겠지만, 내가 여덟 마리나 맞췄다고! 제비 사냥만큼 매일 연습하기 좋은 건 없어. 내가 누누이 말하지만 모든 에콜 디 튀르(사격학교)에서 이걸 필수 과정으로 집어넣어야 하는데 말이야."

자작은 잠시 말을 멈추고 작은 약병을 꺼내더니 마시던 와인 잔에 약의 방울 수를 세며 조심스레 떨어뜨렸다.

"그러니 사랑하는 줄리에트, 바보 같이 굴지 말고 내일 나와 파리로 가자. 한동안 이 시골구석에만 있었으니 이젠 좀 실컷 놀아도 되잖아. 멋진 볼거리가 많을 거야. 프랑스 최고의 사수들이 모두 모이는 아주 굉장한 시합이 되겠지. 물론 이 모리스가 공화국 대통령이 수여하는 금메달을 받는 모습을 보게 될 거야. 카페 앙글레에서 즐겁게 저녁 식사를 한 다음 팔레 로아얄에 같이 가서 '위 뉘 드 노스(결혼 첫날 밤)'를 보자. 참 매력 있고 재미있는 연극이지. 벌써 네 번이나 봤는데, 너와 또 보고 싶군. 무대 중앙에 침대가 놓여 있고 그 아래 연인이 숨어 있어. 신랑은 늙다리⋯."

눈에 보일 만큼 짜증이 난 백작은 아내에게 신호를 보냈고, 다 같이 자리에서 일어났다.

"내가 종달새를 죽이는 일은 없을 걸세." 백작이 딱딱하게 한마디 했다.

"아니, 로베르." 자작이 소리쳤다. "못 죽이는 게 아니라, 못 맞추는 거겠죠!"

방으로 올라온 나는 꾹꾹 누른 분노와 수치심에 눈물이 차올랐다. 가방을 꾸리고 있는데 수도원장이 들어왔다. 나를 대신해 백작에게 파리에서 호출이 와 밤 기차를 타고 돌아간다고 전해 달라고 부탁했다.

"이 빌어먹을 작자를 더는 보고 싶지 않아요. 더 보고 있다가는 그 작자가 쓰고 있는 무례한 단안경을 그 골 빈 머리에서 날려버리고 말 겁니다!"

"그러지 말아요. 그랬다가는 자작이 선생을 대놓고 죽일 겁니다. 그가 유명한 사수라는 말은 사실이에요. 그가 결투를 몇 번이나 했는지 모릅니다. 늘 사람들과 싸우고 다니지요. 입이 아주 거친 사람이에요. 이렇게 부탁합니다. 선생이 서른여섯 시간만 참아요. 자작은 시합하러 내일 밤 파리로 떠날 겁니다. 앙 투르 누, 우리끼리 하는 말이지만, 자작이 떠난다는 말이 나도 선생 못지않게 반갑답니다."

"왜죠?"

수도원장은 한동안 말이 없었다.

"음, 신부님, 제가 이유를 말해볼까요? 자작은 자기 사촌을 좋아하죠. 그래서 신부님은 그를 싫어하고 신뢰하지 못하는 겁니다."

"진실을 알아챘군요. 하느님께서도 어떻게든 알게 되실 일, 차라리 선생에게 털어놓는 게 낫겠어요. 자작은 부인과 결혼하기를 바랐지만, 부인이 거절했습니다. 다행히 부인은 자작을 좋아하지 않아요."

"하지만 두려워합니다. 걱정스러울 만큼."

"백작은 부인이 자작과 가까이 지내는 것을 싫어합니다. 그래서 파리에 혼자 보낸 부인을 자작이 파티며 극장으로 데리고 다니는 꼴을 보고 싶지 않은 거지요."

"정말 그가 내일 떠날까 싶군요."

"떠날 겁니다. 금메달을 따고 싶어 안달이거든. 그가 명사수라는 말은 진짜랍니다."

"저도 명사수였으면 좋겠네요. 이 망할 작자를 쏴서 제비들 복수를 해주게 말이죠. 그 부모는 어떤 사람들인지 아십니까? 문제가 있을 것 같은데."

"모친은 독일 백작 부인으로 무척 아름답지요. 자작의 외모는 어머니를 닮았어요. 하지만 부모의 결혼 생활은 행복하지 않았지요. 부친은 술고래였어요. 걸핏하면 화를 내고 종잡을 수 없는 사람이었다고들 합니다. 말년엔 거의 정신을 놓았다지요. 자살했다고 하는 사람들도 있고."

"진심으로 그 아들도 같은 길을 가길 바랍니다. 빠를수록 좋겠죠. 지금도 제정신이 아닌 것 같지만."

"맞아요. 자작은 여러모로 별스럽지요. 말처럼 튼튼해 보이는 사람이지만 늘 건강 걱정으로 호들갑을 떤답니다. 온갖 질병에 걸릴까 봐 늘 두려워하죠. 지난 번 이곳에 머물 때에는 정원사 아들이 장티푸스에 걸렸는데 그 길로 떠나더군요. 언제나 약을 챙겨 다니죠. 선생도 저녁 식사 중에 그가 약을 챙겨 먹는 걸 봤을 겁니다."

"네, 그가 유일하게 입을 다문 때였죠."

"자작은 늘 새로운 의사들을 찾아다닌답니다. 당신을 마음에 들어 하지 않으니 안타깝군요. 좋아했다면 선생에게 새로운 환자가 생겼을 텐데…이런, 뭐가 그리 웃긴가요?"

"잠깐 재미있는 생각이 떠올라 웃었습니다. 화가 난 사람한테 웃음만큼 좋은 약은 없는 법이죠! 들어오실 때 제가 어떤 상태였는지 보셨잖아요. 이제 화도 가라앉고 기분이 괜찮아졌으니 염려 마세요. 오늘밤 떠나지 않기로 마음을 고쳐먹었습니다. 최대한 예의를 지키겠습니다. 약속드리죠."

자작은 얼굴을 붉힌 채 거울 앞에 서서 갤리페 장군 같은 수염을 신경질적으로 만지작거리고 있었다. 백작은 창가에 앉아「피가로」지를 읽는 중이었다.

"여기서 만나다니 반갑군요. 무슈 르 스웨드와!" 자작이 낄낄거리며 내가 얼마나 참는지 보려는 듯 단안경을 고쳐 썼다. "새로 대장염 환자가 발생해서 여기까지 온 건 아니겠죠?"

"지금까지는 그렇습니다만, 모를 일이죠."

"듣자 하니 선생이 대장염 전문이라더군요. 다른 사람들은 이 흥미로운 질병을 전혀 모른다니 참으로 안타깝습니다. 아는 사람은 선생뿐인 모양인데, 대장염이 뭡니까? 전염됩니까?"

"아니요, 보통 그렇지 않습니다."

"위험합니까?"

"아닙니다. 즉시 잘 치료하고 관리하면 위험하지 않습니다."

"직접 치료하나요?"

"나는 여기에 의사 자격으로 온 게 아닙니다. 백작님께서 친히 초대해주셔서 손님으로 온 겁니다."

"그렇군요! 그런데 선생이 없는 동안 파리에 있는 환자들은 어떻게 될까요?"

"좋아질 거라고 생각합니다만."

"그렇겠지요." 자작이 크게 웃었다.

나는 속을 가라앉히기 위해 수도원장 곁으로 가 앉아서 신문을 집어 들었다. 자작이 불안한 눈길로 벽난로 위에 놓인 시계를 보았다.

"이제 줄리에트를 데리고 공원으로 산책을 가야겠군요. 집안에만 있기엔 달빛이 무척 아름다운 밤이잖아요."

"내 아내는 잠자리에 들었네." 의자에 앉아 있던 백작이 무심하게 말했다. "몸이 별로 좋질 않아서."

"그 말을 왜 이제야 하는 겁니까?" 자작이 발끈하더니 브랜디와 소다를 또 한 잔 따랐다.

수도원장은 『토론 저널』을 읽는 척하면서 그 교활한 늙은 눈으로 우리를 계속 지켜보았다.

"뭐, 새로운 소식이 있나요, 무슈 라비?"

"내일 모레 라 소시에테 두 튀르 드 프랑스(프랑스 사격 협회)에서 여는 시합 소식을 읽고 있었습니다. 대통령이 우승자에게 금메달을 수여한다는군요."

"그 메달을 내가 차지한다는 데에 천 프랑 걸지요!" 자작이 가슴을 활짝 펴고 주먹으로 팡팡 두드리며 큰소리쳤다. "내일 파리행 야간 급행열차가 사고가 나거나," 나를 보고 비열하게 웃더니 말을 이었다. "내가 대장염에 걸리지 않는다면 말이죠!"

"그만 마시게, 모리스." 백작이 한쪽 구석에서 말했다. "이미 충분히 마셨어. 자네 폴란드인처럼 취했다네!"

"힘내요, 대장염 박사." 자작이 낄낄댔다. "그렇게 실망한 얼굴 하지 말고 소다수 넣은 브랜디라도 한 잔 해요. 아직 기회가 있을지 모르잖아요! 미안하지만 나는 도움이 안 되겠군요. 대신 늘 간이 안 좋다, 소화가 안 된다 불평하는 수도원장님은 어떨까요? 무슈 라비,

대장염 박사를 좀 도와주세요. 박사가 신부님 혀를 들여다보고 싶어 안달인 거 안 보입니까?"

수도원장은 아무 대꾸도 없이 계속 『토론 저널』을 들여다보았다.

"안 하시겠다? 로베르, 어때요? 저녁 식사 내내 우울해 보이던데. 저 스웨덴 선생에게 혀를 보여줘 봐요. 내 보기에 대장염에 걸린 게 분명해요! 박사님 좀 돕지 그래요? 싫다고요? 이런, 대장염 박사님, 운이 나쁘군요. 하지만 기운 내라고 내 혀를 보여드리죠. 잘 봐요."

그는 악귀처럼 입을 쩍 벌리고 혀를 쭉 내밀었다. 그 모습이 꼭 노트르담에 있는 괴물 석상 같았다.

자리에서 일어난 나는 그 혀를 꼼꼼히 살폈다.

"아주 끔찍하군요." 나는 잠시 침묵한 뒤 진지하게 말했다. "정말 끔찍해요!"

자작은 곧장 거울 쪽으로 돌아서서 혀를 이리저리 굴리며 살펴봤다. 상습적으로 담배를 피우는 사람의 보기 싫고 태가 하얗게 낀 혀였다. 나는 자작의 손을 잡고 맥을 짚었다. 샴페인 한 병, 브랜디 소다 석 잔을 마셔서 맥이 미친 듯이 뛰었다.

"맥이 너무 빠르군요."

툭 튀어 나온 그의 이마도 짚어봤다.

"머리가 아픕니까?"

"아니요."

"내일 아침 일어나면 머리가 아플 겁니다. 틀림없어요."

수도원장이 읽고 있던 『토론 저널』을 내려놓았다.

"바지 단추를 풀어 보세요." 내가 단호하게 말했다.

자작은 순한 양처럼 내 말을 따랐다.

그의 횡경막 부분을 빠르게 톡 쳤다. 그러자 자작은 딸꾹질을 해

6. 샤토 라모 · 103

대기 시작했다.

"아, 해보세요!" 자작의 눈을 똑바로 바라보며 천천히 말했다. "감사합니다. 이제 됐습니다."

백작이 읽고 있던 『피가로』를 내려놓았다.

수도원장은 입을 딱 벌린 채 하늘을 향해 두 팔을 들어 올렸다.

자작은 차마 말을 하지 못하고 서 있었다.

"이제 바지를 제대로 입으세요." 그런 그에게 지시했다. "소다수를 넣은 브랜디 한 잔 드세요. 필요할 겁니다."

자작은 넋이 나간 듯 바지 단추를 채우고는 내가 건넨 브랜디 소다를 벌컥벌컥 마셨다.

"무슈 르 비콩트! [건강을 위하여!]" 이렇게 말한 뒤 나는 잔을 들어 입에 댔다. "건강을 위하여!"

자작은 이마에 흐르는 땀을 닦고 다시 거울로 돌아서서 혀를 살펴보았다. 억지로 웃어보려 했지만 소용없었다.

"박사 말은, 그러니까 박사 생각은, 아무튼 하려는 말이….

"뭘 말하려는 게 아닙니다. 아무 말도 하지 않았어요. 나는 자작님의 의사가 아니에요."

"그래도 내가 뭘 어떻게 해야 합니까?" 자작이 말을 더듬었다.

"곧장 잠자리에 드는 게 좋겠습니다. 그렇지 않으면 누구한테 업혀갈지도 모릅니다." 나는 벽난로로 다가가 종을 흔들었다.

"자작님을 방으로 모시세요." 내가 집사에게 말했다. "그리고 하인에게 바로 침대에 눕히라고 전하세요."

자작은 집사 팔에 힘없이 기댄 채 비척비척 문으로 걸어갔다.

이튿날 아침, 나는 혼자서 기분 좋게 말을 타고 산책을 나섰다. 또다시 종달새 한 마리가 하늘 높이 날며 태양을 향해 아침의 노래를 불렀다.

"네 형제들을 죽인 살인자에게 복수를 했단다." 종달새에게 말했다. "제비는 나중에 보자꾸나."

*

방에서 레오와 함께 아침을 먹고 있는데 문 두드리는 소리가 들렸다. 소심해 보이는 땅딸막한 남자가 들어와 아주 정중하게 인사를 건넸다. 마을 의사였는데, 파리에서 온 동료에게 경의의 뜻을 전하고 싶어 왔다고 했다. 나는 과찬이라며 이리로 앉아 담배 한 대 피우라고 권했다. 그는 최근에 다뤘던 흥미로운 사례들을 들려줬다. 이야깃거리가 떨어질 때쯤, 그는 가야겠다며 일어섰다.

"그런데 지난 밤 모리스 자작의 호출을 받았지 뭡니까. 지금 막 다시 뵙고 오는 길입니다."

나는 자작의 건강이 좋지 않다니 유감이다, 심각한 병이 아니길 바란다, 지난 밤 저녁 식사를 하며 봤을 때만 해도 건강하고 기운이 넘쳤다고 말했다.

"글쎄요," 의사가 말했다. "상황이 모호해서 확실한 소견은 조금 나중에 밝히는 게 낫겠습니다."

"현명하십니다, 몽 셰르 콩프레르[친애하는 선생님]. 자작님께서는 당연히 자리에 누워 있겠죠?"

"물론입니다. 자작님은 오늘 파리로 떠날 생각이었지만, 절대 불가능해요."

"그럼요. 의식은 있습니까?"

"아주 또렷합니다."

"예상했던 대로던가요?"

"솔직히 처음에는 단순한 위장 장애라고 봤습니다. 하지만 자작님은 잠에서 깨면서 극심한 두통을 느꼈고 지금은 딸꾹질을 계속하고 있어요. 몸이 아주 안 좋아 보이는데, 자작님 본인은 대장염에 걸렸다고 확신하고 있습니다. 사실 나는 대장염 사례를 본 적이 없어요. 자작님께 피마자 오일을 처방하고 싶지만, 혀 상태가 아주 나쁘더군요. 혹시라도 대장염이 충수염과 비슷하다면 피마자 오일은 피하는 편이 나을 것 같은데. 어떻게 생각하십니까? 자작님은 혀를 들여다보거나 맥을 재고 있어요. 이상하게도 배가 너무 고프다더군요. 아침 식사를 허락하지 않았더니 불같이 화를 냈어요."

"아주 잘 하셨어요. 단호하게 안전한 방법을 취하는 게 좋지요. 앞으로 48시간 동안 물 말고는 아무것도 주지 마세요."

"그러죠."

"제가 조언드릴 입장은 아닙니다만, 선생님께선 이 분야를 잘 알고 계시는 건 분명하네요. 그런데 저라면 피마자 오일 사용을 주저하지 않을 겁니다. 아주 정확한 양을 처방할 거예요. 너무 적어도 좋지 않아요. 딱 세 숟가락 정도면 충분히 도움이 될 겁니다."

"세 숟가락 가득 말이죠?"

"네, 적어도 그 정도. 그리고 무엇보다도 다른 음식은 안 됩니다. 물만 주세요."

"알겠습니다."

나는 이 마을 의사가 마음에 들었고 헤어질 때 서로 좋은 사이가 되었다.

*

오후에 백작 부인은 나를 데리고 미망인 후작 부인에게 인사를 드리러 갔다. 지저귀는 새소리와 벌레들 울음소리로 가득한 그늘진 길을 달려간 아름다운 시간이었다. 백작 부인은 나를 놀려대느라 지치긴 했어도 기분이 좋아 보였다. 갑자기 병에 걸린 사촌 걱정은 딱히 하지 않는 듯했다.

후작 부인은 잘 지내고 있었지만, 일주일 전에 룰루가 갑자기 사라져 크게 놀랐다고 했다. 온 집안사람들이 룰루를 찾느라 밤새 서성였다. 후작 부인은 잠 한숨 못 자고 침대에 누워 있었다. 오후가 돼서야 룰루가 돌아왔다. 한쪽 귀가 찢어지고 한쪽 눈이 거의 튀어나온 모습이었다. 주인은 당장 투르에서 수의사를 불러왔고 룰루는 다시 괜찮아졌다. 후작 부인은 내게 룰루를 정식으로 소개했다. 이렇게 멋진 개를 본 적이 있나요? 아니요, 처음입니다.

'아니,' 룰루가 킁킁 냄새를 맡으며 내게 말했다. '개를 그렇게 사랑하는 척하더니, 나를 못 알아본단 말이야? 그 끔찍한 강아지 가게에서 나를 데리고 나왔던 일을 기억하지 못하다니….'

대화의 주제를 바꿔야겠다 싶어서 룰루에게 내 손 냄새를 맡게 했다. 룰루는 잠깐 주춤하더니 내 손가락 하나하나 꼼꼼하게 냄새 맡기 시작했다.

'그래, 특유한 냄새가 뚜렷하게 나는군. 지난 번 강아지 가게에서 이 냄새를 맡은 뒤로 잊은 적이 없지. 사실 너의 냄새가 꽤 마음에 들어…아!' 룰루가 갑자기 더 킁킁거렸다. '개들의 수호성인 성 로코의 이름으로 말하는데, 뼈 냄새가 난다. 아주 커다란 뼈 냄새가. 뼈는 어디에 있지? 왜 나한테 뼈를 주지 않는 거야? 이 멍청한 사람들은 나한테 뼈를 주지 않아. 작은 개한테 좋지 않다고 생각하지. 정말 바보 같은 생각 아닌가! 넌 도대체 누구한테 뼈를 준 거야?'

룰루는 한 번 깡충 뛰어 내 무릎 위에 올라와서는 킁킁대며 냄새를 맡느라 난리도 아니었다. '이럴 수가, 내가 아니야! 다른 개야! 큰 개! 입가에 침을 질질 흘리고 있는 엄청나게 큰 개군! 세인트버나드일지도 모르겠어! 내 비록 몸집이 작고 천식을 앓고 있지만 정신만은 온전하다고. 무서울 게 없는 개지. 그러니 자네 마음속에 들어 앉아 있는 이 코끼리 같이 커다란 녀석에게 분명히 전하는 게 좋을 거야. 가서 네 일이나 하라고, 나나 우리 주인 곁에 얼씬거리지도 말라고. 안 그러면 내가 산 채로 잡아먹어 버리겠다고 전하란 말이야!" 녀석은 업신여기듯 계속 킁킁댔다. "스프랫 비스킷! 그래, 네가 어젯밤에 먹은 게 바로 그거였군. 아주 음흉한 사람일세. 그 강아지 가게에서 나한테 억지로 먹인 그 딱딱하고 역겨운 케이크 냄새 때문에 속이 뒤집어질 것 같아! 스프랫 비스킷은 사양하지! 앨버트 비스킷이나 생강 과자나 탁자 위에 있는 커다란 아몬드 케이크 한 조각이 더 좋아. 스프랫 비스킷이라니!' 룰루는 그 짧고 통통한 다리로 최대한 빠르게 주인 무릎 위로 되돌아갔다.

"파리로 떠나기 전에 또 와요." 친절한 후작 부인이 말했다.

'그래, 다시 오라고.' 룰루의 소리에 졸음이 가득했다. '넌 그렇게 못된 인간은 아니야! 그거 아냐?' 룰루가 일어서려는 내게 신호를 보냈다. '내일은 보름달이 뜨는 날이라고. 왠지 마음이 싱숭생숭하고 엉덩이가 들썩들썩하는군.' 룰루가 나를 보며 음흉하게 눈을 깜빡였다. '혹시 근처에 작은 퍼그 아가씨들이 어디 있는지 아나? 우리 주인한테는 말하지 말고. 우리 주인이 이런 일은 전혀 모르거든…있잖나, 크기는 상관없어. 정 안 되면 큰 개도 괜찮다고!'

*

그래, 룰루 말이 맞았다. 보름달이었다. 나는 보름달을 좋아하지 않는다. 이 신비롭고 낯선 존재는 내 눈에서 잠을 빼앗아가고 내 귀에 꿈같은 이야기를 너무나 많이 속삭였다. 태양은 신비감이 없다. 태양은 어두운 세상에 생명과 빛을 가져다 준 찬란한 낮의 신으로, 나일강가에 자리 잡은 모든 신들, 올림포스와 발할라의 신들이 어둠 속으로 사라진 후에도 여전히 빛나는 눈으로 우리를 지켜보고 있다. 하지만 그 누구도 별들 사이를 떠도는 그 창백한 밤의 방랑자를, 저 멀리서 조롱하듯 미소를 띠고 잠들지 않는 눈을 차갑게 반짝이며 우리를 물끄러미 바라보는 저 달을 알지 못한다.

백작은 저녁 식사 후 흡연실에 평화로이 앉아 시가를 피우며 『피가로』를 읽을 수만 있다면, 달 따위는 신경 쓰지 않았다. 백작 부인은 달을 무척 좋아했다. 신비로운 그 어스름한 빛을, 달을 보며 꾸는 황홀한 꿈들을 무척 좋아했다. 그녀는 내가 달빛에 반짝이는 호수 위로 천천히 노를 젓는 동안 배 위에 가만히 누워 별을 올려다보기를 좋아했다. 공원에 있는 늙은 라임나무 아래를 거닐기도 좋아했다. 때로는 은빛에 물들어 반짝일 때도 있고, 때로는 내 팔에 매달려 길을 찾아야 할 만큼 짙은 어둠이 드리워진 그곳을 말이다. 혼자 벤치에 앉아 그 커다란 눈으로 고요한 밤을 지그시 바라보기를 좋아했다. 가끔 뭐라 한마디 건넸지만, 그런 일이 잦진 않았다. 나는 부인이 하는 말도, 그런 침묵도 좋았다.

"달을 좋아하시나요?"

"모르겠습니다. 달이 두려운 거겠죠."

"왜 두렵죠?"

"모르겠어요. 당신의 두 눈이 빛나는 별처럼 보일 만큼 달은 환하게 빛나죠. 하지만 길을 잃을까 두려울 만큼 어둡기도 해요. 이 꿈의 섬에서 나는 이방인일 뿐입니다."

"내 손을 잡아요. 길을 알려 줄게요. 당신 손은 참 강인한 줄 알았는데, 왜 이렇게 떨고 있죠? 그래요, 당신 말이 옳아요. 이건 꿈일 뿐이에요. 아무 말 말아요. 꿈이 멀리 날아가 버릴지도 모르니까! 가만! 들리나요? 나이팅게일이에요."

"아니, 저건 휘파람새입니다."

"아니, 나이팅게일이 분명해요. 쉿! 들어봐요! 들리나요?"

줄리에트는 잎사귀 사이로 부는 밤바람처럼 애무하듯 부드러운 목소리로 노래했다.

"아니, 아니, 오늘이 아니에요,
종달새가 아니에요,
불안에 떠는 당신의 귓가에 울리는 노래는
바로 나이팅게일,
사랑의 전령이 부르는 노래랍니다."

"쉿! 조용!"

우리 머리 위에 드리운 나무에서 부엉이가 불길하게 경고했다. 부인은 두려움에 비명을 지르며 일어섰다. 우리는 말없이 되돌아갔다.

"잘 자요." 현관 앞에서 헤어지며 백작 부인이 말했다. "내일은 보름달이 뜰 거예요. 아 드망, 내일 봐요."

레오는 내 방에서 잤다. 이 엄청난 비밀에 우린 둘 다 죄책감을 느꼈다.

'어딜 다녀오나? 안색이 안 좋은데?' 레오가 나와 함께 몰래 계단을 오르며 물었다. '성에 있는 불들도 다 꺼지고 마을에 있는 개들도

조용한 걸 보니 밤이 늦었나 보군.'

"저 멀리, 신비와 꿈으로 가득한 낯선 땅에 다녀왔어. 길을 잃을 뻔했지."

'나는 개집에서 막 잠이 든 참이었는데 때마침 부엉이가 깨우는 바람에 네 뒤를 따라 몰래 현관으로 들어올 수 있었어.'

"그 부엉이가 때마침 나도 깨워줬지. 레오, 부엉이가 좋니?"

'아니,' 레오가 말했다. '나는 어린 꿩이 더 좋아. 방금 한 마리 먹었어. 달빛이 훤한데 바로 내 코앞에서 뛰어가더라고. 규칙에 어긋나는 건 알지만, 참을 수가 있어야지. 사냥터지기한테는 비밀로 해줄 거지?'

"그럼. 이봐, 친구. 너도 우리가 늦은 시간에 집에 돌아왔다고 집사에게 이르지 않을 거지?"

'물론이지.'

"레오, 적어도 그 어린 꿩 훔쳐서 미안하다고는 생각하지?"

'그러려고 노력은 하고 있어.'

"그런데 쉽진 않지."

'쉽지 않지.' 레오가 입맛을 다시며 중얼거렸다.

"레오, 넌 도둑질을 한 거야. 하긴 여기에 도둑이 너만 있는 것도 아니지. 하지만 넌 나쁜 경비견이야! 도둑을 내쫓아야 하는 네가 왜 그 큰소리로 주인을 깨우지 않고 여기 앉아서 나를 그렇게 친근하게 바라보는 거야?"

'어쩔 수 없어. 네가 마음에 들거든.'

"이봐, 레오, 모두가 저 하늘에서 졸고 있는 야간 경비원 잘못이야! 왜 오래된 라임나무 아래 벤치가 있는 공원, 어둡고 외진 곳에 불을 밝히지 않고, 야간 경비 일은 친구인 부엉이에게 맡겨둔 채 대

머리에 구름으로 만든 취침용 모자를 쓰고 잠들었을까? 아니, 잠든 척하고 사악한 눈으로 곁눈질하며 우리를 내내 지켜보고 있던 건가? 교활한 늙은 죄인, 노쇠한 돈 주앙, 별들 사이를 활보하고 다니면서 정작 본인은 너무 지쳐서 사랑을 나눌 수 없지만 다른 사람들이 스스로 웃음거리가 되는 꼴을 지켜보며 즐거워하는 르 뷔외 마르셰르, 늙은 떠돌이처럼?"

'달을 아름다운 젊은 아가씨라고 생각하는 사람들도 있지.' 레오가 말했다.

"믿지 말게, 친구! 달은 멀리서 위험한 눈빛으로 영원하지 않은 사랑이라는 불멸의 비극을 엿보는 쭈글쭈글한 노처녀라네."

'달은 유령이야.' 레오가 말했다.

"유령? 누가 그런 말을 했지?"

'우리 조상이 아주 오래 전에 세인트버나드 고개를 지나다가 늙은 곰한테 들었대. 그 곰은 아타 트롤에게, 트롤은 모든 곰을 지배하는 대왕 곰에게 들었다는군. 그들 모두 하늘에 있는 달을 두려워해. 그래서 우리 개들이 달이 무서워 짖는 거라고. 모든 개를 다스리는 개들의 별 시리우스도 달이 무덤에서 기어나와 어둠 속에서 그 불길한 얼굴을 드러낼 때마다 하얗게 질린다고 하잖아. 달이 뜨는 밤이면 잠을 이루지 못하는 게 이 세상에 너뿐이겠냐! 숲과 들에 사는 모든 야생 동물과 기어 다니는 모든 생물들이 그 심술궂은 빛이 두려워 은신처에서 나와 떠돌아다니지. 사실 너도 오늘밤 공원에서 다른 누군가를 열심히 지켜보지만 않았어도 분명 그 유령이 너를 지켜보고 있다는 걸 알았을 거야. 그것은 오래된 공원에 있는 라임나무 아래로 기어들거나, 폐허가 된 성이나 교회를 떠돌거나, 오래된 묘지를 돌아다니다 이 무덤 저 무덤 기웃거리며 죽은 자의 이름을 읽는 걸 좋아하지. 수의처럼 죽은 땅을 덮고 있는 눈밭의 황량한 모습을 차가운 회색 눈으로 몇 시간이나 응시하거나 침실 창문 너머로 잠자는 이를 들여다보다가 불길한 꿈으로 겁주며 즐거워한다고.'

"됐어, 레오. 이제 달 이야기는 그만하지. 그러지 않으면 오늘밤 한숨도 못 잘 것 같아. 소름끼치는군! 친구, 그만 작별 인사하고 자러 가자고."

'그런데 덧문은 닫을 거지?' 레오가 물었다.

"그럼, 달이 뜨는 날엔 언제나 닫지."

*

다음 날 아침 식사를 하면서, 나는 레오에게 즉시 파리로 돌아가야 한다고 말했다. 오늘밤 보름달이 뜨는 날이고 나는 스물여섯, 백작 부인은 스물다섯 살이니(아니 스물아홉 살이던가?) 돌아가는 게 안전하니까. 레오는 내가 짐을 꾸리는 모습을 지켜보았다. 그 행동이 무슨 뜻인지 개들은 다 안다. 나는 무슈 라비에게 내려가 언제나처럼 파리에 중요한 상담이 있어서 아침 기차로 떠난다고 거짓말을 했다. 수도원장은 유감이라고 말했다. 아침 승마를 하려고 이제 막 안장에 올라앉은 백작도 아쉬워했다. 아침 댓바람부터 백작 부인을 깨울 수는 없는 노릇이었다. 게다가 나는 곧 돌아올 생각이었다.

역으로 가는 길에 친구인 마을 의사를 만났다. 그는 아침부터 이륜마차를 타고 자작에게 다녀오는 길이었다. 환자는 기운을 차리지 못하고 음식을 내놓으라며 소리 질렀지만, 의사는 물 말고는 허용할 수 없다며 단호하게 거절했다. 배에는 찜질 주머니를, 이마에는 얼음주머니를 얹어 놓은 탓에 환자는 밤새 잠을 설쳤다. 도울 일이 있습니까?

괜찮습니다. 자작은 아주 치료를 잘 받고 있습니다. 상태가 좋아지지 않았다면 자작이 배에는 얼음주머니, 머리엔 찜질주머니로 바꾸어 얹었겠지요. 합병증이 생기지 않으면, 환자가 얼마나 더 오래 누워 있어야 할까요?

"적어도 일주일은 더 누워 있어야 할 겁니다. 달이 사라질 때까지 말이죠."

*

하루가 길었다. 빌리에 거리가 너무나 반가웠다. 곧장 침대에 몸을 던졌다. 몸이 썩 좋지 않았다. 열이 좀 나는 듯도 싶고. 하지만 의사들이란 자기가 열이 나는지 아닌지 모른다. 바로 잠이 들었다. 너무 피곤했다. 얼마나 잠을 잤던 걸까. 방에 나만 있는 게 아니었다. 눈을 떠보니 창문 너머로 창백한 얼굴이 움푹 꺼진 흰 눈동자로 나를 가만히 바라보고 있었다. 아차, 덧문 닫는 걸 잊었구나. 무언가가 천천히 그리고 조용히 방으로 기어들어와 거대한 문어의 촉수처럼 길고 하얀 팔을 바닥을 가로질러 침대 쪽으로 뻗었다.

"그래, 넌 성으로 돌아가고 싶은 거구나!" 입에는 이가 하나도 없고 입술에는 핏기 하나 없는 그것이 빙긋 웃었다. "어젯밤 그 라임나무 아래, 정말 아늑하지 않았어? 내가 들러리를 서고 나이팅게일이 네 주위에서 소리 모아 노래를 불러주었잖아. 8월에 나이팅게일이라니! 너희 두 사람, 아주 머나먼 땅으로 떠나온 것 같았겠구나! 오늘밤 그곳으로 돌아가고 싶겠어, 그렇지? 자, 옷 입어. 그리고 네가 점잖게 문어다리라고 부른 내 하얀 달빛에 올라타 봐. 눈 깜짝

할 사이에 그 나무 아래로 데려다줄게. 내 빛은 네가 꾸는 꿈만큼 이나 빠르다고."

"난 꿈꾸지 않아. 잠에서 완전히 깨어났다고. 돌아가고 싶지 않아, 이 메피스토의 유령아!"

"흐음, 넌 잠에서 깨어나는 꿈을 꾸고 있는 거야! 게다가 아직도 그런 유치한 욕을 지껄이고 있군! 메피스토의 유령이라니! 전에는 나더러 늙은 떠돌이, 돈 주앙, 쭈글쭈글한 노처녀라고 했던가! 그래, 지난 밤 공원에서 너희가 하는 모양을 몰래 지켜봤지. 그런데 우리 둘 중에 돈 주앙처럼 꾸민 게 누구더라? 나를 로미오라고 생각하는 건 아니지? 맹세코 너도 로미오로 보이진 않아! 눈 뜬 장님. 그래, 너한테는 그 이름이 어울리겠군. 네 개도 보는 걸 못 보는 멍청아, 나는 나이도 없고, 성별도 없고, 생명도 없어. 나는 유령이야."

"무슨 유령?"

"죽은 이들의 세상에서 온 유령. 유령을 조심해! 계속 그렇게 모욕하다가는 태양신의 황금 화살보다도 인간의 눈에 치명적인 내 은은한 빛에 네 눈이 멀고 말 테니까. 불경스러운 몽상가여, 내 마지막 경고를 명심해! 벌써 동쪽 하늘이 어스름 밝아오고 있군. 어서 내 무덤으로 돌아가지 않으면 길을 잃을 거야. 나는 늙고 지쳤어. 밤새도록 만물이 잠든 시간에 떠돌아다니는 게 어디 쉬운 일인 줄 알아? 날보고 음침하고 불길하다고 하는데, 무덤에서 살면서 밝고 즐겁기가 쉽겠어? 너희 인간들처럼 살아 있다고 말할 수 있을까? 너도 언젠가는 무덤에 묻힐 거고, 네가 지금 딛고 서 있는 이 땅도 마찬가지로 죽음에 이를 거야."

나는 유령을 쳐다보았다. 이제야 그 늙고 지친 모습이 눈에 들어왔다. 눈을 멀게 만들어버리겠다는 협박에 또다시 화가 나지 않았다면 유령을 불쌍히 여길 뻔했다.

"썩 꺼져, 이 음울하고 늙은 묘지기!" 나는 소리쳤다. "여기엔 네가 할 일 따윈 없어. 내겐 생기가 넘친다고!"

"이거 왜 이래?" 그것이 침대 위로 기어 올라와 내 어깨에 길고 희멀건 팔을 뻗어 얹으며 키득거렸다. "네가 그 바보 같은 자작을 침대에 뉘여 놓고 배에 얼음주머니를 올려놓은 이유는 네가 더 잘 알잖아. 제비 대신 복수한 거라고? 아니지, 아니지. 이 사기꾼 오델로 같으니라고. 넌 방해한 거야, 자작이 달밤에 누구랑 산책하지 못하게…."

"이 발톱 치워, 이 악랄한 늙은 거미 같으니라고. 치우지 않으면 이불을 걷어차고 나가 너와 맞서 싸워주마."

가위에 눌린 나는 깨어나려고 필사적으로 몸부림치다가 식은땀을 흘리며 깨어났다.

방안에는 부드럽고 맑은 빛이 가득했다. 넋이 나간 내 두 눈에서 갑자기 비늘이 떨어져나가나 싶더니 열려 있는 창 너머로 둥근 보름달이 보였다. 구름 한 점 없는 하늘에서 아름답고 고요하게 나를 내려다보고 있는 달.

순결한 달의 여신이여! 고요한 이 밤에 내 목소리가 들립니까? 당신은 온화한 듯하지만, 너무나 슬퍼 보입니다. 슬픔을 아십니까? 용서할 수 있나요? 당신의 순수한 빛으로 상처를 치유할 수 있나요? 잊는 법을 알려줄 수 있습니까? 다정한 여신이여, 내 곁에 와 앉아요, 나는 너무 지쳤어요! 뜨거운 내 이마에 그 차가운 손을 얹어 들끓는 내 마음을 가라앉혀 주세요! 내게 속삭여줘요, 내가 무얼 해야 하는지, 어디로 가야 사이렌의 노래를 잊을 수 있는지!

난 창가로 가서 밤의 여왕이 별들 사이를 오가는 모습을 한동안 바라보았다. 잠 못 드는 밤마다 알게 된 별들의 이름을 하나하나 되뇌었다. 불타는 시리우스, 고대 항해사들이 사랑한 카스트로와 폴룩스, 아르크투루스, 알데바란, 카펠라, 베가, 카시오피아! 내 머리 위에서 흔들림 없는 곧은 빛으로 내게 손짓하는 저 찬란한 별은 뭐였더라? 잘 아는 별이었다. 수많은 밤, 성난 바다 위로 배를 저어 갈 때마다 그 빛으로 나를 인도하였고 수없이 많은 날, 내가 태어난 땅의 눈 덮인 들판과 숲을 가로질러 갈 때면 길을 밝혀줬던 그 별. 스텔라 폴라리스, 북극성이지!

이 길을 걸어라, 내 빛을 따르면 안전하리니!

> 안내
> 한 달간 자리를 비웁니다. 노스트롬 박사에게 문의 바랍니다.
> 주소 : 오스만 대로 66

6. 샤토 라모

7
라플란드

태양이 바소야르비 호수 너머로 자취를 감춘 지 오래였다. 여전히 불꽃처럼 환한 빛을 띠던 하늘이 서서히 주황빛과 진홍색으로 짙어졌다. 푸른 산 위에 군데군데 쌓여 있는 눈이 자줏빛으로 물들고 흰 자작나무들이 노란 빛으로 밝게 반짝였다. 산 위로 내려앉은 황금빛 안개는 첫 서리가 되어 반짝였다.

하루 일과가 끝났다. 남자들은 어깨에 올가미 밧줄을 둘러메고 여자들은 커다란 자작나무 그릇에 신선한 우유를 담아 야영지로 돌아오고 있었다. 천 마리 순록 떼가 야영지 주변에 모여 있고 늑대와 스라소니에게서 안전하게 지켜줄 개들이 경계를 늦추지 않고 주변을 에워쌌다. 끊임없이 들려오던 송아지 울음소리와 달가닥 거리는 발굽 소리도 점점 잦아들었다. 가끔 개 짖는 소리, 날카로운 쏙독새 소리, 저 멀리 산에서 울어대는 커다란 수리부엉이 소리만 들려올 뿐, 사방이 고요했다.

담배 연기 자욱한 텐트 안. 나는 가장 영광스러운 투리의 옆자리를 차지하고 앉았다. 투리의 아내 엘리카레는 불 위에 걸쳐 놓은 주전자 안에 순록 젖으로 만든 치즈 조각을 던져 넣고는 남자, 여자, 아이 순으로 걸쭉한 수프 한 접시씩을 건넸다. 수프를 받아든 우리는 말없이 먹기 시작했다. 주전자에 남은 건 순록을 지키고 돌아와 슬금슬금 불가에 자리를 잡고 누운 개들 몫이었다. 수프를 먹은 우리는 집에 있던 잔 두 개에 좋은 커피를 담아 차례로 돌려가며 마신 뒤 모두 가죽 주머니에서 짧은 담뱃대를 꺼내 물고 아주 맛있게 피웠다. 남자들은 신고 있던 순록 가죽신을 벗어 던지고 사초 더미를 불가에 펼쳐 말렸다. 핀란드 사미족 사람들은 양말을 신지 않는다. 나는 그들의 작고 완벽한 발 모양, 탄력 있는 발등과 단단하고 강한 발꿈치를 보며 또 한 번 감탄했다. 몇몇 여자들은 부드러운 이끼를 깐 자작나무 껍질 요람에서 잠든 아기들을 안아 올려 젖을 물렸다. 허리에 닿을 만큼 자란 아이들의 머리를 무릎에 눕히고는 머리카락을 헤집으며 살펴보는 사람들도 있었다.

"곧 떠난다니 섭섭하구먼." 늙은 투리가 말을 걸었다. "즐거웠네. 정이 들었는데."

투리는 스웨덴어를 곧잘 했다. 오래 전에는 새 정착민들 때문에 사미족 사람들이 겪는 불만 사항을 주지사에게 전달하려고 룰레오까지 다녀왔다. 사미족이 잃어버린 대의명분을 확고하게 옹호했던 주지사는 나의 삼촌이기도 했다. 투리는 강인한 사람이었다. 결혼한 다섯 아들들과 며느리, 손주들이 살고 있는 다섯 개의 '카토르'를 다스리는 절대적 지도자였다. 이들은 아침부터 밤까지 천 마리의 순록 떼를 돌보며 바쁘게 일했다.

"머지않아 이 천막들을 거둬들여야 할 것 같군." 투리가 말을 이어갔다. "겨울이 빨리 찾아오겠어. 곧 눈이 내리고 자작나무 아래에서 순록들이 이끼를 찾기 어려울 만큼 꽁꽁 얼어붙겠지. 이달이 가기 전에 소나무 숲으로 옮겨야지. 개들이 저리 짖는 걸 보니 벌써 늑대 냄새를 맡았나 보네. 이보게, 어제 술포 협곡을 지나면서 늙은 곰의 흔적을 봤다고 했지?" 이제 막 천막에 들어와 불가에 엉덩이를 붙이고 앉는 젊은 사미족 남자에게 투리가 물었다. 그렇다고 했다. 그는 곰 흔적은 물론이고 곳곳에 나 있는 늑대 흔적도 보았다.

나는 이 마을에 곰이 거의 남지 않았다고 들었는데 아직 곰이 있다니 반갑다고 말했다. 투리는 내 말이 옳다고 했다. 오랫동안 이곳에 살고 있는 늙은 곰인데, 협곡 근처에서 어슬렁대는 모습이 자주 눈에 띄었다. 겨울잠을 자고 있는 녀석을 세 번이나 포위했지만 번번이 도망쳤다. 아주 약아빠진 놈이었다. 투리가 총으로 쏜 적도 있는데, 그때 곰이 머리를 흔들더니 그 영악한 눈으로 투리를 쳐다보았다. 녀석은 보통 총알로는 어림없다는 것을 잘 알았다. 녀석을 잡으려면 오직 토요일 밤 묘지 근처에서 만든 마법의 총알이 필요할 뿐이었다. 녀석은 울드라의 친구였으니까.

"울드라요?"

그래, 지하 세계에 사는 작은 종족을 내가 모를 리가 있나? 곰이 겨울잠에 들면 울드라가 밤에 먹이를 두고 가지. 먹지 않고 겨울 내내 잠만 잘 수 있는 동물은 당연히 없다네. 이렇게 말하며 투리가 씨익 웃었다. 사람을 죽이지 않는 게 곰의 철칙이라네. 그걸 깨는 순간 울드라가 다시는 먹이를 가져다주지 않아 겨울잠을 잘 수 없지. 곰은 늑대처럼 교활하지도, 엉큼하지도 않아. 곰은 남자 열둘을 합친 만큼 힘이 세고 한 사람만큼 꾀가 있지. 곰은 싸워도 정정당당하게 싸운다네. 곰과 마주친 사람이 다가가 "어디 한 번 붙어 보자. 네 녀석 따윈 무섭지 않아."라고 말하면 곰은 그 사람을 자빠뜨릴 뿐 아무런 해도 입히지 않고 달아나지. 곰이 여자를 공격하는 법은 없다네. 곰과 마주치면 남자가 아니라 여자라는 것만 보여주면 돼.

나는 투리에게 울드라를 본 적이 있냐고 물었다.

투리 자신은 없었지만 그의 아내가 본 적이 있었고 자녀들도 가끔 봤다고 했다. 하지만 울드라가 지하에서 움직이는 소리는 들어 봤다고 했다. 울드라는 밤에 움직였고 햇빛 때문에 아무것도 볼 수 없는 낮에는 잠을 잤다. 가끔 사미족 사람들이 울드라가 살고 있는 곳 위에 천막을 치면, 울드라는 천막을 저만큼 떨어진 곳에 치라고 경고한다. 울드라는 건드리지만 않으면 꽤 친절했다. 누군가 방해하면 이끼에다 가루를 뿌려 순록을 수십 마리씩 죽여 버렸다.

사미족 아기를 데려가고 대신 울드라족 아기를 요람에 눕혀 놓는 일도 있었다. 울드라족 아기들은 얼굴에 검은 털이 잔뜩 나 있고, 이는 가늘고 뾰족했다. 어떤 사람들은 울드라족 아이를 불붙은 자작나무 가지로 때리면, 아이가 지르는 비명 소리에 견디지 못한 엄마가 데려간 아기를 돌려주고 자기 아이를 데려간다고 했다. 두고 간 울드라족 아이를 제 자식처럼 돌보면 울드라 엄마가 감동해 아이를 돌려준다고 하는 사람들도 있었다. 투리가 이 이야기를 들려주는 동안 여자들은 불안한 눈빛으로 아이를 꼭 끌어안은 채 두 가지 방법 중에 뭐가 더 나은가를 두고 열띤 토론을 벌였다.

늑대는 사미족 사람들에게 최악의 상대였다. 섣불리 순록 떼를 공격하지 않고 가만히 서서 자신의 냄새를 바람에 실어 보냈다. 냄새를 맡은 순록들이 겁에 질려 뿔뿔이 흩어지면 그때 모습을 드러내어 한 마리, 한 마리씩 물어뜯었다. 어떤 날은 하룻밤 사이에 열두 마리나 죽였다. 하느님께서 창조하신 동물들 중에 늑대는 없었다. 늑대는 악마의 작품이었다. 다른 사람의 피를 손에 묻히고도 그 죄를 고백하지 않는 사람은 종종 악마의 손을 통해 늑대로 변한다. 밤새 순록 떼를 지키는 사미족 사람들은 어둠 속에서 형형히 빛나는 늑대의 눈과 마주치기만 해도 잠에 빠질 수 있다.

보통 총알로는 늑대를 죽일 수 없다. 주머니에 넣고 두 번 주일에 교회에 가져간 총알이어야만 가능하다. 제일 좋은 방법은 스키를 타고 매끄러운 눈밭을 달려 늑대를 따라 잡은 뒤 지팡이로 놈의 콧등을 내리치는 것이다. 그러면 늑대는 바닥에 나뒹굴며 그 자리에서 죽는다.

투리도 이런 식으로 늑대를 수십 마리 잡았다. 딱 한 번, 늑대의 코를 빗맞히는 바람에 늑대에게 다리를 물렸다. 투리는 이야기를 하면서 다리에 난 끔찍한 흉터를 보여줬다. 지난겨울에는 한 사미족 사람이 죽어가던 늑대에게 물리는 일이 벌어졌다. 피를 많이 흘려 눈밭에서 정신을 잃은 이 사람은 다음 날 늑대 사체 옆에서 얼어 죽은 채로 발견되었다. 그리고 울버린도 있었다. 순록이 피를 많이 흘려 죽을 때까지 대정맥이 지나가는 목을 물고 늘어져 수십 킬로미터를 끌고 갔다. 독수리는 잠시 어미에게서 떨어진 새끼 순록을 순식간에 낚아채갔다. 그런가 하면 스라소니는 무리에서 떨어져 나와 길을 잃은 순록에게 고양이처럼 소리 없이 다가가 뛰어 올랐다.

투리는 사미족 사람들이 개를 키우지도 않던 그 옛날에 어떻게 순록 떼를 함께 지켜낼 수 있었는지 도무지 모르겠다고 했다. 예전에는 개가 늑대와 함께 순록을 사냥했다. 하지만 동물들 가운데 가장 영리한 개는 늑대보다는 사미족 사람들과 함께하는 편이 더 잘 맞는다고 깨달았다. 그래서 개는 사미족 사람들을 따를 테니 평생 친구처럼 대해주고 죽는 순간 매달아 달라고 요구했다. 지금 사미족 사람들이 너무 늙어 일할 수 없게 된 개는 물론이고 먹을거리가 없어 새끼 강아지를 죽일 때 매다는 이유가 여기에 있었다. 개는 말하는 능력을 잃었지만 사람들이 하는 말은 모두 알아들을 수 있었다.

옛날에는 사람을 창조하신 하느님께서 지으신 온갖 동물과 꽃과

나무 그리고 돌과 생명이 없는 것들 모두 말을 할 수 있었다. 그러니까 사람은 모든 동물에게 친절해야하고, 생명이 없는 것들이라도 다 알아 듣는다고 여기고 대해야 한다. 하느님께서는 마지막 심판 날에 동물들을 먼저 부르시어 죽은 이들의 증거로 삼으실 것이다. 동물들이 말한 뒤에야 그 동료 창조물들이 증거자로 부름을 받을 것이다.

투리에게 근처에 사람을 잡아먹는 괴물 스탈로가 있냐고 물었다. 어린 시절 숱하게 들었던 그 식인 거인을 만날 수만 있다면 무슨 짓이든 할 수 있을 것 같았다.

"큰일 날 소리!" 투리가 거북한 듯 말했다. "자네가 내일 건너야 할 강은 옛날에 마녀였던 아내와 함께 그곳에서 살았던 늙은 식인 거인의 이름을 따서 스탈로강이라고 부른다네. 눈이 하나뿐이었던 거인과 마녀는 서로 상대의 눈을 차지하려고 늘 다투고 싸웠지. 둘은 아이를 낳고는 잡아먹었어. 그뿐인가, 틈만 나면 사미족 아이들을 잡아먹었다네. 스탈로는 사미족 아이들이 더 맛있다고 했지. 자기 자식들한테서는 유황 맛이 난다나. 어느 날 둘은 늑대 열두 마리가 끄는 썰매를 타고 강을 건너다가 여느 때처럼 눈을 두고 다투기 시작했지. 그러다 화를 참지 못한 스탈로가 호수 바닥에 구멍을 내고는 호수에 살고 있는 물고기들을 죄다 잡아다 집어넣어 버렸지 뭔가. 잡힌 물고기는 한 마리도 호수로 돌아오지 못했지. 그래서 지금도 그 호수를 시바 호수라고 한다네. 내일 그 호수를 건너다보면 물고기 한 마리도 남아 있지 않다는 걸 직접 보게 될 걸세."

투리에게 사미족 사람들은 병이 나면 어떻게 하는지, 진찰을 받지 않고 어떻게 지내는지 물었다. 투리는 사미족 사람들이 웬만해선 아프지 않는다고 했다. 겨울에도 그런 일은 거의 없지만, 몹시 추울 때에는 태어난 지 얼마 안 되는 아기들이 얼어 죽는 일이 드물지 않다고 했다.

왕의 명령으로 의사가 1년에 두 번 마을에 진료를 오는데 투리는 그 정도면 충분하다고 생각했다. 의사가 늪지대를 지나려면 말을 타고 이틀을 달려야 했다. 그리고 걸어서 산을 넘는 데 또 하루가 걸렸다. 마지막으로 강을 건널 때는 익사할 뻔했다.

다행히 마을에는 왕이 보낸 의사보다 병을 잘 고칠 수 있는 치유 능력자들이 많았다. 치유 능력자들은 그들에게 치유법을 가르쳐 준 울드라와 가까이 지냈다. 그중에는 아픈 부위에 손을 얹기만 해도 통증을 없애는 능력을 가진 이들도 있었다. 피를 뽑고 문지르는 방법은 거의 모든 병에 도움이 되었다. 수은과 유황도 아주 효과가 좋았고 커피 한 잔에 담뱃가루를 한 티스푼 넣어 마셔도 그랬다. 개구리 두 마리를 우유에 넣고 두 시간 푹 고아 마시면 기침에 효과가 좋았고, 커다란 두꺼비를 잡아넣으면 아주 그만이었다. 두꺼비는 구름에서 사는데, 구름이 낮게 드리운 날에는 두꺼비들이 수백 마리씩 눈밭에 떨어졌다. 이런 말이 아니고서는 생명체의 흔적을 찾을 수 없는 황량한 눈밭에서 두꺼비가 발견되는 일을 달리 설명할 길이 없었다. 이 열 마리를 잡아 우유에 넣고 소금을 듬뿍 뿌려 끓인 다음 빈속에 마시면 봄마다 사미족 사람들이 흔히 겪는 황달을 확실히 치료할 수 있었다. 개에 물렸을 때에는 사람을 문 개의 피를 상처에 발라 문질러 치료했다. 아픈 곳을 새끼양의 털로 문지르면 통증이 싹 가셨다. 예수 그리스도께서 양을 자주 말씀하셨기 때문이었다.

사람이 죽을 때에는 항상 까마귀가 천막 기둥에 날아와 앉아 미리 경고했다. 소리를 내거나 말을 하여 이 생명체에 겁을 주어 내쫓아서는 안 된다. 그러면 죽어가는 사람이 일주일 동안 이승과 저승

사이에서 오도 가도 못한다. 시신 냄새를 맡은 사람도 죽을 수 있다.
 투리에게 또 물었다. 근처에 그런 치유 능력자가 있는지. 있다면 이야기를 나눠보고 싶었다.
 없다고 했다. 가장 가까운 곳에 사는 이가 미르코라는 나이 많은 사미족 사람인데 산 반대편에서 지냈다. 투리가 어렸을 때부터 알았으니 무척 나이가 많았다. 그는 놀라운 치유 능력을 가진 사람으로 울드라와 아주 친했다. 온갖 동물들이 그를 두려워 않고 다가갔다. 동물들은 그가 울드라와 친하다는 것을 알고 해치지 않았다. 그의 손길이 스치기만 해도 통증이 사라졌다. 손 모양을 보면 이 사람이 치유자인지 아닌지 알 수 있다. 총을 맞은 새를 치유자의 손에 쥐어주면, 새는 이 사람이 치유자임을 알고 가만히 앉아 있는다.
 내가 의사인 줄은 꿈에도 모르는 투리에게 손을 내밀었다. 투리는 아무 말도 않고 찬찬히 내 손을 들여다보았다. 뒤이어 손가락을 차례대로 조심스레 구부려보고는 엄지와 검지 간격을 가늠해봤다. 곁에 있던 아내에게 뭐라 중얼대자, 이번에는 투리의 아내가 가지고 있던 갈색의 작은 새 발톱 안에 내 손을 얹고는 마름모꼴의 작은 눈으로 불편한 듯 흘끗 쳐다보았다.
 "혹시 어머니한테 태어날 때 양막을 뒤집어쓰고 나왔다는 말 못 들었나? 어머니가 자네를 낳고 왜 젖을 물리지 않았지? 누가 젖을 물린 거야? 유모는 어느 나라 말을 썼지? 유모가 우유에 까마귀 피를 넣어 준 적이 있나? 아니면 자네 목에 늑대 발톱을 걸어줬었나? 자네 어렸을 때 유모가 죽은 사람 해골을 만지게 한 적은? 울드라를 봤나? 혹시 멀리 숲속에서 울드라가 키우는 흰 순록의 방울 소리를 들은 적은 없고?"
 "이 사람은 능력자야. 치유능력자라고." 투리의 아내가 불편하다는 듯 빠르게 내 얼굴을 훑어보았다.

"이 사람이 울드라와 친하대." 사람들 모두 놀랐다는 듯 눈을 크게 뜨고 같은 말을 내뱉었다.

나도 너무나 놀라고 당황스러워 얼른 손을 감췄다.

투리가 자러 갈 때라고 말했다. 하루가 무척 길었다. 나는 새벽에 출발하기로 했다. 우리는 연기 나는 불 주변에 누웠다. 연기가 가득한 천막 안이 곧 어두워졌다. 눈에 보이는 것은 천막 연기 구멍을 통해 내게 빛을 보내주는 북극성뿐이었다. 잠결에 개 한 마리가 내 가슴팍에 포근히 기대어 내 손에 코를 살짝 부비는 게 느껴졌다.

동틀 무렵 사람들이 잠에서 깼다. 나를 배웅하느라 천막 안이 분주했다. 나는 친구들이 무척 귀하게 여기는 담배와 사탕을 선물로 주었다. 그들 모두 나를 축복해줬다. 별일이 없는 한 나는 집이 없는 사미족의 집인 습지와 급류, 호수와 숲에서 가장 가까운 인간 거주지인 포르슈투간에 도착할 거다. 투리의 열여섯 살 난 손녀 리스틴이 길을 안내하기로 했다. 리스틴은 스웨덴어를 조금 할 줄 알았고, 포르슈투간에 다녀온 적이 있었다. 그곳에서 가장 가까운 교회가 있는 마을로 가서 사미족 학교에 다시 다닐 생각이었다.

순록 털로 만든 길고 흰 튜닉을 입고 붉은 양모 모자를 쓴 리스틴이 앞장섰다. 허리에는 파란색과 노란색 실로 수를 놓고 버클과 사각 순은으로 장식한 넓은 가죽 띠를 둘렀다. 띠에다가는 칼과 담배 주머니와 머그컵을 매달았다. 띠 아래에 나뭇가지를 쳐낼 때 쓸 작은 도끼도 달려 있었다. 리스틴은 부드럽고 하얀 순록 가죽으로 만든 레깅스 위에 통이 넓은 가죽 바지를 입었다. 자그마한 발에 파란색 실로 깔끔하게 장식한 앙증맞은 흰색 순록 신발을 신었다. 등에는 자작나무 껍질로 만든 라우코스라는 배낭을 멨다. 그 안에다가 여러 가지 개인 소지품과 우리가 먹을 식량을 담았다. 내가 멘 배낭보다 두 배는 컸지만 신경 쓰지 않는 듯했다.

리스틴은 동물처럼 소리 없이 잰걸음으로 가파른 비탈을 내려갔고, 쓰러진 나무 기둥이나 물웅덩이를 토끼처럼 재빠르게 뛰어 넘었다. 가끔은 산양처럼 민첩하게 가파른 바위에 뛰어 올라 사방을 둘러보았다. 언덕 아래에서 넓은 개울을 만났다. 어떻게 건너갈 생각이냐고 미처 물을 새도 없이 리스틴은 허리춤까지 차는 물속에 뛰어들었다. 그 뒤를 따라 얼음장 같이 찬물에 들어갈 밖에. 놀라운 속도로 반대편 가파른 비탈로 올라가자 몸이 금세 따뜻해졌다.

리스틴은 거의 말을 하지 않았지만 조금도 문제될 게 없었다. 말을 하더라도 내가 이해하지 못했을 테니까. 리스틴이 하는 스웨덴어나 내가 하는 라플란드어나 거기서 거기였다. 우리는 부드러운 이끼 위에 앉아 호밀 비스킷, 신선한 버터와 치즈, 훈제한 순록 혀 그리고 리스틴이 산에서 머그컵에 떠온 달고 시원한 물로 훌륭한 식사를 즐겼다. 그리고 담뱃대에 불을 붙이고는 서로 하는 말을 이해해 보려고 애썼다.

"저 새 이름이 뭔지 아니?" 내가 물었다.

사미족 사람들의 고독을 함께 나누고 그들의 사랑을 듬뿍 받는 물떼새의 피리 같은 부드러운 소리를 곧바로 알아들은 리스틴이 미소 지으며 답했다.

"라홀."

버드나무 덤불 사이에서 흰눈썹울새의 아름다운 노랫소리가 들려왔다.

"질로우! 질로우!" 리스틴이 환하게 웃었다.

사미족 사람들은 흰눈썹울새 목 안에 종이 들어 있어서 백 가지 노래를 부를 수 있다고 말한다. 머리 위 푸른 하늘에 검은 십자가가 새겨졌다. 날개를 펄럭이지 않고 자신이 다스리는 황량한 왕국을 가만히 살피는 검독수리였다. 산 호수에서 아비새의 기괴한 울음소리가 들려왔다.

"로, 로, 라이키" 리스틴은 같은 말을 열심히 반복했다. 이런 뜻이었다. "오늘 날씨가 좋다, 오늘 날씨가 좋아!"

"바르 루크, 바르 루크, 루크, 루크." 아비새가 받았다.

"또 비가 오려고 해, 비야, 비가 또 올 거라고." 리스틴이 알려줬다.

나는 부드러운 이끼 위에 몸을 쭉 펴고 누웠다. 리스틴이 라우코스에 소지품을 정리하는 모습을 유심히 지켜보며 담배 연기를 내뿜었다. 작은 파란색 양모 솔 하나, 여분의 니트 한 벌, 작은 순록 가죽 신발, 교회에서 착용하려고 아름답게 수놓은 빨간 장갑 한 쌍, 성경책 한 권. 모든 사미족들이 그렇듯 작고 섬세한 그 손 모양에 다시 한 번 놀랐다. 리스틴에게 자작나무 뿌리를 깎아 만든 그 작은 상자에는 무엇이 들었냐고 물었다. 리스틴이 스웨덴어도 썼다가, 핀란드어도 썼다가, 라플란드어도 썼다가 하면서 한참 설명했지만 나는 한마디도 알아듣지 못했다. 결국 몸을 일으켜 앉아서 상자를 열어 보았다. 그 안에는 흙 한 줌처럼 보이는 것이 들어 있었다. 이걸로 뭘 하려는 거지?

리스틴이 또 열심히 설명했고, 이번에도 나는 이해하지 못했다. 리스틴이 고개를 절레절레 저었다. 아무래도 나를 멍청하다고 생각하는 모양이었다. 갑자기 리스틴이 이끼 위에 몸을 쭉 펴고 눕더니 가만히 눈을 감았다. 그런 다음 일어나 앉아 이끼를 한 움큼 긁어모으고는 진지한 표정으로 내게 건넸다. 그제야 자작나무 상자에 들어있던 게 뭔지 알았다. 지난겨울 눈 속에 묻혀 죽은 사미족 사람의 무덤에서 가져온 흙이었다. 리스틴은 그것을 신부에게 가져가 함께 주님의 기도를 바친 뒤 교회 묘지 위에 뿌려 달라고 할 생각이었다.

우리는 배낭을 메고 다시 길을 나섰다. 비탈길을 따라 보이는 풍경이 조금씩 달라졌다. 사초로 뒤덮인 거대한 툰드라를 가로질러 갈 때에는 군데군데 무리 지어 자라고 있는 밝은 노란색 클라우드베리를 따 먹었다. 저만치 떨어진 곳에 난쟁이자작나무인 베툴라 나나가 하얗게 숲을 이루었고, 사시나무, 물푸레나무, 버드나무, 딱총나무, 귀룽나무, 야생 까치밥나무 덤불이 그 속에 뒤섞여 자랐다. 우리는 웅장한 전나무 숲으로 곧장 들어갔다.

두어 시간 뒤에는 이끼로 뒤덮인 가파른 바위들로 둘러싸인 깊은 협곡을 지나가고 있었다. 머리 위 하늘은 저녁 햇살에 아직 밝았지만 협곡 안은 벌써 어둑해졌다. 리스틴이 불안한 듯 주변을 둘러보았다. 밤이 오기 전에 서둘러 협곡을 빠져 나가려는 게 분명했다. 리스틴이 갑자기 멈춰 섰다. 나뭇가지가 부러지며 떨어지는 소리가 들렸다. 앞쪽으로 50미터도 채 안 떨어진 어둠 속에서 뭔가가 어렴풋이 보였다.

"도망쳐요." 얼굴이 하얗게 질린 리스틴이 낮게 속삭였다. 그러고는 허리띠에 매어 놨던 도끼를 작은 손에 쥐었다.

달리고 싶은 마음은 굴뚝 같았지만 그럴 수 없었다. 종아리에 쥐가 심하게 나는 바람에 꼼짝도 못하고 그 자리에 서 있었다. 이제 그 뭔가의 모습이 제법 눈에 들어 왔다. 놈은 빌베리 덤불에 파묻혀서는 가지가 입 밖으로 튀어 나올 만큼 좋아하는 산딸기 열매를 한 입 가득 채우고 있었다. 우리가 한창 만찬을 즐기던 녀석을 방해한 게 틀림없었다. 몸집이 범상치 않고 털이 꾀죄죄한 녀석은 바로 그 늙은 곰, 그러니까 투리가 말했던 바로 그 곰이었다.

"도망쳐." 이번에는 내가 리스틴에게 속삭였다. 남자답게 리스틴을 피신시키고 뒤를 맡을 생각이었다. 하지만 이런 도덕적 의도를 발휘할 기회를 놓쳤다. 내 몸이 전혀 말을 듣지 않았던 거다. 리스틴은 도망치지 않았다. 파리에서 라플란드로 온 수고를 모두 보상하고도 남을, 잊지 못할 장면이 펼쳐졌다. 이제 내가 하려는 말을 믿지 못한다 해도 상관없다.

리스틴은 한 손에 도끼를 들고 곰에게 몇 걸음 다가갔다. 다른 손으로는 입고 있던 튜닉을 들춰 사미족 여자들이 입는 통 넓은 가죽 바지를 가리켰다. 곰은 쥐고 있던 빌베리 가지를 떨어뜨리고 코를 몇 번 킁킁대더니 울창한 전나무 숲으로 사라졌다.

"나보다 빌베리가 더 좋은가 보네."라고 말하는 리스틴과 함께 나는 서둘러 그 자리를 떴다.

리스틴은 지난 봄 엄마가 사미족 학교로 데리러 왔을 때에도 협곡 한가운데 거의 같은 곳에서 늙은 곰을 마주쳤다고 했다. 그때도 엄마가 여자라는 것을 보여주자 곰이 곧장 달아났다는 거다.

머지않아 협곡을 벗어난 우리는 벨벳처럼 보들보들한 은회색 이끼가 양탄자처럼 깔려 있는 어두운 숲속을 걸었다. 이끼들 사이사이에 린네풀과 노루발풀이 자라나 있었다. 환하지도 어둡지도 않았다. 북반부의 여름밤에 만날 수 있는 신비로운 황혼이었다. 리스틴은 사람의 발길이 닿지 않은 숲에서 어떻게 길을 찾는 걸까. 아둔한 내 머리로는 도저히 이해가 되질 않았다. 갑자기 눈앞에 반가운 개울이 또 나타났다. 개울물이 우리 곁을 빠르게 흘러가는 동안 나는 밤공기에 차가워진 그 물살에 잠시 입을 맞췄다. 리스틴이 저녁을 먹자고 했다. 그러더니 순식간에 도끼로 나뭇가지를 쪼개 두 개의 바윗돌 사이에 모닥불을 지폈다. 저녁을 먹고 담배를 피운 뒤 배낭을 베개 삼아 누운 우리는 그대로 곯아떨어졌다. 리스틴이 빌베리를 가득 채운 붉은 모자를 건네는 소리에 깨어났다. 곰이 빌베리를 좋아할 만했다. 어느 때보다 훌륭한 아침 식사였다.

다시 길을 나섰다. 이봐! 작은 언덕과 돌들을 따라 흐르는 우리 친구 시냇물이 신나게 춤을 추며 노래를 불렀다. 나를 따라 산 아래 호수로 내려가는 게 좋을 거야. 어스름한 숲에서 길을 잃지 않으려고 이 친구를 따라 걸었다. 가끔 그 모습을 놓치기도 했지만, 졸졸졸 부르는 그 노랫소리는 끊어지지 않았다. 때로는 가파른 바위나 쓰러진 나무 옆에 멈춰 서서 우리를 기다렸다가 꾸물댈 시간 없다며 재촉하며 시간을 만회하기도 했다. 얼마나 시간이 흘렀을까. 더 이상 길을 잃을 걱정은 하지 않아도 되었다. 도깨비의 잰걸음과 함께 밤이 이미 저 숲속 깊이 달아나버렸으니까. 나무 끝마다 황금빛 불꽃이 일렁였다.

"피아비!" 리스틴이 말했다. "해가 떠오른다!" 발아래 계곡을 자욱하게 채운 안개를 헤치고 산의 호수가 눈을 떴다.

호수로 다가가는데 또 얼음장 같은 물에 씻어야 하나 싶어 불안했다. 다행히 나의 착각이었다. 리스틴은 작은 느릅나무 앞에서 멈춰 섰다. 바닥이 평평한 배 하나가 쓰러진 전나무에 반쯤 가려져 있었다. 사미족 사람들이 아주 가끔 순록 가죽을 커피, 설탕, 담배, 이 세 가지 생활 사치품과 교환하러 가까운 교회 마을로 갈 때 타고 나가는 주인 없는 배였다. 짙고 푸른 호수는 카프리 섬 블루 그로토의 선명하고 파란 바닷물보다 아름다웠다. 물이 어찌나 맑던지 스탈로가 호수 바닥에 낸 구멍도 보일 것 같았다. 호수 중간쯤에 다다랐을 때 물 위로 멋진 뿔을 높이 쳐든 채 나란히 헤엄치고 있는 우아한 여행자 두 사람을 만났다. 다행히 그들이 나를 사미족으로 오해한 덕에 그들 가까이 다가갈 수 있었다. 우리를 바라보는 두 여행자의 한없이 순하고 아름다운 눈망울에서 두려운 빛을 읽을 수 없었다. 엘크의 눈은 순록의 그것처럼 아주 오묘했다. 어느 각도에서 보든 늘 나를 똑바로 바라보는 것 같았다. 재빨리 건너편 가파른 호숫가에 다다른 우리는 오로지 해를 길잡이 삼아 또다시 드넓은 습지를 헤쳐 나갔다. 리스틴에게 내 주머니 나침반 사용법을 설명하려 했지만 부질없었다. 결국 나도 나침반을 포기하고 리스틴의 야생동물 같은 본능에 의지했다. 리스틴은 마음이 아주 급해 보였다. 그 모습을 보며 곧 깨달았다. 저 아이, 어디가 길인지 헛갈리는 거구나. 이쪽으로 빠르게 걸어가다 멈춰 서서는 콧구멍을 벌름거리며 바람 냄새를 맡다가, 그세 저쪽으로 가서 또 코를 벌름거렸다. 가끔 개처럼 땅바닥에 납작 엎드려 냄새를 맡았다.

"로크!" 리스틴이 갑자기 습지 저쪽에서 우리를 향해 빠르게 밀려드는 낮은 구름을 가리켰다.

정말 안개였다! 11월 런던의 안개처럼 한 치 앞도 보이지 않는 짙은 안개가 우리를 덮쳤다. 혹시라도 놓칠까 봐 우리는 손을 잡았다. 무릎까지 차는 차가운 물속에서 한두 시간을 더 헤맸다. 결국 리스틴은 길을 잃었으니 안개가 걷힐 때까지 기다릴 수밖에 없다고 했다. 안개가 언제쯤 걷힐까?

리스틴도 모르겠단다. 하루가 걸릴지 이틀이 걸릴지, 아니면 몇 시간만 기다리면 될지, 바람에 달렸다고 했다. 손에 꼽을 정도로 최악인 상황에 맞닥뜨린 거다. 이렇다 할 장비도 없이 어마어마한 습지에서 접하는 안개는 숲에서 만나는 곰보다 위험하다. 그럴 때는 그 자리에서 꼼짝 말고 기다릴 뿐 달리 방법이 없다.

우리는 몇 시간 동안 배낭을 깔고 앉아 기다렸다. 안개는 얼음처럼 차가운 물 마냥 살갗에 들러붙었다. 담배나 피울까 싶어 주머니에 손을 넣어보았지만, 이미 물에 다 흠뻑 젖어 있었다. 이렇게 절망스러울 수가. 물을 잔뜩 먹은 성냥갑을 멍하니 보고 있는 사이, 리스틴은 벌써 부싯돌을 써서 담뱃대에 불을 붙인 뒤였다. 문명의 패배를 맛보는 일이 그뿐만 아니었다. 젖은 양말을 갈아 신으려는데 런던에서 제작한 최고급 방수 배낭이 속까지 푹 젖어 있었다. 그런데 자작나무 껍질로 만든 리스틴의 수제 라우코스 안에 든 물건들은 잘 말린 건초처럼 보송보송한 게 아닌가. 커피 한 잔이 절실해 물을 끓이는데, 갑자기 바람이 부는 바람에 내 작은 알코올램프가 꺼져버렸다. 리스틴이 벌떡 일어나 바람이 불어온 쪽을 살펴보더니 당장 배낭을 메라고 했다. 일분도 채 지나지 않아 강한 바람이 우리 얼굴을 치고 지나가더니 머리 위로 커튼을 드리우듯 안개가 빠르게 밀려왔다. 우리가 서 있는 계곡 저 아래로 거대한 강줄기가 햇빛을 받은 검의 날처럼 반짝였다. 반대편 강가에 무성한 소나무 숲이 끝없이 펼쳐져 있었다. 리스틴은 손을 들어 나무 꼭대기에 피어오르는 얇은 연기 기둥을 가리켰다.

"포르슈투간."

리스틴은 망설임 없이 산비탈을 달려 내려가 어깨까지 차오르는 강물로 뛰어들었다. 나도 뒤를 따랐다. 이내 바닥에 발이 닿지 않을 만큼 물이 깊어졌다. 숲속 호수를 가로질러 헤엄치던 그 엘크들처럼 우리도 강을 헤엄쳐 건넜다. 30분쯤 걸었을까. 강 저편 숲을 지나니 사람이 만든 게 틀림없는 개간지가 나왔다. 커다란 라플란드 개 한 마리가 무섭게 달려오며 짖었다. 한참 냄새를 맡더니 우리를 알아봤는지 반갑게 꼬리를 흔들며 길을 안내했다.

*

붉은색으로 칠한 집 앞에는 포르슈투간의 라시 안데시가 서 있었다. 팔척장신인 그는 기다란 양털 코트를 입고 나막신을 신었다.

"숲에 온 걸 환영하네!" 라시 안데시가 말했다. "어디서 왔나? 라프 아이 혼자 강을 건너게 할 거라면 내 배를 빌려갈 수 있었을 텐데. 셔스틴, 불에 장작 좀 더 넣어." 그가 집안에 있는 아내에게 소리쳤다. "사미족 아이와 강을 건너왔다는군. 옷을 말려야겠어."

리스틴과 나는 모닥불 앞에 놓인 낮은 의자에 앉았다.

"물에 빠진 생쥐 꼴이네." 내가 젖은 양말과 반바지와 스웨터와 플란넬 셔츠를 벗을 수 있게 도와준 셔스틴 아주머니가 천장에 쳐놓은 밧줄에 옷들을 널며 말했다. 리스틴은 이미 순록 코트와 레깅스, 바지, 양모 조끼를 벗어던졌다. 셔츠는 어디로 갔는지 보이지 않았다. 태초에 창조주께서 사람을 빚으셨을 때처럼 알몸이 된 우리는 활활 타오르는 모닥불 앞 나무의자에 나란히 앉았다. 두 노인들은 뭐 어떠냐고 했다. 사실 그랬다.

한 시간쯤 지났을까. 나는 라시 아저씨가 외출할 때 입는 소박한 검정색 옷과 나막신 차림으로 새로 묵을 집을 둘러보았다. 리스틴은 셔스틴 아주머니가 빵을 굽고 있는 부엌 화덕 옆에 자리를 잡고 앉았다. 어제 사미족과 함께 온 낯선 사람이 집에 있는 빵을 모두 먹어치웠다고 했다. 이 집 아들은 호수 건너편에 목재를 벌목하러 간 터라, 내가 외양간 위에 있는 아들 방에서 자기로 했다. 부부는 외양간 냄새가 날까 걱정하였다. 전혀. 오히려 그 냄새가 좋았다. 라시 아저씨는 벌써 이렇게 추우면 밤에 더 추워진다며 헤브레에 가서 침대에 깔 양털을 가져와야겠다고 나섰다.

헤브레는 겨울에 높이 쌓이는 눈과 달갑지 않은 네발 달린 방문객들을 피해 튼튼한 나무 기둥 네 개를 땅바닥에서부터 남자 키만큼 높이 세워 지은 창고였다. 저장실 벽에는 뿔을 박아 옷가지와 가죽들을 깔끔하게 정리해 놓았다. 늑대 가죽으로 만든 라시 아저씨의 털 코트, 아주머니의 겨울 모피, 늑대 가죽 여섯 장. 바닥에는 근사한 곰 가죽으로 만든 썰매용 깔개가 놓여 있었다. 다른 옷걸이에는 셔스틴 아주머니의 혼례복이 걸려 있었다. 화려한 색감의 실크로 만든 상의 부분에는 은사로 아름답게 수를 놓았고 그 아래로 초록색 양모 치마를 길게 이어 붙인 옷이었다. 다람쥐 가죽으로 만든 목도리, 옛날 식 레이스로 장식한 보닛, 단단한 은 버클이 달린 빨간 가죽 허리끈도 함께 걸어 두었다. 헤브레에서 라시 아저씨와 사다리를 타고 내려오다가 문을 잠그는 것을 잊었다고 말했다. 아저씨는 괜찮다고 했다. 늑대, 여우, 족제비들이 옷가지를 끌고 나올 일도 없고 창고 안에 녀석들이 먹을 만한 것도 없다면서 말이다.

잠시 숲속을 산책하고 돌아와 부엌문 옆에 있는 커다란 전나무 아래에 앉아 근사한 저녁을 먹었다. 세계 최고라는 라플란드 송어, 오븐에서 갓 꺼낸 가정식 빵, 신선한 치즈와 수제 에일까지. 리스틴과 함께 저녁을 먹고 싶었지만, 분명 예의범절에 어긋나는 일이었다. 리스틴은 부엌에서 이 집 손주들과 함께 저녁을 먹어야 했다. 두 노부부는 내 옆에 앉아 내가 식사하는 모습을 바라보았다.

"왕을 본 적이 있는가?"

아뇨, 없습니다. 저는 스톡홀름을 들르지 않고, 다른 곳에서 이리로 곧장 왔습니다. 스톡홀름보다 몇 배는 더 큰 도시죠.

라시 아저씨는 스톡홀름보다 큰 도시가 있다는 것을 몰랐다.

나는 셔스틴 아주머니에게 혼례복이 감탄할 만큼 아름답다고 말했다. 아주머니는 빙그레 미소를 짓고는 어머니가 결혼할 때 입었으니 정말 오래된 옷이라며, 그게 언제 적 일인지는 신만이 안다고 했다.

"그런데 밤에 정말 헤브레를 열어둬도 됩니까?"

"안 될 게 있나?" 라시 아저씨가 답했다. "헤브레에는 먹을 만한 게 없다네. 아까도 말했지만 늑대나 여우가 우리 옷을 가져갈 리도 없고."

"하지만 누군가가 가져갈 수도 있잖습니까. 숲에는 헤브레만 하나 있고, 집에서도 꽤 떨어져 있는데. 곰 가죽 깔개 하나만 해도 꽤 값이 나갑니다. 아주머니 혼례복을 스톡홀름에 가져가면 어떤 골동품상이든 못해도 수백 릭스돌레씩 쳐줄 거예요."

두 노인은 화들짝 놀라 나를 쳐다보았다.

"그 곰은 물론이고 늑대들도 모조리 내가 쏴 죽였다고 한 말 못 들었나? 내 아내의 혼례복이고 그 옷을 어머니한테 물려받았다는 말을 이해하지 못했냐는 말일세. 우리가 살아 있는 동안 전부 다 우리 것이고, 우리가 죽으면 우리 아들한테 돌아갈 것들이야. 그런데 누가 그걸 가져간단 말이지? 무슨 소릴 하는 건가?"

라시 아저씨와 셰스틴 아주머니가 나를 쳐다보았다. 내 질문에 무척 화가 난 듯했다. 갑자기 라시 안데시가 그 늙은 눈에 총기를 띠며 머리를 긁적였다.

"그래, 그런 뜻이었군." 로시 아저씨가 아내를 보며 껄껄 웃었다. "도둑들을 말하는 거였어!"

나는 라시 안데시에게 시바 호수에 대해 물었다. 투리 말처럼 정말 거대한 스탈로가 호수 바닥에 구멍을 파낸 바람에 물고기들이 모두 없어졌냐고 말이다.

아무렴, 정말이고 말고. 다른 산에 있는 호수에는 물고기가 그득해도 거기에는 한 마리도 없지. 하지만 라시 아저씨는 그게 스탈로의 몹쓸 장난 때문인지는 모르겠다고 했다. 사미족 사람들은 미신을 믿고 무지하다네. 그리스도인은 하나도 없잖나. 조상이 누구인지도 모르고, 세상에 있는 다른 어떤 언어와도 전혀 다른 언어를 사용하지.

강 이쪽 편에 거인이나 트롤이 있을까?

"옛날에는 있었지." 라시 아저씨가 말했다.

아저씨가 어렸을 때엔 산 저쪽에 살았던 거대한 트롤 이야기를 많이 들었다고 했다. 엄청난 부자였던 트롤은 산에 묻혀 있는 금을 지키는 못생긴 난쟁이 수백 명과 목에 은방울을 단 눈처럼 하얀 소 수천 마리를 두었다. 하지만 왕이 철광석을 캐기 위해 바위를 폭발시키고 철도를 놓기 시작한 뒤로는 트롤 이야기를 듣지 못했다.

숲의 마녀 스쿡시르와는 아직 있었다. 언제나 사람들을 홀려 숲속 깊숙이 끌어들여서는 길을 잃게 만들었다. 새 소리를 내거나 나긋나긋한 여자 목소리를 냈다. 많은 사람들이 말하기를 이 마녀는 너무나 사악하고 정말로 아름다운 진짜 사람이었다. 숲에서 마녀를 만나면 당장 도망쳐야 한다. 행여 고개를 돌려 마녀와 눈이 마주치면 길을 잃고 만다. 달이 가득 찬 날에는 숲속 나무 아래에 앉아서는 안 된다. 마녀가 다가와 옆에 앉아, 마치 남자의 사랑을 원하는 여자처럼 목에 팔을 두른다. 하지만 마녀는 그의 심장에서 피를 빨아 마시기를 원할 뿐이다.

"그 마녀, 눈이 아주 크고 까만가요?" 떨리는 목소리로 내가 물었다.

라시 안데시는 직접 본 게 아니라 모른다고 했다. 하지만 아내의 오빠가 어느 달 밝은 밤 숲속에서 만났는데, 그 뒤로 잠을 못 이루고 정신이 나갔다.

"이 근처에 도깨비도 있을까요?"

"그럼. 어둑어둑해질 무렵에 몰래 돌아다니는 소인족들이 많지. 외양간에도 작은 도깨비가 하나 사는데, 우리 손주들이 종종 본다더군. 누가 건드리지 않고 한구석에 죽 한 그릇만 놔 주면 아무런 해도 끼치지 않아. 비웃어도 안 되지. 언젠가 강 위에 다리를 지으러 온 철도 기술자가 포르슈투간에서 하룻밤을 지냈다네. 술에 취해서는 죽 그릇에다 침을 뱉고는 도깨비 같은 건 없다며 비웃었지. 다음 날 저녁 꽁꽁 언 호수를 건너 되돌아가는 길에 썰매를 끌던 말이 얼음에 미끄러져 넘어졌는데, 어디선가 늑대 떼가 나타나 갈기갈기 물어뜯었지 뭔가. 다음 날 아침에 교회에서 돌아오던 사람들이 썰매에 앉은 채로 얼어 죽은 기술자를 발견했지. 죽기 전에 총으로 늑대 두 마리를 쏜 모양인데, 총이 없었다면 늑대 밥이 되고 말았을 게야."

"포르슈투간에서 가장 가까운 거주지까지 거리가 얼마나 됩니까?"

"튼튼한 조랑말을 타고 숲을 가로질러 여덟 시간 정도 가야 하지."

"한 시간 전쯤 숲을 산책하다가 방울 소리를 들었는데 이 주변에 소가 많은가 봅니다."

라시 안데시는 코담배를 탁 뱉으며 네가 잘못 들은 거다, 100마일도 떨어지지 않은 숲에는 소가 없다, 우리 소 네 마리는 다 외양간에 있다며 퉁명스럽게 핀잔을 놓았다.

다시 한 번 라시 안데시에게 틀림없이 숲 저쪽에서 방울 소리가 울렸는데 어찌나 아름답던지 은으로 만든 종이 울리는 줄 알았다고 말했다.

라시 안데시와 셔스틴 아주머니는 불안한 눈동자로 서로 흘끗 쳐다볼 뿐 아무 말도 하지 않았다. 나는 두 사람에게 잘 자라고 인사를 건네고 외양간 위에 있는 방으로 갔다. 창문 너머 숲은 고요하고 캄캄했다. 긴 여행으로 지치고 피곤했던 나는 탁자 위에 놓아둔 소기름 양초에 불을 켠 뒤 양가죽 이불 위에 누웠다. 소들이 잠결에 우적우적 풀 씹는 소리가 들렸다. 저 멀리 숲에서 부엉이 우는 소리가 들리는 것도 같았다. 탁자 위에서 희미한 빛을 내며 타들어가는 초를 바라보았다. 그 모습을 보고 있자니 좋았다. 고향에서 어린 시절을 보낸 뒤로 수지 양초를 보지 못했다. 눈을 감자 어두컴컴한 겨울 아침, 발이 푹푹 빠지는 눈 속을 걸어 학교에 가고 있는 작은 남자아이가 떠올랐다. 책을 한 짐 묶어 등에 메고 손에는 수지 양초를 들고 있었다. 소년들은 저마다 교실 책상에 두고 쓸 초를 가져가야 했다. 어떤 아이들은 두꺼운 초를 가져왔고, 어떤 아이들은 가느다란 초를 가져왔다. 지금 저 탁자 위에서 타고 있는 것처럼 가느다란 초를. 나는 잘 사는 집 아이였고, 책상 위에는 두꺼운 양초가 타고 있었다. 내 옆 책상에는 우리 반에서 가장 가느다란 양초가 타고 있었다. 내 옆에 앉은 아이의 엄마는 무척 가난했다. 하지만 나는 크리스마스에 치른 시험에 떨어졌고 옆자리 아이는 우리 중에서 가장 좋은 성적으로 시험을 통과했다. 그 아이의 머리가 우리보다 더 반짝반짝했던 거다.

    탁자에서 딸랑거리는 소리가 나는 것 같았다. 까무룩 잠이 들었던 모양이다. 수지 양초가 깜빡거렸다. 그런데 저만치 떨어진 탁자 위에 손바닥만 한 작은 남자가 다리를 꼬고 앉아 있는 게 보였다. 내 시곗줄을 잡아당기던 그 남자는 희끗희끗 센 머리를 한쪽으로 기울인 채 째깍째깍 움직이는 시계 소리를 듣고 있었다. 어찌나 집중했던지 내가 자리에서 일어나 앉아 쳐다보는 줄도 몰랐다. 갑자기 내가 눈에 들어오자 잡고 있던 시곗줄을 집어 던지고는 뱃사람처럼 탁자 다리를 타고 미끄러져 내려와 그 짧은 다리로 문을 향해 냅다 달렸다.

"무서워하지 마, 작은 도깨비야." 내가 말했다. "여기엔 나밖에 없어. 가지 마. 이 금색 상자가 궁금한 거구나. 이리 와, 보여줄게. 주일날 교회 종소리 같은 소리도 나."

곧 멈춰선 그는 작고 선한 눈으로 나를 보았다.

"도깨비놀음 같은 일일세." 도깨비가 말했다. "분명 이 방에서 아이 냄새가 나서 들어온 건데, 어른 같은 네가 있네. 이런, 이런…" 침대 옆 의자에 기어오른 도깨비가 소리쳤다.

"세상에, 이 먼 곳에서 너를 만나다니. 내가 그 옛날 집 유아방에서 봤던 바로 그 아이구나. 그 아이가 아니고서는 오늘밤 탁자 위에 앉아 있는 나를 볼 수가 없거든. 나 알아보겠어? 매일 밤 집안사람들이 모두 잠든 뒤에 유아방에 가서 너 대신 방을 정리하고 그날 네가 안고 있던 걱정거리를 풀어준 게 나였잖아. 네가 생일이면 늘 케이크 조각을 가져다줬고 크리스마스 트리 아래에 있던 호두, 건포도, 사탕을 나눠줬지. 물론 내 죽 그릇도 잊지 않고 채워줬고. 그런데 커다란 숲속에 있던 옛날 집은 왜 떠난 거야? 그땐 늘 웃는 얼굴이었는데, 지금은 왜 그렇게 슬퍼 보이지?"

"머릿속이 복잡해서. 어디 머물 수도 없고, 잊지도 못하고, 잠도 설쳐."

"꼭 네 아버지 같구나. 밤새 방안을 서성이는 모습을 얼마나 자주 봤는지 몰라!"

"우리 아버지 이야기 좀 들려 줘. 기억나는 게 별로 없어."

"네 아버지는 이상한 사람이었어. 침울하고 말수가 적었지. 가난한 사람들과 동물들에게는 친절했지만, 주변 사람들한테는 종종 엄했어. 특히 너한테 회초리를 많이 들었는데, 사실 네가 여간 까다로운 아이가 아니었다고. 누구 말도 듣지 않았어. 아버지, 엄마, 네 누나와 형은 물론 누구도 좋아하지 않는 것 같았지. 그래, 유모는 좋아했던 것 같다. 기억하지, 레나?"

"아무도 레나를 좋아한 사람은 없었지. 그런데도 레나를 유모로 고용한 데는 다 이유가 있었어. 네 어머니가 젖을 물릴 수 없었거든. 레나는 어제 너를 여기에 데려온 사미족 아이처럼 피부가 거무스름하고 키가 꽤 컸지. 너한테 젖을 물리는 동안 어느 나라 말인지도 모를 노래를 불러주곤 했어. 네가 두 살 때까지 젖을 물렸나 보다. 아무도, 심지어 네 어머니도 가까이 가지 못했어. 누가 너를 데려가려고만 해도 화난 늑대처럼 으르렁거렸으니까. 결국 레나를 내보냈는데 밤에 다시 돌아와서 너를 몰래 데려가려 했어. 네 어머니는 너무 겁이 나서 어쩔 수 없이 레나를 다시 받아들였지 뭐야."

"레나는 박쥐, 고슴도치, 다람쥐, 생쥐, 뱀, 부엉이, 까마귀까지 온갖 동물을 네 앞에 데려다 두고 놀게 했어. 한번은 레나가 까마귀 목을 따서 네가 마실 우유에 피를 몇 방울 떨어뜨리는 걸 내 눈으로 직접 보기도 했다니까. 네가 네 살쯤 됐을 때인가, 보안관이랑 지방 경찰 두 명이 와서 레나에게 수갑을 채워 데려가더라고. 레나의 자식과 관련된 일 때문이라고 들었어. 온 집안사람들이 레나가 떠나 좋아했는데, 너는 고열로 며칠이나 정신을 차리지 못했지."

"대부분 네가 키우는 동물들이 문제였어. 방에서 온갖 동물을 길렀지. 그뿐인가? 침대에서 같이 잠도 잤잖아. 알을 품고 있다가 채찍에 무지 맞았던 일 기억 안 나? 닥치는 대로 새알을 끌어다 품고는 침대에서 부화시키려고 했지. 그런데 어린애가 밤새 잠을 자지 않고 버틸 재간이 있나. 아침마다 부서진 알들로 침대가 아주 엉망이었고 아침마다 매타작을 당했지. 그래도 소용없었어."

"이런 일도 있었지. 네 부모가 저녁 파티에 갔다가 와보니, 네 누나가 잠옷 차림으로 탁자 위에 올라가 우산을 쓰고 겁에 질려 고래고래 소리를 지르고 있지 뭐야? 네 방에 있던 동물들이 죄다 뛰쳐나왔는데, 박쥐는 발톱으로 네 누이 머리카락을 쥐어뜯고 뱀이랑 두꺼비랑 쥐는 바닥을 기어 다니고. 네 침대에는 쥐새끼들이 바글바글하더라니까. 네 아버지가 너를 무지막지하게 때려대니까, 네가 몸부림치다가 아버지 손을 물어버렸어. 그리고 밤에 식료품 저장실에 들어가 먹을 것을 닥치는 대로 배낭에 쑤셔 넣고 다음 날 새벽에 몰래 집을 빠져나가버렸지. 나가기 전에 네 형의 저금통을 깨고 모아둔 돈을 몽땅 훔쳐서 말이야. 넌 저금해 둔 돈이 없었거든. 하인들이 온종일 너를 찾아다녔지만 헛수고였어. 밤새 찾아다니다 결국 네 아버지가 경찰에 알리려고 말을 달려 마을로 향했는데, 길가 눈 더미 속에서 깊이 잠이 든 너를 발견했어. 말이 지나가는 걸 본 개가 마구 짖어댔다더라. 네 아버지의 사냥개가 마구간에서 다른 말들에게 하는 말을 들었는데, 네 아버지가 입을 굳게 다문 채 너를 안장에 태워 집으로 돌아와 이틀 밤낮을 깜깜한 방에 가두고 빵과 물만 줬다는 거야."

"셋째 날, 네 아버지는 너를 방으로 불러 왜 집을 몰래 빠져나갔는지 물었어. 넌 이 집에는 너를 제대로 이해해주는 사람이 없다며 미국으로 가고 싶다고 말했지. 네 아버지가 손을 물어 미안하지 않느냐고 물었지만, 너는 미안하지 않다고 대답했어. 다음 날 바로 널 마을에 있는 학교로 보내버렸고, 크리스마스 휴일에만 집에 올 수 있게 했지. 크리스마스 날, 너희 식구들은 새벽 네 시에 아침 예배를 보러 교회엘 갔어. 썰매를 타고 얼어붙은 호수를 건너고 있는데 늑대 떼가 뒤쫓아오는 거야. 겨우내 몹시 추웠던 탓에 늑대들은 몹시 굶주려 있었어. 제단 앞에는 커다란 크리스마스 트리 두 그루가 서 있었고, 트리를 장식한 불빛으로 교회 안이 환하게 빛났어. 신자들이 모두 일어나 '즐겁도다 이 날'을 불렀지. 성가가 끝날 무렵 네가 손을 물어 죄송하다고 말하니 네 아버지가 네 머리를 토닥이더라. 호수를 건너 돌아오는데 네가 썰매에서 뛰어내리려 했어. 늑대들이 어디로 갔는지 그 흔적을 따라가 보고 싶다면서. 오후에 넌 또 사라졌고, 사람들이 밤새 너를 찾아다녔지만 헛수고였지. 다음날 아침 사냥터 관리인이 숲속 커다란 전나무 아래에서 잠든 너를 발견했어. 나무 주변에는 늑대 흔적이 가득 했고. 관리인은 네가 늑대에게 잡아먹히지 않은 게 기적이라고 했어."

"그런데 여름방학 때 아주 끔찍한 일이 벌어지고 만 거야. 하녀가 네 침대 아래서 뒤통수에 붉은 머리카락이 붙어 있는 사람 해골을 발견했지 뭐야. 집안이 발칵 뒤집혔지. 네 어머니는 기절을 하고 네 아버지는 그 어느 때보다도 아주 심하게 널 때렸어. 넌 또다시 깜깜한 방에 갇혀 빵과 물만 먹으며 지냈지. 그리고 전날 밤 네가 말을 타고 마을 교회 묘지에 가서 납골당 문을 부수고 들어가 지하실에 둔 뼈 더미에서 해골을 훔쳐왔다는 사실이 밝혀졌어. 남자학교 교장이었던 주임 목사는 네 아버지에게 열 살짜리 사내아이가 하느님과 인간에게 이토록 극악무도한 죄를 지었다는 말은 들질 못했다고 하더군."

"독실했던 네 어머니는 이 일을 감당하지 못했어. 심지어 너를 두려워했지. 네 어머니만 그런 게 아니었어. 네 어머니는 어쩌다 이런 괴물을 낳았는지 모르겠다고 했고, 네 아버지는 네가 자기 자식이 아니라 악마의 아들이라고 했어. 늙은 집사는 다 네 유모 탓으로 돌렸어. 우유에 뭔가를 넣고 네 목에 늑대 발톱을 걸어 줘서 너를 홀린

게 틀림없다고 말이야."

"그 이야기가 전부 사실이야? 그렇다면 난 정말 이상한 아이였네!"

"다 사실이야. 거짓말은 하나도 없어." 도깨비가 대답했다. "하지만 네가 어디 가서 이런 말해도 내 책임은 아니라고. 너는 언제나 애들처럼 꿈과 현실을 헷갈리잖아."

"하지만 난 아이가 아니야. 다음 달이면 스물일곱이라고."

"넌 몸집만 컸지 애야. 아이가 아니고서야 어떻게 나를 볼 수 있겠어. 우리 도깨비들은 아이들 눈에만 보이거든."

"이봐, 조그만 친구, 몇 살이냐?"

"육백 살. 어떻게 아냐고? 난 네 방 창문 밖에 커다란 부엉이가 둥지를 틀었던 그 늙은 전나무랑 같은 해에 태어났거든. 네 아버지는 이 나무가 이 숲에서 가장 오래된 나무라고 입버릇처럼 말했어. 그 커다란 부엉이 기억나지? 왜, 창가에 앉아서 그 부리부리한 눈을 깜빡이며 너를 쳐다보던 녀석 있잖아."

"너, 결혼은 했어?"

"아니, 난 미혼이야." 도깨비가 말했다. "너는?"

"아직은. 하지만…"

"아니, 아니, 하지 마! 우리 아버지가 귀에 딱지가 앉도록 하신 말씀이 있어. 결혼은 위험한 짓이라고 말이야. 특히 장모를 선택할 때만큼은 신중하고 또 신중해야 한다는 명언이 있지."

"정말 육백 살이야? 그렇게 안 보이는데! 도저히 못 믿겠어. 침대에 앉아 있는 날 보자마자 탁자 다리를 미끄럼타고 내려와 후다닥 달려가는 널 보고 누가 그 말을 믿겠냐."

"그렇게 봐 주니 고맙군. 다리가 아직은 쌩쌩하지. 하지만 눈은 갈수록 침침해져서 낮에도 잘 안 보여. 귀에서도 이상한 소리가 나. 너희 커다란 사람들이 우리가 살고 있는 산에서 무시무시한 폭파 작업을 시작한 뒤로 그렇게 됐다고. 너희가 트롤의 황금과 철을 훔치려는 거라는 도깨비도 있고, 등에 검은 줄무늬가 두 개 있는 거대하고 노란 뱀을 위해 구멍을 뚫는 거라고 말하는 도깨비도 있더라. 뭐라더라, 그 뱀이 큰 몸을 꿈틀대며 들판이고 숲이고 강을 휩쓸고 다니는데 입에서는 연기와 불을 내뿜는다던가?"

"우린 그 뱀을 정말 두려워해. 숲과 들에 사는 동물들도, 하늘을 나는 새들도, 강과 호수에 사는 물고기들도, 심지어 산 속 트롤들까지도, 그 뱀이 가까이 있는 게 무서워 북쪽으로 도망치고 있어. 불쌍한 우리 도깨비들은 어떻게 되려나? 우리가 아이들을 재우면서 이야기를 들려주고 아이들의 꿈을 지켜주는 일을 더는 하지 못하면, 아이들은 어떻게 될까? 마구간에 있는 말들은 누가 돌보고, 말들이 미끄러운 얼음에서 넘어져 다리가 부러지지 않게 누가 보호해주지? 소들을 깨우고 송아지들을 돌보는 일을 누가 도울까? 참 어려운 시절이야. 세상이 잘못 돌아가고 있다고. 어딜 가든 평화롭지 않아. 끊이지 않는 소음과 소란이 정말 신경에 거슬려. 더 이상은 네 곁에 머물 수 없어. 부엉이도 꾸벅꾸벅 졸고 있고, 숲속을 기어 다니는 모든 생명들도 잠자리에 들었어. 다람쥐들은 이미 솔방울을 갉아먹는 중이지. 이제 수탉이 목청껏 울어댈 거야. 곧 호수 곳곳에서 끔찍한 폭파 소리가 또 들려오겠지. 더 이상 못 참겠다. 오늘이 여기서 지내는 마지막 밤이야. 이제 떠나야겠어. 해가 뜨기 전에 케브네카이제로 올라가야 해."

"케브네카이제라고! 거긴 북쪽으로 수백 킬로미터나 떨어져 있는데. 그 짧은 다리로 거길 어떻게 가겠다는 거야?"

"두루미나 야생 거위가 태워주겠지, 뭐. 이 녀석들, 겨울이 없는 땅으로 기나긴 비행을 시작하려고 거기에 모이고 있어. 정 안 되면 곰이나 늑대 등에라도 올라타고 가야지. 이놈들도 도깨비하고 친구라서. 난 이제 가야겠다."

"가지 마, 조금만 더 나랑 있자. 네가 그렇게 궁금해 하던 금색 상자 안에 뭐가 들어있는지 보여줄게."

"상자 안에 뭐가 있는데? 동물이라도 들었나? 상자 안쪽에서 심장 쿵쾅거리는 소리가 나는 것 같던데."

"네가 들은 건 시간이라는 녀석의 심장 소리야."

"시간이 뭔데?" 도깨비가 물었다.

"뭐라 말하기 어려운데. 누구도 시간이 뭔지 시원하게 말하지 못할 거야. 고작해야 과거, 현재, 미래, 이 세 가지로 이루어져 있다고 하겠지."

"그런데 그걸 항상 그 금색 상자에 넣어 다니는 거야?"

"어, 시간은 절대 멈추지 않거든. 절대 잠들지도 않아. 내 귀에 대고 같은 말을 쉬지 않고 하고 또 하지."

"그 말을 다 이해해?"

"그럼! 너무나 잘 알지. 낮이고 밤이고, 매초, 매분, 매시간마다 말해. '넌 늙고 있어, 죽음을 향해 가는 거야.' 이봐, 작은 친구. 가기 전에 말해 봐봐. 죽음이 두렵니?"

"뭐가 두렵냐고?"

"네 심장이 더 이상 뛰지 않는 날, 모든 기계의 톱니와 바퀴들이 산산이 부서지는 날, 생각이 멈추고, 네 목숨이 저 탁자 위 희미한 양초 불빛처럼 깜박이는 날이 오는 게 두렵냐고."

"도대체 누가 네 머릿속에 그 말도 안 되는 소리를 집어넣은 거야? 그 금색 상자 안에서 멍청하게 과거니, 현재니, 미래니 떠들어대는 목소리 따위, 귓등으로도 듣지 말라고. 이러나저러나 같은 말이라는 생각은 안 들어? 그 금색 상자 안에서 누군가가 널 놀리는 거 모르겠냐고! 내가 너라면 그 요상 망측한 상자를 당장 강에 집어 던져서 그 안에 든 악령을 익사시켜버리겠어. 그 따위 말 믿지 마, 다 거짓말이야! 넌 언제나 아이일 거야, 절대 늙지도, 죽지도 않을 거라고. 넌 그저 잠시 누워 잠을 자는 것뿐이야! 태양은 곧 저 전나무 위로 솟아오르고, 창문 너머로 새 날이 곧 밝아 올 거야. 그리고 너도 저 양초 불빛에 보았던 것보다 훨씬 선명하게 볼 수 있을 거야. 정말 가야 돼. 안녕, 이 몽상가 친구야, 만나서 반가웠어!"

"반가웠어, 작은 도깨비 씨!"

도깨비는 침대 옆 의자를 미끄러져 내려가 그 자그마한 나막신을 신은 발로 덜거덕거리며 문 쪽으로 달려갔다. 주머니에서 주섬주섬 열쇠를 찾다가 갑자기 두 손으로 배를 붙잡고 웃음을 터뜨렸다.

"죽음이라니!" 도깨비가 낄낄댔다. "정말 어이가 없군! 지금까지 들어본 중에 제일 웃기는 말이야! 이 원숭이들은 우리 작은 도깨비들보다 덩치만 컸지, 한 치 앞도 내다보지 못하는 바보들이로군. 죽음이라니! 장난꾸러기 꼬마 요정 로빈 굿펠로우의 이름을 걸고 맹세하는데, 이런 헛소린 정말 처음이야!"

*

정신을 차리고 창밖을 내다보니 막 내린 눈에 세상이 하얗게 변해 있었다. 머리 위에서는 야생 거위 떼의 날갯짓 소리와 울음소리가 들렸다. 잘 가, 작은 도깨비 씨!

나는 아침을 먹으려고 자리에 앉았다. 죽 한 그릇, 갓 짜낸 우유

그리고 맛 좋은 커피 한 잔이 전부였다. 라시 아저씨는 지난밤에 두 번이나 잠에서 깼다고 했다. 라플란드 개가 무얼 보거나 들었는지 내 내 불안해하며 으르렁댔단다. 아저씨도 어둠 속에서 늑대 같은 것이 집밖을 어슬렁거리는 걸 본 것 같다고 했다. 외양간에서도 무슨 소리가 들렸는데, 내가 잠꼬대하는 소리인 것을 알고는 마음이 놓였다고도 했다. 닭들도 불안한지 밤새 꼬꼬댁거린 모양이었다.

"봤나?" 라시 아저씨가 눈 위로 내 창문까지 이어진 흔적을 가리키며 말했다. "적어도 세 놈이었어. 여기서 산 지 30년이 넘었지만 이렇게 집 가까이에서 늑대 발자국을 본 적은 처음이라네. 저기도 보게."

"저걸 보고 처음엔 꿈을 꾸는 줄 알았지 뭔가. 내 이름이 라시 안 데시인 게 틀림없듯이 밤새 곰이 왔던 게 분명하네. 이건 새끼 발자국이지. 이 숲에서 곰 사냥한 세월이 십 년일세. 외양간 옆 큰 전나무에서 짹짹거리는 소리 들었나? 족히 스무 마리는 될 걸세. 한 나무에서 그렇게 많은 다람쥐를 본 건 난생처음이라네. 숲에서 나는 부엉이 소리, 밤새 호수에서 들려오는 물총새 소리도 들었나? 새벽녘에 집 주변을 맴도는 쏙독새 소리는? 도저히 이해할 수가 없어. 보통 해가 지면 온 숲이 무덤처럼 고요하기 마련인데, 어째서 지난밤엔 동물들이 죄다 여기로 몰려왔냐는 말이지. 셔스틴이랑 한숨도 못 잤다네. 셔스틴은 그 사미족 아이가 온 집안에 요술을 부렸다고 생각해. 하지만 그 아이는 지난여름 루크네에서 세례를 받았다더군. 하긴, 이 사미족들은 속을 알 수가 있어야 말이지. 속에 마법과 악마의 술수로 가득한 사람들이라. 어쨌든, 날이 밝자마자 그 아이를 내보냈네. 발이 빠른 아이니, 해 지기 전에 루크네에 있는 사미족 학교에 도착할 거야. 자네는 언제 떠나려는가?"

급한 일도 없고, 포르슈투간도 마음에 들어서 며칠 더 머물까 한다고 말했다.

라시 아저씨는 아들이 벌목 일을 마치고 저녁에 돌아오는데 그러면 내가 묵을 방이 없다고 했다. 나는 헛간에서 자도 상관없고, 건초 냄새도 좋아한다고 말했다. 라시 아저씨도, 셔스틴 아주머니도 내 말이 썩 달갑지 않은 눈치였다. 이 사람들이 나를 여기서 내쫓고 싶어 한다는 느낌을 지울 수가 없었다. 나와 말을 섞으려 하지 않는 데다가 나를 두려워하는 것 같았다.

나는 라시 아저씨에게 이틀 전 포르슈튜간에 와서 빵을 모두 먹어치운 낯선 사람에 대해 물었다. 라시 안데시 말로는 스웨덴어를 한마디도 못하는 사람이었다. 그의 낚시 도구와 낚싯대를 옮기던 핀란드 사미족 사람이 길을 잃었다고 했다. 배가 고파 다 죽어가는 몰골로 나타난 두 사람은 집에 있는 음식들을 몽땅 먹어치웠다. 라시 아저씨는 손주들에게 주려고 했던 동전을 내게 보여줬다. 이게 진짜 금이 맞나?

영국 금화였다. 창가 바닥에는 존 스코트 경 앞으로 온 『타임즈』지가 놓여 있었다. 나는 신문을 펼쳐 큰 글자로 적힌 기사 제목을 읽었다.

나폴리에 콜레라 창궐! 일일 감염자 수천 명 넘어

한 시간 뒤, 라시 아저씨의 손자 펠레가 털이 길고 부드러운 노르웨이산 조랑말을 데리고 집 앞에 왔다. 내가 배낭에 든 식량 값을 조금이라도 치르고 싶다고 하자, 라시 아저씨는 그런 말은 처음 들어본다며 어이없어했다.

"펠레가 길을 잘 아니까 아무 걱정하지 말게. 요맘때가 편히 여행하기 딱 좋다네."

　말을 타고 숲을 지나 루크네까지 여덟 시간, 리스 요쿰의 배를 타고 하류를 따라 세 시간, 걸어서 교회 마을까지 여섯 시간, 호수를 가로질러 로소 야르비까지 두 시간, 거기서부터 새로 생긴 철도역까지 여덟 시간을 마차를 타고 편하게 움직였다. 아직 여객 열차가 다니지는 않았다. 기관사는 기관차를 타고 3킬로미터 정도 가면 화물차를 탈 수 있는데, 자기 옆에 서서 가도 괜찮다면 거기까지 태워주겠다고 했다.

　라시 아저씨 말이 옳았다. 참 편안한 여행이었다. 적어도 그때의 나에게는 그랬다. 지금 그렇게 하라면 할 수 있을까? 그 시절에는 형편없는 기차에 올라 잠 한숨 못 자고 중앙 유럽을 횡단하는 여행일지라도 편안했다. 라플란드에서 나폴리까지. 지도를 보면 무슨 말인지 알 거다!

8

나폴리

내가 나폴리에서 어떻게 지냈는지 궁금한가? 그렇다면 『슬픔의 도시에서 온 편지』를 읽어보기 바란다. 하지만 오래 전에 절판되어 사람들의 기억에서 지워진 책이라 구하기가 쉽지 않을 거다.

방금 나는 『나폴리에서 온 편지』라는 제목의 스웨덴어 원본을 아주 흥미롭게 읽었다. 지금 그런 책을 쓰라고 하면 죽어도 못 쓸 것 같다. 이 편지들에는 사내 녀석의 치기가 가득하다. 자만심은 물론 자의식도 상당하다. 모두가 나폴리를 떠날 때 라플란드에서 나폴리로 서둘러 간 내 자신이 꽤 대견했다. 전염병이 도는 빈민가를 밤낮으로 다니느라 온몸에 이가 옮고 썩은 과일로 끼니를 때우거나 더럽기 짝이 없는 여인숙에서 묵었던 이야기를 하며 꽤나 우쭐댔다. 모든 게 사실이다. 무엇 하나 정정할 게 없다. 콜레라가 창궐하던 시기, 열정 넘치는 나의 눈에 비친 그대로 나폴리를 그렸다.

그러나 나에 대해서는 그러지 못했다. 뻔뻔스럽게도 나는 콜레라도, 죽음도 두렵지 않다고 썼다. 거짓말이다. 처음부터 끝까지 이 둘이 끔찍하게 무서웠다. 첫 번째 편지에서 텅 빈 기차를 가득 채운 석탄산 냄새에 정신이 혼미해진 내가 늦은 저녁 황량한 광장에 내렸던 일, 콜레라로 죽은 이들을 가득 싣고 묘지로 가는 수레와 마차가 길게 늘어선 길을 지나쳤던 일, 빈민촌의 형편없는 창고 안에서 죽어가는 사람들 틈에서 밤을 샜던 일을 이야기했다. 그러나 나폴리에 도착한 지 두어 시간 만에 역으로 돌아가서 로마든, 칼라브리아든, 아브루치든, 가능한 이 지옥에서 멀리 벗어날 수 있는 첫 차가 있는지 애타게 물어봤다는 내용은 없다. 그때 기차가 있었다면 『슬픔의 도시에서 온 편지』는 나오지 못했을 거다.

당시에 기차는 다음 날 정오에나 탈 수 있었고 전염병이 도는 도시와 연락을 취할 수 있는 수단이 거의 다 끊긴 상태였다. 할 수 있는 일이라고는 동이 틀 무렵 산타 루치아에서 헤엄을 치다가 여전히 두렵지만 한결 차분해진 마음을 안고 빈민가로 되돌아가는 것뿐이었다. 오후에는 산타 막달레나 콜레라 병원에서 근무하겠다는 내 제안이 받아들여졌다. 그리고 이틀 뒤, 나는 병원을 떠났다. 내가 있어야 할 곳은 병원에서 죽어가는 사람들 사이가 아니라 빈민가에서 죽어가는 사람들 곁임을 깨달았기 때문이다.

그들이 겪는 고통이 그렇게 길고 끔찍하지 않았다면, 그들과 내가 조금은 더 견디기 쉬웠을 텐데! 그곳에서 그들은 동공이 풀리고 입이 벌어진 채 시체처럼 싸늘한 스타디움 알지둠 상태로 몇 날 며칠을 누워 있었다. 죽은 것처럼 보이지만 아직 목숨이 붙어 있었다. 감각은 있었을까? 무슨 일이 벌어지고 있는지 이해했을까?

크로체 비안카의 자원봉사자가 달려가 입에 아편을 한 숟가락 넣어준들 삼킬 수 있는 사람은 얼마 없었다. 그렇게라도 삼킬 수 있으면 다행이었다. 한밤중에 군인들과 반쯤 술에 취한 묘지기들이 와서 캄포산토 데이 콜레로시(콜레라로 죽은 자들의 묘지)에 파놓은 커다란 구덩이에 그들을 무더기로 던져 넣기 전에 그 약이 그들의 삶을 끝낼 수도 있었으니까. 산 채로 구덩이에 내던져진 사람들이 몇이

나 될까? 단언컨대 수백 명은 될 거다. 산 사람이나 죽은 사람이나 다 똑같아 보였고, 나도 그들이 살았는지 죽었는지 종잡을 수 없었다. 머뭇거릴 시간이 없었다. 빈민가마다 그런 사람들이 수십 명이었다. 명령은 엄격했고, 그들 모두 밤에 묻어야 했다.

전염병이 정점에 이르자, 더는 그들이 겪는 고통이 너무 길다고 불평할 수가 없었다. 사람들이 번개를 맞은 것처럼 길거리에서 쓰러지기 시작했고, 경찰들 손에 콜레라 병원으로 옮겨져도 채 몇 시간 지나지 않아 숨을 거뒀다.

어느 날 아침, 나는 허겁지겁 마차를 타고 포르티치 인근 그라나텔로 죄수 수용소로 향했다. 저녁 무렵 되돌아가려고 마차를 찾았을 때 마부는 이미 마차 안에서 죽어 있었다. 포르티치에서는 누구도 이 일에 얽히려 하지 않았다. 마부를 마차 밖으로 꺼내야 했지만 도움을 받을 수가 없어서 내가 직접 마차를 몰아 마부의 시신을 나폴리로 옮겨야 했다. 나폴리에서도 상황은 마찬가지였다. 결국 내가 시신을 실은 마차를 콜레라 묘지까지 몰고 가 일을 마무리했다.

저녁이면 나는 녹초가 되어, 씻기는커녕 옷도 벗지 못한 채 그대로 여인숙 침대에 몸을 내던졌다. 이 더러운 물에 씻은들 무슨 소용이 있을까. 주변의 모든 것들, 내가 먹은 음식, 마신 물, 잠들었던 자리, 들이쉬는 공기마저도 다 감염된 마당에, 나만 소독한들 무슨 의미가 있겠느냔 말이다! 종종 잠자리에 들기도 무서웠고, 혼자 있기도 너무 무서웠다. 그러면 다시 거리로 뛰쳐나가 아무 교회나 들어가 밤을 지새웠다.

가르멜의 성모 성당은 가장 즐겨 찾는 밤의 피난처였다. 그 오래된 교회 왼쪽 통로에 있는 의자에서 잔 잠이 지금껏 잔 중에 최고였다. 집에 가기가 내키지 않을 때 찾아가 잠을 청할 교회는 사실 많았다. 수백 개에 달하는 나폴리 교회와 예배당들이 밤새 문을 열어 두었다. 봉헌 초로 환하게 불을 밝혀 놓은 그곳은 사람들로 붐볐다. 그곳의 성모와 성인들은 각자 공경 받는 지역에서 죽어가는 사람들을 방문하느라 밤낮없이 바빴다. 그중에 누구 하나라도 용감하게 남의 구역에 나타났다면 난리가 났을 거다! 1834년 끔찍한 전염병에서 이 도시를 구한 존경스러운 콜레라의 성모도 며칠 전 비앙키 누오비에서 야유를 받았다.

그런데 콜레라만 무서웠던 게 아니었다. 처음부터 끝까지 나를 두려움에 떨게 만든 것, 바로 쥐다. 쥐라는 놈들은 가난한 이들이 살고 죽는 빈민가의 폰다치(창고 건물의 지하층), 바시(빈민들이 거주하는 낡고 작은 아파트), 소테라네이(지하실)에서 편히 지내는 것 같았다. 녀석들은 적어도 살아 있는 사람들한테는 해를 끼치지 않고 로마 시대 때부터 맡겨진 청소부 일을 얌전히 해내며 공동체 구성원 중에서 유일하게 배불리 지냈다. 고양이처럼 길들여졌고 몸집도 그만큼 커졌다.

언젠가 동굴처럼 컴컴한 곳에서 거의 헐벗은 몰골로 썩은 지푸라기 더미에 누워 있는 노파를 본 적이 있다. 앙상한 뼈에 살가죽만 남은 그 노파를 사람들은 '바바마', 즉 할머니라고 불렀다. 마비가 오고 눈은 완전히 먼 노파는 자리에 누워 지낸 지 오래였다. 더러운 동굴 바닥에는 거대한 쥐 여섯 마리가 둥글게 모여 입에 담지도 못할 아침밥을 먹고 있었다. 이놈들은 미동도 없이 나를 빤히 쳐다봤다. 노파는 앙상한 팔을 뻗으며 잔뜩 쉰 목소리로 외쳤다. "빵이다! 빵!"

그런데 위생 위원회가 쓸데없이 하수도를 소독하려고 나서면서 상황이 바뀌었고, 내가 느낀 두려움은 공포로 변했다. 로마 시대부터 하수도에서 아무런 방해도 받지 않고 살아온 수백 만 마리 쥐들이 마을 저지대로 몰려들었다. 유황 연기와 석탄산에 취한 쥐들은 미친 개처럼 빈민가를 뛰어다녔다. 지금까지 내가 알던 쥐가 아니었다. 털이 몽땅 빠졌고 꼬리는 이상하리만큼 길고 붉었다. 눈에는 핏발이 섰고 이빨이 족제비처럼 뾰족하고 검었다. 쥐를 향해 막대기를 휘두르기라도 하면 불도그처럼 지팡이를 물고 늘어졌다. 내 평생 이 미친 쥐만큼 무서운 동물은 없었다. 장담하건대 쥐들은 미쳤다. 바소 포르토 지구 전체가 공포에 휩싸였다.

 쥐들이 몰려든 첫날, 남녀노소 가리지 않고 백 명이 넘는 사람들이 심하게 물려 펠레그리니 병원으로 옮겨졌다. 몇몇 어린아이들은 말 그대로 잡아먹혔다. 비콜로 델라 두체사의 어느 폰다코에서 지낸 밤을 결코 잊지 못할 것이다. 차라리 동굴이라는 말이 어울릴 정도로 어두컴컴한 그 방에는 성모상 앞에 놓인 작은 등잔만이 희미하게 빛을 내고 있었다. 이 집 가장은 이틀 전에 죽었지만, 가족들이 시신을 찾아 공동묘지로 옮기려는 경찰을 피해 넝마 더미로 덮어 숨겨놓았다. 빈민가에서는 이런 일이 비일비재했다. 나는 그 집 딸아이와 나란히 바닥에 앉아 지팡이로 쥐들을 내쫓고 있었다. 아이의 몸은 이미 싸늘했지만 의식은 아직 남아 있었다. 쥐들이 아이 아버지의 시신을 갉아먹는 소리가 끊임없이 들려왔다. 신경이 날카로워진 나는 결국 참지 못하고 시신을 한쪽 구석에 괘종시계처럼 세워 놨다. 그러기가 무섭게 쥐들이 시신의 발과 다리에 달라붙어 또 갉아먹기 시작했다. 더는 참을 수 없었다. 하얗게 질린 나는 기겁하여 그 자리를 뛰쳐나갔다.

 혼자 있기 무서울 때면 산 젠나로 약국도 자주 찾아갔다. 역시나 밤낮없이 열려 있던 그 약국에는 라틴어로 약물 이름을 써서 붙인 17세기 파엔차 산 항아리들이 한 줄로 죽 늘어섰는데, 대부분은 나도 모르는 이름이었다. 돈 바르톨로는 하루 종일 서서 이 항아리에 든 약물들로 여러 가지 혼합물과 기적의 치료제를 만들었다. 뱀과 태아를 알코올에 담은 커다란 유리병들 몇 개로 약장을 장식했다. 나폴리의 수호성인인 성 젠나로를 모신 제단 옆에는 성스러운 램프를 켜 놓았고, 거미줄이 쳐져 있는 천장에는 머리가 둘 달린 고양이를 방부 처리하여 매달아두었다.

이 약국이 유명해진 것은 돈 바르톨로가 만든 유명한 항 콜레라 혼합물 덕분이었다. 그 약병 한쪽에는 성 젠나로의 그림이, 다른 쪽에는 해골 그림 아래에 '모르테 알라 콜레라[콜레라를 끝내자]'라는 글귀가 적힌 라벨을 붙였다. 약의 성분은, 집안의 누군가가 1834년 전염병이 돌던 당시 성 젠나로와 힘을 합쳐 이 도시를 구한 뒤 집안 대대로 내려오는 비밀이었다. 묘하게 생긴 병에 큐피드의 화살이 꽂힌 심장 상표를 붙여 팔고 있는 필트로 다모레라는 사랑의 묘약도 이 약국의 명물이었다. 물론 이 약의 성분도 집안에 내려오는 비법을 따랐다. 내가 알기로는 찾는 사람들이 꽤 많았다.

인근에 있는 많은 수도원과 교회에서 온 사람들이 주로 돈 바르톨로를 찾았다. 항상 사제, 수사, 탁발수도자 몇몇이 계산대 앞 의자에 앉아 그날 일어난 일이라든지 성인들이 행한 마지막 기적이라든지 가르멜의 성모님, 도움의 성모님, 좋은 죽음의 성모님, 콜레라의 성모님, 비탄의 성모님, 이집트의 성모님 등 여러 성모님의 효험을 두고 열띤 토론을 벌였다. 하느님이나 그 아드님의 이름이 언급되는 경우는 극히, 아주 극히 드물었다.

한 번은 가까이 지내던 추레하고 늙은 어느 탁발수도자에게, 그들이 나누는 대화에서 그리스도가 빠져 있어 내심 놀랐다고 말했다. 이 늙은 수도자는 그리스도의 명성은 순전히 마리아를 어머니로 둔

덕이라는 개인적 견해를 숨기지 않았다. 그의 말에 따르면 그리스도는 콜레라에서 누구도 구하지 못했다. 그의 복되신 어머니는 아들을 위해 눈물을 흘리셨다. 그런데 그분은 성모님께 무엇을 해드렸더라? 오로지 이 말뿐이었다.

"여인이여, 내가 당신과 무슨 상관이 있습니까?"

"페르치오 하 피니토 말레. [그래서 끝이 좋지 않았지.]"

토요일이 다가올수록 대화에서 성인과 성모님의 이름이 들리지 않았다. 금요일 밤 약국은 내일 방코 디 로토에 당첨되니 마니를 두고 떠드는 사람들로 왁자지껄했다.

트렌타콰트로(34), 세산타노베(69), 콰란타트레(43) 디시아세테(7)!

돈 안토니오는 갑자기 고모가 돌아가시면서 오천 리라를 유산으로 받는 꿈을 꿨다. 갑작스런 죽음이니까…49, 돈은…70이로군! 돈 오노라토는 비아 포르첼라에서 꼽추에게 물어본 뒤 자신 있게 숫자 세 개를 골랐다. 9, 39, 20!

돈 바르톨로가 키우는 고양이는 간밤에 새끼를 일곱 마리 낳았다. 그러니까 숫자는 7, 16, 64! 돈 디오니시오는 『푼골로』에 난 기사를 읽었다. 임마콜라텔라에서 범인이 이발사를 찔렀다는 내용이었다. 이발사는…21, 칼은…41이로군!

돈 파스콸레는 묘지 관리인이 어느 무덤에서 분명하게 들었다며 알려준 숫자를 적었다. 일 모로토 케 파를라, 죽은 자가 말을 건넸다면…48이지!

빌라리 박사와 처음 인사를 나눈 곳도 산 젠나로 약국이었다. 박사가 두 해 전에 연로한 리스푸 박사의 조수로 나폴리에 왔다는 이야기를 돈 바르톨로에게 이미 들었던 터였다. 이 지역 내 모든 수녀원과 신자들을 담당하는 의사로 유명한 리스푸 박사가 죽자, 그 큰

일을 젊은 조수가 맡게 되었다. 나는 동료 의사를 만날 때마다 그렇게 반가울 수가 없었다. 빌라리 박사도 처음부터 호감이 갔다. 박사는 잘생긴 인물에 성격도 좋고 조용하고 점잖았는데, 일반적인 나폴리 사람과는 많이 달랐다. 박사는 아브루치 출신이었다. 그에게서 처음으로 세폴테 비베 수녀원 이야기를 들었다.

길모퉁이에 있는 수녀원 건물은 고딕 양식의 작은 창문과 거대하고 육중한 철문이 달린 곳으로 무덤처럼 음산하고 고요했다. 수녀들이 수의를 입고 관에 누워 이 문을 거쳐 수녀원에 들어간다거나, 살아서는 절대 수녀원 밖으로 나올 수 없다는 말이 있던데, 사실입니까?

맞습니다. 사실이에요. 수녀들은 바깥세상과 완전히 단절되어 있어요. 빌라리 박사도 직업상 아주 가끔 수녀원을 방문할 때마다, 나이 많은 수녀가 먼저 종을 울려 수녀들에게 각자 방으로 들어가 나오지 말라고 경고했다.

그곳의 고해성사 담당 신부인 안셀모 신부 말로는 수녀원 정원에 고대 대리석들이 많다던데, 그렇습니까?

네, 그래요. 박사는 많은 조각들이 여기저기 흩어져 있는 것을 직접 보았고, 수녀원이 폐허가 된 그리스 신전에 세워졌다는 이야기를 들었다고 했다.

내 동료는 나와 이야기를 나누는 게 즐거워보였다. 박사는 나폴리에 친한 사람들이 없다고 했다. 자기 나라 사람들처럼 나폴리 사람들을 싫어하고 경멸했다. 콜레라가 돌면서 일어난 일들을 보며 더 혐오하게 되었다. 썩어빠진 도시에 하느님께서 벌을 내리셨다고 믿을 수밖에 없었다고 했다.

나폴리에 비하면 소돔과 고모라는 아무것도 아니었어요. 빈민 지역에서, 거리에서, 감염된 집에서, 심지어는 교회에서조차 무슨 일이 일어났는지 보지 않으셨습니까? 한 성인에게 기도하면서 다른 성인을 저주합니다. 정욕의 광기가 나폴리 전역을 휩쓸고, 바로 눈앞에 닥친 죽음에도 도덕적 타락과 악행이 판을 쳤어요. 여성을 성추행하는 일이 빈번하다 보니 정숙한 여인은 집밖으로 나갈 엄두도 못 낼 지경입니다.

박사는 콜레라가 두렵지 않은 듯했다. 성모님의 보호 아래에 있으니 안전하다고 말했다. 그 믿음이 어찌나 부럽던지!

박사는 콜레라가 발생한 날 아내가 목에 걸어준 메달 두 개를 보여줬다. 가르멜의 성모님과 아내의 수호성인인 성녀 루치아라고 했다. 이름이 루치아인 부인은 어릴 때부터 이 작은 메달을 늘 지녔단다. 나는 성녀 루치아도, 그분이 눈의 수호성인이라는 것도 잘 안다고 말했다. 오랫동안 시력을 잃을지 모른다는 두려움에 눌려 지낸 나는 성녀 루치아의 제단 앞에 촛불을 밝히고 싶을 때가 많았다. 박사는 아내가 자신의 눈은 잃었지만 많은 이들에게 빛을 되찾아 준 성녀 루치아에게 기도하는 중에 나를 기억해주기를 부탁하겠다고 했다.

그의 아내는 아침에 남편이 집을 나서는 순간부터 창가에 앉아 남편이 돌아오기만을 기다렸다. 부모의 뜻을 거슬러 결혼을 한 터라 세상에 남편 말고는 기댈 곳이 없는 사람이었다. 박사는 아내를 이 감염된 도시에서 멀리 떠나보내려 했지만, 부인은 한사코 거부했다. 나는 박사에게 죽음이 두렵지 않느냐고 물었다.

내가 죽는 것은 두렵지 않아요. 하지만 아내를 생각하면 겁이 납니다. 콜레라에 걸려 죽은 모습이 그렇게 끔찍하지만 않아도 좋으련만! 사랑하는 사람에게 그런 모습을 보이느니, 병에 걸리는 즉시 묘지로 보내지는 편이 낫겠어요!

"박사님은 괜찮을 겁니다." 내가 말했다. "적어도 박사님을 위해 기도해줄 사람이라도 있잖습니까. 나에게는 아무도 없습니다."

그 잘생긴 얼굴에 얼핏 그늘이 졌다.

"약속해주시오, 만일…."

"이런, 죽음 이야기는 그만하지요."

나는 몸서리를 치며 박사의 말을 끊었다. 메르카토 광장 뒤편에 있는 자그마한 오스테리아 델 알레그리아(기쁨의 술집)는 내가 좋아하는 쉼터였다. 음식은 형편없었지만 포도주는 훌륭했다. 1리터에 여섯 푼. 원 없이 마셨다. 집에 가기 두려운 날은 밤이 깊도록 거기서 보낼 때가 많았다. 야간 근무를 하는 종업원 체자레와는 곧 친해졌다. 숙소에서 세 번째 콜레라 환자가 나오자, 나는 하는 수 없이 체자레가 사는 집 빈 방으로 이사했다. 새로 옮긴 방도 먼저 살던 숙소만큼이나 더러웠다. 하지만 옳은 결정이었다. '함께 있는 것'이 훨씬 나았다.

체자레는 아내를 먼저 보내고 딸 마리우치아와 살고 있었다. 마리우치아는 열다섯이라고 했지만 그 나이치고는 아주 성숙했다. 검은 눈동자와 붉은 입술은 박물관에 있는 작은 비너스 같았다. 마리우치아는 이불을 세탁하고 마카로니를 요리하였으며 생각날 때마다 내 잠자리를 정리해줬다. 그 전에는 외국 사람을 본 적이 없다고 했다. 늘 포도 한 송이, 수박 한 조각, 무화과 한 접시를 들고 내 방에 들어왔다. 달리 내올 게 없으면 매력적인 미소를 지으며 검은 곱슬머리에 꽂은 붉은 장미라도 건넸다. 그 반짝이는 두 눈에 호기심이 가득했다.

내 붉은 입술도 갖고 싶지 않나요?

온종일 부엌을 오가며 씩씩하고 날카로운 목소리로 노래를 불렀다.

"아모레! 아모레!"

밤이면 칸막이 벽 너머로 잠자리에 든 마리우치아가 뒤척이는 소리가 들렸다. 잠이 오질 않아, 밤에 혼자 있기 두려워, 혼자 잠자기 무서워. 이렇게 말하는 소리도 들렸다. 나는 혼자 잠드는 게 무섭지 않았나?

"주무세요, 선생님?" 마리우치아가 자리에 누워 나지막이 물었다.

아니, 나는 잠들지 않았다. 잠이 저만치 달아나버렸다. 그녀 못지않게 혼자 잠들기 싫었다.

무엇이 두려워 내 심장이 두방망이질치고 뜨거운 피가 온몸의 혈관에 솟구쳤을까? 가르멜의 성모 성당 한쪽 통로에 앉아 까무룩 잠이 들었을 때에는, 내 옆에서 검은 미사포를 쓰고 대리석 바닥에 무릎 꿇고 기도를 드리고 기도문을 외우는 틈틈이 나를 흘긋거리며 미소 짓던 아름다운 아가씨들이 왜 눈에 들어오지 않았을까? 어떻게 몇 주 동안 매일같이 길모퉁이 과일 장수 앞을 지나치면서도 팔고 있는 복숭아와 똑같이 발그스레한 볼을 한 그 집의 예쁜 딸 난니나와 잠시 이야기를 나눌 생각을 어째서 하지 못했을까? 메르카토 광장에서 꽃 파는 아가씨의 미소가 보티첼리의 <봄> 속 미소만큼이나 매력 있다는 사실을 왜 진작 깨닫지 못했을까? 오스테리아 델 알레그리아에서 그 무수한 저녁을 보내며 나그라냐노 와인이 아니라 카르멜라의 반짝이는 눈동자에 취했다는 것을 왜 깨닫지 못했을까? 거리에는 웃음소리와 사랑을 속삭이는 노래가 가득하고 포르티코(기둥) 뒤에서는 아가씨들이 연인에게 귓속말을 속닥이고 있는데, 어째서 내 귀에는 죽어가는 사람들의 신음 소리와 교회 종소리만이 들려왔을까?

"오 바다여, 오 바다여,
그대 때문에 얼마나 숱한 밤 잠들지 못했는지.
나를 잠들게 해 주오.
잠시라도 그대를 품에 안고."

한 청년이 마리우치아의 창문 아래서 노래를 불렀다.
"오 카르메! 오 카르메!"
오스테리아 밖에서 다른 청년이 노래했다.
"보르레이 바치아레 이 투오이 카펠리 네리! [그대의 검은 머리카락에 입 맞추고 싶소!]"
메르카토 광장에 노랫소리가 울려 퍼졌다.
"보르레이 바치아레 이 투오이 카펠리 네리!"
침대에 누워 벽 너머에서 잠든 마리우치아의 숨소리를 듣고 있는 내 귀에 노랫소리가 맴돌았다.
나한테 무슨 일이 벌어진 거지? 마녀에게 홀리기라도 했나? 어떤 아가씨가 내 와인에 돈 바르톨로가 만든 사랑의 묘약이라도 한 방울 떨어뜨렸나? 내 주위에 있는 이 모든 사람들에게 무슨 일이 일어난 거지? 모두들 새 와인에 취해 버렸거나 죽음 앞에서 욕망에 사로잡혀 미쳐버린 걸까?
모르토 라 콜레라, 에비바 라 조이아! [콜레라가 끝났다, 기쁨의 만세를!]
나는 오스테리아에서 늘 차지하고 있던 자리에 앉아 와인 병 하나를 앞에 두고 졸고 있었다. 벌써 밤이 깊었지만, 체자레가 일을 마칠 때까지 거기서 기다리다가 함께 집으로 돌아가는 게 낫겠다 싶었다. 그런데 소년 하나가 내 자리로 달려오더니 쪽지 하나를 건넸다.

"와 주시오." 알아보기 힘든 글씨체로 이렇게 적혀 있었다.

오 분 뒤, 우리는 세폴테 비베 수녀원의 커다란 철문 앞에 섰다. 나이 많은 수녀가 나를 문 안에 들이고는 앞장서서 봉쇄된 마당을 가로지르며 종을 울렸다. 넓고 황량한 복도를 지나니 또 다른 수녀가 등불을 들어 내 얼굴을 비추고는 문을 열어 어두컴컴한 방으로 들여보냈다.

그곳에는 빌라리 박사가 바닥에 깔린 매트리스에 누워 있었다. 처음에는 누군지 몰랐다. 안셀모 신부가 막 병자성사를 주던 참이었다. 박사는 이미 스타디움 알지듬, 몸이 싸늘히 식은 상태였다. 몸은 차가웠지만 눈을 보니 아직 의식은 남아 있었다. 그 얼굴을 들여다본 나는 그만 몸서리치고 말았다. 내가 알던 친구의 얼굴이 아니었다. 죽음, 끔찍하고 역겨운 죽음의 얼굴이었다. 박사는 몇 번이고 손을 들어 나를 가리켰다. 어떻게든 말을 하려 애쓰는 그 흉측한 얼굴에 경련이 일었다. 뒤틀린 그 입술로 또렷하게 내뱉은 한마디는 이것이었다. "스페치오!"

머뭇거리던 수녀가 작은 거울을 가져왔다. 나는 눈이 반쯤 감긴 박사 앞에 거울을 대줬다. 그는 여러 번 고개를 저었다. 그것이 박사가 보낸 마지막 생명의 신호였다. 한 시간 뒤, 박사의 심장이 멎었다.

문 앞에는 그날 숨을 거둔 두 수녀의 시신을 싣고 갈 수레가 있었다. 박사의 시신을 함께 실을지 다음날 아침까지 거기에 놔둘지, 내 결정에 달렸다. 내가 그의 숨이 아직 붙어 있다고 해도 사람들은 믿었을 거다. 그 모습이 내가 여기에 왔을 때와 똑같았으니까. 나는 아무 말도 하지 않았다. 두 시간 뒤, 그의 시신은 수백 구의 다른 시신들과 함께 콜레라 묘지에 있는 공동묘지에 던져졌다.
 그가 왜 손을 들어 나를 가리켰는지 알 것 같았다. 눈앞에 거울을 대주자 고개를 저었던 이유도. 거울에 비친 그 모습을 아내에게 보이고 싶지 않았던 것이다. 그리고 모든 일이 끝났을 때 내가 부인에게 가서 말해주기를 바랐던 것이다.
 박사의 집 앞에 섰다. 창문으로 어린아이 같은 여인의 하얀 얼굴이 보였다. 문을 열고 들어서니 부인은 겁 먹은 눈으로 뒷걸음질쳤다.
 "남편이 수없이 이야기하던 외국인 의사시군요. 그이는 아직 돌아오지 않았어요. 전 밤새 이렇게 창가에 서 있었죠. 그이는 어디 있나요?" 부인은 어깨에 숄을 두르고 문으로 달려갔다. "곧장 남편에게 데려다줘요. 당장 그이를 봐야겠어요!"
 나는 우선 내 이야기를 들으라며 부인을 붙들어 세웠다.
 "박사가 세폴테 비베 수도원에서 병에 걸렸습니다. 그곳 전체가 콜레라에 감염되어 부인은 가실 수 없어요. 곧 태어날 아이를 먼저 생각하십시오."
 "아래층으로 데려다줘요. 아래층으로! 당장 그이에게 가야겠어요. 도와줘요!" 부인이 흐느껴 울었다. 그러다 갑자기 날카로운 비명을 지르며 정신을 잃듯 의자에 주저앉았다.
 "거짓말, 그이가 죽었을 리 없어. 뭐라 말 좀 해 봐요. 거짓말쟁이. 남편이 내가 없는 데서 죽었을 리 없어요!"
 부인은 또다시 문으로 달려가며 외쳤다.
 "그이를 봐야겠어요, 봐야겠다고!"
 재차 부인을 붙잡았다.
 "남편을 만날 수 없습니다. 박사는 그곳에 없어요. 그는…."
 부인은 상처 입은 짐승처럼 내게 달려들었다.

"당신이 무슨 권리로 그이를 보냈는데. 내 눈으로 보지도 못했다고!" 분노에 찬 목소리로 그녀는 미친 듯이 소리 질렀다. "그 사람, 내 눈을 밝히는 등불이었어. 당신이 그 빛을 앗아갔어! 이 거짓말쟁이, 살인자! 성녀 루치아시여, 제 눈에서 빛을 앗아간 저 사람의 눈에서도 똑같이 빛을 거둬가세요! 당신 눈을 직접 찔렀듯이, 저 사람 눈도 찌르시라고요!"

어떤 노파가 방으로 뛰어 들어와 내 얼굴을 할퀴려는 듯 두 손을 치켜들고 달려들었다.

"성녀 루치아시여, 저 사람의 눈을 앗아가소서! 저 인간의 눈을 멀게 하소서!" 노파는 악을 썼다.

"포테스 에세레 체카토, 포테스 에세레 체카토!" 내가 계단을 내려가는 동안에도 노파는 층계참에서 내 눈을 멀게 해달라며 소리를 질러댔다.

그 저주, 난생 처음 듣는 그 지독한 저주가 밤새 귓가에 울렸다. 집으로 돌아갈 엄두가 나지 않았다. 어둠이 무서웠다. 남은 밤을 가르멜 성모 성당에서 지샜다. 영원히 날이 밝지 않을 것만 같았다.

아침이 되자 특별한 효능이 있는 돈 바르톨로의 유명 강장제를 구하러 평소처럼 산 젠나로 약국으로 비척비척 들어서는데, 안셀모 신부가 곧바로 수녀원으로 와 달라는 전갈을 남겼다는 말을 들었다.

수녀원은 어수선했다. 콜레라 환자가 세 명 더 발생했다. 안셀모 신부는 수녀원장과 한참 대화를 나눈 끝에 내게 죽은 동료 의사를 대신해 달라고 요청하기로 했다. 다른 의사를 알아볼 상황이 아니었다. 겁에 질린 수녀들이 복도를 이리저리 뛰어다니고, 다른 수녀들은 예배당에서 기도를 하고 기도문을 외우고 있었다. 세 수녀의 시신은 방에 깔아 놓은 지푸라기 매트리스에 눕혀 두었다.

저녁에 한 명이 또 숨을 거뒀다. 다음 날 아침에는 나를 돕던 늙은 수녀가 쓰러졌다. 대신 젊은 수녀가 나를 도왔다. 내가 처음 이곳을 방문했을 때 눈에 들어왔던 수녀였다. 사실 무척 젊고 아름다워서 눈에 안 띌 수가 없었다. 수녀는 내게 말 한마디 걸지 않았다. 이름이 뭐냐고 물어도 답하지 않았다. 안셀모 신부를 통해 수오라 우르술라라는 것을 알아냈다. 나중에 수녀원장과 면담을 요청하자 수오라 우르술라가 나를 원장실로 안내했다. 속을 꿰뚫는 듯 차가운 눈매를 가진 늙은 원장은 판사 같이 엄숙한 표정으로 찬찬히 나를 보았다. 원장의 얼굴은 대리석 조각처럼 굳은 표정에 활기가 없고, 얇은 입술은 미소라고는 지어본 적이 없어 보였다. 나는 원장에게 수녀원 전체가 감염되었고 위생 상태가 심각하며 마당 우물까지 오염되어 있어 사람들을 모두 대피시키지 않으면 콜레라로 죽을지 모른다고 말했다.

원장은 그럴 수 없다고 답했다. 규율에 어긋나는 일이며, 수녀원에 들어온 수녀가 살아서 나간 적이 없다고 했다. 수녀들은 자리를 지켜야 했고, 성모님과 젠나로 성인에게 모든 것을 의탁할 뿐이었다.

돈 바르톨로의 기적의 강장제를 복용하는 양이 점점 늘었다. 약국에 서둘러 다녀올 때 말고는 몇 날 며칠 수녀원에 꼼짝없이 갇혀서 잊지 못할 공포의 나날을 보냈다. 안셀모 신부에게 와인이 필요하다고 말하자, 곧 넉넉하게 마련해 주었다. 과하다 싶을 만큼 많았다. 잠은 거의 못 잤고, 딱히 잠이 필요하지 않았다. 눈을 붙일 틈이 있었다 해도, 두려운 마음과 엄청나게 퍼부은 블랙커피가 내 신경 체계를 극도의 흥분 상태에 빠뜨려 피로를 모조리 날려버렸을 거다. 내 유일한 휴식은 봉쇄된 수녀원 마당에 몰래 숨어 들어가 사이프러스 나무 아래 낡은 대리석 벤치에 앉아 하염없이 담배를 피워대는 것뿐이었다.

마당에는 고대 대리석 조각들이 곳곳에 널려 있었다. 우물 입구마저도 한때 로마 제단이었던 치포로 만들어졌다. 지금 그 우물은 산 미켈레 안뜰에 있다. 발밑에는 붉은 대리석인 로소 안티코로 만든 사슴 조각이 굴러다녔다. 아프리카 대리석 기둥 위에 세워 놓은 작은 에로스 상은 사이프러스 나무에 반쯤 가려 있었다.

수오라 우르술라가 벤치에 앉아 있는 모습을 두어 번 봤다. 건물 전체에 악취가 진동해 신선한 공기를 맡으러 밖에 나왔다고 했다. 내게 커피를 한 잔 가져다주기도 했다. 내 앞에 서서 잔을 돌려받기를 기다리는 그 모습을 조금이라도 오래 보고 싶은 마음에 아주 천천히 커피를 마셨다. 이제는 낯을 가리지도 않고 빈 컵을 천천히 돌려줘도 신경 쓰지 않는 듯했다. 그 모습을 담는 시간이 내 지친 눈에 주는 휴식이었다. 무척 아름다운 그 모습이 내게는 기쁨이었다. 차마 입으로 전하지 못하고 눈에 담아 두었던 말, 나는 젊고 그녀는 아름답다는 그 말을 알아들었을까? 가끔은 그녀가 이해했다고 느꼈다.

나는 왜 여기까지 와서 세폴테 비베라는 무덤에 그 아까운 청춘을 묻었냐고 물었다. 공포와 죽음으로 가득한 이곳과는 달리 바깥세상은 그 어느 때보다 아름답고 인생은 슬픔이 아닌 기쁨으로 가득하다는 사실을 몰랐을까?

"이 소년이 누군지 압니까?" 사이프러스 아래 있는 작은 에로스를 가리키며 내가 물었다.

"천사 아닌가요?"

"아뇨, 신입니다. 신들 중에서 가장 위대한 신이죠. 어쩌면 가장 오래된 신일지도 모릅니다. 올림포스를 지배했고 지금도 여전히 이 세상을 지배하죠."

"이 수녀원은 고대 신전의 폐허 위에 세워졌어요. 그 벽은 시간과 사람의 손에 파괴되어 먼지로 변했죠. 손에 화살 통을 들고 언제든 활을 쏠 수 있는 이 작은 소년만이 그 자리를 지키고 있습니다. 그는 파괴될 수 없어요. 불멸의 존재니까요. 고대 사람들은 이 소년을 에로스라고 불렀습니다. 사랑의 신이죠."

내가 신성모독적인 말을 내뱉는 순간 예배당에서 수녀들에게 저녁기도 시간을 알리는 종소리가 울렸다. 수오라 우르술라는 성호를 긋고는 서둘러 자리를 떴다.

잠시 후 다른 수녀가 급히 달려와 나를 원장에게 데려갔다. 예배당에서 정신을 잃은 원장을 수녀들이 원장실로 옮겼다. 나를 바라보는 원장의 눈에는 두려움이 어렸다. 원장이 손을 들어 올려 벽에 걸린 십자가를 가리키자, 수녀들이 원장에게 병자성사를 주었다. 회복될 기미가 보이지 않았다. 말을 하지 못했고, 심장 박동은 점점 약해졌다. 상태가 빠르게 나빠졌다. 원장은 종일 누워 있었다. 십자가를 가슴에 얹고 손에 묵주를 쥐었다. 눈이 감기고 몸은 서서히 차가워졌다. 한두 번 희미하게 심장 뛰는 소리가 들리는가 싶더니 이내 아무 소리도 들리지 않았다. 죽는 순간까지 부드럽게 풀지 못한 원장수녀의 완고하고 엄한 얼굴을 물끄러미 바라보았다. 영원히 눈을 감았다는 사실에 안도감 같은 것이 느껴졌다. 그 눈에는 내게 두려움을 주는 무언가가 있었다. 나는 곁에 있는 젊은 수녀를 쳐다보았다.

"더 이상 이곳에 머물 수 없습니다." 내가 입을 열었다. "여기 온 뒤로 한숨도 못 잤어요. 머리가 어지럽고, 내가 아닌 것 같아요. 도대체 여기서 무얼 하고 있는 건지 모르겠군요. 내 자신이 두렵습니다. 당신도 두렵고 또…"

내가 말을 마칠 틈도, 그녀가 물러날 새도 없었다. 내 두 팔이 그녀를 감싸 안았다. 내 심장과 맞닿은 그녀의 심장이 격하게 요동쳤다.
"피에타! 자비를 베푸소서!" 그녀가 중얼거렸다.

그녀가 갑자기 침대 쪽을 가리키더니 겁에 질린 비명을 지르며 방을 뛰쳐나갔다. 늙은 원장의 눈이 나를 뚫어져라 쳐다보고 있었다. 부릅뜬 두 눈은 끔찍하고 위협적이었다. 침대 쪽으로 허리를 숙였다. 희미한 심장 박동 소리를 들은 것도 같았다. 죽었나, 살았나? 이 끔찍한 눈으로 볼 수 있는 걸까? 이미 봤을까? 이 입으로 다시 말을 하려나? 도저히 그 눈을 들여다볼 수 없었다. 이불을 끌어 올려 그 얼굴을 덮어 버리고는 그 방에서, 살아 있는 자들의 무덤인 세폴테 비베에서 뛰쳐나와 두 번 다시 찾지 않았다.

다음 날 나는 스트라다 필리에로를 걷다가 기절했다. 정신을 차려 보니 마차 안이었다. 맞은편에는 겁에 질린 경찰관이 앉아 있었다. 우리는 콜레라 병원인 산타 마달레나로 가는 길이었다.

그렇게 마차를 타고 가서 겪은 일, 3주 뒤 카프리 어부 열두 명과 함께 소렌토 최고의 범선을 타고 나폴리 만을 건너는 근사한 항해로 나의 나폴리 체류를 마무리한 일, 그리고 격리 조치로 육지에 오르지 못하고 카프리 마리나에서 잊지 못할 하루를 보냈던 일은 따로 설명해 놓았다.

『슬픔의 도시에서 온 편지』를 쓰면서 가능한 한 세폴테 비베 수녀원에서 있었던 일은 언급하지 않으려고 조심했다. 누구에게도 말할 엄두가 나지 않았다. 하다못해 가장 가까운 친구이자 젊은 시절 나의 단점들을 다 꿰고 있는 노스트롬 박사에게도 말이다.

수치스러웠던 내 행동이 오랫동안 기억에 남아 나를 괴롭혔다. 아무리 생각해도 이해할 수 없었다. 도대체 무슨 일이 일어났던 거지? 아무리 감정이 미쳐 날뛰더라도 이성을 이기지 못했는데, 도대체 어떤 알 수 없는 힘이 작동했기에 내가 그렇게 정신을 차리지 못했을까?

나폴리가 처음도 아니었다. 전에도 남부의 열정적인 아가씨들과 웃고 떠들었더랬다. 여름날 저녁이면 카프리에서 그 아가씨들과 타란텔라를 추곤 했다. 기껏해야 한두 번 입술을 훔쳤을 뿐, 언제나 나는 선원들이 반란을 일으키려는 조짐만 보여도 조용히 누를 수 있는 큰 배의 선장 같았다. 라탱 지구에서 학교를 다니던 시절에는 생클레어의 아름답고 젊은 필로메느 수녀와 사랑에 빠질 뻔했다. 병원을 떠나던 날, 조심스레 손을 내밀어 작별 인사를 청하였지만, 필로메느 수녀는 그마저도 외면했다. 하지만 나폴리에서는 눈에 띄는 아가씨들을 죄다 품에 안고 싶었다. 임종을 맞은 원장 수녀의 침대 앞에서 어느 수녀와 입 맞췄던 그날 스트라다 필리에로에서 정신을 잃지만 않았어도, 나는 틀림없이 그렇게 했을 거다!

많은 세월이 흐른 지금 나폴리에서 지냈던 그 시절을 돌이켜봐도 그때 내 행동을 용서할 수 없지만 조금이나마 해명은 할 수 있을지도 모르겠다.

그 세월동안 삶과 죽음이 벌이는 싸움을 지켜보며 이 두 투사들을 조금씩 알아갔다. 병원 병동에서 처음으로 죽음을 봤을 때만 해도 그 둘은 엎치락뒤치락 씨름할 뿐이었다. 훗날 봤던 것에 비하면 한낱 어린애들 놀이에 불과했다. 나폴리에서 죽음은 하루에 천 명이 넘는 사람들의 목숨을 바로 눈앞에서 앗아갔다. 메시나에서는 어른, 아이 할 것 없이 백만 명이 넘는 사람들을 순식간에 무너져 내린 건물 더미에 묻어버렸다. 베르됭에서 다시 만난 죽음은 팔꿈치까지 피로 붉게 물든 두 팔을 휘두르며 사십만 명의 군인을 휩쓸어버렸고, 플랑드르와 솜 평원에서는 정예부대 하나를 날려버렸다. 죽음이 대규모 작전을 수행하는 것을 보고 나니 그 전술이 조금씩 이해되었다.

신비와 모순으로 가득한 흥미로운 분야였다. 처음에는 그저 엄청난 혼돈 혹은 혼란과 실수로 가득한 맹목적이고 무의미한 학살로 보였다. 어느 순간 삶이 손에 쥔 새로운 무기를 휘두르며 승리를 향해 나아가는 것 같다가도 죽음에게 승기를 빼앗겨 패배하고 물러난다. 물론 늘 그렇지만은 않다. 삶과 죽음의 균형이라는 불변의 법칙은 이 둘의 전투를 아주 세세한 부분까지 통제한다.

자연은 경계를 늦추지 않고 있다가 전염병, 지진, 전쟁 같은 우발적인 사고로 이 균형이 깨지면 곧바로 균형을 다시 조정하고 폐허가 된 자리에 새로운 존재를 불러오는 작업에 들어간다. 저항할 수 없는 자연법칙의 힘에 이끌려 남자와 여자는 서로를 품에 안는다. 욕망에 눈이 멀어, 한 손에는 최음제를, 다른 손에는 마취제를 든 죽음이 그들의 결합을 주관한다는 사실을 깨닫지 못한다. 생명을 가져오는 자, 생명을 앗아가는 자, 죽음은 시작이며 끝이다.

9

다시 파리로

한 달이면 될 줄 알았는데 석 달이나 지나버렸다. 자리를 비운 사이, 나와 가까운 노스트롬 박사가 환자들을 돌봤다. 상당수 환자들이 노스트롬에게 계속 진료를 받을 거라 생각했는데, 착각이었다. 환자들 모두 나를 다시 찾았다. 상태가 좋아진 환자가 있는가 하면 나빠진 환자도 있었다. 다들 내 동료를 좋게 말했지만 나를 두고도 마찬가지였다. 환자들이 내 친구를 고집했어도 별로 신경 쓰이지 않았을 거다. 어차피 나는 손이 모자랄 만큼 바빴고, 노스트롬 박사는 병원 일이 날마다 줄어들고 있었으니까. 결국 그는 오스만 대로에서 피갈 거리에 있는 아담한 건물로 이사해야 했다.

노스트롬은 의리 있는 사람이었다. 내가 외과 수련의 시절 곤경에 처하면 어떻게든 도와주었고, 실수를 저지르면 책임을 함께 나눠지려 했다. B 남작의 경우도 그랬다. 이 이야기를 들으면 노스트롬이 어떤 사람인지 알 수 있을 거다. 스웨덴 교민사회 원로였던 B 남작은 늘 건강이 좋지 않아 오래 전부터 노스트롬에게 진료를 받았다.

어느 날, 노스트롬이 아주 조심스럽게 내게 자문을 요청했다. 남작은 나를 무척 마음에 들어 했다. 새로운 의사를 만나면 좋은 의사일 거라는 막연한 믿음을 갖기 마련이다. 실상 그렇지 않다는 게 밝혀지기 전까지는 말이다. 노스트롬은 즉시 수술하자고 했지만, 나는 반대했다. 남작은 노스트롬의 우울한 얼굴을 볼 때마다 기운이 빠진다며 나에게 진료를 맡아 달라고 부탁했다. 물론 거절했다. 하지만 노스트롬은 자신이 물러날 테니 나더러 맡으라고 했다. 남작의 상태는 대체로 빠르게 좋아졌고, 나는 여기저기서 축하 인사를 받았다.

한 달 뒤 노스트롬이 내린 진단이 옳았다는 게 분명해졌다. 이제 와서 수술하기에는 너무 늦었다. 남작은 가망이 없었다. 나는 스톡홀름에 있는 남작의 조카에게 남작이 조국에서 생을 마감할 수 있게 하루라도 빨리 모셔가라고 편지를 써 보냈다. 이 연로한 신사를 설득하기가 너무나 어려웠다. 남작은 자신의 병을 제대로 알고 있는 의사는 나뿐이라며 떠나려 하지 않았다. 몇 개월 뒤 남작의 조카가 소식을 전해왔다. 편지에는 삼촌이 내게 감사의 표시로 금으로 만든 아주 비싼 시계를 유산으로 남겼다고 적혀 있었다. 나는 종종 이 리피터 시계를 작동시켜 좋은 의사라는 명성이 어떻게 만들어지는지 곱씹어보고는 한다.

최근에 노스트롬과 내 위치가 조금 바뀌었다. 노스트롬의 환자들이 내게 상담을 요청하는 일이 늘었다. 심하다 싶을 만큼 잦았다. 바로 그날 오후, 생각지도 못했던 노스트롬의 환자 한 명이 숨을 거두었다. 이 사회에서 유명한 인물이었던 터라 그 환자의 죽음이 노스트롬에겐 큰 불운이었다. 노스트롬은 이 일로 아주 의기소침했다. 그의 기분을 조금이라도 풀어주고픈 마음에 함께 카페 드 라 레장스로 저녁을 먹으러 갔다.

"나는 일이 풀리지 않는데 자네는 승승장구하는 비결이 뭔지 궁금하군." 노스트롬은 생 쥘리앙 한 병을 앞에 두고 우울한 표정으로 나를 바라보며 말했다.

"무엇보다 운의 문제죠." 내가 말했다. "성격이 다르기도 하고요. 저는 행운이라는 여신의 옷자락이라도 잡으려 하지만, 박사님은 주머니에 손을 넣고 가만히 앉아서 여신이 지나가는 걸 보고만 계실 분이잖아요. 인간의 건강과 질병에 대해선 분명히 저보다야 박사님이 더 많이 아시죠. 하지만 박사님 나이가 저보다 두 배는 많기는 해도 인간의 심리에 있어서만큼은 저를 못 따라 오실 겁니다. 박사님, 제가 보낸 러시아 교수에게 협심증이 있다는 말씀을 왜 하셨어요? 어쩌자고 그 치명적인 질병에 나타나는 모든 증상을 설명하신 겁니까?"

"그가 진실을 알고 싶어 했으니까. 사실을 이야기하지 않으면 내 말을 따르지 않았을 걸세."

"저는 그 교수에게 아무것도 말하지 않았어요. 그런데도 제 말을 따랐지요. 그가 박사님에게 모든 것을 알고 싶다, 죽음 따위 두렵지 않다고 했지만 다 거짓말이었던 겁니다. 자신이 얼마나 아픈지 알고 싶은 사람은 없어요. 누구나 죽음을 두려워합니다. 당연하죠. 지금 그 교수 상태가 더 나빠졌어요. 두려움에 아무것도 못하고 있다고요. 실수하신 겁니다."

"자네는 늘 우리 몸이 신경과 정신, 그 두 가지로만 이루어졌다는 듯이 말하는군. 협심증의 원인은 관상동맥 경화라네."

"허처드 교수에게 물어 보세요, 지난주에 진료실에서 협심증 사례를 보여주는 동안 무슨 일이 벌어졌는지! 그 여성이 갑자기 극심한 심장 발작을 일으켰고 교수님은 정말 치명적이라고 생각했죠. 저는 발작을 멈출 수 있게 정신치료를 허락해 달라고 요청했어요. 교수님은 쓸데없는 짓이라면서도 그러라고 했죠. 저는 손을 환자의 이마에 없고 이제 곧 지나갈 거라고 말했어요. 1분쯤 지나자 환자의 눈에서 공포가 사라졌어요. 환자는 깊이 숨을 내쉬고는 괜찮다고 했습니다. 물론 박사님은 가성협심증, 그러니까 거짓 협심증 사례라고 말씀하시겠죠. 저는 반대 증거를 내놓을 수 있습니다. 나흘 뒤 환자는 또 발작을 일으켰어요. 겉보기에는 먼젓번과 비슷했지만 전혀 다른 발작이었죠. 환자는 5분도 채 지나지 않아 사망했어요."

"박사님은 자신에게도 설명하지 못할 것들을 환자들에게 설명하려는 겁니다. 지식이 아닌 믿음의 문제라는 걸 잊고 계신 거예요. 신을 믿는 것과 같아요. 가톨릭 교회가 뭘 설명하지 않아도 세상에서 가장 막강한 힘을 유지하고 있죠. 하지만 개신교는 모든 것을 설명하려다가 산산이 흩어지고 있어요. 환자들은 진실을 모르는 편이 더 낫습니다. 우리 신체기관이 어떻게 작동하는지, 정신이 지켜보게 해서는 안 되는 거예요. 환자가 자신의 병을 생각하게 하다니, 자연법칙에 어긋나는 일입니다. 환자들에게 이렇게 저렇게 해야 한다, 나으려면 이런저런 치료를 받아라, 내 말을 따르지 않으려면 다른 의사한테 가라, 이렇게 말하세요. 환자들이 정말 박사님을 필요로 하는 경우가 아니면 방문하지도 말고, 환자들에게 너무 많이 말하지도 마세요. 그렇지 않으면 환자들이 우리가 아는 게 별로 없다는 것을 금세 알아차릴 겁니다."

"의사도 귀족들처럼 어느 정도 거리를 둬야 권위를 유지할 수 있어요. 우리 의사는 적당히 거리를 두고 신비감을 유지해야 멋져 보이죠. 의사 가족을 보세요. 언제나 다른 의사와 상담하려 하잖아요! 사실 저도 파리에서 아주 유명한 내과 의사의 아내를 몰래 진료하고 있습니다. 오늘도 남편이 마지막으로 내린 처방을 보여주며 이게 자신에게 도움이 되겠냐고 묻더군요."

"자네 주변에는 늘 여자들이 있군. 나도 자네처럼 여자들에게 인기가 많으면 좋겠네. 우리집에서 오래 일한 요리사마저도 자네가 대상포진을 치료해준 뒤로는 자네에게 반했다더군."

"제발 그만 좋아하면 좋겠어요. 이 신경 예민한 여자들 모두 박사님께 기꺼이 넘겨드리고 싶어요. 물론 그들 덕에 제가 부유층이 즐겨 찾는 의사라는 명성을 얻었죠. 인정해요. 하지만 이 말은 꼭 해드리고 싶군요. 그들은 정말 성가신 존재들입니다. 가끔은 위험하죠. 여자들이 박사님을 좋아하면 좋겠다고 하셨죠? 그럼 그들에게는 그런 내색하지 마세요. 너무 잘 해주지도 말고, 그들이 박사님을 마음대로 휘두르게 놔두지도 말라고요."

"본인들은 잘 모르겠지만, 여자들이란 누군가를 굴복시키는 것보다 복종하는 것을 더 좋아합니다. 여자들이 우리와 동등하다고 주장하지만, 그렇지 않다는 걸 본인들도 잘 알아요. 참 다행이죠. 여자들이 정말 우리와 동등했다면 우린 여자들을 이렇게까지 좋아하지 않았을 테니까요. 저는 대체로 남자들보다는 여자들을 훨씬 좋게 생각합니다만, 여자들에게 그런 말은 하지 않아요. 여자들은 생각보다 훨씬 용감하고, 질병과 죽음에 우리보다 훨씬 잘 대처합니다. 동정심이 넘치지만 허영심은 덜하죠. 여자들의 본능은 우리가 지닌 지성보다 훨씬 안전한 안내자입니다. 우리처럼 종종 바보 같은 짓을 저지르지도 않아요."

"사랑은 우리보다 여자들에게 의미하는 바가 더 크죠. 그들에게 사랑은 전부입니다. 남자들이 생각하는 것 같은 단순한 감각의 문제가 아니에요. 여자는 아무리 못생기고 나이 많다 해도 상상력을 일깨우는 남자라면 사랑에 빠질 수 있어요. 하지만 남자는 성적 본능을 일깨우지 못하는 여자와는 사랑에 빠지지 못해요. 자연의 섭리에 어긋나지만, 현대 남성이 가지고 있는 성적 본능이 성적 능력을 능가하는 겁니다. 그러니 사랑에 빠지는 데 나이가 무슨 상관이겠습니까. 리슐리외는 두 다리를 딛고 서 있기도 힘든 여든이라는 나이에도 이런 본능을 억누르지 못했어요. 괴테가 울리케 폰 레베초프에게 정신이 팔렸을 때가 일흔 살이었죠."

"열흘 붉은 꽃 없다고, 사랑도 마찬가지입니다. 남자들에게는 결혼과 동시에 자연스레 사라지죠. 하지만 여성은 꿈속에 그리던 영웅이 사라지더라도 그 사랑을 순수한 모성과 같은 사랑으로 끝까지 간직합니다. 여자들은 남자들이 타고난 일부다처의 본능을 이해하지 못해요. 최근 사회도덕 규범에 따라 남자들이 억지로 순응하도록 길들일 수 있지만, 그 본능은 파괴할 수 있는 게 아니에요. 그저 잠재우는 것뿐이죠. 남자는 창조주께서 그를 만드실 때 주신 동물의 본성을 그대로 갖고 있어요. 예상치 못하게 지체되더라도 언제든 하던 일을 실행할 준비가 되어 있죠."

"여자가 남자보다 지능이 낮지 않아요. 어쩌면 더 좋을지도 모릅니다. 하지만 전혀 다른 체계로 이루어져 있죠. 남성의 뇌가 여성보다 무겁다는 사실을 부정할 순 없습니다. 신생아만 해도 뇌의 주름이 남자아이와 여자아이에서 꽤 차이가 나죠. 뇌의 후두엽을 비교해보면 해부학적 차이가 더 두드러집니다. 후시는 바로 여성의 뇌에 있는 이 후두엽의 유사 위축에 심리적으로 중요한 의미를 부여하고 있어요. 성별에 따라 차별을 두는 것은 모든 창조물을 관통하는 자연 불변의 법칙으로, 높은 유형으로 발달할수록 더 도드라집니다. 모든 문화를 남성의 전유물로 삼았고 따라서 여자들은 공평한 기회를 얻지 못했다는 말을 듣곤 합니다. 하지만 여자들이 정말 기회를 얻지 못했나요?"

"아테네에서도 여성의 지위가 남성보다 열등하지 않았어요. 여성들에게도 모든 문화 분야가 열려 있었죠. 이오니아와 도리아 인들은 언제나 여성의 자유를 인정했습니다. 심지어 고대 스파르타 인들에게는 너무나 큰 자유가 주어졌어요. 로마 제국 시대, 고도의 문화가 이어지던 그 사백 년 동안 여성들은 마음껏 자유를 누렸어요. 자기 재산을 처분할 수 있었던 사실을 떠올려보세요. 그것만으로도 충분히 알 수 있죠. 중세 시대에는 여성들이 남성보다 훨씬 우수한 교육을 받았어요. 기사들은 펜보다 검 다루는 법에 능숙했죠. 수도사들이 학식이 있었지만 수녀원에도 그에 못지않게 동등한 배움의 기회가 주어졌습니다."

"우리 의사라는 직업을 보세요. 여성들이 더 이상 낯설지 않잖아요! 살레르노 학교에는 벌써부터 여성 교수들이 있었고, 헨리 4세의 아내 마리 드 메디치의 의사였던 루이즈 부르주아는 조산술에 관한 나쁜 책을 썼죠. 마가리트 라 마시는 1677년 오텔 디유의 수석 조산사였고, 라 샤펠 부인과 부아뱅 부인은 여성 질병과 관련한 책을 많이 썼지만 모두 아주 형편없었어요. 17, 18세기에는 이탈리아의 볼로냐, 파비아, 페라라, 나폴리 같은 유명 대학에 여성 교수들이 아주 많이 있었습니다. 하지만 어느 누구도 자신들의 전문 분야를 발전시키는 데 기여하지 못했어요. 산과와 부인과를 여성들 손에 맡겨놓았기 때문에 우리 의료직에서 이 두 분야가 그렇게 오랫동안 절망적 정체 상태에 빠져 있던 겁니다. 이 분야를 남자들이 맡고 나서야 비로소 진전을 보게 되었죠. 요즘 같은 세상에도 여성들은 자기 목숨이나 아이의 목숨이 위태로울 때 같은 성별의 의사만을 고집하지 않아요."

"음악을 보세요! 르네상스 시대의 여성들은 모두 류트를 연주했어요. 나중에는 하프시코드, 하프, 클라브생도 연주했죠. 지난 한 세기 동안 상류층 아가씨들은 피아노를 열심히 연습했지만, 아직까지 여성이 최고의 음악을 작곡했다거나 제가 좋아하는 베토벤의 <Op.106> 중 '아다지오 소스테누토' 같은 곡을 연주할 수 있는 여성이 있다는 말은 들어보질 못했습니다. 젊은 여성들 중에 그림을 그리지 않는 여성이 없지만, 제가 아는 한, 턱수염을 깎고 남자처럼 옷을 입어야 했던 로자 보네르 말고는 유럽의 어떤 갤러리에도 일류 작품으로 평가받는 여성 화가의 그림이 걸린 적이 없어요."

"옛날 뛰어난 시인 중에 여성이 한 명 있었지요. 반듯하고 고운 이마에 두른 화환에 남은 것은 영원한 봄의 향기를 담은 장미꽃잎 몇 장뿐입니다. 헬라스 해변에서 들려오는 아련한 사이렌의 노래처럼, 그 불멸의 기쁨, 불멸의 슬픔이 우리 귀에 메아리치죠! 아름다운 사포여, 그대의 음성을 다시 들을 수 있을까? 혹시 그대가 미처 부르지 못한 노래가 어느 잃어버린 문집에 실려 헤르쿨라네움의 용암 밑에 안전하게 보존되어 있지는 않을는지!"

"자네의 사포 이야기, 더는 듣고 싶지 않네." 노스트롬이 가라앉은 목소리로 말했다. "내가 알고 있는 사포와 그 숭배자들만으로도 충분해. 여자들 이야기라면 그만 듣고 싶군. 말도 안 되는 이야기를 그렇게 지껄이는 걸 보니, 자네, 와인을 너무 많이 마셨나보네. 이제 그만 가지!"

길을 반쯤 걸어 내려왔을 때 노스트롬은 맥주 한 잔 마시고 싶다고 했다. 우리는 어느 카페 밖에 놓인 탁자에 자리를 잡았다.

"봉수아, 시리. [안녕, 자기.]" 옆자리에 있던 여성이 내 친구에게 말을 걸었다. "저도 맥주 한 잔 사 주시겠어요? 아직 저녁을 못 먹었는데."

노스트롬은 화난 목소리로 자기를 내버려두라고 대꾸했다.

"봉수아, 클로에." 내가 물었다. "플로페트는 어떻게 지내요?"

"뒷골목에서 일하고 있어요. 오밤중에나 거리에 돌아다닐 거예요."

이렇게 말하고 있는데 플로페트가 나타나 동료 옆자리에 앉았다.

"또 술 마셨네요, 플로페트." 내가 말을 걸었다. "완전히 몸 버리려고 그래요?"

"맞아요." 플로페트가 잔뜩 쉰 목소리로 대답했다. "더 나빠질 게 있나요."

"자네는 사람을 가리지 않는가보군." 노스트롬이 두 창녀를 노려보며 투덜거렸다.

"더한 사람들과도 알고 지내는 걸요." 내가 말했다. "저는 저들의 의료 상담자이기도 해요. 두 사람 다 매독에 걸렸어요. 나머지는 압생트가 다 알아서 할 거예요. 저들은 머지않아 생 라자르나 남의 집 처마 밑에서 생을 마감하겠죠. 적어도 저 두 사람은 자신을 숨기지 않아요. 저 사람들이 남자 때문에 어떻게 됐는지 아시잖아요. 게다가 우리가 이 사람들한테 준 돈을 뺏으려고 어떤 남자가 저 길 건너 모퉁이에 서 있죠. 이 매춘부들, 박사님이 생각하는 것처럼 나쁜 사람들이 아닙니다. 흠투성이지만 그렇게 무너지면서도 여전히 지키고 있는 정절이 있어요. 마지막 순간까지 여자일 겁니다. 이상하게 들리겠지만, 이들도 사랑에 빠질 수 있어요. 아주 숭고한 의미의 사랑에. 그보다 더 마음 아픈 모습은 없을 겁니다. 나를 사랑했던 매춘부가 있었어요. 어린 소녀처럼 수줍음도 많고 부끄러워했죠. 어찌나 부끄러워하던지 화장을 했는데도 얼굴 붉히는 게 다 보일 정도였어요. 박사님이 혐오하는 옆자리 여자들도 기회가 있었다면 훌륭한 숙녀가 되었을 겁니다. 저 여자 이야기를 들려드리죠."

"기억나세요?" 그와 팔짱을 끼고 대로를 따라 걸으며 이야기를 시작했다. "생 테레제 수녀원이 파시에서 운영하던 여학교 말이에요. 작년에 저를 데리고 장티푸스로 죽은 스웨덴 소녀를 보러 갔었죠. 그리고 얼마 지나지 않아 그 학교에 같은 사례가 또 발생해서 제가 담당하게 됐어요. 열다섯 살쯤 되는 아주 아름다운 프랑스 소녀였죠. 어느 날 저녁, 학교를 막 나서는데 여느 때처럼 반대편 인도 쪽에서 서성이던 여자가 다가왔어요. 난 저리 가라고 퉁명스럽게 말했어요. 그러자 그 여자는 얌전한 목소리로 자기 말 좀 들어 달라고 애원하더군요. 일주일 내내 내가 학교에서 나오는 모습을 지켜봤지만 아직 해가 환한 시간이라 말을 걸 엄두가 나질 않더랍니다. 그 여자는 떨리는 목소리로 저를 무슈 르 독터, 의사선생님이라고 부르며 장티푸스에 걸린 그 소녀가 어떻게 되었는지, 상태가 위독한지 물었어요.

'그 아이가 죽기 전에 만나야 해요.' 그 여자가 흐느끼며 말했어요. 그 창백한 얼굴은 눈물로 범벅이 되어서는 말이죠. '그 아이를 만나야 해요. 내가 엄마예요.' 수녀원에서도 몰랐던 모양입니다. 아이를 세 살 때 수녀원에 맡긴 뒤 양육비는 은행을 통해 보냈으니까요. 그 뒤로는 아이를 만나지 못했다더군요. 그저 매주 목요일 오후 산책을 나오는 소녀들을 길모퉁이에서 먼발치로 봤을 뿐이래요. 저는 아이가 아주 걱정스러운 상태다, 더 나빠지면 알려주겠다고 했죠. 하지만 여자는 사는 곳을 알려주고 싶지 않았나 봐요. 매일 저녁 길에서 기다릴 테니 소식을 전해 달라고 부탁하더군요. 일주일 내내 그 여자는 불안에 떨며 거기 서 있었어요. 아이 상태가 점점 나빠지고 있다는 소식을 전해야 했어요. 이 불쌍한 매춘부에게 죽어가는 딸을 보여줄 길이 없으니, 그저 마지막 순간이 가까워지면 알려주겠다고 약속하는 수밖에요. 그제야 이 여자가 주소를 알려주겠다는 겁니다."

"다음 날 늦은 저녁, 마차를 타고 그 주소를 찾아 오페라 코미크 뒤편 악명 높은 거리로 갔습니다. 마부가 알 만하다는 듯 히죽 웃더니 한 시간 뒤에 데리러 오겠다고 하더군요. 저는 20분이면 충분하다고 했죠. 포주인 여자가 저를 쓱 훑어보더니 빨강, 노랑, 초록색 모슬린으로 만든 짧은 튜닉을 걸치고 거의 헐벗다시피 한 아가씨들 열두 명이 있는 곳으로 데려갔어요. 누구를 선택하겠냐고 묻기에, 이미 결정했다, 마드모아젤 플로페트를 찾는다고 말했죠. 그랬더니 포주가 미안하지만 마드모아젤 플로페트는 아직 내려오지 않았다고 했어요. 최근에 일에 소홀하다, 아직 침실에서 옷을 입고 있다고 하더군요. 당장 그 방으로 안내해 달라고 했죠. 그랬더니 선불로 20프랑을 내라는 말과 함께, 만족할 경우 플로페트에게 원하는 기념품을 줄 수 있다고 했어요. '장담하는데, 운 필 샤르망, 매력이 넘치지, 프헤 아 투, 뭐든 할 준비가 되어 있지, 리골로, 아주 즐겁게 해줄 거라오. 어떻게, 방으로 샴페인 한 병 올려줄까요?' 그러더군요."

"플로페트는 거울 앞에 앉아 열심히 볼 화장을 하고 있었죠. 의자에서 벌떡 일어나더니 실오라기 하나 걸치지 않은 것 같은 처참한 몰골을 감추려고 숄을 얼른 두르고는 광대 같은 얼굴로 저를 쳐다봤어요. 볼에는 연지를 덕지덕지 바르고, 검은색 콜 펜슬로 한쪽 눈을 그리다 말았어요. 다른 쪽 눈은 우느라 붉어져 있었죠."

"나는 황급히 말했죠. '아니요, 죽지 않았어요. 하지만 상태가 너무 안 좋아요. 야간 근무를 서는 수녀님이 너무 지쳐하기에 밤에 내 간호사를 한 명 데려오겠다고 말해두었어요. 이런, 얼굴 화장 좀 어떻게 해봐요. 기름이나 바셀린 같은 걸로 머리도 정리하고. 여기 꾸러미를 보면 간호사복이 있을 테니, 그 끔찍한 모슬린 가운은 벗고 갈아입어요. 나와 일하는 간호사한테 빌려왔는데, 아마 사이즈가 비슷해서 맞을 겁니다. 30분 뒤에 다시 데리러 오죠.' 그리고 계단을 내려가는데 여자가 아무 말 없이 바라보더군요.

'벌써?' 포주가 깜짝 놀란 얼굴로 물었어요. 저는 마드모아젤 플로페트와 밤을 보내고 싶다며 30분 뒤에 데리러 오겠다고 했죠. 30분 뒤에 마차를 몰고 가니 플로페트가 간호사가 입는 긴 망토를 입고 문 앞에 나와 있었어요. 옆에는 똑같이 생긴 모슬린 가운을 입은 여자들이 죄다 나와 있더군요.

'나이도 많은 게 복도 많지.' 여자들이 합창하듯 킬킬거렸어요. 카니발 마지막 밤에 발 마스케, 가면무도회에 초대받아 가는 셈이잖아. 너 참 대단하다, 존경스러워. 신사 나리께서 우리도 데려가면 좋겠네!'

'아뮤즈-부, 메즈 앙팡, 좋은 시간 보내라구.' 포주가 웃으며 플로페트를 내 마차로 데려왔어요. '50프랑, 선불이라오.'라고 덧붙이더군요."

"간호할 일은 많지 않았어요. 아이 상태가 빠르게 나빠졌고, 의식도 거의 없었어요. 끝이 가까워진 거죠. 아이 엄마는 죽어가는 아이 옆에서 눈물을 흘리며 밤을 샜어요.

'이제 보내줘요.' 죽음의 고통이 시작되는 걸 보고 제가 말했어요. '괜찮아요, 아이는 의식이 없어요.'

여자가 아이에게 다가가 허리를 숙이다 말고 갑자기 물러나는 거예요.

'제가 어떻게 입을 맞출 수 있겠어요. 아시잖아요, 제가 얼마나 끔찍한 사람인지.' 여자가 흐느끼며 말했어요."

"다음에 봤을 때 플로페트는 만취 상태였어요. 그리고 일주일 뒤,

센 강에 몸을 던졌습니다. 사람들이 그녀를 살려냈어요. 제가 플로페트를 생 라자르 병원에 입원시키려 했지만 빈 병상이 없었죠. 한 달 뒤엔 로더넘 한 병을 들이마셨어요. 제가 도착했을 땐 다 죽어가고 있었죠. 그 여자 위에서 독극물을 빼낸 제 자신을 지금도 용서할 수가 없었어요. 플로페트는 손에 자그마한 어린아이 신발 한 짝을 쥐고 있었습니다. 그 안에는 머리카락 몇 올이 들어 있었죠. 그 뒤로 플로페트는 압생트를 마셔댔어요. 서서히 목숨을 앗아가기는 해도, 젠장, 가장 믿을 만한 독이죠. 어쨌거나 플로페트는 머지않아 거리에서 죽게 될 겁니다. 스스로 목숨을 끊기에 센 강보다 더 확실한 곳이에요."

이윽고 피갈 거리에 있는 노스트롬의 집 앞에 다다랐다.

"잘 가게." 내 친구가 말했다. "덕분에 좋은 시간이었네."

"저도요."

10

죽은 이의 인도자

어쩌면, 그 해 여름 스웨덴을 다녀온 이야기는 꺼내지 않는 편이 나을지도 모르겠다. 내 젊은 날의 모험을 차분하게 기록해 온 노스트롬조차 지금까지 나에게 들었던 이야기 중에 최악이라고 했을 정도니까. 이젠 나 말고 다른 사람에겐 해가 되지 않을 테니, 이야기를 털어놔도 되지 않을까 싶다.

당시 스웨덴 최고의 의사였던 브루셀리우스 교수가 나에게 산 레모에 있는 환자를 집까지 데려다 달라고 부탁했다. 환자는 결핵 말기인 열여덟 살 소년으로, 그곳에서 겨울을 났다. 최근에는 여러 번 피를 토하기도 했다. 나는 환자 상태가 너무 좋지 않으니 가족이나 적어도 유능한 스웨덴 간호사가 동행한다는 조건으로 부탁을 받아들였다. 도중에 환자가 사망할 가능성을 염두에 둬야 했으니까.

나흘 뒤 소년의 어머니가 산 레모에 도착했다. 우리는 바젤과 하이델베르크에서 잠시 머문 뒤 뤼벡에서 스톡홀름으로 가는 스웨덴 증기선을 타기로 했다. 몹시 불안한 마음으로 길을 떠난 우리는 저녁 무렵 바젤에 도착했다. 그날 밤 소년의 어머니는 심장마비로 죽을 뻔했다. 아침에 심장 전문의를 모셔 오며 몇 주 동안은 여행을 하지 못하겠구나 생각했다. 전문의 소견도 나와 같았다. 소년을 바젤에서 죽게 둘 것이냐, 계속 길을 가야 할 것이냐, 선택의 갈림길에 놓였다. 옳은 선택이었든 아니든 내가 소년과 함께 스웨덴으로 가기로 결정했다. 하이델베르크에 있는 빅토리아 호텔에 도착한 다음 날, 소년의 폐에서 또 다시 심한 출혈이 생겼고 여정을 계속 이어가겠다는 희망은 버려야 했다. 나는 소년에게 여기서 며칠 머무르며 어머니를 기다리자고 했다. 소년은 하루라도 미뤄지는 게 썩 탐탁지 않은 눈치였다. 저녁에는 기차 편을 열심히 확인했다. 자정이 지나 소년의 상태를 살피러 가보니 아주 편안한 얼굴로 자고 있었다. 그러나 아침에 다시 가봤을 땐 이미 침대에 누워 숨을 거둔 뒤였다. 내부 출혈이 있었던 게 틀림없었다.

  나는 바젤에 있는 동료 의사에게 소년의 어머니에게 소식을 전하고 지시사항을 알려 달라고 전보를 쳤다. 전문의가 답신을 보내왔다. 소년의 어머니도 상태가 심각하여 아들 소식을 차마 전하지 못했다고. 그 어머니라면 아들을 스웨덴에 묻고 싶을 거라고 확신한 나는 장의사와 연락해 장례 준비를 상의하였다. 장의사는 법에 따라 시신을 방부처리해야 하고 비용은 2,000마르크라고 알려왔다.

  소년의 집이 썩 넉넉하지 않아 내가 직접 소년의 시신을 방부처리하기로 결심했다. 우물쭈물할 시간이 없었다. 7월말이라 기온이 아주 높았다. 해부학 연구소에서 온 사람의 도움을 받아 200마르크 정도 비용으로 그날 밤 대충 방부처리를 했다. 생전 처음 해 보는 일이었으니 그 결과가 어땠겠나. 성공과는 아주 거리가 멀었다. 내가 보는 앞에서 납으로 만든 관에 땜질을 한 다음, 참나무로 만든 겉의 관을 철도 규정에 따라 일반 포장 상자에 넣었다. 나머지 일은 장의사가 맡아 시신을 기차 편에 뤼벡으로 옮긴 다음 거기서 배편으로 스톡홀름에 보내기로 했다. 소년의 어머니한테 받은 여행 경비로는 호텔 비용을 지불하기에도 턱없이 모자랐다. 소년이 숨진 방의 침구와 카펫 보상비용이 너무 과하다고 항의해봤지만 소용없었다. 모든 일을 정리하고 나니 손에 남은 돈으로 나 하나 파리로 돌아가기에도 빠듯했다.

숙소에 도착한 후론 밖으로 한 걸음도 나가질 않았다. 하이델베르크에서 본 것이라고는 내 방 창문 아래로 보이는 오텔 드 르 유럽(유럽 호텔)의 정원이 전부였다. 다시 하이델베르크에 올 마음은 없었지만 그래도 떠나기 전에 오래 전 폐허가 된 그 유명한 성만은 보고 싶었다.

성 테라스 난간에 기대어 서서 발아래 펼쳐진 넥카르 계곡을 굽어보고 있을 때였다. 닥스훈트 강아지 한마리가 짤따란 다리로 그 길고 가느다란 몸뚱이를 빠르게 움직이며 내게 달려왔다. 그러고는 내 얼굴을 구석구석 핥아댔다. 그 영리한 눈으로 내 비밀을 한 눈에 알아챘다. 아주 오래 전부터 그들의 고향에서 '발트만'이라고 불리는 이런 매력적인 개를 한 마리 키우고 싶어 한 그 비밀을 말이다. 수중에 돈이 없어 궁하기는 했지만 곧바로 50마르크에 발트만을 샀다. 나는 뿌듯한 마음으로 이 녀석을 데리고 빅토리아 호텔로 돌아왔다. 목줄을 하지 않은 발트만은 내 발뒤꿈치에 바짝 붙어 졸졸 따라오는데, 누가 봐도 이 녀석 주인은 나였다.

아침에 내 방 카펫에 추가 요금이 붙었다. 인내심이 바닥을 드러냈다. 빅토리아 호텔에서 카펫 값으로만 800마르크를 쓴 셈이었다. 두 시간 뒤 나는 소년의 방에 있던 이 카펫을 허름한 집 앞에 앉아 부츠 한 켤레를 고치고 있던 늙은 구두수선공에게 주었다. 그 집에는 누더기를 걸친 아이들로 빼곡했다. 호텔 지배인은 말도 못하게 화가 났지만, 구두 수선공은 카펫을 얻었다. 하이델베르크에서 할 일을 모두 마친 나는 다음 날 아침에 파리행 기차를 타기로 결심했다. 하지만 그날 밤 마음을 고쳐먹었다. 아무래도 스웨덴에 가야 할 것 같았다. 이미 두 주 간 파리를 떠나 있을 준비를 해놓았다. 내가 없는 동안 환자들은 노스트롬이 맡아줄 테고. 벌써 형에게 고향집에서 며칠 함께 지낼 거라고 전보도 보내 놓았다. 스웨덴에서 휴가를 보낼 수 있는 기회가 언제 또 오겠나. 내 머릿속에는 일단 빅토리아 호텔에서 나가야겠다는 생각뿐이었다. 베를린으로 가는 여객 열차를 타기에는 너무 늦어서, 저녁에 화물 기차를 타기로 했다. 소년의 시신도 이 기차에 실어 뤼벡으로 옮긴 다음 나와 같은 스웨덴 증기선에 태워 스톡홀름으로 보낼 예정이었다. 역 내 뷔페에 자리를 잡고 막 저녁을 먹으려던 참에, 종업원이 오더니 식당 안에 개의 출입은 '페르보텐', 금지되어 있다고 알려줬다. 나는 종업원 손에 5마르크짜리 동전 한 닢을 쥐어주고 발트만을 식탁 아래에 몰래 내려놓았다. 이제 음식을 입에 넣으려는데 문 쪽에서 누군가 큰 소리로 외치는 소리가 들렸다.

"데어 라이헨베글라이터!" 시신 운반하는 사람을 찾는 소리였다.

식사를 하던 사람들이 슬쩍 고개를 들어 서로 살펴보았지만 아무도 움직이지 않았다.

"데어 라이헨베글라이터!"

잠시 후 그 사람이 장의사 직원으로 보이는 사람을 데리고 돌아와 문을 쾅쾅 두드렸다. 우렁찬 목소리의 주인공이 내 쪽으로 오더니 코앞에서 소리를 질렀다.

"데어 라이헨베글라이터!"

모두가 구경거리가 났다는 듯 나를 쳐다봤다. 나는 저녁을 먹고 싶으니 그냥 좀 내버려두라고 말했다. "그렇게는 안 되겠소. 당장 일어나시오. 역장이 아주 급한 일로 찾고 있소." 고슴도치처럼 뻣뻣한 콧수염을 기르고 금테 안경을 쓴 거구의 남자가 내게 서류 뭉치를 건네며 내 귀에 대고 화물칸을 봉인해야 하니 당장 거기로 자리를 옮기라고 고함쳤다. 나는 내가 아는 독일어를 죄다 동원해가며 나는 이미 이등석에 자리를 예약했다고 말했다. 역장은 "페르보텐"이라고 말하며, 즉시 관이 있는 화물칸으로 옮겨 한 걸음도 나오지 말라고 했다.

"대체 뭔 소릴 하는 겁니까?"

"당신이 라이헨베글라이터잖소? 독일에서는 라이헨베글라이터가 동행하지 않고 시신만 옮기는 게 '페르보텐'이라는 걸 모르시오? 그 둘을 반드시 한 곳에 두고 문을 잠가야 한다는 규정도?"

나는 역장에게 뤼벡 행 이등석 표를 보여주며 나는 그저 스웨덴으로 혼자 휴가를 떠나는 여행자일 뿐, 관과는 아무 상관이 없는 사람이라고 말했다.

"그래서 라이헨베글라이터라는 거요, 아니라는 거요?" 역장이 화가 난 목소리로 소리쳤다.

"분명히 말하지만, 아닙니다. 내가 일을 가리지 않고 하는 편이기는 해도 라이헨베글라이터라니요. 참 마음에 들지 않는군요."

역장은 당황한 표정으로 서류 뭉치를 들춰보았다. 그러더니 5분 안에 라이헨베글라이터가 나타나지 않으면 관을 실은 화물칸은 다른 선로로 옮겨 뤼벡으로 보내지 않고 하이델베르크에 둘 것이라고 말했다. 그런데 등이 굽고 얼굴에 천연두 자국이 가득한 자그마한 남자가 불안한 시선으로 서류 뭉치를 들고 역장이 앉아 있는 책상으로 뛰어들어 왔다.

"이히 빈 데어 라이헨베글라이터." 자기가 시신 운반자라고, 누가 봐도 틀림없는 말투로 말했다.

 하마터면 그 사람을 끌어안을 뻔했다. 언제나 나는 꼽추에게 살짝 호감을 가지고 있었다. 나는 그에게 만나서 반갑다고 인사하며 같은 기차를 타고 뤼벡까지 가서 또 같은 배를 타고 스톡홀름으로 갈 예정이라고 말했다. 그런데 그가 생각지도 못한 말을 꺼냈다. 스톡홀름으로 가는 게 아니라 러시아 장군과 함께 상트페테르부르크로 간 뒤 거기서 니즈니-노브고로도로 넘어간다는 거였다. 그 말에 나는 역장의 책상을 붙잡았다.

 서류 더미를 들여다보고 있던 역장이 자리에서 벌떡 일어났다. 고슴도치 같은 그 콧수염에 당혹감이 잔뜩 묻어났다.

 "포츠돈너베터[이런]!" 역장이 외쳤다. "이 기차로 뤼벡까지 옮겨야 하는 시신이 두 구라니! 화물칸에는 관이 하나뿐인데. 관 하나에 시신 두 구를 넣을 순 없어. '페르보텐', 금지된 일이니까. 다른 관은 어디 있는 거지?"

 등이 굽은 남자는 러시아 장군의 관을 지금 막 수레에서 내려 화물칸으로 옮기고 있는 중이라고 했다. "이게 다 목수 탓입니다요. 두 번째 상자를 간신히 시간에 맞춰 완성하는 바람에 이런 사달이 났지 뭡니까." 하긴, 한날에 그렇게 큰 상자를 두 개나 준비해둬야 할 줄 누가 상상이나 했겠나!

 러시아 장군이라고? 문득 소년이 죽던 날 우리가 묵었던 호텔 맞은편 호텔에서 어느 노령의 러시아 장군이 뇌졸중으로 숨졌다는 이야기를 들은 기억이 났다. 게다가 창문 너머로 긴 회색 수염을 기른 매서운 표정의 노신사가 휠체어를 타고 병원 정원에 앉아 있는 것을 봤던 기억도 떠올랐다. 짐꾼이 크림 전쟁에서 공을 세운 유명한 러시아 장군이라고 알려줬더랬다. 그렇게 험상궂은 인상은 처음이었다.

역장이 뒤죽박죽이 된 서류를 차근히 살펴보기 시작했다. 나는 등이 굽은 남자를 한쪽 구석으로 데려가 등을 툭툭 두드리며 50마르크를 슬쩍 건넸다. 그리고 러시아 장군의 관과 함께 소년의 관도 맡아 옮겨준다면 뤼벡에 도착해 스웨덴 영사에게 빌리기로 한 50마르크를 추가로 주겠다고 제안했다. 사내는 주저 없이 제안을 받아들였다.

역장은 지금까지 그런 전례가 없었으며 미묘한 법적 문제가 제기될 수 있다고 말했다. 라이헨베글라이터 한 명이 시신 두 구를 맡아 이동하는 것은 틀림없이 '페르보텐', 금지된 일이라고 주장했다. 역장은 제국 상급 철도 사무국에 문의해야 했는데, 회신을 받으려면 족히 일주일은 걸렸다.

그때 발트만이 이 상황을 해결했다. 역장이 우리와 이야기를 나누는 중에도 금테를 두른 안경 너머로 강아지에게 친근한 눈길을 보내거나 그 커다란 손을 뻗어 발트만의 길고 보드라운 귀를 부드럽게 몇 번이나 어루만지는 모습이 눈에 들어왔다. 마지막으로 역장의 마음을 움직일 필사의 방법을 시도해보기로 했다. 발트만을 역장의 무릎에 슬쩍 올려놓았다. 강아지가 그의 얼굴을 핥고 고슴도치 같은 콧수염을 물어 당기자 잔뜩 찌푸렸던 역장의 표정이 점점 풀어지더니 끝내는 난감해 하는 우리를 향해 천진난만한 미소를 지어 보이는 게 아닌가.

5분 뒤 등이 굽은 남자는 두 개의 관을 책임질 라이헨베글라이터로 열두 장의 서류에 서명을 했다. 기차가 막 출발하려는 순간 나는 내 글래드스턴 가방을 들고 사람들로 붐비는 이등석 칸에 몸을 던졌다. 발트만은 옆자리에 앉은 뚱뚱한 여인에게 장난을 치려 했다. 그러자 그 여인은 딱딱한 표정으로, 이등석 칸에 개를 데리고 타는 것은 "페르보텐"이라고 말했다.

　최소한 "슈투벤라인", 배변 훈련은 받았겠죠? 물론 발트만은 배변 훈련을 잘 받았다. 대충 넘긴 적이 없었다. 발트만이 이번에는 이 뚱뚱한 여인의 무릎에 놓인 바구니에 관심을 돌렸다. 열심히 냄새를 맡더니 갑자기 사납게 짖기 시작했다. 기차가 다음 역에 멈췄을 때도 계속 짖어댔다. 뚱뚱한 여인은 차장을 불러 바닥을 가리켰다. 차장은 입마개를 하지 않은 개를 데리고 타는 것은 "페르보텐"이라고 말했다. 나는 하는 수 없이 발트만의 입을 벌려 차장에게 이빨이 몇 개 나지 않았다는 것을 보여줬다. 그리고 수중에 남은 마지막 5마르크 동전을 차장의 손에 쥐어줬지만 소용없는 짓이었다. 즉시 발트만을 화물칸에 마련된 강아지 상자에 넣어야 했다. 복수심이 발동한 나는 뚱뚱한 여인의 무릎 위에 놓인 바구니를 가리키며 차장에게 표 없이 고양이를 데리고 타는 것도 "페르보텐" 아니냐고 물었다. 맞습니다, 그 역시 "페르보텐"입니다. 내가 플랫폼으로 내려설 때까지도 뚱뚱한 여인은 차장을 붙들고 여전히 입씨름 중이었다.

　그 당시에는 개를 데리고 여행할 수 있는 시설이 부끄러울 정도로 형편없었다. 고작해야 기차 바퀴 위에 있는 어두컴컴한 칸이 전부였는데 그마저도 기관차에서 내뿜는 연기로 가득했다. 그런 곳에 어떻게 발트만을 둘 수 있단 말인가? 나는 화물칸으로 달려가 차장에게 강아지를 맡아달라고 부탁했지만, 그마저도 "페르보텐"이라 말과 함께 거절당했다. 바로 그때 옆 칸의 미닫이문이 스르륵 열리더니, 아까 그 라이헨베글라이터가 입에 기다란 담뱃대를 물고 고개만 불쑥 내밀었다. 나는 발트만과 글래드스턴 가방을 들고 고양이보다 날쌔게 그 칸에 올라탔다.

　"50마르크. 뤼벡에 도착할 때까지 발트만을 이 칸에 숨겨준다면 도착하는 대로 주겠소!" 그가 미처 대답할 새도 없이 누군가 밖에서 문을 걸어 잠갔다. 기관차의 날카로운 기적 소리가 울리자 기차가 움직이기 시작했다. 이 커다란 화물칸에는 관을 넣은 보관 상자 두 개말고는 아무 것도 없었다. 열기가 엄청났지만 한 사람이 다리를 쭉 펴고도 남을 만큼 공간이 넉넉했다. 강아지는 내 겉옷 위에 자리 잡고는 금세 잠들었다. 라이헨베글라이터는 가지고 있던 식량 바구니에서 뜨거운 맥주 한 병을 꺼내놓았다. 우리는 담뱃대에 불을 붙이고 바닥에 앉아 이 상황을 어떻게 해야 할지 상의했다. 일단 우리는 안전했다. 아무도 내가 개를 데리고 여기로 뛰어 오르는 모습을 보지 못했다. 게다가 차장이 이 칸 가까이에 올 리도 없었다.

한 시간 쯤 지났을까. 기차가 다음 역에 들어서며 속도를 줄였다. 나는 라이헨베글라이터에게 나를 여기서 끌어내리려면 힘을 쓸 수밖에 없을 거라고 우겼다. 뤼벡에 도착할 때까지 여기에 있겠다는 뜻이었다. 라이헨베글라이터의 주도로 유쾌한 대화를 나누며 시간을 보냈다. 내 독일어 실력이 아주 형편없었지만, 그래도 상대가 하는 말은 곧잘 알아들었다. 그 친구는 이런 여행을 여러 번 해봤다고 했다.

이 감옥 같은 칸에 갇혀 바깥을 전혀 내다볼 수 없지만, 기차가 어느 역에서 멈춰 서는지 줄줄이 꿰고 있었다. 라이헨베글라이터 일을 한 지는 십 년이 넘었다. 생각보다 즐겁고 편한 일이기도 하고, 여행을 하며 낯선 나라들을 둘러볼 수 있어 좋다고 했다. 러시아는 여섯 번이나 가봤는데, 러시아 사람들을 참 좋아했다. 그들은 항상 조국에 묻히기를 원했다. 수많은 러시아 인들이 유명 교수들에게 상담 받으러 하이델베르크를 찾았다. 한마디로 러시아인들이 최고의 고객이었다. 그의 아내는 라이헨바세린, 즉 시신 닦는 일을 한다고 했다. 중요한 방부처리는 그들의 도움 없이는 할 수가 없었다. 그는 다른 보관 상자를 가리키며 스웨덴 신사가 자기나 아내를 부르지 않아 조금 화가 난다고 했다. 혹시 자신이 어떤 음모에 희생된 게 아닐까 의심했다. 일을 두고 그와 다른 두 동료들이 서로 꽤나 시기한다고 했다.

"이번 일에는 어딘가 의심스러운 구석이 있어요. 도대체 어떤 의사가 방부처리를 했는지도 모르겠다니까. 의사들이라고 이 일을 다 잘하는 게 아니란 말이지. 방부처리란 게 아주 섬세하고 복잡한 일이거든, 이렇게 뜨거운 날씨에 먼 거리를 이동하다보면 무슨 일이 일어날지도 모르고. 방부처리 하는 일은 많이 해 보셨나?"

"딱 한 번이요." 나는 대답하며 몸서리를 쳤다.

"댁이 저 러시아 장군을 한 번 봐야 하는데." 라이헨베글라이터는 담뱃대로 다른 보관 상자를 가리키며 흥분해서 말했다. "얼마나 완벽하게 처리했는지, 시신이라는 게 안 믿길 거요. 심지어 눈도 부릅뜨고 있다니까. 역장이 댁한테 왜 그렇게 꼬치꼬치 캐물었는지 모르겠네." 그리고는 계속 말을 이어갔다.

"사실 댁이 라이헨베글라이터라 하기에는 조금 젊기는 해도 내 보기엔 꽤 괜찮단 말이지. 면도 좀 하고 씻기만 하면 될 것 같은데. 옷에 개털이 덕지덕지 묻어 있는 몰골로 내일 스웨덴 영사관을 찾아갈 생각이신가? 딱 봐도 면도를 한 일주일 안 한 얼굴이구만. 믿을 만한 라이헨베글라이터가 아니라 산적 같다고. 면도기라도 가지고 있으면 다음 역에서 내가 직접 해줄 텐데."

나는 글래드스턴 가방을 열면서 내 수고를 덜어준다면 정말 고맙겠다고 말했다. 나는 웬만해서는 직접 면도하지 않았다. 전문가의 눈으로 내 면도기를 살펴보던 그는 세상에서 스웨덴 산 면도기가 최고라면서 자신도 그거 말고는 쓰질 않는다고 했다. 그는 솜씨가 좋앉다. 자기가 면도해준 사람이 수백 명이지만 여태껏 불평 한 마디 들어본 적이 없다고 자랑했다.

살면서 이렇게 깔끔한 면도는 처음 받아봤다. 그 솜씨에 감탄하지 않을 수 없었다. 기차가 다시 움직였다.

"다른 나라들을 여행하는 게 최고죠." 내가 세수를 하면서 말했다. "하루하루 새롭고 흥미로운 것들을 배우니까요. 이 나라를 보면 볼수록 독일 사람들이 다른 나라 사람들과 근본적으로 어떻게 다른지 알겠네요. 라틴족과 앵글로 색슨족은 면도할 때 허리를 세우고 앉는데, 독일에서는 등을 기대고 눕는군요. 뭐, 취향의 문제겠죠. 파리 사람들 말처럼 샤캉 튀 세 퓌스 아 사 파송, 사람마다 벼룩 잡는 법은 다 다르니까요."

"아니, 습관의 문제지." 라이헨베글라이터가 말했다. "시체를 앉혀 놓고 면도할 수는 없잖나? 내가 면도해 준 사람 중에 살아 있는 사람은 댁이 처음이네."

내 동행은 보관 상자 위에 깨끗한 냅킨을 펼친 뒤 식량 바구니를 열었다. 소시지, 치즈, 소금에 절인 양배추 냄새가 뒤섞여 내 코를 간질였고, 발트만도 그 냄새에 벌떡 일어났다. 우리는 배고픈 눈으로 그가 하는 모양을 지켜보았다. 함께 들자는 말에 어찌나 기쁘던지 접시에 놓인 절인 양배추를 먹어도 끔찍하지 않았다. 그가 발트만에게 블루트부어스트를 한 조각 크게 베어 주는 모습에 그에게 푹 빠져버렸다. 그 효과는 어마어마했고 뤼벡에 도착할 때까지 이어졌다. 두 번째 모젤 와인 병이 바닥을 드러낼 즈음, 나와 내 새 친구는 서로 비밀을 거의 다 털어놓았다. 아, 딱 한 가지만은 질투심 때문에 밝히지 못했다. 내가 의사라는 사실. 여러 나라를 돌며 쌓은 경험이 내게 경고했다. 이 만찬을 베푸는 주인과 나 사이의 계급 차이를 드러낼 만한 말을 조금이라도 내뱉었다가는 라이헨베글라이터의 눈으로 삶을 볼 수 있는 이 특이한 기회를 날려버릴 게 뻔하다고. 내가 심리학을 조금이나마 아는 건, 상대방의 사회 계급에 나를 맞출 수 있는 능력을 타고난 덕이었다. 공작과 만찬을 하더라도 내가 그와 다를 바가 뭐냐 하는 마음으로 별 어려움 없이 편히 즐겼을 거다. 라이헨베글라이터와 저녁 식사를 나눌 때는 나 또한 라이헨베글라이터가 되려 최선을 다했다. 사실 세 번째 모젤 병을 땄을 때 내게 주어진 일은 진심으로 라이헨베글라이터가 되는 것뿐이었다.

"기운 내게, 프리츠." 만찬을 베푼 주인의 눈이 장난기로 반짝였다. "그렇게 낙담할 필요 없어! 보아하니 돈도 떨어지고 일도 잘 안 풀리나 본데, 다 잊으라고. 와인이나 한 잔 더 마시며 일 이야기나 해보세. 나는 말일세, 십 년 넘게 라이헨베글라이터로 일하면서 내가 다루는 사람이 어떤 부류인지 배웠단 말이지! 똑똑한 게 대수겠나. 지금 자네가 나와 나란히 앉아 있는 것도 다 행운의 별 아래에서 태어난 덕이라고. 지금이 기회일세. 자네 인생이 걸린 기회라고! 내가 러시아에 관을 전하는 동안 자네는 스웨덴에서 자네가 맡은 관을 전달하게. 그리고 곧바로 첫 차를 타고 하이델베르크로 돌아오는 거야. 내, 자네와 동업하지. 프라이드라이히 교수가 살아 있는 한, 라이헨베글라이터가 두 사람은 족히 필요할 걸세. 자하리아스 슈바인푸스라는 내 이름을 걸지! 스웨덴은 자네하고 맞지 않아. 거기에는 유명한 의사가 없지만, 하이델베르크에는 차고 넘친다네. 하이델베르크야말로 자네가 있어야 할 곳이라고."

나는 새로 사귄 친구에게 진심으로 감사 인사를 전하며 아침에 술이 좀 깨고 난 뒤에 확답을 주겠다고 말했다. 몇 분 뒤 우리 모두 라이헨바겐(시신을 운반하는 화물칸) 바닥에서 잠이 들었다. 나는 밤새 푹 잘 잤지만, 발트만은 그렇지 못했다.

　기차가 뤼벡 역에 들어설 때에는 이미 날이 환하게 밝은 뒤였다. 플랫폼에는 스톡홀름으로 가는 스웨덴 증기선에 관을 싣는 일을 감독하러 나온 스웨덴 영사관 직원이 기다리고 있었다. 라이헨베글라이터에게 진심을 담아 "아우프 피더제엔"이라고 작별 인사를 건넨 뒤 나는 스웨덴 영사관으로 갔다. 영사는 강아지를 보자마자 나에게 최근 북유럽에서 공수병 사례가 다수 발생하여 개 반입이 금지되었다고 알려줬다. 내가 선장과 이야기를 나눠보겠다고 하자, 영사는 선장이 발트만에게 승선을 허락하지 않을 거라고 확신했다. 선장은 기분이 몹시 언짢아보였다. 관을 화물칸에 싣는 것을 보는 선원들도 마찬가지였다. 아무리 부탁을 해도 소용이 없었다. 하이델베르크 역장이 떠올라 선장에게도 그 방법을 써보기로 했다. 발트만이 선장의 얼굴을 핥았지만 헛수고였다. 이번에는 우리 형의 이름을 팔아보기로 했다. 이런, 선장은 문테 사령관을 잘 알고 있었다. 두 사람 모두 중위 시절 '바나디스' 호를 타고 항해를 했던 둘도 없는 친구였다. 선장이 우리 형이 사랑하는 강아지를 뤼벡의 완전 낯선 사람들 틈에 두고 냉정하게 돌아설 수 있을까?

　아니, 그는 그렇게까지 모질지 못했다. 5분 뒤, 스톡홀름에 도착하면 내가 모두 책임지고 몰래 데리고 들어간다는 약속 아래 발트만을 내 객실에 집어넣고 문을 잠갔다. 나는 바다가 참 좋다. 배는 편안했다. 나는 선장과 한 식탁에서 저녁을 먹었다. 배에 타고 있던 사람들 모두 나를 정중하게 대했다. 아침에 내 객실을 정리하러 온 여자 승무원은 좀 뾰로통해보였다. 하지만 그 무례한 놈이 얼굴을 핥기 시작하자 곧 우리 편이 되었다. 그렇게 귀여운 강아지는 처음 본다고 했다. 발트만이 몰래 빠져나와 갑판에 나타나자 모든 선원들이 이 녀석과 놀아주기에 나섰고, 선장은 고개를 반대편으로 돌려 못 본 척했다. 우리가 탄 배는 밤늦게 스톡홀름 부두에 닿았다. 나는 발트만을 안고 얼른 뱃머리에서 육지로 뛰어 내렸다.

다음 날 아침에 브루셀리우스 교수를 방문하였다. 교수는 바젤에서 온 전보를 보여줬다. 소년의 어머니는 위기를 넘겼고, 소년의 장례식은 어머니가 올 때까지 두 주 연기한다는 내용이었다. 교수는 내가 그때까지 스웨덴에 머물기를 바랐다. 어머니가 아들의 마지막 순간을 내게 듣고 싶지 않겠냐며 말이다. 게다가 내가 장례식에 참석하는 게 당연하다고 여겼다. 나는 교수에게 파리로 돌아가기 전에 형을 방문하기로 한 데다가, 나를 기다리고 있는 환자들에게 최대한 빨리 돌아가야 한다고 말했다.

*

맘젤 아가타라는 무시무시한 유산을 나에게 떠넘긴 형을 절대 용서할 수 없었다. 그 문제로 편지를 보내 화를 엄청 쏟아낸 적이 있었다. 다행히 형은 그때 일을 다 잊은 듯했다. 이렇게 다시 보니 기쁘다며 형도, 형수도 내가 이 옛 집에서 적어도 보름은 지내기를 바란다는 말로 나를 맞아 주었다. 그러던 형이 이틀 만에 너처럼 바쁜 의사가 환자들을 두고 이렇게 오래 자리를 비워도 되겠냐며 돌아가는 날짜가 언제냐고 물었다. 형수는 갈수록 쌀쌀맞아졌다. 개를 싫어하는 사람들은 그냥 안 됐다 생각하고, 그 길로 짐을 싸서 강아지와 함께 도보 여행에 나서는 게 상책이다. 강아지에게는 탁 트인 공간에서 야영을 하고 스미르나산 카펫 대신 아늑한 전나무 아래 부드러운 이끼를 이불 삼아 야영하는 것만큼 좋은 게 없다.

떠나는 날 아침, 형수는 두통이 있다며 아침 식사 자리에 내려오지 않았다. 방으로 찾아가 작별 인사를 전하려 했지만, 형은 그러지 않는 게 좋겠다고 했다. 방금 하녀가 내 침대 아래서 형수의 새 외출용 모자, 수놓은 슬리퍼, 깃털 목도리, 갈기갈기 찢긴 '브리태니커 백과사전' 두 권, 토끼 사체, 그리고 머리통이 거의 물려 뜯긴 형수의 잃어버린 새끼 고양이를 발견했다는 형의 말을 들으니 고집을 피울 수 없었다. 거실에 깔린 스미르나 카펫, 정원의 꽃밭, 연못에 사는 새끼 오리 여섯 마리도….

나는 시계를 들여다보며 형에게 언제나 역에는 차 시간보다 일찍 도착하는 편이라고 말했다.

"올!" 형은 오랫동안 아버지를 모셨던 마부를 불러 우리를 데려다주라고 했다. "우리 의사 선생이 기차를 놓치지 않게 잘 모시게."

보름 후, 다시 스톡홀름을 찾았다. 브루셀리우스 교수는 소년의 어머니도 그날 아침 대륙에서 도착했다고 전하며, 장례식은 다음 날 치를 예정이니 나도 그 자리에 당연히 참석해야 하지 않겠냐고 했다. 그런데 교수가 덧붙인 말에 소름이 돋았다. 그 가련한 어머니가 아들을 묻기 전에 마지막으로 그 모습을 봐야겠다고 해서 아침 일찍 그 앞에서 관을 열기로 했다는 이야기였다. 그런 일이 일어날 거라는 생각을 조금이라도 했다면 내가 방부처리 하겠다고 나서지 않았을 거다. 좋은 뜻으로 한 일이지만 결과는 좋지 않았고, 만에 하나 관 뚜껑을 연다면 끔찍한 모습이 드러날 게 분명했다. 처음엔 그 길로 파리 행 밤기차를 타고 도망쳐야겠다는 생각이 들었다. 그 뒤에 든 생각은 여기에 남아 당당하게 행동하자는 거였다. 망설일 시간이 없었다. 브루셀리우스 교수에게 큰 도움을 받아, 필요한 경우 시신을 즉시 소독할 수 있도록 관 뚜껑을 열어도 좋다는 허가를 겨우 받았다. 아무리 생각해도 꼭 필요한 일이었다.

자정이 막 지난 시간, 묘지 관리인과 두 개의 관을 열 작업자를 동반하여 교회 지하 납골당으로 내려갔다. 납으로 만든 내부 관의 뚜껑이 열리자 두 사람은 죽음을 경외하는 마음으로 조용히 한 걸음 물러났다. 관리인에게 손전등을 넘겨받은 나는 얼굴에 씌운 천을 걷어냈다. 손전등은 바닥에 떨어졌고, 나는 보이지 않는 손에 세게 얻어맞은 것처럼 비틀거리며 뒷걸음쳤다.

어떻게 그리 침착할 수 있었을까. 가끔 그날 밤이 떠오를 때마다 놀랍다. 그땐 내가 강심장이었나 보다.

"됐습니다." 이렇게 말하며 재빨리 얼굴을 다시 덮었다. "관 뚜껑에 못질을 하세요. 소독할 필요는 없겠군요. 시신 상태는 완전합니다."

아침 일찍 브루셀리우스 교수를 찾아갔다. 지난 밤 내가 봤던 모습을 그 불쌍한 어머니가 본다면 평생 악몽으로 남을 거라며, 무슨 수를 써서라도 관을 여는 일을 막아야 한다고 설득했다.

*

장례식에 참석했다. 그날 이후 더는 장례식에 참석하지 않았다. 소년의 학교 친구 여섯 명이 관을 어깨에 이고 무덤으로 옮겼다. 목사는 감동적인 추도사에서 헤아릴 수 없는 지혜의 하느님께서는 모든 일을 계획하셨고, 또한 희망과 기쁨으로 충만했던 이 꽃다운 생명을 잔인한 죽음으로 일찍 거두셨다고 말했다. 이른 죽음 앞에 슬퍼하는 사람들에게는 그가 태어난 나라로 돌아와 그를 아는 사람들 속에 편히 잠들었다는 사실이 작은 위로가 되었다. 그들은 적어도 서로 사랑의 추억을 담은 꽃을 어디에 두고, 어디서 기도를 올려야 할지 알지 않나. 웁살라 대학에서 온 학생 합창단이 전통 노래를 불렀다.

"인테게르 비타에 스켈레리스케 푸르스."

죄 없는 순수한 생명이라. 그날 이후로 나는 호라티우스의 이 아름다운 송가가 싫어졌다.

늙은 아버지의 부축을 받으며 소년의 어머니는 아직 덮지 않은 무덤으로 다가가 계곡에 핀 백합으로 만든 화환을 관 위에 올려놓았다.

"아들이 좋아했던 꽃이에요." 어머니가 흐느꼈다.

조문객들이 눈물을 글썽이며 꽃다발을 들고 차례로 무덤가에 나와 마지막 인사를 나누었다. 합창단이 관례에 따라 오래된 찬송가를 불렀다.

"온갖 고통에서 벗어나, 평화로이 잠들라."

일꾼들이 관 위로 흙을 덮기 시작했다. 장례식은 끝났다.

사람들이 모두 돌아갔다. 이번에는 내가 반쯤 덮인 무덤을 내려다봤다.

"그래요, 평화로이 잠드세요. 험난한 싸움을 끝낸 늙은 전사여, 모든 고통은 끝났습니다! 평화의 안식을 누리기를! 더 이상 그렇게 눈을 부릅뜨고 내 곁을 떠돌지 말아요. 미칠 것 같으니까! 지난 밤 교회 납골당에서 천을 들췄을 때, 왜 그렇게 화난 눈으로 나를 쳐다보았나요? 당신을 바라보는 내 마음이 나를 보는 당신보다 더 좋았을까요? 내가 당신 가슴에 놓인 황금 성화를 훔치려는 도굴꾼인 줄 알았습니까? 당신을 이리로 데려온 게 나라고 생각했나요? 아니, 내가 아니에요. 이 모든 일을 일으킨 사람은 술에 취한 꼽추의 모습을 한 사탄이었을 겁니다. 영원한 어릿광대 메피스토가 아니고서야 방금 여기서 펼쳐진 이 무시무시한 연극을 누가 연출할 수 있겠습니까? 신성한 찬송가가 울려 퍼지는 가운데 그의 비웃음 소리가 들리는 것 같았어요. 하느님, 용서하세요. 관이 무덤에 내려질 때 사실 나도 웃을 뻔했어요. 하지만 그게 누구의 무덤인들 당신에게 뭐 그리 중요합니까? 대리석 십자가에 새겨진 이름도 읽을 수 없는데, 거기에 누구 이름이 새겨진들 무슨 상관이겠어요? 살아 있는 이들의 목소리를 듣지도 못할 텐데, 그들이 무슨 언어로 말하든 중요한가요? 당신은 낯선 이들 사이에 누워 있는 게 아니라, 동포들과 나란히 묻힌 겁니다. 러시아의 심장부에서 당신의 연대에 소속되었던 나팔수들이 장송 나팔을 부는 가운데 묻힌 스웨덴 소년도 마찬가지예요. 죽음의 왕국에는 국경이 없고, 무덤에는 국적이 없지요. 이제 그대들 모두 하나이자 같은 민족이 되었습니다. 머지않아 모습도 똑같아지겠죠. 어디에 묻히든 당신을 기다리는 운명은 매한가지입니다. 모두에게 잊히고 흙으로 돌아가겠지요. 그게 생명의 법칙입니다. 편히 쉬세요. 모든 고통은 벗어버리고."

11

마담 레캥

빌리에 대로에서 그리 멀지 않은 곳에 외국인 의사가 살았다. 내가 알기로는 산파술과 부인과 전문의였다. 거칠고 냉소적인 그가 나에게 몇 번 자문을 요청했다. 하지만 내가 가지고 있는 지식을 통해 뭔가 깨우치겠다기보다는 자신의 책임을 내게 전가하려 들었다. 지난번에 요청을 받고 갔을 때에는 매우 의심스러운 정황에서 어느 젊은 여자가 복막염으로 고통스럽게 죽어가고 있었다. 그래서 나는 한참 망설이다가 사망확인서 아래 그의 이름 옆에 내 이름을 넣는 데 동의했다.

    어느 날 밤늦게 집에 돌아오는데, 집 앞에 이륜마차 하나가 나를 기다리고 있었다. 그 의사가 마부 편에 그라네 거리에 있는 자신의 병원으로 급히 와 달라는 전갈을 보냈다. 더 이상 그의 일에 관여하지 않겠다고 다짐했지만 메시지 내용이 어찌나 다급해 보이던지, 우선 마차를 타는 게 좋을 것 같았다. 살집이 있고 인상이 썩 좋아 보이지 않는 여자가 나를 안내했다. 자신을 사주-팜 드 프레르 클라스(1급 조산사) 마담 레캥이라고 소개한 그 여자는 나를 꼭대기 방으로 안내했다. 복막염에 걸린 소녀가 죽었던 바로 그 방이었다. 피에 흥건히 젖은 수건, 침대보, 이불들이 아무렇게나 나뒹굴었다. 기분 나쁜 소리와 함께 피가 침대 아래로 뚝뚝 떨어지고 있었다. 그 의사는 도와달라는 요청에 응해줘서 고맙다는 인사를 건네었지만 몹시 불안한 상태였다. 머뭇거릴 시간이 없다는 그의 말이 옳았다. '리 드 트라바유(분만대)' 위에 의식을 잃고 누워 있는 산모가 죽었는지 살았는지 알 수 없었다. 산모를 빠르게 살펴본 뒤, 왜 내가 아니라 외과 의사나 산과 의사를 부르지 않았냐고 다그쳤다. 우리 둘 다 이런 환자를 다루기에 적합하지 않다는 사실을 그도 분명히 알았을 텐데. 산모는 캄포르와 에테르를 몇 대 맞고서야 겨우 정신을 차렸다. 잠시 망설이던 나는 그 의사에게 산모에게 클로로포름을 소량 주라고 했다. 평소처럼 운이 좋았는지 모든 일이 순조롭게 진행되었다. 질식해 죽을 뻔했던 아기는 급박하게 인공호흡을 받고 기적처럼 숨이 돌아왔다. 하지만 산모와 아기는 위험한 순간을 겨우 넘겼을 뿐이었다. 지혈에 필요한 솜이나 린넨, 드레싱 재료가 다 떨어졌다. 다행히 반쯤 열린 글래드스톤 가방에 고운 린넨과 여성용 속옷이 가득 들어 있었다. 그것을 재빨리 찢어 탐폰으로 썼다.

"이렇게 아름다운 린넨은 처음 보는군요." 내 동료가 린넨 슈미즈를 들고 말했다. "이것 좀 보세요." 그가 M자 위에 붉은 실로 수놓은 왕관 모양을 가리키며 말했다. "마 푸아, 몽 셰르 콩프레르. 친애하는 선생님, 우리가 정말 괜찮은 집안을 상대하고 있나 봅니다! 장담컨대 지금 행색은 이래도 아주 훌륭한 아가씨가 틀림없어요. 게다가 굉장히 아름답죠. 회복이 되면 다시 친분을 맺고 싶군요."

"와, 라 졸리 브로슈, 이 멋진 브로치 좀 봐요." 그가 다이아몬드 브로치를 집어 들며 외쳤다. 조금 전 가방 안을 살필 때 떨어진 게 분명했다.

"마 푸아! 그래, 최악의 경우 이 브로치로 비용을 대신하면 되겠어. 이런 외국 여성들은 종잡을 수가 없는 법이야. 나타날 때처럼 신비롭게 사라질 수도 있고. 어디서 왔는지는 하느님만이 아시지."

"그런 이야기할 때가 아닙니다." 나는 붉게 물든 그의 손가락에서 브로치를 낚아채 주머니에 넣으며 말했다. "프랑스 법에 따르면 의사 청구서보다 장의사 청구서가 먼저죠. 어떤 청구서가 먼저 처리될지 아직 모를 일이고. 아이는…."

"애는 신경 쓰지 말아요." 그가 킬킬거렸다. "여기에는 아기들이 많아요. 최악의 상황이 닥치더라도 이 아이를 다른 아기로 대체하면 될 일이죠. 마담 레캉이 매주 오를레앙 역에서 오는 '트랭 데 누리스(유모 기차)'에 아기들을 여섯 명씩 태워 보내고 있어요. 하지만 이 산모를 놓칠 순 없죠. 제 통계도 신경을 써야 하니까. 지난 두 주 사이에 이곳에서만 벌써 두 장의 사망확인서에 서명했지 뭡니까."

내가 새벽녘에 병원을 나올 때만 해도 산모는 의식이 완전히 돌아오지 못한 상태였지만 맥박은 안정적으로 뛰고 있었다. 그래서 이 의사에게 산모가 살 것 같다고 말했다. 나도 상태가 꽤 안 좋았던가 보다. 그렇지 않고서야 비틀거리며 계단을 내려가던 내가 그 음침한 객실에서 마담 레캉이 건넨 블랙커피를 받아 마셨을 리가 없다.

"세상에나, 어쩜 이렇게 예쁠까." 마담 레캉은 내가 보관을 부탁하며 건넨 브로치를 호기심 어린 눈으로 보며 말했다. "이 보석들, 진짜 같아요?" 부인은 브로치를 등잔불에 가까이 비춰보며 물었다. M자 위에 진홍색 왕관을 얹은 아주 멋진 다이아몬드 브로치였다. 보석이 빛나는 건 괜찮았지만, 탐욕으로 빛나는 부인의 눈빛은 의심스러웠다.

"아니요." 브로치를 부인에게 맡긴 내 어리석음을 탓하며 대답했다. "이것들 다 모조품이에요. 틀림없습니다."

마담 레캥은 내가 틀렸기를 바랐다. 그 산모는 이 병원 규정에 따라 미리 비용을 지불할 시간도 없었고 병원에 도착했을 때 이미 정신을 반쯤 잃은 상태였다고 했다. 게다가 가지고 온 짐에는 런던에서 발송되었다는 표시만 있을 뿐, 아무런 이름도 적혀 있지 않았다.

"그거면 충분해요. 걱정 말아요, 선생님도 제대로 보상 받으실 테니까."

마담 레캥은 곧 다시 만나자고 했다. 나는 진저리를 치며 건물을 나섰다.

몇 주 뒤 내 동료에게서 편지 한 통을 받았다. 모든 일이 잘 해결됐다는 말과 함께, 그 산모는 걸을 수 있을 만큼 회복하자 곧바로 어디론가 떠났고 비용은 모두 지불되었으며 괜찮은 양부모에게 아이를 입양해 달라는 부탁과 함께 마담 레캥에게 거액을 맡겼다고 적혀 있었다. 나는 다음에는 누군가 죽을 것 같은 상황이더라도 부르지 말라고 짧게 쓴 편지에 그가 보내온 수표를 동봉하여 돌려보냈다. 그 의사든 마담 레캥이든, 다시는 내 눈에 띄지 않기를 바랐다.

의사와는 내 바람대로 되었다. 하지만 마담 레캥과의 일은 나중에 다시 이야기해야겠다.

12

자이언트

시간이 흐를수록 노스트롬의 일이 빠르게 줄었다. 이러다가는 완전히 문을 닫는 날이 올 수도 있겠다는 생각이 들었다. 곧 스칸디나비아 공동체 사람들이 빈부에 상관없이 피갈 거리에서 빌리에 대로로 옮겨왔다. 나는 이 흐름을 어떻게든 막아보려 했지만 역부족이었다. 다행히 노스트롬이 내 진심을 의심하지 않았고, 그래서 우리 두 사람은 끝까지 가까운 사이로 남을 수 있었다. 하느님은 아실 거다. 이 스칸디나비아 고객들만을 진료해서는 수익을 낼 수 없었다. 영국과 미국 그리고 프랑스 공동체 안에서 기반을 단단히 다져놓지 않았다면 파리에서 의사로 지내는 내내 그 사실이 목에 매단 돌덩이처럼 나를 숨 막히게 했을지도 모를 일이다. 그런데도 내 시간을 엄청 뺏겼고, 골치 아픈 일들을 꽤 겪다 못해 감옥에 가는 일도 생겼다. 이 웃긴 이야기를 책 쓰는 친구들에게 종종 들려주곤 한다. 소설가들이 즐겨 쓰는 슈발 드 바타이(주제)인 우연의 법칙에 이보다 좋은 예가 어디 있겠나.

팡탱과 라 빌레트에는 늘 의사가 필요한 천 명이 넘는 스칸디나비아 노동자들이 있었고, 몽마르트와 몽파르나스에는 늘 돈이 필요한 예술가 집단이 있었다. 화가, 조각가, 아직 세프 드 외브르(걸작)를 쓰지 못한 작가들. 이들은 앙리 뮈르제의 『보헤미아의 삶』에 나오는 이국의 생존자들이었다. 에델펠트, 칼 라르손, 존, 스트린뵈리처럼 성공을 눈앞에 둔 사람들도 있었지만, 대부분은 그런 희망을 품고 살아가는 사람들이었다.

나와 친한 조각가 '자이언트'는 가장 덩치가 크지만 가진 돈은 가장 적은 사람이었다. 바이킹의 금색 수염을 휘날리고 어린아이 같은 순진무구한 파란 눈동자를 가진 친구였다. 그는 동료들 대부분이 저녁 때마다 시간을 보내는 카페 드 레르미타주에는 거의 모습을 드러내지 않았다. 2미터가 넘는 몸을 도대체 어떤 음식으로 채우는지 모두가 궁금해 했다. 그는 몽파르나스에 있는 얼음처럼 차갑고 커다란 창고를 조각 작업실로 개조했다. 그곳에서 작업도 하고, 요리도 하고, 셔츠를 빨기도 하고, 미래에 누릴 명예를 꿈꾸기도 하며 살았다. 그의 몸집은 물론 그가 만든 조각상 크기가 보통을 능가하는 터라 작업실 크기도 그에 맞게 컸지만, 언제나 찰흙이 부족해 작품을 완성하지 못했다.

어느 날, 그가 빌리에 대로에 나타나 나에게 다음 일요일 스웨덴 교회에서 결혼하니 신랑 들러리를 서 달라고 부탁했다. 식이 끝난 뒤에는 새 아파트에서 '팡드르 라 크리마예(집들이)'를 할 예정이었다. 그의 마음을 사로잡은 사람은 그의 몸집 절반도 안 되는 연약한 스웨덴 세밀화 화가였다. 물론 기꺼이 부탁을 받아들였다.

결혼식이 끝난 뒤, 스웨덴 목사는 제단 앞에 나란히 앉아 있는 신랑신부에게 아주 짧고 멋진 주례사를 전했다. 두 사람을 보니 자신의 허리쯤 올까 말까 한 어린 신부와 함께 룩소르 신전에 앉아 있는 람세스 2세의 거대한 조각상이 떠올랐다.

한 시간 뒤, 우리는 잔뜩 기대하며 작업실 문을 두드렸다. 자이언트가 아주 조심스럽게 문을 열며 우리를 맞이하였다. 걸리버에 나오는 소인국처럼 자그마한 종이로 도배한 현관을 지나 응접실로 안내한 그는 의자에 앉아 다과를 즐기라고 권했다. 그의 친구인 스콘뵈리가 집주인의 건강을 기원하며 건배를 제안했다(아마 그해 살롱에서 이 사람의 전신 초상화를 본 사람이라면 쉽게 떠올렸을 거다. 왜냐하면 이 사람은 내가 본 중에 가장 왜소한 꼽추였기 때문이다). 그가 잔을 들어 올려 격하게 손을 흔들다가 그만 실수로 칸막이벽을 쓰러뜨렸다. 눈이 휘둥그레진 우리 앞에 신랑신부의 침실이 나타났다. 거기에는 벡스타인 콘서트용 그랜드 피아노의 포장 상자를 능숙한 솜씨로 개조한 신혼 침대가 놓여 있었다. 스콘뵈리가 더 이상 사고를 치지 않고 축사를 마무리하는 동안, 자이언트는 『피가로』지 몇 장으로 얼른 칸막이벽을 다시 세웠다. 그런 다음 얼굴을 붉히는 신부를 슬쩍 쳐다보고는 커튼을 걷어 다른 방을 보여줬다. 『르 프티 주르날』로 만든 아기 방이었다.

한 시간 뒤, 우리는 종이로 만든 집에서 나와 브라세리 몽마르트에 모여 저녁 식사를 하기로 했다. 먼저 환자들을 봐야 했던 나는 자정이 다 되어서 파티에 합류했다. 얼굴이 불콰하게 달아오른 내 친구들이 커다란 방 한가운데에 자리 잡고 앉아 스웨덴 국가를 세상이 떠나가라 불러댔다. 자이언트의 넓은 가슴에서 울려 나오는 천둥 같은 소리와 자그마한 꼽추의 새된 소리도 섞여 들렸다.

북적북적한 방을 지나가는데 누군가 이렇게 외쳤다. "아 라 포르테 레 프루시앙! [프러시아 놈들은 꺼져!]" 맥주잔 하나가 내 머리 위로 날아가 자이언트의 얼굴에 정통으로 맞았다. 자이언트가 피를 줄줄 흘리며 자리를 박차고 일어나더니 엉뚱한 프랑스 남자의 옷깃을 움켜쥐고는 테니스 공 던지듯 카운터 너머 주인 무릎 위로 내동댕이쳐버렸다. 주인은 목이 터져라 소리를 질렀다. "라 폴리스! 경찰 불러!"

두 번째 맥주잔이 내 코로 날아와 안경이 박살났고 다른 잔에 맞은 스콘뵈리는 테이블 아래로 나동그라졌다. "저 놈들을 내쫓아라! 저 놈들을 내쫓아!" 브라세리에 있던 사람들이 고함치며 우리를 에워쌌다. 자이언트가 양손에 의자를 하나씩 들고 휘두르자 그에게 달려들던 사람들이 베어 놓은 볏단처럼 나가떨어졌다. 작은 꼽추는 탁자 밑에서 뛰쳐나와 성난 원숭이처럼 괴성을 지르고 물어뜯다가 날아오는 맥주잔에 맞아 정신을 잃고 쓰러졌다. 자이언트는 가장 친한 친구인 그를 일으켜 세워 등을 두드린 뒤 한 팔로 단단히 붙들고는 우리가 문 쪽으로 나갈 수 있게 최선을 다해 막아주었다.

하지만 우리는 문 앞에서 경찰 여섯 명에게 체포되어 두에 거리에 있는 경찰서로 호송되었다. 이름과 주소를 말한 뒤 창문에 철창이 덧대어진 방에 갇혔다. 우리는 오우 비올롱(구금)되었다. 두 시간 참회의 시간을 가진 우리는 한 경감 앞에 불려갔다. 그는 거친 목소리로 내게 빌리에 대로의 문테 박사냐고 물었다. 그렇다고 대답했다. 코는 부어오르고 옷에는 피가 묻어 있는 내 몰골을 훑어보더니 의사처럼 보이지 않는다고 했다. 이 독일 야만인들 중에서 그나마 내가 덜 취해보이기도 하고 유일하게 프랑스어를 할 줄 아는 사람 같다며, 할 말이 있냐고 물었다. 그래서 우리는 선량한 스웨덴 사람들로 결혼식 피로연을 열고 있었는데 브라세리에서 독일인으로 오해받아 무자비하게 공격 받았을 뿐이라고 말했다. 심문이 이어지면서 경감의 목소리도 누그러졌다. 경감은 반쯤 정신을 잃은 왜소한 스콘뵈리를 아이처럼 안고 있는 자이언트를 존경의 눈빛으로 흘끗흘끗 쳐다보았다. 드디어 경감은 진정 프랑스인다운 정중한 태도로 신부가 이렇게 멋진 신랑을 밤새 기다리게 해서는 안 될 일이라며 잠깐 조사를 멈추고 잠시 우리를 내보내주겠다고 말했다. 우리는 진심으로 감사의 인사를 전하며 일어섰다. 그런데 경감이 나에게 이런 경악스런 말을 하는 게 아닌가.

"할 얘기가 있으니, 선생은 남으시오."

경감은 서류를 다시 들여다보고 책상 위에 있는 명부를 확인하더니 딱딱한 말투로 말했다.

"당신은 이름을 틀리게 말했소. 경고하는데, 이는 매우 심각한 범죄요. 내 선의의 뜻으로 경찰에서 한 진술을 번복할 기회를 한 번 더 드리지. 당신, 누구요?"

문테 박사라고 답했다.

"당신이 박사가 아니라는 걸 증명할 수 있소." 그가 정색을 하며 말했다. "보시오." 그러고는 명부를 가리켰다. "빌리에 대로에 사는 문테 박사는 레지옹 도뇌르 훈장을 받은 기사요. 당신 외투에 붉은 반점은 많아도, 붉은 리본은 안 보이는군."

나는 훈장을 자주 달고 다니지 않는다고 말했다. 경감은 자신의 빈 단추 구멍을 들여다보며 호탕하게 웃더니, 훈장을 받고도 착용하지 않는 사람이 프랑스에 있는 줄은 미처 몰랐다고 말했다. 내가 내 집사를 불러 확인해보라고 했지만, 경감은 그럴 필요 없다며, 이 사건은 아침에 코미세르 드 폴리스(경찰서장)가 직접 처리할 것이라고 했다. 그가 종을 울렸다.

"데리고 가서 조사하게." 경찰관 두 명에게 말했다.

나는 펄펄 뛰며 나를 조사할 권한이 없다고 경감에게 항의했다. 경감은 권한이 있을 뿐만 아니라, 경찰 규정에 따라 나를 보호해야 할 의무도 있다고 받아쳤다. 구치소에는 온갖 불량배들이 넘쳐나 내 귀중품을 도둑맞지 않을 거라고 장담할 수 없다고 했다. 나는 주머니에 돈 조금 말고는 귀중품이 없다며 돈을 경감에게 건넸다.

"조사해." 그가 다시 명령했다.

그 시절 나는 어찌나 힘이 넘쳐 났던지, 경찰관 두 명이 나를 붙잡고 경찰 한 명이 더 와서 내 몸을 수색해야 했다. 내 주머니에서 금장 리피터 시계 두 점, 낡은 브레게 시계 두 점, 영국식 사냥 시계 한 점이 나왔다.

뭐라 말할 틈도 없이 나는 곧장 지독한 냄새가 풍기는 감방에 갇혔다. 매트리스에 주저앉아 다음에 무슨 일이 일어날지 생각해 봤다. 물론 스웨덴 공사관에 연락하겠다고 주장해야 마땅하지만, 다음 날 아침까지 기다려보기로 했다. 문이 열리고 아파치족인지 깡패인지 모르게 험상궂은 사람이 들어왔다. 그 얼굴을 보니 내 몸을 수색한 감옥 규정이 얼마나 현명한 조치였는지 이해가 갔다.

"기운 내라고, 찰리," 신참이 말했다. "옹 타 팡시, 붙잡혔나 보지, 어? 그렇게 풀 죽어 있을 거 없어. 괜찮아, 운이 좋으면 열두 달 안에 사회로 돌아갈 거야. 그래, 네 놈이 확실히 운이 좋긴 좋아. 그렇지 않았다면 하루에 시계 다섯 개를 어떻게 털겠어. 시계 다섯 개라니! 피시트르, 젠장! 대단하구만, 너희 영국인 같은 놈들이 또 있을라구!"

나는 영국인이 아니며 시계 수집가라고 말했다. 그러자 이 신참이 자기도 그렇다고 하면서 다른 매트리스에 털썩 누웠다. 나에게 잘 자고 좋은 꿈꾸라고 하더니 1분도 지나지 않아 코를 골기 시작했다. 칸막이 저쪽에서는 술 취한 여자가 잔뜩 쉰 목소리로 노래를 부르기 시작했다. 신참은 화가 나서 으르렁댔다.

"닥쳐, 피핀, 오 쥬 테 카세레 라 겔레, 그 주둥이 날려버리기 전에!"

그러자 여자는 곧 노래를 멈추고 이렇게 속삭였다.

"알퐁스, 아주 중요한 말이 있는데. 혼자야?"

그는 항상 주머니에 시계 다섯 개를 넣고 다니다가 불행히도 태엽 감는 걸 깜빡 잊어서 지금 몇 시인지 너무나 궁금해하는 매력적인 젊은 친구 하나와 같이 있다고 답했다. 그는 곧 다시 잠에 들었고, 왁자지껄하던 여자들 목소리도 점점 잦아들었다. 이제 매 시간마다 교도관들이 구멍으로 우리를 살펴보는 소리만 남았다.

생 오귀스탱 교회의 시계가 일곱 번 종을 쳤다. 나는 감방에서 불려 나와 경찰서장 앞에 섰다. 그는 내 이야기를 주의 깊게 듣는 내내 사람 속을 꿰뚫어 보는 듯한 눈을 내게서 떼지 않았다. 내가 시계 수집광이고, 그날 하루 종일 이 시계 다섯 개를 수리 받으러 르 로이에 다녀올 생각이었지만 몸수색을 받을 때까지 그만 까맣게 잊고 있었다고 말했다. 그러자 서장은 지금까지 들은 이야기 중에 가장 그럴듯하다며 웃음을 터뜨렸다. 완전 발자크 소설 같다나. 그는 책상 서랍에서 시계 다섯 개를 꺼내어 내게 줬다.

"이 자리에 20년 있다 보면 얼굴만 봐도 대충 어떤 사람인지 구분이 되지. 당신은 거짓말을 하지 않았소."

경찰서장은 종을 울려 나를 밤새 감옥에 가둔 경감을 불렀다.

"자네는 스웨덴 영사와 연락해야 한다는 규정을 위반했네. 일주일간 정직일세. 부즈 에트 엥 엠비실, 멍청한 놈!"

13

맘젤 아가타

복도에 있는 낡은 괘종시계가 7시 반을 알리던 그때, 나는 유령처럼 슬그머니 빌리에 대로에 들어섰다. 바로 그 시간만 되면 맘젤 아가타 (가정부 아가타 양)는 식당에 있는 오래된 식탁을 윤을 내기 시작했다. 내 유일한 피신처인 침실로 무사히 들어갈 수 있는 기회였다. 이 집의 나머지 공간들은 모두 맘젤 아가타가 꽉 잡고 있었다. 아가타는 온종일 몽구스처럼 조용히 쉬지 않고 이 방 저 방 들락거렸다. 손에 걸레를 들고 어디 닦아낼 게 없는지, 바닥에 떨어진 편지 조각은 없는지 살펴보았다. 진료실 문을 열고 들어서던 나는 깜짝 놀라 그대로 멈춰 섰다. 책상 앞에 맘젤 아가타가 허리를 숙인 채 아침에 나에게 온 우편물을 살펴보고 있는 게 아닌가. 그러다 고개를 들었다. 감정이 담기지 않는 차가운 눈으로 찢기고 피로 얼룩진 내 옷을 말없이 응시했다. 이번만은 꾹 담은 그 입에 어떤 기분 나쁜 말을 올릴지 곧바로 떠오르지 않는 모양이었다.

"맙소사, 그는 도대체 어디에 있었답니까?" 맘젤 아가타가 마침내 씩씩대며 말했다. 아아, 맘젤 아가타는 화가 날 때면 늘 나를 '그'라고 불렀다! 그것 말고는 다른 호칭을 쓰지 않았다.

"거리에서 작은 사고가 났어요." 내가 말했다. 나는 옛날부터 정당

방위로 맘젤 아가타에게 거짓말을 해왔다. 맘젤 아가타는 감식가 같은 눈으로 찢어진 내 옷을 꼼꼼히 살펴보았다. 늘 그 눈으로 덧대거나 꿰매거나 고칠 데를 찾아냈다. 당장 입고 있는 옷을 내놓으라고 하는 목소리가 좀 누그러진 듯도 싶었다. 나는 슬그머니 욕실로 도망쳐 목욕을 했다. 로잘리가 커피를 가져왔다. 맘젤 아가타가 내리는 커피는 정말 기가 막혔다.

"포브르 무슈, 아이고, 이런." 맘젤 아가타에게 가져다주라며 건네준 옷을 받아들며 로잘리가 말했다. "다치신 건 아니죠?"

"그럼." 내가 말했다. "무서울 뿐이지."

맘젤 아가타에 관해서라면, 나와 로잘리 사이에 비밀이 없었다. 우린 둘 다 맘젤 아가타를 무서워했고 무방비 상태에서 벌어지는 생존을 위한 일상의 전투에 나선 전우들이었다. 로잘리는 원래 청소부였는데, 요리사가 도망친 날 나를 도왔다. 하녀도 나가버린 지금, 온갖 일을 도맡아 하는 본 아 투 페르(만능 가정부)로 지냈다. 요리사가 나가 유감이었지만, 맘젤 아가타가 부엌을 맡은 뒤로 이보다 더 훌륭한 저녁 식사를 먹어본 적이 없다는 사실을 인정할 수밖에 없었다. 예전에 일하던 하녀도(튼튼한 브르타뉴 사람이었다) 꽤 마음에 드는 사람이었다. 내 책상 근처에 가지 말고 골동품 가구에 손대지 않기로 한 약속을 늘 철저하게 지켰다. 그런데 맘젤 아가타가 온 지 일주일이 채 안 되었을 때부터 건강이 나빠지기 시작했다. 손을 떨더니 내가 가장 아끼는 오래된 파엔차 꽃병을 떨어뜨리고는 앞치마를 챙기지도 못할 만큼 급히 도망쳤다.

바로 그날부터 맘젤 아가타는 내 우아한 루이 16세 의자들을 닦고 문지르기 시작했고, 단단한 막대기로 내 비싼 페르시아 러그를 사정없이 두드려댔으며, 대리석으로 만든 피렌체 성모상의 흰 얼굴을 비누와 물로 씻기 시작했다. 급기야 책상 위에 놓아둔 구비오 꽃병의 아름다운 광택도 없애버렸다. 맘젤 아가타가 400년 전에 태어났다면 오늘날 중세 미술의 흔적은 하나도 남지 않았을 거다. 잠깐, 맘젤 아가타는 언제 태어났지? 내가 어렸을 때 스웨덴 집에서 처음 봤을 때도 딱 지금 같은 모습이었다. 우리 형이 분가하면서 맘젤 아가타를 물려받았다. 남달리 용감한 형은 맘젤 아가타를 나한테 떠넘기는 데 성공했다. 맘젤 아가타는 너에게 딱 맞는 사람이야. 그만한 가정부는 세상에 둘도 없어. 형이 나에게 보낸 편지에 이렇게 적혀 있었다. 형의 말이 옳았다. 그 뒤로 나는 맘젤 아가타를 떼어내려고 무진 애를 썼다. 독신인 친구들이나 지인들을 느닷없이 점심 식사에 초대했다. 그들은 이렇게 훌륭한 요리사를 두고 있는 건 행운이라고 입을 모았다. 그런 그들에게 나는 결혼할 생각이다, 맘젤 아가타는 독신남만 좋아해서 다른 곳을 알아보고 있다고 말했다.

친구들 모두 흥미를 보이며 그녀를 보고 싶어 했다. 그게 다였다. 막상 그녀를 보고 나면 두 번 다시 그런 말을 하지 않았다. 내 능력으로는 맘젤 아가타의 모습을 설명하기가 어렵다. 가느다란 금발 머리를 초기 빅토리아 식으로 정리했다. 로잘리 말로는 가발이라는데, 나는 잘 모르겠다. 유난히 좁고 볼록 튀어나온 이마, 눈썹이 없는 희고 작은 눈. 그 외엔 딱히 특징 없는 얼굴이었다. 웬만해서는 담비처럼 길고 뾰족한 이가 드러나는 일 없는 얇은 입술 위로 긴 매부리코가 드리워져 있을 뿐이었다. 얼굴빛이나 손가락 색은 푸르뎅뎅했고, 닿는 손길이 축축하고 송장처럼 차가웠다. 미소는…아니, 미소는 말하지 않는 게 좋겠다. 로잘리와 내가 가장 무서워한 게 바로 그 미소였다.

맘젤 아가타는 평소 스웨덴어를 썼지만 싸울 때는 프랑스어와 영어를 되는 대로 내뱉었다. 내 생각에는 프랑스어를 어느 정도 알아 들었던 것 같다. 그렇지 않고서는 내 환자들에 관해 다 알고 있는 것처럼 보였을 리 없다. 맘젤 아가타는 종종 내 진찰실 문 뒤에서 이야기를 엿듣다가 들키곤 했다. 특히 내가 여성들을 진료할 때 더 그랬다. 맘젤 아가타는 죽은 사람을 참 좋아했다. 환자가 사경을 헤맬 때는 기분이 더 좋아 보였다. 빌리에 대로에 장례 행렬이 지나갈 때면 어김없이 발코니에 나타났다. 아이들을 끔찍이 싫어했고, 로잘리가 문지기네 아이들한테 크리스마스 케이크 한 조각 주는 꼴을 그냥 보아 넘기지 못했다. 개도 몹시 싫어했다. 그래서 늘 카펫에 해충퇴치제인 '키팅의 벼룩 가루'를 뿌리고 돌아다녔고 나를 보기만 하면 항의의 표시로 온몸을 긁어대기 시작했다.

내 개는 처음부터 맘젤 아가타를 싫어했다. 아마 그 사람 몸에서 나는 아주 이상한 냄새 때문이었을 거다. 발자크의 『사촌 퐁스』에 나오는 오되르 드 수이(쥐 냄새)가 떠오르는 향에 그녀한테서만 나는 독특한 체향이 섞여 있었다. 딱 한 번 그 냄새를 다시 맡았다. 몇 년 뒤에 테베에 있는 왕들의 계곡에 버려진 무덤에 들어간 적이 있었는데, 벽에 커다란 박쥐 수백 마리가 시커멓게 무리지어 매달려 있던 그 무덤에서 그런 냄새가 났다.

맘젤 아가타는 일요일에만 집을 나섰다. 오라노 대로에 있는 스웨덴 교회 좌석에 혼자 앉아 분노의 신에게 기도했다. 그 자리는 항상 비어 있었다. 아무도 맘젤 아가타 가까이에 앉으려 하지 않았다. 내 친구인 스웨덴 목사는 성찬의 전례 때 그 입에 처음으로 성체를 넣어 주는데 그녀가 어찌나 사납게 노려보던지, 자신의 손가락을 물어뜯을까 봐 무서웠다고 고백했다.

로잘리에게서는 전과 같은 생기를 찾아볼 수 없었다. 갈수록 마르고 몸이 안 좋아 보이더니, 결혼해서 투랭에 살고 있는 언니네로 가서 지내겠다고 말했다. 하긴 나야 하루 종일 집을 비우니 견디기가 더 수월했다. 그러나 집에 들어서는 순간부터 온몸의 힘이 빠지고 죽음 같은 잿빛 피로가 머릿속에 먼지처럼 가득 들어차는 것 같았다. 맘젤 아가타에게 몽유병이 있다는 것을 안 뒤로는 밤마다 불안하고 뒤숭숭했다. 종종 내 방에서 맘젤 아가타의 냄새가 나는 것 같았다. 결국은 우리집을 자주 방문하던 스웨덴 목사인 플리가르에게 속마음을 털어놓았다. 그도 이런 끔찍한 사실에 막연히 의심을 품고 있었던 것 같았다.

"왜 그 사람을 내보내지 않는 거지?" 어느 날 목사가 물었다. "계속 이렇게 지낼 수는 없는 노릇이야. 자네를 보면 정말 그 여자를 무서워하는 것 같은데. 그 사람을 내보낼 용기가 없다면, 내가 대신 하겠네."

나는 그렇게만 해준다면 교회에 천 프랑을 기부하겠다고 약속했다.

"오늘밤 맘젤 아가타에게 통보할 테니, 걱정 말게. 내일 예배 후에 제의실로 오면 좋은 소식을 들을 수 있을 걸세."

그다음 날 스웨덴 교회에 예배가 없었다. 목사가 전날 저녁 갑자기 병이 나는 바람에 대신 예배를 집전할 목사를 미처 알아보지 못했다. 나는 곧장 플라스 데 테르므(테르므 광장)에 있는 그의 집으로 갔다. 목사의 아내가 마침 나에게 사람을 보내려던 참이었다. 전날 저녁 목사가 거의 초죽음 상태로 집에 돌아왔는데, 꼭 유령이라도 본 사람 같았다고 했다.

그의 방으로 가면서, 그가 정말 유령을 봤나 하는 생각이 들었다. 목사는 내게 부탁받은 말을 맘젤 아가타에게 꺼냈다고 했다. 그 말을 듣고 화를 낼 줄 알았던 맘젤 아가타는 그저 아무 말 없이 목사를 보며 미소를 짓더란다. 그때 갑자기 방에서 아주 이상한 냄새가 나는가 싶더니 정신이 몽롱해지는 기분이 들었는데, 내가 말한 그 냄새라는 확신이 들었다고 했다.

"아니," 내가 말했다. "그건 그냥 미소였네." 목사에게 내가 다시 올 때까지 침대에 누워 있으라고 지시했다. 그가 도대체 무슨 일이냐고 물었지만 나는 모르겠다고 대답했다. 하지만 거짓말이었다. 무슨 일인지 너무나 잘 알았고, 그 징후도 알아차렸다.

"그런데 말일세," 발걸음을 멈추고 내가 물었다. "라자로 이야기 좀 해주겠나? 아무래도 목사인 자네가 나보다는 잘 알겠지. 오래 전부터 내려오는 이야기가…."

"라자로는" 목사가 들릴 듯 말 듯한 목소리로 이야기를 꺼냈다. "사흘 밤낮을 무덤에 묻혀 죽음의 지배를 받다가 살아나 집으로 돌아왔지. 틀림없는 기적이었네. 마리아와 마르타 그리고 옛 친구들이 라자로를 봤지."

"그 모습이 어땠지?"

"전해오는 이야기로는 죽음이 그의 몸에 초래한 파멸을 기적의 힘이 멈춰 세웠지. 하지만 시체같이 창백한 얼굴과 죽음의 한기에 싸늘해진 기다란 손가락에는 여전히 그 흔적이 남아 있었다네. 시커멓게 죽은 손톱이 믿을 수 없을 만큼 길게 자라났고, 무덤의 썩은 내가 옷에 배어 있었지. 라자로가 살아 돌아온 그를 맞이하러 모인 군중 사이로 걸어가자, 그들의 입에서 쏟아지던 기쁨의 인사말은 사라지고 두려움이라는 그림자가 그들의 머릿속에 먼지처럼 내려앉았어. 하나둘 그 자리에서 도망쳤고, 그들의 영혼은 공포에 얼어붙었지."

오래된 전설을 들려주는 목사의 목소리에 점점 힘이 빠졌다. 불편한 듯 침대에서 계속 몸을 뒤척였고, 그 얼굴은 베고 있는 베개처럼 하얗게 변했다.

"무덤에서 살아난 사람이 라자로뿐이라고 생각하나?" 내가 물었다. "그와 같은 일을 겪은 자매가 없었던 게 확실한가?"

목사는 겁에 질려 비명을 지르며 손으로 얼굴을 감쌌다.

계단을 내려가다가 목사의 상태를 살피러 온 스웨덴 밀리터리 아타셰(군무관)인 스타프 대령을 만났다. 대령은 나를 집으로 초대하며 마차에 태웠다. 긴히 할 말이 있는 눈치였다. 대령은 70년 전쟁에 프랑스 군으로 참전해 큰 공을 세웠고 그라블로트에서 부상을 당했다. 프랑스 여성과 결혼한 그는 파리 사교계에서 꽤 인기가 많았다.

"알겠지만," 자리에 앉아 차를 들면서 대령이 말을 꺼냈다. "나는 자네와 친구이기도 하지만 나이가 두 배 이상 많지. 이제 자네를 생각해서 하려는 말을 오해 없이 들어줬으면 하네. 아내와 나는 환자들이 자네의 강압적 태도를 불평하는 말을 종종 들었다네. 면전에서 규율이나 복종 같은 말을 끊임없이 쏟아내는데, 듣기 좋아할 사람이 누가 있겠나. 특히 프랑스 여성들은 자네처럼 젊은 친구가 거칠게 대하는 것에 익숙지 않다네. 벌써 자네를 티베리우스라고 부른다지? 제일 안 좋은 게 뭔지 아나? 자네는 다른 사람들에게 지시하는 것도, 다른 사람들이 그 지시를 따르는 것도 당연히 여기는 것 같다는 걸세. 이보게, 젊은 친구, 자네가 착각하는 거야. 복종을 좋아할 사람은 없다네. 누구나 지시하길 좋아하지."

"제 생각은 다릅니다. 대부분의 사람들, 여자들은 거의 다 복종을 좋아합니다."

"글쎄, 자네도 결혼해보게." 내 용감한 친구가 거실 문을 슬쩍 쳐다보며 말했다.

"이쯤해서 조금 더 심각한 이야기를 해볼까?" 대령이 대화를 계속 이어나갔다. "자네가 사생활에서 겉으로 드러나는 것들에 너무 신경 쓰지 않는다는 소문이 돌더군. 집에 가정부로 보이는 수상한 여자가 산다는 말이 있던데. 영국 영사의 부인도 내 아내에게 그런 비슷한 말을 넌지시 건네기에, 아내가 자네를 열심히 변호했다더군. 자네를 자식처럼 여기는 스웨덴 공사와 부인이 이 소문을 듣는다면 뭐라 하겠나? 그들도 조만간 소문을 듣지 않겠나? 이보게 친구, 내 분명히 말하지만, 영국과 프랑스 여성들이 진료 받으러 많이 찾는 자네 같은 의사에게는 절대 그런 일이 일어나서는 안 되네. 다시 말하지만 있을 수 없는 일이야! 정부를 두려는 거라면, 그렇게 하게! 자네가 알아서 할 일이기는 하지만 부디 그 여자를 집에서 내보내란 말일세. 아무리 프랑스 사람들이라 해도 이런 스캔들은 용납하지 못한다네!"

나는 대령에게 감사의 뜻을 전하고, 그 말이 백 번 천 번 옳다, 나도 몇 번이나 그 여자를 내 집에서 내보내려했지만 그럴 힘이 없었다고 말했다.

"그래, 쉽지 않은 일이지." 대령도 인정했다. "나도 젊었던 시절이 있었으니까. 그 여자를 집에서 내보낼 용기가 없는 건가? 그렇다면 내가 돕지! 나는 자네 편일세. 남자든 여자든 두렵지 않아. 그라블로트에서 프로이센 군대와 맞서 싸웠다네. 큰 전투를 여섯 번이나 치르며 죽을 고비를 넘겼고…."

"일단 맘젤 아가타 스벤손을 보고 말씀하시죠." 내가 말했다.

"설마 스웨덴 사람이란 말인가? 잘됐군. 최악의 경우, 공사관을 통해 그 여자를 프랑스에서 내쫓을 수도 있으니까. 내일 아침 열 시에 빌리에 대로로 가겠네, 반드시."

"말씀은 감사하지만, 싫습니다. 저는 웬만하면 그녀 근처에 가지 않습니다."

"그렇지만 그 여자와 잠자리를 같이 하지 않나?" 대령이 멍하니 나를 바라보며 말했다.

그 말에 구역질이 치밀었다. 때마침 대령이 독한 브랜디 소다를 건넸다. 다음 날 승리를 축하할 겸 저녁 식사나 같이 하자는 초대를 받아들인 뒤 비척거리며 그 집을 나섰다.

다음 날, 나는 스타프 부인과 둘이서만 저녁 식사를 했다. 대령의 상태가 썩 좋지 않다고 해서 식사를 마치고 살펴볼 생각이었다. 부인은 오래 전 그라블로트에서 얻은 상처가 다시 남편을 괴롭힌다고 생각했다. 용맹한 대령은 머리에 얼음주머니를 얹은 채 누워 있었다. 참으로 늙고 무기력해보였다. 지금까지 본 적 없는 공허한 빛이 그의 눈에 서렸다.

"그 여자가 웃던가요?"

브랜디 소다를 향해 손을 뻗던 대령이 몸서리쳤다.

"그 여자 엄지손톱에 박쥐처럼 길고 검은 갈고리가 있던가요?"

하얗게 질린 대령이 이마에 흐르는 땀을 닦아냈다.

"자네가 도망칠 수 있는 길은 하나뿐일세." 대령이 다 죽어가는 목소리로 말했다. "결혼하게, 그렇지 않으면 술독에 빠지고 말 걸세."

14

모리스 자작

나는 결혼하지도 않았고 술독에 빠지지도 않았다. 대신 다른 길을 택했다. 빌리에 대로에 머무는 시간을 줄였다. 아침 7시면 로잘리가 내 침실로 차와 『피가로』지를 가져왔다. 30분 뒤 집에서 나온 나는 진료를 보다가 2시에 집으로 돌아왔다. 다시 집을 나서서 마지막 환자를 본 뒤 밤늦게 집으로 돌아와 도둑처럼 슬그머니 침실로 기어들어갔다. 로잘리는 월급을 두 배로 올려줬다. 로잘리는 용감하게 자기 자리를 지켰다. 문을 여닫는 것 말고는 달리 할 일이 없다고 투덜거렸다. 카펫을 털고, 내 옷을 수선하고, 내 장화를 깨끗이 손질하고, 내 속옷을 빨고, 내가 먹을 음식을 요리하는 일은 모두 맘젤 아가타 차지였다. 자신과 바깥세상을 이어줄 연결 고리와 한판 붙을 상대가 필요하다고 깨달았는지, 맘젤 아가타는 이제 로잘리의 존재를 묵묵히 받아들였다. 한술 더 떠 미소를 짓기도 했다며 로잘리가 떨리는 목소리로 말했다. 머지않아 톰도 맘젤 아가타가 무섭다며 빌리에 대로에 머무려 하지 않았다. 나를 따라 하루 종일 마차를 타고 환자들을 방문하였고, 집에서는 거의 음식을 먹지 않았다. 개라면 부엌을 좋아하기 마련인데 발도 들이지 않았다. 하루 일과를 마치고 돌아오기가 무섭게 내 침실에 있는 바구니 안으로 쏙 들어가 버렸다. 거기가 그나마 안전하다고 느꼈던 거다.

일요일 오후엔 녀석과 늘 불로뉴 숲에서 산책을 하며 시간을 보냈지만 환자가 늘어나면서 그마저도 힘들어졌다. 개나 사람이나 가끔씩 흙냄새를 맡아야 기운이 난다. 야생의 티를 어느 정도 벗은 불로뉴 숲속 친근한 나무들 사이에서 상쾌하게 산책을 하고 우연히 만난 지인과 풀숲 사이에서 숨바꼭질 하는 것도 좋았다.

어느 날, 톰과 나란히 한적한 길을 걷고 있는데, 갑자기 뒤에서 곧 숨이 넘어갈 듯 헐떡거리고 쌕쌕거리는 소리가 들렸다. 간간이 기침 소리와 캑캑대는 소리도 들렸다. 나는 천식 환자라고 생각했지만, 톰은 목이 졸린 작은 불도그나 퍼그가 죽을힘을 다해 전속력으로 우리에게 달려오며 기다려 달라는 신호를 보내는 소리라고 진단했다. 곧 숨이 턱에 받친 룰루가 나타나 발 앞에 뒹굴었다. 숨을 제대로 쉬지 못할 만큼 뚱뚱해졌고, 소리도 못 낼 만큼 지쳐서 검은 혀를 주둥이 밖으로 축 빼물었다. 기쁘고 감격스러운 나머지 핏발 선 눈알이 튀어나올 듯했다.

"룰루! 룰루!" 큰길을 달리는 쿠페에서 절망스럽게 외치는 소리가 들렸다.

"룰루! 룰루!" 풀숲 뒤에서 하인 한 명이 우리 쪽으로 달려오며 외쳤다. 그는 여느 때처럼 룰루를 데리고 마차 옆에서 5분 간 산책에 나선 후작 부인 뒤를 따라가고 있었는데, 룰루가 갑자기 사방에 코를 대고 미친 듯이 냄새를 맡더니 엄청난 속도로 달려 풀숲 너머로 사라졌다고 했다. 정신을 잃은 후작 부인을 하녀가 얼른 마차로 옮겼고 하인은 30분 가까이 룰루를 찾아 돌아다녔다. 그 사이에 마부는 마차를 몰고 큰길을 오가며 사람들에게 룰루를 보았는지 물어보았다.

후작 부인은 내가 무릎에 룰루를 올려 놓자 기쁨의 눈물을 흘렸다. 룰루는 아직도 숨이 차서 아무 소리도 내지 못하고 있었다. 부인은 룰루가 뇌졸중에 걸릴지도 모른다며 흐느꼈다. 나는 부인의 보청기에 대고 그저 신이 나서 그런 것뿐이라고 큰 소리로 말했다. 사실 룰루는 살이 찌고 늙은 퍼그들에게 생기는 뇌졸중에 걸릴 가능성이 높았다.

본의 아니게 이 모든 일의 원인 제공자가 되어버린 나는 함께 차를 마시자는 부인의 초대를 받아들였다. 톰이 내 무릎 위를 차지하고 앉자 룰루는 화가 치솟아 숨이 넘어가기 직전이었다. 마차를 타고 가는 동안 완전히 기가 빠진 룰루는 주인 무릎에 엎드려 꼼짝도 하지 않았다. 한쪽 눈으로는 톰을 사납게 노려보면서도 다른 쪽 눈에는 철철 넘치는 애교를 담아 깜빡이며 나를 바라보았다.

"살면서 온갖 냄새를 맡아봤지만 말이야," 그 눈이 말했다. "네 녀석한테 나는 이 특별한 냄새는 잊을 수가 없더란 말이지. 다른 누구의 냄새보다도 좋다고. 드디어 네 녀석을 만나다니, 정말 기쁘군! 저 새까만 잡종은 저리 치우고 날 네 무릎 위로 데려가. 걱정 마. 숨 좀 돌리고 나서 내가 저 놈을 해결할 테니까!"

"웃기시네, 이 쪼끄만 들창코 괴물아." 톰이 거들먹대며 말했다. "살면서 그런 꼴은 처음 봐. 개라는 게 다 부끄럽다! 나처럼 챔피언 먹은 푸들은 비곗덩어리 같은 놈한테 으르렁거리지 않아. 너 말이야, 그 못생긴 주둥이 밖으로 까만 혀가 축 늘어지지 않게 조심하는 게 좋을 거야."

두 번째 찻잔을 들 때 므슈 라비가 평소처럼 부인을 방문하러 왔다. 이 친절한 수도원장은 왜 파리에 돌아왔다고 알리지 않았냐며 나무랐다. 종종 내 소식을 묻던 백작이 내가 돌아왔다는 말을 들으면 무척 기뻐할 거라고 했다. 백작 부인은 요양하러 몬테카를로에 갔다고 했다. 이제 부인은 건강도 기분도 아주 좋아졌다는데, 안타깝게도 백작은 그렇지 않다고 했다. 또다시 앉아 지내는 생활로 돌아가, 하루 종일 안락의자에 앉아 시가를 피우고 있었다. 수도원장은 내가 라모성에서 장난을 친 일로 모리스 자작이 크게 노여워하고 있으니 조심하라고 일렀다. 내가 자작과 그 작은 마을의 의사에게 최면을 걸어 자작이 대장염에 걸렸다고 믿게 만들었고 그 때문에 자작은 소시에테 뒤 티르 드 프랑스(프랑스 사격 협회)가 여는 대회에서 금메달을 따지 못하게 되었다.

수도원장은 될 수 있으면 자작과 부딪히지 말라고 했다. 워낙 난폭하고 성질을 주체 못하기로 유명한 데다가 늘 싸움질이라 한 달 전에도 결투를 벌였다며, 우리가 만나면 무슨 일이 일어날지 하느님만이 아신다고 했다.

"아무 일도 없을 겁니다. 그런 짐승 같은 자, 하나도 무섭지 않아요. 그쪽이 저를 두려워하겠죠. 지난 가을 라모성 흡연실에서 내가 더 강하다는 걸 이미 증명했죠. 자작이 그때 교훈을 잊지 않았다 하시니 기쁘군요. 그가 저보다 나은 게 있다면 50미터 밖에서 권총으로 참새나 종달새를 잡을 수 있다는 겁니다. 저는 그 거리에서 코끼리도 못 잡을 테니까요. 하지만 자작이 이런 우월함을 이용하진 않을 것 같네요. 제가 사회적으로 열등하다고 여겨 싸움을 걸지도 않을 겁니다."

"최면술이라고 하셨는데, 사실 그 말을 아주 싫어합니다. 제가 샤르코의 제자였다는 이유로 계속 꼬리표처럼 따라 다니거든요. 딱 한 번만 말씀드릴게요. 최면의 힘에 관한 이런 헛소리는 현대 과학에 부정당한 이론입니다. 그런 건 최면이 아니라 상상이라고 하는 겁니다.

제가 자작에게 최면을 걸었다는 어처구니없는 상상을 하는데, 그 머릿속에 이런 바보 같은 생각을 심어준 사람은 제가 아니에요. 그가 스스로 한 거죠. 우리는 그걸 두고 자기암시라고 합니다. 제가 훨씬 유리하죠. 적어도 서로 얼굴을 맞대고 있을 때에는 그가 저에게 전혀 해를 끼칠 수 없을 테니까요."

"그럼, 선생이 원하면 최면을 걸 수는 있습니까?"

"네, 어렵지 않아요. 자작은 참 좋은 대상이죠. 샤르코에게 살페트리에르에서 여는 화요 강의에 자작을 데려다 시연하라고 하면 아주 좋아할 겁니다."

"최면의 힘 같은 건 없다고 한 것 같은데. 아무튼 예를 들어 그가 선생의 명령에 복종한 것처럼 내 명령을 따르게 할 수도 있다는 뜻인가요?"

"맞습니다, 그가 신부님에게 그런 힘이 있다고 믿는다면 말이죠. 하지만 그는 믿지 않아요."

"왜지요?"

"여기서부터 진짜 문제가 시작됩니다. 지금 신부님의 질문에 만족스러운 답을 드리기는 어렵겠군요. 비교적 새로운 과학 분야라. 아직 걸음마 단계거든요."

"그가 죄를 짓게 할 수도 있나요?"

"그가 자발적으로 그런 죄를 저지를 능력이 없다면 불가능합니다. 이 사람은 틀림없이 범죄 성향을 가지고 있어요. 이런 경우에는 그렇다고 답할 수 있겠군요."

"백작 부인을 포기하게 할 수는?"

"그가 그러기를 바라고 체계적인 최면 암시 치료에 응한다면 가능할지도요. 그렇더라도 성 본능은 인간 본성에서 가장 강력한 힘이라

시간이 꽤 걸릴 겁니다."

"자작이 선생을 만나기만 하면 채찍을 휘두르겠다고 떠들고 다닌답니다. 그러니 그와 마주치지 않게 조심하겠다고 약속해주시오."

"그러라죠. 그런 비상 상황에 대처하는 방법을 알고 있으니 걱정 마세요. 제 몸 하나쯤은 충분히 지킬 수 있습니다."

"다행히 그는 지금 연대와 함께 투르에 머물고 있어요. 한동안은 파리로 돌아오지 않을 겁니다."

"친애하는 신부님, 생각보다 순진하시네요. 사실 자작은 백작 부인과 몬테카를로에 있어요. 부인이 요양에서 돌아오면 그도 파리로 돌아올 겁니다."

바로 그다음 날, 백작이 왕진을 요청했다. 수도원장 말이 옳았다. 백작은 몸과 마음이 아주 불안정한 상태였다. 하루 종일 안락의자에 앉아 끝없이 시가만 피우면서 몬테카를로에 요양하러 간 젊고 아름다운 아내만 생각하는 나이 지긋한 신사에게 해줄 수 있는 일이 많지 않다. 그런 아내가 많은 사람들이 추앙하고 탐내는 파리 사교계 여성이라는 자리로 다시 돌아와 낮에는 워스에서 새 드레스를 입어보고 저녁에는 남편에게 쌀쌀맞은 입맞춤과 잘 자라는 인사를 남긴 뒤 극장과 무도회에서 시간을 보낸다 해도 역시 해줄 게 별로 없다. 백작을 보면 볼수록 마음에 들었다. 지금까지 내가 본 구체제의 프랑스 귀족 중에 가장 완벽한 유형이었다. 물론 그를 좋아한 진짜 이유는 그가 안쓰러워서였다. 그 당시엔 내가 정말 좋아하는 사람은 대부분 내가 안쓰럽게 여기던 사람들이라는 걸 미처 몰랐다.

지난 번 라모성 정원에 있는 라임나무 아래에서 백작 부인을 만났던 날, 그러니까 달이 가득 차고 내가 부인에게 너무 빠져들지 않게 부엉이가 구해줬던 그날 이후 부인을 다시 만났을 때 썩 좋다는 마음이 들지 않았던 게 그래서였나보다. 아니다, 식탁 맞은편 수도원장 옆에 앉아서 모리스 자작이 던지는 실없는 농담에 즐거운 듯 웃고 있는 부인을 바라볼 때도 마음이 전혀 좋지 않았다(그중에는 나에 관한 농담도 있었고, 자작은 무례하게 나를 곁눈질하였다). 그 자리에서 두 사람은 나에게 말 한마디 건네지 않았다. 백작 부인에게 받은 인사라고는 저녁 식사 전에 성의 없이 청하던 악수뿐이었다. 자작은 내 존재를 완전히 무시했다. 백작 부인은 어느 때보다 아름다웠지만 내가 알던 여인이 아니었다. 건강도 기분도 아주 좋아 보였고, 그 커다란 눈에 어렸던 갈망의 빛은 사라지고 없었다.

몬테카를로 정원에 보름달이 떴고 라임나무에 앉아 경고를 하는 부엉이가 없었다는 것을 한눈에 알 수 있었다. 모리스 자작은 지나치게 자신감이 넘쳐보였다. 모든 태도에서 풍기는 세상을 정복한 영웅의 분위기를 모르려야 모를 수가 없었다. 그게 특히 거슬렸다.

"싸 이 에, 이제 끝이군요." 저녁 식사 후 흡연실에서 수도원장과 이야기를 나눴다. "이런 게 사랑이라면, 사랑은 정말 맹목적이네요. 부인에게는 이 타락한 바보의 품에 안기는 것보다 더 나은 운명이 주어졌을 텐데 말이죠."

"자작이 노름빚을 져서 군대에서 면직당할 뻔한 걸 백작이 대신 갚아 막아줬어요. 그런 지가 한 달이 채 안 됐어요. 수표가 부도났다는 소문도 돌았죠. 사람들 말이, 유명한 코코트(창녀)한테 자작이 돈을 엄청 쏟아붓고 있다더군요. 그런 사람이 오늘밤 백작 부인을 오페라 하우스에서 열리는 가면무도회에 데려간다니."

"총으로 쏴버리고 싶군요."

"제발 그런 말은 하지 말아요. 이제 그만 가는 게 좋겠군요. 틀림없이 자작이 브랜디 소다를 마시러 이리 올 겁니다."

"브랜디 소다라, 조심해야 할 텐데요. 손을 어찌나 떨던지 와인 잔에 특제약 떨어뜨리는 거 보셨잖아요. 어쨌든 참새와 종달새는 좋은 징조입니다. 거실에서 자작이 백작 부인과 사랑을 나누느라 좋은 시간을 보내고 있는데, 문 쪽을 그렇게 불안하게 쳐다보지 마세요. 저도 이제 가야겠네요. 마차가 문 앞에서 기다리고 있어서요."

떠나기에 앞서 잠깐 백작을 보러 위층으로 올라갔다. 백작은 벌써 잠자리에 들 준비를 하고 있었다. 몹시 졸리다고 했다. 속 좋은 사람 같으니라고! 잘 자라는 인사를 건네는데 아래층에서 개가 필사적으로 울부짖는 소리가 들렸다. 톰이 늘 차지하고 있는 현관 구석에서 나를 기다리고 있었는데 말이다. 나는 황급히 계단을 뛰어내려갔다.

톰은 현관문 앞에 웅크리고 누워 힘없이 신음하고 있었다. 입에서는 피가 흘렀다. 모리스 자작이 톰을 내려다보며 미친 듯이 발길질을 해댔다. 내가 느닷없이 덤벼들자 이 잔인무도한 인간이 중심을 잃고 바닥에 나뒹굴었다. 그가 일어서려는 순간 다시 한 번 정확히 주먹을 날려 쓰러뜨렸다. 서둘러 모자와 외투를 챙긴 나는 톰을 안고 마차에 올랐다. 마차는 빌리에 대로를 향해 전속력으로 달렸다. 한눈에도 이 불쌍한 개가 심한 내상을 입은 듯했다. 나는 밤새 톰의 곁을 지켰다. 녀석의 숨소리가 갈수록 거칠어지고 출혈은 멈추지 않았다. 아침이 찾아왔다. 녀석이 더 이상 고통을 겪지 않도록 내 손으로 충직한 친구를 쏘았다.

그날 오후 모리스 자작의 동료 장교 두 사람이 보낸 편지를 받고 마음이 놓였다. 편지에는 자작이 주저하던 끝에 나에게 결투를 신청했다는 둥, 내 대리인과 연락을 취하기를 요청한다는 둥, 이런저런 내용이 담겨 있었다.

스웨덴 군무관인 스타프 대령에게 대리인을 맡아 달라고 한참을 설득한 끝에 어렵사리 승낙을 받았다. 유명한 핀란드 화가인 내 친구 에델펠트도 대리인을 맡기로 했다. 노스트롬은 외과 의사 자격으로 돕기로 했다.

"제 인생에서 지난 24시간만큼 운이 좋았던 적은 처음입니다." 내가 노스트롬과 카페 드 라 레장스를 찾아 늘 앉던 자리에서 저녁 식사를 하며 말했다. "솔직히 겁이 날까 두려웠어요. 하지만 이 문제에 어떻게 맞서야 하나 궁리하느라 머릿속에 다른 생각이 들어찰 틈이 없었죠. 아시다시피 제가 심리학에 관심이 많잖아요."

노스트롬은 적어도 그날 저녁 때만큼은 심리학에 전혀 관심이 없어 보였다. 하긴 원래 그쪽에 관심을 둔 적이 없었다. 그는 유난히 조용하고 근엄했다. 무감한 두 눈에 어딘가 모르게 부드러운 빛이 도는 것을 보니 내 자신이 부끄러웠다.

"들어보게, 악셀." 그가 살짝 잠긴 목소리로 말했다. "잘 들어보란…."

"그런 눈으로 보지 마세요. 감상에 빠지지도 마시고요. 박사님과 어울리지 않아요. 그런 바보 같은 생각은 집어치우고 상황을 제대로 보시란 말이에요. 그가 저를 죽일 수 없다는 것도 모르고 내일 아침 보아 드 생 클루(생클루 숲)에서 이 잔인무도한 자를 마주할 만큼 제가 어리석어 보이던가요? 잠시도 고민할 가치가 없는 바보 같은 생각이란 말입니다. 이런 프랑스식 결투는 연극에 지나지 않다는 건 박사님도, 저도, 모두가 아는 사실이죠. 우리 둘 다 이런 연극에 여러 번 의사로 참여해봤잖아요. 배우들이 가끔 나무를 맞추기는 해도 상대를 쏘지는 않죠. 그냥 샴베르탱이나 한 병 마시고 곧장 잠자리에 드는 게 낫겠어요. 부르고뉴를 마셨더니 졸리네요. 내 불쌍한 개가 죽은 뒤로 잠을 통 못 잤어요. 오늘밤은 무슨 일이 있어도 자야겠습니다."

*

안개 낀 아침 공기가 차가웠다. 맥박은 80으로 안정적이었지만 종아리에 쥐가 나고 목소리도 잘 나오지 않았다. 마차에서 내릴 때 노스트롬이 주머니병에 담긴 브랜디를 건넸지만 한 방울도 삼킬 수가 없었다. 사전 절차를 끝도 없이 읊어대는데 무슨 말인지 한마디도 알아들을 수 없어 짜증이 났다. 얼마나 바보 같은 일이며 시간 낭비란 말인가. 차라리 랑글레즈, 영국식으로 한 방 날리고 끝내는 편이 훨씬 간단할 텐데! 누군가가 이제 시야를 확보할 수 있을 만큼 안개가 걷혔다고 말했다. 그 말을 듣고 놀랐다. 내가 보기엔 안개가 더 짙어지는 것 같은데. 그래도 앞에 서 있는 모리스 자작은 아주 잘 보였다. 평소처럼 건방진 자세로 입에 담배를 물고 있는 그 모습이 참 여유로워 보였다.

바로 그때, 내 뒤 풀숲에서 개똥지빠귀 한 마리가 지저귀기 시작했다. 한 해가 저물어가는 마당에 이 작은 녀석이 생 클루 숲에서 도대체 뭘 하고 있는 걸까 궁금해하던 차였다. 스타프 대령이 내 손에 긴 권총을 쥐어줬다.

"낮게 겨누게!" 대령이 나지막이 말했다.

"발사!" 누군가 날카로운 목소리로 외쳤다.

총소리가 울렸다. 자작이 입에 물고 있던 담배가 떨어지고 라베 교수가 그에게 달려가는 모습이 보였다. 잠시 뒤 정신을 차려보니 내가 스타프 대령의 마차에 앉아 있었다. 맞은편에는 노스트롬이 환한 웃음을 지으며 앉아 있었다. 대령이 내 어깨를 두드렸지만 누구도 말하지 않았다.

"어떻게 된 일이죠? 자작이 왜 쏘지 않았을까요? 이 무도한 자가 베푼 자비를 받아들일 수 없어요. 이번에는 제가 결투 신청을 할 겁니다. 제가…."

"그럴 일은 없을 걸세. 기적처럼 살아남은 걸 감사하라고." 대령이 내 말을 끊었다.

"사실 자작은 자네를 죽이려 안간힘을 썼지. 자네가 그에게 두 번째 총알을 발사할 시간을 줬다면 틀림없이 그랬을 걸세. 다행히 자네가 동시에 총을 쐈지. 그때 1초라도 망설였다면, 자넨 지금 내 옆에 이렇게 앉아 있지 못했을 걸세. 자네 머리 위로 총알이 지나가는 소리를 못 들었나? 보게!"

모자를 들여다보는 순간 갑자기 막이 내리고 내 영웅 연기는 끝이 났다. 용감한 남자라는 맞지 않는 가면을 벗어내자 진짜 내 모습이 드러났다. 죽음을 두려워하는 남자. 나는 두려움에 떨며 마차 구석에 몸을 웅크렸다.

"이보게 젊은 친구, 자네가 자랑스럽군." 대령이 말을 이어갔다. "자네를 지켜보는 이 노병의 마음이 참 흐뭇하더군. 나도 그렇게는 못했을 걸세! 우리가 그라블로트에서 프로이센군을 공격할 땐 말이야…."

턱이 덜덜 떨리며 이가 부딪히는 소리에 대령이 하는 말을 끝까지 듣지 못했다. 구역질이 나고 어지러웠다. 노스트롬에게 바깥 공기를 마시게 창문 좀 열어달라는 말을 하고 싶은데 한마디도 할 수가 없었다. 당장 문을 열어젖히고 토끼처럼 달아나고 싶었지만 팔다리가 내 마음대로 움직이질 않았다.

"자작은 피를 많이 흘렸지." 노스트롬이 픽하고 웃었다. "라베 교수 말로는 총알이 오른쪽 허파 아래쪽을 깔끔하게 관통했다더군. 병상에 두 달 있다 퇴원하는 걸로 끝나기만 해도 운이 좋은 거라던데."

그 말에 덜덜 떨리던 턱이 멈췄다. 그제야 사람들 하는 말이 귀에 들어왔다.

"자네가 명사수인 줄 미처 몰랐지 뭔가. 왜 권총을 다뤄본 적이 없다고 했나?" 용맹한 대령이 말했다.

갑자기 웃음이 터졌다. 이유를 알 수가 없었다.

"웃을 일이 아닐세." 대령이 엄하게 말했다. "그 사람은 치명상을 입었어. 라베 교수 표정이 아주 무겁던데. 비극으로 끝날 수도 있는 일이야."

"자업자득이에요." 기적적으로 기운을 차린 내가 말했다. "그자는 아무런 저항도 할 수 없는 내 늙은 개를 걷어차 죽였어요. 참새와 종달새를 죽이며 여가 시간을 보냈죠. 그만한 대가는 치러야 합니다. 아테네의 아레오파고스가 새의 눈을 찌른 소년에게 사형을 선고하지 않았습니까?"

"하지만 자네는 아테네의 아레오파고스가 아닐세."

"그렇죠. 하지만 최악의 경우 이 사람이 죽더라도 그 원인은 제가 아닙니다. 자작에게 총을 겨눌 시간도 없었어요. 권총이 저절로 발사된 겁니다. 그 허파에 총알을 날린 사람은 제가 아니에요. 다른 누군가가 있었던 거예요. 게다가 대령님께서는 이 짐승 같은 자를 불쌍히 여기시는군요. 혹시 빗맞게 하려고 저에게 총을 주시며 낮게 겨누라고 속삭이셨나요?"

"이 허풍쟁이 친구, 이제 혀가 제자리로 돌아갔나 보구만." 대령이 미소를 지었다. "마차로 데려가는 동안 자네가 뭐라고 하는데, 알아들을 수가 있어야 말이지. 아마 자네 자신도 무슨 말을 하는지 몰랐을 걸세. 내내 개똥지빠귀 어쩌고저쩌고 중얼거리던데."

멍해진 정신을 차리고 보니 마차가 포르트 마요에 들어서고 있었다. 왠지 뿌듯했다. 빌리에 대로에 접어들 때쯤, 아침 안개 사이로 메두사처럼 눈을 희번덕거리며 나를 매섭게 바라보는 맘젤 아가타의 얼굴이 떠올랐다. 시계를 보니 일곱 시 반이었다. 용기가 솟아올랐다.

'지금쯤 긴 식탁에 윤을 내고 있겠지.' 나는 생각했다. '이번에도 운이 좋으면 눈에 띄지 않게 침실로 슬그머니 들어가 로잘리에게 차 한 잔 가져오라고 신호를 보낼 수 있을 거야.'

로잘리가 아침 식사와 『피가로』지를 들고 살금살금 들어왔다.

"로잘리, 정말 대단해! 30분 뒤에 몰래 나갈 테니, 부디 저 사람이 복도로 나오지 못하게 해줘. 그리고 가기 전에 내 머리 좀 정리해주겠어? 꼴이 말이 아니라."

"하지만 선생님, 이 낡은 모자를 쓰고 왕진 가실 수는 없어요. 보세요! 앞에 구멍이 났어요. 여기 뒤쪽에도 났네, 아이고 웃겨라! 좀이 슨 건 아닐 거예요. 맘젤 아가타가 온 뒤로는 집안에 나프탈렌 냄새가 진동을 하니까요. 그럼 쥐가 쏠았나? 맘젤 아가타 방에 쥐가 바글바글하거든요. 쥐를 좋아하나봐요."

"아냐, 로잘리, 이건 죽음시계벌레 짓이야. 강철처럼 단단한 이빨을 가진 놈이라, 자칫 잘못하다가는 이 모자처럼 사람 머리에도 구멍이 날 수 있어."

"이 모자, 오르간 연주하는 늙은 돈 가에타노에게 주면 어떨까요? 오늘 발코니 아래서 연주하는 날인데."

"로잘리, 어떤 모자를 줘도 괜찮지만 이 모자는 안 돼. 내가 간직할 거거든. 이 두 구멍을 보고 있으면 행운이 찾아올 거야."

"선생님도 다른 의사들처럼 탑 해트를 쓰지 그러세요. 그게 훨씬 멋있는데."

"남자의 완성은 모자가 아니라 머리이지. 맘젤 아가타가 눈에 띄지만 않으면 내 머리는 괜찮을 거야."

15
존

아침 식사를 하며 『피가로』지를 펼쳤다. 어디를 보나 시시한 소식들 뿐이었다. 갑자기 큼지막한 헤드라인 아래 단신이 눈에 들어왔다.

추악한 사건
"그라네 거리에 거주하는 1급 조산사 마담 레캥이 젊은 아가씨의 의문의 죽음과 관련하여 체포되었다. 이미 출국한 것으로 보이는 외국인 의사에 대해서도 체포영장이 발부되었다. 마담 레캥은 맡고 있던 신생아들의 실종과 관련한 혐의도 받고 있다."

신문을 떨어뜨렸다. 마담 레캥, 1급 조산사, 그라네 거리! 지난 몇 년 사이 내 주변에서 너무나 고통스러운 일들이 일어나고 너무나 많은 비극이 내 눈앞에서 벌어지다 보니, 이 일을 까맣게 잊고 있었다. 『피가로』에 실린 단신을 뚫어져라 들여다보고 있자니, 3년 전 마담 레캥을 처음 만난 그 끔찍했던 밤이 어제 일처럼 생생하게 떠올랐다. 차를 마시며 기사를 읽고 또 읽었다. 이 끔찍한 여자가 지난 밤 체포되었다는 사실에 마음이 놓였다. 잊을 수 없는 그날 밤, 내가 그 여자와 그 비열한 공범의 손에서 아기와 산모 두 생명을 구해냈다는 생각을 하니 또한 기뻤다. 그러다 문득 어떤 생각이 뇌리를 스쳤다. 내가 살려낸 이 두 생명을 위해 나는 무엇을 했지? 가장 필요한 순간 한 남자에게 버림받았던 그 산모를 위해 나는 무엇을 했던가?
"존! 존!"
마취 상태에서도 산모는 절망 가득한 목소리로 그 이름을 불렀다.
내가 그 남자보다 나았던가? 그 남자처럼, 나도 가장 필요한 순간에 그녀를 버린 건 아니었을까? 이 끔찍한 여자와 잔인한 내 동료의 마수에 걸려들기 전, 그 사람은 얼마나 큰 고통을 겪었을까? 내가 없었다면 그들은 산모를 죽였을지도 모른다. 의식을 되찾고 지옥 같은 현실로 돌아왔을 때 너무나 고통스럽지 않았을까? 그리고 내가 불어넣은 숨으로 첫 숨을 내쉬었던 그 파란 눈의 아기! 그 아기를 위해선 무엇을 했지? 내가 자비로운 죽음의 품에서 그 아기를 빼앗아 마담 레캥의 두 팔에 안긴 셈이다! 얼마나 많은 신생아들이 그 여자의 거대한 가슴에서 죽음을 빨아들였을까? 그 여자는 파란 눈을 한 그 어린 사내아이를 어떻게 했을까? 공식 통계상 태어난 해에 속수무책으로 '유모 기차'에 태워진 80퍼센트의 작은 여행자 중 한 명이었을까, 아니면 더 나쁜 운명에 처해진 나머지 20퍼센트 중 한 명이었을까?
한 시간 뒤, 나는 교도소 당국에 마담 레캥의 면회를 신청하고 허가를 받았다. 그 여자는 한눈에 나를 알아보고는 반가워했다. 나는 교도소 직원이 옆에 있는 상황에서 그런 모습이 너무나 불편했다.
그 사내아이는 노르망디에서 아주 행복하게 지내고 있었다. 마담 레캥은 아이를 사랑하는 자상한 양부모에게 얼마 전 좋은 소식을 들었다고 했다. 안타깝게도 그들이 사는 주소는 알지 못했고, 가지고 있던 명부에도 착오가 있었다. 어쩌면 남편이 주소를 기억하고 있을지도 모르지만, 그것도 확실치 않다고 했다.

죽었구나. 그런 확신이 들었지만, 뭐라도 해야 했다. 48시간 안에 양부모의 주소를 알려주지 않으면 아동 살인과 내가 맡긴 귀한 다이아몬드 브로치를 훔친 혐의로 당국에 신고하겠다고 으름장을 놓았다. 그 여자는 서늘한 빛을 띠는 두 눈에서 눈물을 몇 방울을 쥐어짜더니 맹세코 브로치를 훔치지 않았다고 했다. 딸처럼 정성껏 돌봤던 그 사랑스럽고 젊은 여성에게 받아 기념으로 간직했다고 떠들었다.

"48시간이오."

생각에 잠기는 마담 레캥을 뒤로하고 난 자리를 떴다.

둘째 날 아침, 마담 레캥의 대단하신 남편이 찾아와 브로치의 전당표와 마담이 그해 아기들을 보냈던 노르망디 마을 세 곳의 이름을 알려줬다. 나는 즉시 각 마을의 시장들에게 편지를 보내, 마을에 입양된 아이들 중에 세 살쯤 된 파란 눈의 사내아이가 있는지 알아봐 달라고 요청했다. 한참 뒤 두 곳의 시장들이 부정적인 답장을 보내왔고, 한 곳에서는 아무런 답도 오지 않았다. 그 뒤 세 마을의 큐레(신부)에게도 편지를 보냈다. 몇 달을 기다린 끝에 빌레루아의 신부가 내 설명에 맞는 어린 사내아이를 어느 구두장이의 아내가 데리고 있는 것을 찾아냈다고 알려왔다. 3년 전 파리에서 온 아이인데 눈이 틀림없는 파란색이었다.

노르망디에는 가본 적이 없었다. 마침 크리스마스 때라 짧게 휴가를 갖는 것도 좋겠다 싶었다. 크리스마스 당일, 그 구두장이네 문을 두드렸다. 아무 기척도 없었다. 어두컴컴한 방으로 들어갔다. 창가에는 구두장이가 쓰는 낮은 작업대가 놓여 있고, 바닥에는 진흙이 잔뜩 묻고 낡아빠진 크고 작은 신발들이 어지럽게 나뒹굴었다. 천장에 묶어 놓은 빨랫줄에는 새로 세탁한 셔츠와 페티코트들이 널려 있었다. 침대는 정리가 되어 있지 않았고, 침대보와 이불은 말도 못하게 더러웠다.

악취가 진동하는 부엌에 들어서니, 반쯤 벌거벗은 작은 아이가 돌바닥에 앉아 날감자를 먹고 있었다. 파란 눈동자를 가진 그 아이는 나를 보자 겁에 질려 감자를 내던졌다. 그러고는 맞지 않으려는 듯 본능적으로 마른 팔을 들어 올려 얼굴을 막고는 다른 방으로 재빠르게 기어갔다. 나는 막 침대 밑으로 숨으려는 아이를 안아 올려 창가에 있는 구두장이의 작업대에 앉힌 뒤 치아를 살펴보았다. 그렇다, 아이는 세 살 반 정도였다. 깡마른 몸에, 팔다리는 뼈만 남은 듯했다. 가슴통이 좁고 배는 보통 아이들보다 두 배는 더 볼록했다. 내가 이를 들여다보는 동안 아이는 내 무릎 위에 아주 얌전히 앉아 아무 소리도 내지 않았다. 아이의 지치고 생기 없는 눈 색깔은 틀림없이 나와 같은 파란 색이었다.

문이 벌컥 열리고 앞도 가누지 못할 만큼 술에 취한 구두장이가 온갖 험한 욕을 퍼부으며 비틀비틀 들어왔다. 그 너머 문가에는 아기를 품에 안은 여자가 멍하니 서서 나를 쳐다보았다. 그 옆에는 자그마한 아이들 둘이 여자의 치맛자락을 꼭 붙잡고 있었다. 구두장이는 아이를 치우게 되어 속이 후련하다고 했다. 하지만 그동안 밀린 돈을 먼저 받아야겠다고 덧붙였다. 마담 레캉에게 여러 번 편지를 보냈지만 답장을 받지 못한 모양이었다. 그 여자는 내가 고생고생해서 번 돈으로 이 쥐새끼 같은 놈을 먹여 살릴 줄 알았답디까?

그의 아내는 이제 자기가 낳은 아이도 있고 양육을 맡은 아이도 둘이나 되는 마당에 이 사내아이를 내보낼 수 있어 홀가분하다고 했다. 그리고는 구두장이에 무슨 말을 속닥거렸다. 두 사람의 눈은 내 얼굴과 소년의 얼굴을 번갈아가며 유심히 살폈다. 두 사람이 방에 들어서자 사내아이의 눈은 또다시 겁에 질렸고, 내가 잡고 있던 자그마한 손이 파르르 떨렸다. 다행히 크리스마스라는 것을 떠올린 나는 주머니에서 나무를 깎아 만든 말을 꺼냈다. 아이는 아무 말 없이 아이답지 않은 무심한 표정으로 받아들었지만, 별로 관심은 없는 듯했다.

"어디 보자." 구두장이의 아내가 말했다. "네 아빠가 파리에서 아주 멋진 말을 가져오셨구나, 보렴, 줄!"

"존입니다." 내가 말했다.

"쎄 트 앙 트리스테 앙팡, 음침한 아이예요." 구두장이의 아내가 말했다. "말 한마디를 안 해요. '엄마'라고 한 번도 부르질 않더라고요. 웃지도 않아요."

나는 여행용 담요로 아이를 감싸 안고서 무슈 르 큐레(신부님)를 만나러 갔다. 신부님은 친절하게도 우리 여행에 필요한 모직 셔츠와 따뜻한 숄을 사오라며 가정부를 내보냈다.

큐레는 나를 찬찬히 살펴보며 말했다.

"부도덕과 악행을 꾸짖고 벌하는 것이 사제의 의무입니다만, 이 말을 안 할 수가 없군요. 젊은 양반, 적어도 자신의 죄를 속죄하려는 노력은 존경합니다. 그 죄의 대가가 죄 없는 어린아이의 머리 위에 내렸어요. 정말 적절한 때에 아이를 데려가는군요. 이렇게 버려진 불쌍한 아기들 수십 명을 내 손으로 묻어줬어요. 선생의 아이도 곧 묻어야 했을지도 모르지요. 잘한 겁니다. 그 점은 고맙게 생각해요." 늙은 큐레는 내 어깨를 다독였다.

사정을 자세히 설명할 시간이 없었다. 까딱하다가는 파리행 야간 특급 열차를 놓칠 수도 있었으니까. 존은 따뜻한 숄을 두르고 밤새 편히 잠을 잤다. 나는 그 곁에 앉아 이 아이를 어떻게 하면 좋을지

고민했다. 맘젤 아가타만 아니었으면 정말 역에서 바로 빌리에 대로로 데려갔을 거다. 대신 뤼 데 센(센 거리)에 있는 그레슈 생 조제프(성 요셉 탁아소)로 향했다. 그곳에 잘 아는 수녀님들이 계셨다. 그분들은 이 아이가 적당한 집을 찾을 때까지 24시간 돌봐주겠다고 약속했다. 수녀님들은 좋은 가정을 알고 있었다. 남편이 팡탱에 있는 노르웨이 마가린 공장에 다니는 집이었는데, 얼마 전 하나뿐인 아이를 잃었다. 괜찮은 생각인 것 같아 곧바로 그 집으로 향했고 이튿날 사내아이는 새로운 가정에 들어갔다. 여자는 똑똑하고 능력이 있어 보였지만 그 눈을 보니 성격이 좀 급한 것 같았다. 하지만 수녀님들은 자식에게 아주 헌신하는 어머니였다고 말했다. 그 여자에게 아이 옷가지를 사는 데 필요한 돈과 석 달 치 생활비도 미리 지급했다. 내가 담배에 들이는 돈보다 적은 액수였다. 내 주소는 알려주지 않기로 했다. 맘젤 아가타가 아이의 존재를 알게 된다면 무슨 일이 벌어질지 모를 일이었다. 무슨 일이 생기거나 아이가 아프면, 조세핀이 수녀님에게 연락하기로 했다.

오래지 않아 연락이 왔다. 아이가 성홍열에 걸려 다 죽게 생겼다고. 팡탱 지역에 있는 스칸디나비아 아이들이 모두 성홍열에 걸려, 나는 몇 번이고 그곳엘 가야 했다. 성홍열에 걸린 아이들에게는 약이 필요없다. 다만 긴 회복 기간 동안 세심한 간호와 장난감만 있으면 된다. 존은 둘 다 얻었다. 새 양어머니는 참 좋은 사람이었고 내 처방전에는 이미 오래 전부터 인형과 목마가 들어가 있었으니까.

"참 이상한 아이예요." 조세핀이 말했다. "엄마라고 부르지도 않고 웃지도 않아요. 선생님이 보내신 산타할아버지를 보고도 웃지 않더라니까요."

또다시 크리스마스가 찾아왔다. 아이는 새 양어머니와 한 해를 보냈다. 나에게는 고생과 걱정 가득한 시간이었지만 아이는 꽤 행복하게 지냈다. 조세핀은 확실히 성격이 급했다. 내가 아이를 깔끔하게 씻기고 입히지 않았다거나 창문을 열어 환기시키지 않는다고 한마디 하면 종종 무례하게 굴었다. 하지만 조세핀이 아이에게 험한 말을 하지는 않았다. 아이 눈이 조세핀을 무서워하는 빛이 아닌 걸 보면 조세핀한테 딱히 관심이 없는 듯도 싶었고. 이상하게도 아이는 어떤 사람, 어떤 일이든 아예 관심이 없어 보였다. 나는 점점 아이가 걱정되었고 양어머니가 탐탁지 않았다. 아이 눈에 다시 불안한 빛이 어리기 시작했다. 조세핀이 갈수록 아이를 방치하는 게 분명했다. 조세핀과 여러 번 다투었는데, 그럴 때마다 조세핀은 화를 내며 그렇게 마음에 들지 않으면 차라리 애를 데려가라, 나는 아이한테 할 만큼 했다는 말로 싸움을 끝냈다. 조세핀이 왜 그러는지 잘 알고 있었다. 출산을 앞두고 있었던 것이다.

아이를 낳고 난 뒤 상황은 더 나빠졌다. 결국 조세핀에게 마땅한 곳을 찾는 대로 데려가겠다고 말했다. 지난 번 뼈저린 경험을 교훈 삼아, 다시는 아이에게 똑같은 실수를 저지르지 않겠다고 마음먹었다.

*

며칠 뒤 진료를 마치고 집으로 돌아와 현관문을 여는데 대기실에서 어떤 여성이 화를 내는 소리가 들려왔다. 대기실에는 평소처럼 진료를 보려고 기다리는 사람들로 가득했다. 소파 한쪽 구석에서는 존이 영국 목사의 아내 옆에 웅크리고 앉아 있었다. 방 한복판에는 조세핀이 격한 몸짓과 함께 악을 쓰고 있었다. 문간에 서 있는 나를 보자마자 소파로 달려가 존을 붙잡더니 말 그대로 나에게 내던졌다. 나는 겨우 아이를 받아 안았다.

"그래요, 나는 존 도련님 같은 어린 신사를 돌볼 만한 사람이 아니에요!" 조세핀이 소리 질렀다. "그러니 선생님이랑 지내는 게 좋겠네요. 선생님 잔소리 듣는 것도, 도련님이 고아라고 거짓말하는 것도 다 진력이 난다구요. 이 눈만 봐도 애 아빠가 누군지 훤하네!"

조세핀은 가리개를 휙 걷어 올리며 방을 나가다가 맘젤 아가타와 부딪혀 넘어질 뻔했다. 맘젤 아가타가 그 무감한 눈으로 쏘아보는 통에 나는 못에 박힌 듯 꼼짝할 수 없었다. 목사 부인이 소파에서 일어나 치맛자락을 잡고는 나를 지나쳐 대기실 밖으로 나갔다.

"아이를 식당으로 데려가요. 내가 갈 때까지 거기서 아이와 함께 있어 주고." 맘젤 아가타에게 지시했다.

맘젤 아가타는 마치 더러운 것에 닿지 않으려는 듯 두 팔을 앞으로 쭉 뻗었다. 매부리코 아래에 금이 난 듯 보이는 입이 소름끼치는 미소와 함께 벌어졌다. 맘젤 아가타는 목사 부인과 함께 사라졌다.

점심 식사를 하러 자리에 앉은 나는 존에게 사과를 준 뒤 로잘리를 불렀다.

"로잘리," 내가 말했다. "이 돈 가지고 가서 면 드레스 하나, 흰색 앞치마 두 벌, 그리고 단정해 보이는 데 필요한 물건들을 사도록 해. 오늘부터 이 아이 보모를 맡아줘. 오늘밤엔 내 방에서 재울 테니, 내일부터는 맘젤 아가타 방에서 재우고."

"그럼 맘젤 아가타는요?" 로잘리가 겁에 질려 물었다.

"점심 먹고 나서 해고할 거야."

환자들을 모두 보내고 맘젤 아가타의 방 앞에서 문을 두드리려고 했다. 두드릴까 말까, 두 번이나 망설이다가 그만뒀다. 마음을 좀 가라앉히고 저녁 식사 후에 면담을 하는 편이 현명한 것 같았다. 맘젤 아가타는 보이지 않았다. 로잘리가 저녁 식사로 훌륭한 포토푀와 우유 푸딩을 내왔고, 나는 이 음식들을 존과 함께 먹었다. 그 계층의 프랑스 여자들처럼 로잘리도 요리 솜씨가 뛰어났다. 마음을 진정시키느라 와인을 몇 잔 더 마신 다음, 맘젤 아가타 방으로 가 문을 두드리려는데 아직도 속이 부글부글 끓었다. 결국 문을 두드리지 못했다. 갑자기 지금 맘젤 아가타와 다투면 밤새 잠을 설칠 것 같다는 생각이 들었다. 지금은 그 어느 때보다 잠이 절실했다. 아무래도 면담은 내일 아침에 하는 게 나을 듯했다.

아침 식사를 하면서 편지로 해고 통보하는 게 제일 좋겠다는 결론을 내렸다. 이제 자리에 앉아 단호한 말투로 편지를 써보려 했지만 좀처럼 엄두가 나질 않았다. 그때 로잘리가 쪽지를 가져왔다. 맘젤 아가타가 작고 날카로운 글씨체로 쓴 그 쪽지에는, 제대로 된 사람이라면 이 집에 하루도 더 머물지 않을 것이다, 오늘 오후에 이 집을 영영 떠나겠다, 다시는 선생을 보고 싶지 않다, 이렇게 적혀 있었다. 내가 편지에 쓰고 싶었던 말이었다.

보이지 않는 맘젤 아가타의 존재가 아직 집안 곳곳을 떠도는 가운데, 나는 존이 쓸 유아 침대와 아이에게 빚졌던 흔들목마를 사러 르프랭탕에 갔다. 다음 날 요리사가 행복하고 만족한 표정을 지으며 돌아왔다. 로잘리는 기뻐하는 빛이 역력했다. 저녁에 아늑하고 자그마한 침대에 누운 존을 보러 갔다. 아이도 새로운 환경이 마음에 드는 듯 보였다. 나도 방학을 맞은 학생처럼 기뻤다.

하지만 그 방학은 그리 길지 않았다. 아침부터 밤까지 환자들을 보느라 바빴고, 동료 의사들의 부탁에 함께 그들의 환자까지 보는 일도 심심찮았다. 내가 책임을 회피하지 않는 사람처럼 보였다니, 참으로 놀라웠다. 이제와 돌이켜보면 그게 내 성공의 비결이었다. 물론 계속해서 뒤따르는 운도 성공의 비결이었다. 어느 때보다 운이 좋다 보니 우리집에 행운의 마스코트가 들어온 게 아닌가 하는 생각이 들었다. 잠이 든 꼬마 녀석을 살피고 잠자리에 들기 시작한 뒤로는 잠도 훨씬 잘 잤다.

영국 목사 부인은 나를 버렸지만, 대기실 소파는 부인을 대신할 영국 사람들로 붐볐다. 샤르코 교수라는 이름이 지닌 후광이 어찌나 찬란하던지, 그 주변을 떠도는 작은 위성들까지도 그 빛을 받아 빛날 정도였다. 영국 사람들은 영국 의사들이 프랑스 의사들만큼 신경질환을 알지 못한다고 믿는 모양이었다. 그 믿음이 옳든 틀리든, 나에게는 행운이었다. 그때 런던에서 진료 의뢰가 들어왔다. 어찌나 기쁘던지 정성을 다해야겠다고 다짐했다. 모르는 환자였지만 운 좋게도 그 가족 중 누군가와 연이 닿아 의뢰를 받은 게 분명했다.

내가 환자를 살펴보는 동안 이 환자를 맡았던 영국 의사 두 사람이 어두운 표정으로 지켜보며 아주 나쁘고 절박한 사례라고 말했다. 그 비관적 견해에 온 집안이 초상집 같은 분위기였고, 환자는 죽을지 모른다는 두려움과 절망에 빠져 병을 이겨내겠다는 의지가 꺾이고 말았다. 이 두 동료 의사가 나보다 병리학 지식이 더 뛰어났을 수도 있다. 그러나 그들이 모르는 것이 한 가지 있었다. 희망만큼 강력한 치료제는 없다. 의사의 말과 표정에서 비관의 비읍자만 보여도 환자는 생명의 끈을 놓아버릴 수 있다. 의학적으로 자세히 들어가지 않아도, 진찰 결과 환자의 가장 심각한 증상은 신경 장애와 정신적 무기력에서 기인한 게 틀림없었다.

나는 환자의 이마에 손을 얹으며 모르핀 주사를 놓지 않아도 밤에 잘 잠들 거라고 말했다. 그 모습을 지켜보던 두 동료 의사들은 넓은 어깨를 한 번 으쓱였다. 환자는 어쨌든 잘 잠들고, 아침에 기분이 훨씬 좋아질 것이며, 다음날 내가 런던을 떠나기 전에 위험한 고비를 넘길 거였다. 몇 분 뒤 환자는 깊이 잠들었다. 밤새 내가 생각해도 너무 빠르다 싶을 정도로 열이 떨어졌고 맥박도 안정되었다. 아침이 밝자 환자는 나를 보며 미소를 짓고는 훨씬 좋아졌다고 말했다.

환자의 어머니는 나에게 하루만 더 런던에 머물며 시누를 봐 달라고 부탁했다. 가족들 모두 시누 걱정뿐이라고 했다. 시누의 남편인 대령은 아내가 신경과 전문의 상담을 받아봤으면 하는 눈치라 자신이 나서서 필립스 박사와 연결해보려 했지만 소용이 없었다고 했다.

"아가씨한테 아이가 생기면 틀림없이 괜찮아질 텐데, 무슨 까닭인지 의사를 싫어해요. 아마 선생님께 진찰받는 것도 싫다고 할 게 분명해요. 하지만 저녁 식사 자리를 마련할 테니 아가씨와 이야기를 나눠보고 의견을 말씀해주시면 어떻겠어요? 샤르코 교수라면 뭔가 방법이 있을까요?"

그녀는 남편의 사랑을 듬뿍 받았고 평생 누릴 수 있는 것들을 다 가졌다. 그로스브너 광장에는 아름다운 저택을, 켄트에는 아주 훌륭한 시골 별장을 한 채씩 두었다. 남편과 오랫동안 요트를 타고 인도를 항해하고 돌아온 지 얼마 되지 않았다. 그 뒤로 뭔가 찾는 사람처럼 쉴 새 없이 여기저기 떠돌았다. 그 눈에는 깊은 슬픔이 드리웠다. 예전에는 예술에 관심이 많았고 그림도 꽤 잘 그렸으며 파리 줄리앙 아틀리에에서 겨울을 보내기도 했다. 이제는 아무것도 관심이 없고 아무것도 신경 쓰지 않았다. 다만 아동 복지에는 관심을 쏟았고 아이들의 여름방학 기금과 고아원에 많은 기부를 하였다.

나는 마지못해 그러겠다고 했지만, 한시라도 빨리 파리로 돌아가고 싶었다. 존의 기침이 걱정되었다. 나를 저녁 식사에 초대한 안주인은 내 옆자리에 앉은 시누가 정말 아름다운 여성이라고 왜 말하지 않았을까. 나는 그 아름답고 짙은 눈동자에 담긴 슬픔에 크게 놀랐다. 얼굴에는 생기가 없었다. 내가 동석해서 꽤 성가신 듯했고 굳이 그런 내색을 숨기려하지도 않았다. 나는 살롱에 꽤 괜찮은 그림들이 나왔다며 말을 붙였다. 부인께 듣자 하니 줄리앙 아틀리에에서 그림을 공부하는 학생이었다던데 거기서 마리 바시키르체프를 만난 적이 있냐고 물었다. 만난 적은 없지만 이야기는 들어보았다는 답이 돌아왔다. 그래요, 그녀 이야기를 들어보지 않은 사람이 없죠. '무시아(바시키르체프의 별명)'는 대부분 시간을 자신을 홍보하는 데에 썼어요. 전 그녀를 아주 잘 압니다. 제가 만난 젊은 사람 중에서도 대단히 영리한 축이었지만 몰인정했고 무엇보다도 자신 외에는 누구도 사랑하지 않는 가식적인 사람이죠. 내 이야기를 듣고 있던 그녀의 표정이 갈수록 지루해 보였다. 조금 더 운이 따라주기를 바라며, 나는 첼시 어린이 병원에서 오후를 보낸 이야기를 꺼냈다. 파리에서도 오피탈 데장팡 트루베(고아를 위한 병원)를 종종 방문했었는데 이번 첼시 방문으로 배운 바가 큽니다.

그녀는 우리 아동 병원도 매우 훌륭하다고 말했다.

나는 사실 그렇지 않다며, 병원 안팎에서 사망하는 프랑스 아동의 수가 말도 못하게 많다고 대꾸했다. 부모에게 버려져 유모 기차에 실려 각 지방으로 보내지는 아이들이 수천 명에 달한다는 사실을 알려줬다.

그러자 처음으로 그녀가 슬픈 눈으로 나를 바라보았다. 그 얼굴에 어렸던 딱딱하고 생기 없는 표정이 사라졌다. 어쩌면 이 여자는 마음이 따뜻한 사람일지도 모르겠다는 생각이 들었다. 나는 저녁 식사에 초대해준 안주인에게 작별 인사를 건네며 이렇게 말했다. "저나 샤르코 교수가 봐야하는 사례는 아닌 듯합니다. 필립스 박사가 적임자겠네요. 부인 말씀대로 아이를 가진다면 괜찮아질 겁니다."

 존은 나를 보고 반가워하는 것 같았다. 하지만 함께 점심을 먹을 때 보니 안색이 창백하고 말라 보였다. 로잘리에게 들은 바로는 밤에 기침을 많이 했다. 저녁에는 열이 살짝 올라 이틀 동안 자리에 누워 있었다. 곧 일상으로 돌아와 점심시간에는 늘 그랬던 것처럼 나와 조용히 식사를 하였고 오후에는 로잘리와 함께 파크 몽소로 산책을 나갔다. 런던에서 돌아온 지 몇 주가 지난 어느 날, 대기실에 앉아 있는 대령을 보고 깜짝 놀랐다. 아내가 마음이 바뀌어 파리에 쇼핑을 하러 왔으며, 다음 주에는 마르세유에서 요트를 타고 지중해 항해를 떠날 예정이라고 했다. 그리고 나에게 다음 날 오텔 뒤 랭(라인 호텔)에서 함께 점심을 들자고 초대를 하면서, 식사 후에 아내를 아동 병원에 데려가준다면 아내가 무척 기뻐할 것이라고 말했다. 나는 점심 식사는 어렵겠다고 했다. 대신 진료가 끝나는 시간에 맞춰 대령의 아내가 빌리에 대로로 나를 데리러 오기로 약속을 잡았다.

 병원 대기실에 아직 사람들이 북적이고 있을 때 부인이 탄 우아한 랑도(지붕을 접었다 폈다 할 수 있는 마차)가 문 앞에 도착했다. 나는 로잘리를 내려 보내 마차를 타고 30분 정도 둘러보고 오거나 진료가 끝날 때까지 식당에서 기다려 달라고 전했다. 30분 뒤 식당으로 가보니 부인이 무릎 위에 존을 앉혀 놓고 아이가 여러 가지 장난감들을 보여주며 하는 말에 귀를 기울이고 있었다.

 "아이가 선생님 눈을 꼭 닮았군요." 부인이 존과 나를 번갈아보며 말했다. "결혼하신 줄 몰랐어요."

 나는 결혼하지 않았다고 말했다. 부인은 살짝 얼굴을 붉히고는 존에게 읽어주던 새 그림책에 다시 눈을 돌렸다. 그러다 여성 특유의 끈질긴 호기심을 이기지 못하고 용기를 내어 존의 어머니가 스웨덴 사람인지 물었다. 아이 머리카락은 금발에, 눈이 무척 파랗기 때문이었다.

무슨 뜻으로 하는 질문인지 잘 알았다. 로잘리도, 관리인도, 심지어 우유 배달원과 빵집 주인까지도 내가 존의 아버지라고 확신하고 있었으니까. 마부가 존을 "르 피스 드 무슈", 선생님의 아들이라고 부르는 소리도 들었다. 설명해 봐야 소용없고, 그들이 납득할 수도 없는 일이었다. 하긴 나 스스로도 그런 게 아닐까 헷갈릴 정도였으니까. 하지만 나는 이 친절한 부인에게 진실을 알 권리가 있다고 생각했다. 그래서 웃으며 부인이 존의 어머니가 아니듯 나도 아이의 아버지가 아니라고 말했다. 이 아이는 아주 슬픈 사연을 가진 고아이니 더 이상 묻지 않는 편이 좋겠다고, 부인이 알아야 마음만 아플 거라고 덧붙였다.

나는 존의 소매를 걷어 올려 팔에 난 흉터를 가리켰다. 지금은 아이가 로잘리와 나랑 지내며 좋아졌지만, 존이 웃는 모습을 보기 전까지는 이 아이가 지난 일들을 모두 잊었다고 확신할 수 없다고 말했다. 존은 아직까지도 웃지 않았으니까.

"그렇더군요." 부인이 상냥하게 말했다. "장난감을 보고도 다른 아이들처럼 웃지 않았어요."

나는 말을 이어갔다. "우린 조그마한 아이들 마음속에 무엇이 들어 있는지 모릅니다. 그들의 세상에서 우리는 그저 낯선 사람들일 뿐이죠. 어머니의 본능만이 가끔 아이들의 생각 속을 들여다볼 수 있어요."

부인은 대답 대신 고개를 숙여 존에게 다정하게 입을 맞췄다. 존은 그 파란 눈을 휘둥그레 뜨며 부인을 바라보았다.

"아마 존이 처음 받은 뽀뽀일 겁니다." 내가 말했다.

로잘리가 평소처럼 파크 몽소로 오후 산책을 나가자며 존을 데리러 왔다. 존의 새 친구는 산책 대신 자신의 마차로 한 바퀴 돌고 오면 어떻겠냐고 제안했다. 예정된 병원 방문에서 벗어날 수 있다는 기쁨에 나는 부인의 제안을 기꺼이 받아들였다.

그날부터 존에게 새로운 생활이 시작되었다. 다른 누군가에게도 마찬가지였다. 부인은 매일 아침 새 장난감을 들고 존의 방을 찾았다. 오후에는 존을 마차에 태워 불로뉴 숲으로 나들이를 갔다. 로잘리도 일요일에 입는 제일 좋은 옷을 차려 입고 뒷자리에 앉아 이들을 따라나섰다. 가끔 존은 아이들 웃음소리가 넘쳐나는 아클리마테시옹 공원에 들러 낙타 등에 의젓하게 올라탔다.

"존에게 비싼 장난감을 너무 많이 주지 마세요." 내가 부인에게 말했다. "아이들은 비싼 장난감이 아니라도 좋아합니다. 그리고 장난감 하나 없는 아이들도 많지요. 가끔 보면 아주 부유한 보육원에서도 싸구려 인형이 제일 인기가 많더군요. 아이들이 장난감의 금전적 가치를 이해하는 순간 그들의 낙원에서 밀려나고 더는 어린아이가 아니게 됩니다. 존은 인형이 너무 많아요. 이제는 가지고 있는 것들을 장난감이 없는 아이들과 나누는 법을 배울 때가 됐습니다. 아이들이 이런 가르침을 받아들이기가 어렵겠지만, 이런 가르침을 얼마나 잘 받아들이는지를 보면 아이들이 장차 어떤 어른으로 성장할지 예측할 수 있어요. 그런 면에서 꽤 안전한 지표죠."

로잘리는 나들이에서 돌아올 때마다 이 아름다운 부인이 직접 존을 이층방까지 데려주겠다고 고집을 부린다고 나에게 전했다. 얼마 지나지 않아 부인은 존을 씻겨주는 일까지 발 벗고 나섰다. 로잘리는 그저 옆에서 지켜보다 수건을 건네주었다. 로잘리가 아주 감동적인 이야기를 들려줬다. 부인이 존의 작고 마른 몸에 남은 물기를 닦아준 뒤 옷을 입히기 전에 꼭 팔에 난 흉터에 입을 맞춰준다는 것이었다. 머지않아 부인이 존을 재우며 아이가 잠들 때까지 곁을 지켰다. 나는 하루 종일 밖에 나가 있는 부인을 볼 일이 별로 없었다. 그러다 문득, 부인이 하루 종일 이 녀석과 시간을 보내고 있으니 가엾은 대령도 부인을 자주 보지 못하는 게 아닌가 하는 생각이 들어 불안해졌다. 대령의 말을 들어보니 지중해 여행은 진즉에 포기한 모양이었다. 얼마나 오래일지는 몰라도 파리에 머물기로 했다면서, 아내가 저렇게 행복하기만 하다면 머무는 기간 따윈 상관없다고 했다. 대령 말이 옳았다. 부인의 얼굴 표정이 완전히 달라졌고, 짙은 두 눈은 헤아릴 수 없는 다정함으로 빛났다.

  존이 잘 자지 못했다. 잠자리에 들기 전에 종종 존을 살펴보았는데 얼굴이 붉다는 생각이 들었다. 로잘리는 존이 밤마다 기침을 심하게 한다고 했다. 그러던 어느 날 아침, 존의 오른쪽 폐 상단에서 타닥거리는 불길한 소리가 났다. 그 소리가 무엇을 뜻하는지 너무나 잘 알았다. 나는 존의 새 친구에게 알려주어야 했다. 부인은 이미 알고 있었다고 했다. 어쩌면 나보다 먼저 알았을지도 모른다. 로잘리를 도울 간호사를 알아보겠다고 했지만, 부인은 들으려 하지 않았다. 대신 자신이 도울 수 있게 해 달라고 간절히 부탁했다. 길을 내주었다. 사실 달리 할 수 있는 일이 없었다. 부인이 방을 나가자 존은 잠결에도 불안해했다. 로잘리는 요리사와 함께 다락방에서 지내기로 했고, 공작의 따님은 존의 방에 들인 가정부 침대에서 잠을 잤다. 며칠 뒤 존에게 출혈이 조금 있었다. 저녁부터는 열이 났다. 병세가 빠르게 나빠지고 있다는 증거였다.

  "오래 버티지 못할 거예요." 로잘리가 손수건으로 눈물을 훔치며 말했다. "벌써 천사의 얼굴을 하고 있잖아요."

존은 밤에 로잘리가 잠자리를 정리하는 동안 상냥한 보모의 무릎에 앉아 있는 것을 좋아했다. 나는 늘 존이 똑똑하고 참 귀엽게 생긴 아이라고 생각했어도 예쁘다고 한 적은 없었다. 지금 보니 존의 얼굴 생김새가 변한 듯했다. 눈은 더 크고 짙어진 것 같았다. 사랑의 정령 혹은 죽음의 정령 같은 미소년이 되어 있었다. 나는 서로 볼을 맞대고 있는 두 사람의 얼굴을 보았다. 내 눈에 경이로움이 가득했다. 죽어가는 아이에게 이 여인이 진심으로 베푸는 무한한 사랑만으로 이 작은 아이의 부드러운 얼굴선이 부인과 어딘가 모르게 닮아갈 수가 있을까? 꿈에도 생각지 못한 또 다른 생명의 신비를 목격하고 있는 건가? 아니면 위대한 조각가 죽음이 곧 눈을 감을 이 아이의 얼굴을 이미 능숙한 솜씨로 다시 만들고 다듬은 걸까? 단정한 이마, 정교하게 곡선을 이루는 눈썹선, 긴 속눈썹, 모두가 똑같았다. 만약 존이 웃는 얼굴을 보았다면, 존이 잠결에 처음으로 세상 모든 아이들이 가장 말하고 싶고 세상 모든 여성들이 듣고 싶어 하는 그 말, "엄마! 엄마!"라고 중얼거리는 소리에 미소 짓던 부인의 그 우아한 입매와 닮았다고 느꼈을지도 모른다.

부인은 존을 다시 침대에 눕혔다. 존은 밤새 잠을 못 이뤘다. 부인은 그 곁을 떠나지 않았다. 새벽녘이 되자 아이의 숨소리가 한결 편안해진 것 같았다. 존이 잠들었다. 나는 내 말을 따르겠다고 했던 약속을 상기시키며 부인도 한 시간 정도 침대에 누워 쉬도록 겨우 설득했다. 로잘리가 존이 깨어나는 대로 부르기로 했다. 동틀 무렵, 나는 존의 방을 다시 찾았다. 로잘리는 입에 손가락을 대고는 두 사람 다 잠들었다고 속삭였다.

"존 좀 보세요!" 로잘리가 나지막이 말했다. "보세요! 꿈을 꾸나

봐요!"

존의 얼굴은 고요하고 평온해 보였다. 입술은 예쁜 미소를 머금고 있었다. 아이 가슴에 가만히 손을 얹어 보았다. 이미 세상을 떠났다. 아이의 미소 띤 얼굴을 바라보던 나는 로잘리의 침대에서 잠든 부인의 얼굴을 돌아보았다. 두 사람의 얼굴이 똑 닮았다.

부인은 마지막으로 존을 씻기고 옷을 입혔다. 존을 관에 눕힐 때에도 돕겠다는 로잘리를 뒤로 물렸다. 그리고 존의 머리가 편해 보이지 않는다며 더 나은 베개가 있는지 찾아보라고 로잘리를 두 번이나 내보냈다.

부인은 다음 날까지 관 뚜껑을 덮지 말라고 애원했다. 부인에게 말했다. "삶의 쓴맛은 알아도 죽음의 쓴맛은 모르시는군요. 저는 의사라 이 둘을 다 압니다. 죽음은 아름답고 평온한 얼굴과 험하고 끔찍한 얼굴, 이 두 가지를 모두 가지고 있어요. 아이가 미소를 머금고 삶을 떠나보냈지만, 죽음은 그 미소를 그리 오래 두지 않을 겁니다. 그러니 오늘 밤 관을 닫아야 해요." 부인은 고개를 숙인 채 아무 말도 하지 않았다. 내가 관 뚜껑을 들자 부인이 흐느끼며 말했다. "이 아이와 떨어질 수 없어요. 이 낯선 땅의 묘지에 아이 혼자 남겨둘 수는 없다고요."

"존과 떨어지다니요." 내가 말했다. "이렇게 작고 가벼운 아이인데, 데려가시면 되지요. 부인의 요트에 태워 영국으로 데려가 켄트에 있는 아름다운 교구 교회 근처에 묻어주세요."

눈물을 흘리는 부인의 얼굴에 미소가 번졌다. 아이와 똑 닮은 미소였다. 부인이 벌떡 일어났다.

"제가요? 정말 그래도 될까요?" 부인은 기쁜 듯 외쳤다.

"그럼요, 할 수 있어요. 그러려면 이제 관 뚜껑을 닫게 해주셔야

합니다. 시간이 없어요. 조금이라도 늦어지면 존을 내일 아침 파시 묘지로 보내야 해요."

내가 뚜껑을 들어 올리자 부인은 작은 제비꽃 다발을 존의 볼 가까이에 놓았다.

"존에게 줄 게 없네요." 부인이 흐느꼈다. "존이 가져갈 만한 게 있으면 좋을 텐데!"

"이것을 가져가면 좋아할 겁니다." 나는 주머니에서 다이아몬드 브로치를 꺼내 존이 베고 있는 베개에 꽂았다. "존의 어머니 것이었죠."

부인은 아무 말도 하지 않았다. 아이를 향해 팔을 뻗다가 정신을 잃고 바닥에 쓰러졌다. 나는 부인을 안아 로잘리의 침대에 눕히고 관 뚜껑을 닫은 뒤 마들렌 광장에 있는 뷔로 데 퐁프 퓌네브르(장의사 사무실)로 달려갔다. 장의사와 개인 면담을 가졌는데, 맙소사, 이전에도 만난 적이 있는 사람이었다. 나는 돈은 얼마든 써도 좋으니 내일 밤 칼레 항에서 영국으로 가는 요트에 관을 실을 수만 있게 해 달라며 맡겼다. 장의사는 청구서를 요구하지 않겠다는 약속만 하면 하겠다고 했다. 청구서를 보겠다고 할 사람은 없다고 확인해줬다.

그런 다음 랭 호텔로 달려가 대령을 깨운 뒤 부인이 열두 시간 안에 칼레로 요트를 띄우기를 바란다고 전했다. 대령이 선장에게 보낼 전보를 쓰는 동안 나도 부인에게 내일 밤 칼레 항에 있는 요트에 관을 실을 것이라고 급하게 편지를 썼다. 편지 말미에 내가 아침 일찍 파리로 떠나야 하므로 이 편지로 작별 인사를 대신한다고 덧붙였다.

나중에 존의 무덤에 가보았다. 존은 켄트에서 가장 아름다운 교구 교회의 작은 묘지에 묻혔다. 무덤가에는 앵초꽃과 제비꽃이 자라고, 머리 위에서는 찌르레기들이 지저귀고 있었다. 그의 어머니는 다시 만나지 못했다. 차라리 잘 된 일이었다.

16

스웨덴 가는 길

스웨덴 영사가 병을 앓았다는 이야기는 이미 했던 것 같다. 바로 그때 일어난 일이다. 영사는 조용하고 성품 좋은 사람으로 미국인 아내와 어린 자녀 둘을 두었다. 그날 오후, 나는 영사의 집을 방문했다. 영사의 아이 하나가 감기에 걸려 열이 났지만 저녁에 있을 아버지의 귀환 축하 행사에 꼭 참석하겠다고 떼를 썼다. 집안 곳곳에 꽃이 가득했다. 아이들은 행사 중 저녁 식사에 참석해도 좋다는 허락을 받았다. 아이들 어머니는 남편이 애정을 가득 담아 보낸 전보 두 통을 내게 자랑스레 보여줬다. 한 통은 베를린에서, 한 통은 쾰른에서 온 것으로, 영사가 곧 돌아온다는 내용이 담겨 있었다. 내가 보기에는 전보들이 조금 긴 듯했다.

그날 자정, 영사의 부인이 곧장 와달라는 전갈을 급히 보내왔다. 잠옷 차림을 한 영사가 직접 문을 열어주었다. 영사는 스웨덴 왕과 얼마 전 자신에게 프랑스 레지옹 도뇌르 훈장을 수여한 프랑스 공화국 대통령이 도착할 때까지 저녁 식사가 연기되었고 말했다. 베르사유 궁전 안에 있는 르 프티 트리아농을 가족 여름 별장으로 구입했다고도 했다. 갑자기 아내에게 왜 자신이 선물한 마리 앙투아네트의 진주 목걸이를 하고 있지 않느냐고 화를 냈다. 그러더니 어린 아들은 르 도팽(황태자), 자신은 로베스피에르라며 고래고래 소리를 질렀다. 그야말로 폴리 드 그랑저, 과대망상증이었다! 겁에 질린 아이들은 유아방에서 울부짖었고, 영사의 부인은 큰 슬픔에 쓰러지고 말았다. 그의 충직한 개도 무서운지 탁자 밑에서 으르렁댔다. 불쌍한 내 친구는 갑자기 난폭해져서 물건을 닥치는 대로 깨부수다 못해 우리를 창문 밖으로 내던질 기세였다. 나는 그런 그를 침실에 가둬야 했다.

다음 날 아침 그는 파시에 있는 블랑슈 박사의 정신 병원으로 이송됐다. 이 유명한 정신과 의사는 영사가 초기 전신마비가 아닐까 의심했다. 두 달 후 정확한 진단이 내려졌는데 치료가 불가능한 사례였다. 라 메종 블랑슈는 진료비가 너무 비싼 곳이라, 나는 영사를 스웨덴 남부의 작은 마을 룬드에 정부가 운영하는 정신병원으로 옮기기로 결정했다.

블랑슈 박사는 내 결정에 반대했다. 그럴 경우 위험하고 비용이 많이 들 수 있으며 환자가 잠깐 제정신으로 돌아온 것을 신뢰할 수 없다는 말이었다. 그리고 반드시 유능한 감시인 두 명이 동행해야 한다고 주장했다. 나는 남은 돈은 영사의 자녀들을 위해 저축해야 하니, 가장 비용이 들지 않는 방법을 택해 여행을 해야 한다고 말했다. 그래서 나 혼자 영사를 데리고 스웨덴으로 가기로 했다. 영사의 퇴원 서류에 서명하고 있는데, 블랑슈 박사가 서면으로 한 번 더 경고를 했다. 당연히 박사보다는 내가 더 잘 알았다.

나는 영사를 곧바로 빌리에 대로로 데려갔다. 저녁 식사를 하는 내내 그는 무척 차분하고 이성적이었다. 다만 맘젤 아가타에게 어떻게든 구애를 하려 들어서 문제였지만. 아마 맘젤 아가타도 그런 일은 평생 처음이지 않았을까.

두 시간 뒤 쾰른행 야간 특급 열차에 오른 우리는 1등석 칸에 꼼짝 없이 갇혀 있어야 했다. 당시에는 객차의 한쪽에 통로가 있고 옆에 칸막이 방이 있는 복도식 열차가 없었기 때문이다. 나는 슈망 드 페 두 노르(북부철도)의 소유주인 로스차일즈 가문의 주치의였다. 그 덕에 우리가 여행하는 동안 모든 면에서 편의를 제공하는 한편, 환자가 낯선 사람을 보면 흥분할 수 있으니 우리를 방해하지 말라는 지시가 차장들에게 내려왔다. 영사는 아주 얌전하고 고분고분했다. 우리는 긴 의자에 누워 잠을 청했다. 어느 순간 미친 사람의 손아귀가 내 목을 조르고 있는 느낌에 잠이 깼다. 그를 두 번이나 쓰러뜨렸지만, 그는 두 번 다 표범처럼 날쌔게 반격해 내 목을 졸라 죽이려 들었다. 그의 머리를 가격해 기절시킨 것이 내 마지막 기억이었다.

아침에 기차가 쾰른에 도착했을 때 객실 바닥에 정신을 잃고 쓰러져 있던 우리는 오텔 두 노르(북부병원)로 옮겨져 같은 병실 침대에 24시간 누워 있었다. 내 귀에 난 상처를 꿰매러 온 의사에게 영사가 내 귀를 물어뜯을 뻔했다고 이야기를 하자, 병원 소유주는 이 병원에 정신병자를 둘 수 없다는 말을 전해 왔다. 그래서 나는 다음 날 아침 기차를 타고 함부르크로 가기로 했다.

함부르크로 가는 내내 그는 아주 밝고 활기찼다. 마차를 타고 마을을 지나 키엘 역까지 가는 동안, 그는 프랑스 국가인 '라 마르세예즈'를 불러댔다. 우리는 그 당시 대륙과 스웨덴을 오가는 가장 빠른 노선이었던 코르수어행 증기선에 무사히 올라탔다. 덴마크 해안을 출발해 항해하던 증기선은 몇 마일 못 가, 북쪽에서 불어오는 매서운 돌풍에 떠밀려온 빙하 조각에 가로막혔다. 엄동설한에 극히 드문 일이었다. 우리는 떠내려 온 얼음 조각 위를 1마일 넘게 걸었다. 내 친구는 무척 즐거워보였다. 우리는 지붕이 없는 보트를 타고 코르수어로 향했다. 배가 항구에 들어서는데 내 친구가 바다로 뛰어들었다. 그를 따라 나도 뛰어들었다. 사람들에게 구조된 우리는 난방이 되지 않는 코펜하겐행 열차를 탔다. 입고 있는 옷이 꽁꽁 얼어붙어 있었다. 바깥 기온이 영하 20도였으니 그럴 수밖에. 이후 여정은 아주 순조로웠다. 얼음물에 빠졌던 게 내 친구에게 큰 도움이 된 모양이었다.

말뫼에 도착한 지 한 시간 뒤, 정신병원에서 나온 두 감시인을 룬드 철도역에서 만나 내 친구를 인도했다. 그리고 마차를 타고 호텔로 갔다(당시 룬드에는 호텔이 한 곳뿐이었다). 호텔에 객실과 아침 식사를 요청했다. 식사는 가능하지만 객실은 없다는 답을 들었다. 그날 저녁 시청에서 갈라 공연을 하는 극단이 객실을 모두 예약했다는 것이었다. 아침을 먹고 있는데 종업원이 윌리엄 셰익스피어의 5막 비극인 <햄릿> 공연 프로그램을 자랑스럽게 내보였다. 룬드에서 셰익스피어의 5막짜리 비극 <햄릿>을 공연하다니! 프로그램을 훑어보았다.

햄릿, 덴마크 왕자...에릭 카롤루스 말름보르 씨.

프로그램을 뚫어져라 들여다보았다. 에릭 카롤루스 말름보르! 웁살라에서 대학 생활을 하던 시절 알고 지내던 그 친구란 말인가! 당시 에릭 카롤루스 말름보르는 목사가 되려 했다. 나는 시험 기간에 어떻게든 그 친구를 책상 앞에 끌어다 앉히려 했고, 그를 대신해 평가용 설교문은 물론 약혼녀에게 보내는 연애편지도 한 학기 내내 써줬다. 매일 저녁, 술에 취해 내 방에 찾아와 한구석을 차지하는 친구에게 잔소리를 해댔다. 그 친구는 자기 숙소에서 난동을 부려 쫓겨난 상태였다. 그러다 오래 전에 내가 스웨덴을 떠나면서 서로 연락이 끊겼다. 이 친구가 대학에서 퇴학당하였고 상황이 더 나빠졌다는 소문은 들었다. 얼핏 그가 무대에 섰다는 소문을 들었던 기억이 났다. 오늘밤 햄릿 무대에 오를 배우는 운 나쁜 옛 친구가 틀림없다!

나는 그가 묵고 있는 방으로 명함을 보냈다. 내 친구는 세월이 한참 흘렀는데도 나를 만나는 게 그렇게 반가운지 한걸음에 달려 나왔다. 그리고 속상한 이야기를 들려줬다.

말뫼에서 올린 공연들이 객석이 텅 빌 정도로 연달아 실패하면서 단원 3분의 1이 나가버렸고 극단은 운명에 맞선 마지막 필사의 전투를 치르기 위해 전날 저녁 룬드에 도착했다는 것이다. 말뫼에서는 대부분의 의상과 휴대용 소품, 햄릿의 어머니인 왕비가 쓸 보석, 왕의 왕관, 폴로니어스를 찌를 햄릿의 검, 심지어 요릭의 두개골까지 몽땅 채권단이 가져가 버렸다. 왕은 좌골신경통이 심해져서 걷거나 왕좌에 앉아 있지도 못하고, 오필리아는 감기에 걸렸으며, 유령은 말뫼에서 열린 작별 만찬에서 술에 취하는 바람에 기차를 타지 못했다. 말름보르는 무대에서 빛이 났다. 햄릿은 그의 인생 최고의 작품이었다. 어쩌면 그 친구를 위해 쓰인 작품이 아닐까 싶을 만큼. 그러나 이 어마어마한 5막짜리 비극이라는 짐을 어떻게 혼자 짊어질 수 있겠는가! 오늘밤 공연 티켓은 모두 매진되었다. 만일 표 값을 모두 돌려줘야 하는 사태라도 벌어지면 파산을 피할 수가 없었다. 그럼 옛 우정을 생각해서 에릭한테 200크로나라도 빌려줘야 하나?

그때 좋은 수가 떠올랐다. 나는 극단의 주요 배우들을 모두 불러 모아 놓고 스웨덴 펀치를 몇 병 시켜 낙담한 그들의 마음에 생기를 북돋아주었다. 그리고 배우들과 상의하여 묘를 파는 장면, 폴로니어스가 죽는 장면을 과감히 빼버렸다. 그리고 유령이 나타나든 말든, 공연은 예정대로 진행하기로 했다.

그날 저녁은 룬드의 연극사에 길이 남을 순간이었다. 정각 8시, 막이 올랐다. 우리가 있는 곳에서 직선거리로 한 시간도 걸리지 않는 곳에 있는 엘시노어 왕궁이 무대 배경이었다. 주로 시끌벅적한 대학생들로 채워진 객석의 반응이 예상보다 시큰둥했다. 덴마크 왕자의 등장은 하는지 마는지도 모르게 지나갔고 그 유명한 "죽느냐 사느냐"라는 대사는 제대로 내뱉어보지도 못하고 끝났다. 왕은 고통스런 표정으로 절뚝절뚝 무대를 가로질러 들어와 큰 신음 소리를 내며 왕좌에 앉았다. 오필리아는 감기가 극에 달해 있었다. 폴로니어스는 앞을 제대로 보지도 못하는 게 분명했다.

그런데, 이 모든 상황을 유령이 구했다. 그 유령은 바로 나였다. 나는 달빛에 비친 엘시노어 성벽 위를 유령처럼 걸어갔다. 성벽의 뼈대를 이룬 커다란 포장상자 위를 주춤주춤 걸어가는데, 갑자기 구조물이 통째로 무너져 내리는 바람에 상자에 겨드랑이까지 빠져버렸다. 이런 상황에서 유령은 어떻게 해야 할까? 머리를 숙여 상자 속으로 완전히 사라져야 하나, 아니면 그 상태 그대로 다음 상황을 기다려야 할까? 정말 난처했다! 그런데 햄릿이 잔뜩 쉰 목소리로 속삭이며 세 번째 대안을 내놓았다. 그 빌어먹을 상자에서 빠져나오시지? 나도 그러고 싶지만 내 힘으로는 안 되는 일이었다. 다리가 밧줄과 온갖 무대장치 용품 더미에 끼어 버렸으니까. 옳은 판단인지 모르겠지만 일단 그 상태로 만일의 사태에 대비하기로 했다. 내가 상자 속으로 빠질 줄은 상상도 못했던 관객들이 동정의 눈길을 보냈다.

그러나 내가 머리만 상자 밖으로 내민 채 애처로운 목소리로 나 때문에 중단됐던 대사를 계속 이어가자 그들이 내게 보낸 박수갈채에는 비할 게 못 되었다. 어찌나 열심히 박수를 치던지 나는 객석을 향해 살그머니 손을 흔들며 감사 인사를 건넸다. 그런 아슬아슬한 자세에서 고개 숙여 인사할 수는 없는 노릇이었으니까. 그 모습에 관객들은 완전히 열광하였고, 공연이 끝날 때까지 박수가 끊이지 않았다.

연극이 끝나고 나는 극단의 주요 배우들과 함께 무대에 올라 관객들에게 인사했다. 관객들은 계속해서 외쳤다. "유령! 유령! 유령!" 어찌나 끈질기게 외치던지 나 혼자 무대에 올라 가슴에 손을 얹고 관객들이 보내는 축하를 받아야 했다.

우리는 기뻤다. 내 친구 말름보르는 그 어느 때보다 큰 성공을 거둔 밤이라고 말했다. 왁자지껄한 분위기에서 우리는 한밤의 만찬을 즐겼다. 오필리아는 내게 사근사근하게 굴었고, 햄릿은 잔을 들어 올려 나의 건강을 빈 뒤 모든 동료들을 대표해 나에게 극단을 이끌어 달라고 제안했다. 나는 생각해 보겠다고 답했다. 모든 단원들이 역까지 배웅을 나왔다.

48시간 뒤 나는 파리에 있는 일터로 돌아왔다. 조금도 피곤하지 않았다. 젊음이란! 아, 청춘이여!

17

파리의 의사들

그 당시 파리에는 외국인 의사들이 많았다. 그들 사이에는 잘루지 드 미티, 즉 직업적인 시기와 질투가 팽배했다. 나도 그 대상이었다. 프랑스 동료 의사들은 부유한 외국인 사회를 독점하고 있던 우리를 썩 달가워하지 않았다. 우리 고객이 훨씬 수익성이 좋았던 탓이었다. 뒤늦게 언론에서 파리의 외국인 의사 수가 꾸준히 늘고 있는 상황을 문제 삼았다. 종종 잘 알려진 대학에서 정식 학위를 받지 않은 의사가 있다는 듯한 뜻을 내비치기도 했다.

그러자 프레페 드 폴리스(경찰청장)가 모든 외국인 의사들은 이달 말까지 졸업장을 제출해 검증받으라는 명령을 내렸다. 파리 대학에서 의학박사 학위를 받아 아무 거리낄 게 없었던 나는 명령을 완전히 잊고 있다가 기한 마지막 날에야 구역 관할 코미사리아(경찰서)를 찾아갔다. 나와 안면이 조금 있던 코미세르(경찰서장)가 혹시 나와 같은 거리에 사는 X 박사를 아냐고 물었다. 거기 병원이 아주 성업 중이라는 정도는 안다, 가끔 사람들이 그 의사 이름을 이야기하는 것은 들어봤다, 그 병원 앞에 서 있는 멋진 마차를 보며 감탄한 적도 있다, 이렇게 대답했다.

그러자 코미세르는 이제 그렇게 보지 않아도 된다고 했다. 그 의사는 블랙리스트에 올라 있고, 학위가 없어서 학위증을 제출하지 못하고 있으며, 돌팔이 의사라 결국 팡세(체포)될 거라고 했다. 소문으로는 그 의사의 연간 수입이 이십만 프랑이 넘는다나. 파리의 웬만한 유명인사들보다 수입이 많다는 이야기였다. 나는 돌팔이라고 해서 좋은 의사가 아니라는 법은 없으며, 환자들이 그에게 도움을 받을 수 있다면 학위증은 별로 중요하게 여기지 않을 것이라고 말했다.

그로부터 몇 개월 뒤, 코미세르가 직접 이 일이 어떻게 끝났는지 내게 알려줬다. X 박사가 마지막 날 찾아와 코미세르와 비공개로 면담하기를 요청했다. 독일의 유명 대학 M.D. 학위증을 제출하면서 자신의 비밀을 지켜 달라고 부탁했다. 그러면서 사람들이 자신을 돌팔이라고 생각하는 덕에 그렇게 많은 환자들을 진료할 수 있다고 설명했다. 나는 그 말을 듣고 코미세르에게 말했다. 그 의사가 심리학의 절반만큼이라도 의학을 알고 있다면 금방 백만장자가 될 겁니다.

집에 걸어가며 생각해 보니 내 동료가 이십만 프랑을 버는 건 하나도 부럽지 않았다. 다만 자기 수입이 정확히 얼마인지 알고 있다는 점이 부러울 뿐이었다. 나도 늘 내가 얼마나 버는지 궁금했다. 확실히 많이 버는 것 같기는 했다. 언제든 원하는 만큼 쓸 정도로 현금이 넉넉했으니까. 좋은 아파트, 멋진 마차, 훌륭한 요리사가 있었다. 게다가 맘젤 아가타가 나간 지금은 종종 빌리에 대로에 친구들을 초대해 최고의 만찬을 즐겼다. 카프리에도 두 번이나 다녀왔다. 마스트로 빈첸초의 집을 구매하러 한 번, 산 미켈레에 있는 폐허가 된 작은 예배당을 소유한 미지의 주인을 만나 고액을 제시하러 또 한 번. 이 예배당을 구입하는 데에 10년이 걸렸다. 그 당시 이미 열렬한 미술 애호가였던 나는 빌리에 대로에 있는 우리집 곳곳을 오래된 보물들로 채웠다. 종종 잠 못 이루던 밤, 매시간 마다 울려대는 시계가 열두 개가 넘었다. 왠지는 모르겠지만, 그렇게 부유하던 시절에 돈이 없어서 전전긍긍하던 때도 있었다. 하지만 로잘리는 그 이유를 알고 있었다. 콩시에르주(관리인)도, 심지어 포니세르(납품업자)도 알고 있었다. 종종 내게 돈을 빌려주었던 노스트롬도 마찬가지였다. 그는 내 정신체계에 문제가 있다고 밖에는 설명할 길이 없다고 했다. 다른 사람들처럼 적당히 회계 장부도 쓰고 환자에게 정기적으로 청구서를 보내는 것만이 해결책이라고 말했다. 나는 장부를 써보려 해도 소용이 없었고 청구서는 써 본 적도 없으며 앞으로도 그럴 일은 없을 거라고 말했다. 우리 직업은 장사가 아니라 예술이다. 그런데 고통을 두고 거래하다니, 나에게는 치욕스러운 일이었다. 환자가 내 책상 위에 20프랑짜리 동전을 올려놓을 때는 얼굴이 화끈거렸다. 다시 동전을 내 손에 쥐어줄 때에는 한 대 치고 싶었다. 노스트롬은 순전히 내 허영심이자 자만심으로 치부해버렸다. 다른 동료들처럼 장의사가 쥐어주는 돈일지라도 내 손에 들어오는 것들은 다 움켜쥐어야 한다고 했다.

나는 우리가 하는 일은 성직자 못지않은 신성한 직업이며 지나친 돈벌이는 법으로 금지해야 한다고 주장했다. 나라에서 의사들에게 보수를 지급해야 하고 그 보수가 영국 판사들처럼 충분해야 한다. 이런 체계가 마음에 들지 않는 사람은 이 일을 그만두고 증권거래소로 가든지 가게를 열면 된다. 의사들이 산책할 때 현자처럼 모든 사람들에게 존경과 보호를 받아야 한다. 가난한 환자들과 의사 본인을 위해 부유한 환자들에게 필요한 만큼 취하는 건 환영할 만하지만, 그들이 방문하는 횟수를 세거나 청구서를 작성해서는 안 된다. 의사가 살린 아이의 생명 값이 아이 어머니에게 얼마일지 어떻게 환산할 수 있겠는가? 몇 마디 위로의 말을 건네거나 손으로 한 번 어루

만져 두려움에 떨고 있는 두 눈에서 죽음의 공포를 없애준 대가로 도대체 얼마를 받아야 할까? 의사가 놔준 모르핀 주사를 맞고 죽음의 집행인과 매 순간 사투를 벌이는 사람에게 얼마를 청구해야 할까? 현대의 상표를 달고 있지만 중세 미신에 뿌리를 둔 값비싼 특허 의약품을 언제까지 고통 받는 인류에게 쏟아부어야 할까? 효과가 있는 약물 수가 손에 꼽을 만큼 적을뿐더러 위대한 대자연이 아주 저렴한 값에 제공한다는 것을 우리는 알지 않는가. 어째서 유행을 쫓는 의사인 나는 멋진 마차를 타고 다니고, 빈민가에 있는 내 동료 의사들은 걸어 다녀야 하지? 나라에서 사람을 치유하는 기술보다 죽이는 기술을 가르치는 데에 몇백 배나 많은 돈을 쏟아붓는 이유가 뭐란 말인가? 교회는 좀 줄이고 병원은 더 많이 지으면 안 되나? 기도는 어디서든 드릴 수 있지만 수술을 하수구에서 할 수는 없지 않은가! 살인자와 강도들이 편안하게 지낼 집은 그렇게나 많이 지으면서 빈민가의 가난한 사람들이 지낼 집을 짓는 데에는 왜 그렇게 인색한 건가? 왜 그들에게 알아서 먹고 살라는 말을 하지 않지? 감옥에 갇혀 있어도 먹고 안 먹고 선택할 권리가 주어진다면, 일용할 양식을 마련하기 위해 열심히 일할 사람은 아무도 없을 거다.

 감옥에 있는 사람들을 두고 대부분 우유부단하고 머리가 나쁘며 무책임한 인간들이라고 말한다. 착각이다. 그 사람들의 지능 수준은 평균 이하가 아니라 그 이상이다. 초범자들에게는 형기를 줄여주는 대신 질 낮은 식사와 반복되는 강력한 체벌을 주어야 마땅하다. 그들이 지내는 방 한 켠에 버려진 아이들과 사생아의 아버지들, 그리고 지금 거리를 활보하고 다니는 포주들이 들어갈 자리를 마련했어야 한다. 힘없는 동물들을 학대하는 행위는 하느님 보시기에 강도질보다 훨씬 큰 죄였지만, 벌금 몇 푼으로 처벌하고 끝냈다. 과도한 부의 축적이 종종 가난한 이들을 대상으로 교묘하고 은밀하게 이루어지는 절도 행위라는 것을 우리 모두 잘 알고 있었다. 백만장자가 감옥에 들어갔다는 말은 들어보질 못했다. 어떤 것에서든 돈을 버는 재주는 도덕적으로 상당히 의심스러운 특별한 재능이었다. 이런 재주를 가진 사람들은 꿀벌처럼 자신이 가진 황금빛 벌집 한 조각을 뚝 떼어서 매일 먹는 빵에 발라먹을 꿀조차 가지지 못한 사람들과 나눈다는 조건 하에 활동을 계속하도록 했어야 한다.

감옥에 있는 나머지 사람들, 그러니까 상습범이나 피도 눈물도 없는 살인자 등은 병원에서 쓰는 상설 침대 값보다 비싼 비용을 들여 평생 편히 지내게 하는 대신, 처벌이 아닌 보호라는 차원에서 그들에게 고통 없는 죽음을 내려야 한다. 우리에게는 그들을 판단하거나 벌을 줄 권한이 없기 때문이다. 언제나 그랬듯 영국이 옳았다. 이런 악행을 저지른 자들은 사회가 그들을 가혹하게 다룬다 해도 불평할 권리가 없다. 그들은 자신들이 저지른 범죄의 대가로 살아 있는 인간이 받을 수 있는 가장 큰 특권, 그러니까 일반적으로 다른 범죄자들은 그들이 저지른 미덕에 보상받지 못하는 특권, 즉 신속한 죽음이라는 특권을 받았기 때문이다.

노스트롬은 내게 사회 개혁을 하겠다는 꿈은 포기하라고 조언했다. 그것은 나의 길이 아니라고 생각하는 모양이었다. 그냥 의학에 집중하라고 했다. 지금까지 나에게는 결과에 불평할 권리가 없었다. 하지만 노스트롬은 환자들 사이를 현자인 양 걸어 다니며 의료 서비스와 휴대할 수 있는 물품을 맞바꾸려는 내 계획이 원활하게 돌아갈 수 있을지 심각한 의문을 가졌다. 그는 청구서 작성이라는 오래된 체계가 더 안전하다고 굳게 믿었다. 나는 그 믿음을 그렇게까지 확신하지 않는다고 말했다. 사실 두어 번 진료비 청구서를 동봉하여 편지를 보내도 답하지 않다가 비용을 전혀 지급하지 않은 채 사라져 버린 환자들이 더러 있었다(영국에서는 절대 일어나지 않는 일이었다). 물론 내가 보낸 청구서보다 더 많은 금액을 보내온 환자들도 적지 않았다. 내 환자들 대부분은 현물보다는 돈 쓰는 걸 더 좋아하는 듯 했지만, 내가 세운 체계는 여러 경우에 성공적으로 적용되었다. 내가 귀하게 간직하고 있는 물건 중에 C양이 미국으로 떠나는 날 준 낡은 로덴 케이프가 있다. C양은 내 마차를 함께 타고 이동하던 중에 감사한 마음을 전하며 내가 베풀어준 친절에 어떻게 보답해야 할지 모르겠다고 했다. 그때 C양이 두르고 있던 낡은 로덴 케이프가 눈에 들어왔다. 내게 꼭 필요한 물건이었다. 그래서 나는 케이프를 무릎에 얹은 뒤 잘 간직하겠다고 했다. C양은 이 케이프를 10년 전 잘츠부르크에서 구입했는데 정말 마음에 드는 물건이라고 말했다. 나도 마음에 든다고 했다. C양은 바로 올드 잉글랜드로 가자며 거기서 가장 비싼 스코틀랜드 망토를 선물하겠다고 했다. 나는 스코틀랜드 망토는 필요하지 않다고 말했다. 여기서 짚고 넘어갈 게 있다. C양은 화가 많은 성격으로, 지난 몇 년 동안 나를 참 곤란하게 만들었다. 그날도 C양은 역시나 버럭 화를 내더니 작별 인사도 없이 마차에서 뛰어내렸다. 그리고 다음 날 미국으로 떠나버렸다. 그날 이후로 그녀를 다시 만난 적이 없다.

그러고 보니 런던으로 떠나기 전 빌리에 대로로 찾아온 레이디 머드 B도 생각난다. 이 레이디는 청구서를 세 번이나 요청했지만 내가 도통 답이 없어 아주 난처한 입장에 처했다며, 무엇을 어떻게 해야 할지 모르겠다고 말했다. 레이디는 내 의술과 친절을 입이 마르도록 칭찬하였다. 감사의 뜻을 전하는 데 돈이 문제이겠냐며 생명을 구해준 나에게 전 재산을 내주어도 아깝지 않다고 했다. 이렇게 매력적인 젊은 레이디에게 이런 말을 들으니 기분이 참 좋았다.

레이디가 말을 하는 동안 나는 그녀가 입고 있는 진한 빨간색 실크 드레스를 감상하였다. 레이디도 벽난로 선반 위에 걸린 베네치아 거울에 비친 모습을 한 번씩 들여다보았다. 나는 키가 크고 날씬한 그녀의 몸매를 유심히 바라보다가 그 드레스를 갖고 싶다고 말했다. 레이디는 재미있다는 듯 웃음을 터뜨렸다. 하지만 드레스를 가지러 일곱 시 정각에 호텔로 로잘리를 보내겠다고 하자 곧 웃음기가 걷힌 얼굴에 당황한 빛이 돌았다. 이내 레이디는 자리에서 벌떡 일어나며 분노로 싸늘해진 말투로 살면서 그런 말은 처음 들어본다고 했다. 나는 아마 그럴 거라고 답했다. 레이디는 내게 줄 수 있는 게 아무것도 없다고 말했었다. 내가 그 드레스를 고른 데에는 나름 이유가 있었던 건데. 레이디는 눈물을 터뜨리며 진료실을 뛰쳐나갔다. 그로부터 일주일 뒤, 스웨덴 공사관에서 영국 대사의 부인을 만났다. 이 친절한 부인은 내가 소개해 준 폐결핵을 앓는 영국인 가정교사를 잊지 않았다고 말했다. 게다가 영국인들을 위해 연 가든 파티에 그녀를 초대까지 했다고 말했다.

"정말 많이 아파 보이더군요." 대사 부인이 말했다. "그런데 선생님 말씀처럼 가난한 사람은 아닌 것 같아요. 워스에서 옷을 구입하는 게 틀림없어요."

노스트롬이 내가 청구서도 못 쓰고 진료비를 받으면서도 민망해하는 건 다 내 허영심과 자만심 때문이라고 했던 말을 생각하면 참 분했다. 노스트롬 말이 옳다면, 내 동료들은 유난히 이런 결점이 없는 사람들인 셈이었다. 그들은 양복 재단사처럼 청구서를 보내고 환자들이 건네주는 금화를 아무렇지 않게 받았다. 심지어는 환자들이 문제를 이야기하기에 앞서 먼저 돈을 책상 위에 올려두는 게 예의라고 하는 곳들도 많았다. 수술하기 전에 수술비의 절반을 먼저 지급하는 게 원칙이 돼버렸다. 수표 지불 유효기간을 확인하느라 마취한 환자를 깨우고 수술을 미룬 경우도 있었다. 우리 같은 잔챙이 의사가 유명 의사에게 협진을 요청하는 경우, 이 거물급 의사가 자신이 받은 수수료 일부를 진료 요청 의사에게 떼어주는 일이 당연시되었다. 그게 다가 아니었다. 내가 처음 방부 보존 전문가를 불렀던 날, 이 전문가는 자기가 받은 수수료에서 500프랑을 주겠다고 제안해서 몹시 놀랐던 기억이 난다. 방부보존 비용은 터무니없이 비쌌다.

내가 어려운 사례에 자주 자문을 구했던 교수들 중 상당수가 세계적으로 명성이 높은 각 분야 최고의 전문가로, 놀랍도록 정확하고 신속하게 진단을 내렸다. 샤르코는 독수리 같은 냉철한 눈으로 환자를 빠르게 훑어만 보아도 문제의 근원을 곧바로 찾아내는 아주 신기한 능력을 지녔다. 말년에는 자신의 눈을 너무 믿었는지, 환자를 너무 피상적으로만 쓱 살펴보고 마는 경우가 많았다. 실수를 절대 인정하지 않았다. 겁도 없이 그가 틀렸다는 뜻을 요만큼이라도 내비쳤다가는 곤욕을 치렀다.

하지만 샤르코는 치명적인 예후를 설명해야 할 때는 무척 신중했다. 아주 절망적인 경우에도 입버릇처럼 랑프레뷰 에트 주르, 예기치 못한 일은 늘 일어나기 마련이라고 말했다. 샤르코는 당대 가장 유명한 의사였다. 생 제르맹 거리에 있는 그의 진료실은 전 세계에서 몰려든 환자들로 북적였다. 몇 주나 기다리다가 간신히 안쪽 깊숙한 곳에 자리한 성역에 발을 들이기가 일쑤였다.

그곳에 들어서면 커다란 서재 창가에 샤르코가 앉아 있었다. 작은 키, 운동선수처럼 탄탄한 가슴, 황소처럼 두툼한 목. 얼핏 봐도 당당한 풍채였다. 말끔하게 면도한 하얀 얼굴, 평평한 이마, 차갑고 예리한 눈, 매부리코, 신경질적으로 잔인한 말을 내뱉는 입술은 로마 황제의 가면을 쓰고 있는 듯했다. 화를 낼 때면 눈에 불꽃이 일었다. 한 번 보면 절대 잊지 못할 무서운 눈빛이었다. 명령조의 목소리는 딱딱하고 비꼬는 것처럼 들렸다. 살이 늘어진 그 작고 말랑한 손을 잡을 때는 불쾌한 기분이 들었다. 친하게 지내는 동료가 별로 없었고, 환자와 조수들에게는 두려움의 대상이었다. 조수들에게 초인적인 양의 일을 시키고도 격려의 말 따위 건네는 법이 없었다. 샤르코는 환자들이 겪는 고통에 무심했고, 진단을 한 번 내리면 다시 검사할 때까지 별 관심을 두지 않았다. 마음에 드는 조수가 있으면 그 재능에 상관없이 특권을 누리는 자리에 오를 수 있도록 힘껏 밀어주곤 했다. 어떤 시험이나 경쟁에서건 샤르코의 추천서 한 장이면 그 결과가 달라졌다. 사실 샤르코는 의학부 전체에 무소불위의 힘을 펼쳤다.

모든 신경 전문의들이 다 그렇듯, 샤르코는 아무 조건 없이 영웅을 숭배하는 신경질적인 여성들에 둘러싸여 있었다. 다행히 샤르코는 여자에게 전혀 관심이 없었다. 그가 쉬지 않고 일한 뒤 누리는 유일한 휴식은 음악이었다. 그가 음악에 푹 빠져 지내는 목요일 저녁에는 그 누구도 의학에 관련한 말을 한마디도 꺼내면 안 되었다. 샤르코는 베토벤을 가장 좋아했다. 동물들을 무척 좋아하여, 아침마다 살페트리에르 병원 안마당에 마차를 대고 무거운 몸을 이끌며 내린 뒤에는 꼭 주머니에서 빵 한 조각을 꺼내어 늙은 로시난트(말) 두 마리에게 주었다. 스포츠와 동물 사냥 이야기만 나오면 가차 없이 말을 끊었다. 영국인들을 아주 싫어했는데, 아무래도 여우 사냥을 혐오하는 데서 비롯된 것 같았다.

포탱 교수는 당시 샤르코와 함께 파리 의학계의 유명인사였다. 이 훌륭한 의사들만큼 서로 성격이 맞지 않는 사람들도 없었다. 오피탈 니케르(니케르 병원)에 근무하는 이 유명한 클리니시앵(임상의)은 외모가 어디 하나 특출난 데 없이 평범했다. 어디를 가나 수많은 사람들 속에서도 단연 돋보이던 샤르코와는 대조적이었다. 이 유명한 동료 의사에 비하면, 늘 헐렁하고 낡아빠진 프록코트를 입은 포탱 교수는 아주 초라해 보였다. 하지만 환자들은 교수를 신처럼 떠받들었다. 부자건 형편이 어려운 사람이건 포탱 교수 눈에는 다 똑같았다. 그 큰 병원의 환자들 이름을 하나하나 다 기억하였고, 나이가 많건 적건 환자들 볼을 친근하게 톡톡 두드렸으며, 그들이 털어놓는 고민에 끝까지 귀 기울였다. 종종 입맛을 잃은 환자들에게 자기 돈으로 음식을 사주곤 했다. 아주 가난한 환자들도 자신을 찾아온 많은 왕족이나 백만장자를 대하듯 세심하게 살폈다. 폐나 심장의 아주 미세한 이상징후도 경이로울 만큼 예리한 그의 귀를 피해가지 못했다. 다른 사람의 가슴에서 일어나는 일을 그만큼 잘 아는 사람이 또 있을까 싶었다. 내가 그나마 알고 있는 심장질환 지식은 모두 포탱 교수에게 배웠다. 내가 가난한 환자를 두고 조언이 필요할 때 감히 자문을 구했던 의사는 포탱 교수와 기노 드 무시뿐이었다 해도 지나치지 않다.

그리고 또 한 사람, 유명 외과 의사인 티요 교수도 있었다. 그의 오텔 디유 클리닉은 니케르 병원의 포탱 클리닉과 같은 방식으로 운영되었다. 티요 교수는 환자들에게 아버지와 같은 존재였다. 형편이 넉넉지 않아 보이는 환자일수록 그들의 안녕에 더 관심을 기울였다. 내가 본 중에 단연코 최고의 교사였고, 그의 저서 <외과적 응용을 위한 국소 해부학>은 지금까지 이 주제를 다룬 책 중에 최고였다. 대단히 뛰어난 외과 의사로, 드레싱도 직접 다 했다. 단순하고 솔직한 태도나 푸른 눈이 꼭 북부 사람 같아 보이지만 사실 브르타뉴 출신이었다. 나와 내 수 많은 단점을 보면서도 대단히 친절했고 인내심을 발휘했다. 내가 좋은 외과 의사가 되지 못한 건 절대로 그의 잘못이 아니다. 오히려 나는 그에게 큰 빚을 졌다. 확신하건대 내가 지금 두 다리로 걸어 다닐 수 있는 것도 다 티요 교수 덕이다. 여기서 잠깐 이 이야기를 하고 넘어갈까 한다.

*

길고 뜨거웠던 여름, 나는 하루도 쉬지 않고 고된 날들을 보내고 있었다. 불면증과 그 짝인 우울감이 나를 괴롭혔다. 환자들한테도 짜증을 부리고, 눈에 보이는 모든 사람들에게 성질을 부렸다. 가을 무렵엔 그렇게 차분한 노스트롬마저도 내 꼴을 참지 못했다. 결국 어느 날 나와 함께 저녁을 먹다가 몸과 마음이 다 망가지기 전에 당장 시원한 곳으로 떠나 3주 정도 쉬라고 말했다. 카프리는 너무 더우니 스위스가 딱 좋겠다고 했다. 이 친구의 해박한 지식에 절로 고개를 숙일 수밖에 없었다. 노스트롬의 말이 옳았다. 하지만 전제가 틀렸다. 과로로 내 상태가 그렇게 엉망진창이 된 게 아니었으니까. 하지만 그 이유를 굳이 여기서 말할 필요는 없을 것 같다. 사흘 뒤, 나는 체르마트에 도착했다. 눈 덮인 고산지역에서 지내는 삶이 그 아래 지역에서 지내는 삶보다 즐거운지 곧장 알아보러 나섰다. 이내 얼음도끼를 새로운 장난감 삼아 생사를 가르는 오래된 게임에 나섰다. 나는 대부분의 등산가들이 게임을 마치는 곳, 바로 마테호른에서 게임을 시작했다. 내 식탁 두 배만 한 경사진 바위에 얼음도끼를 단단히 묶은 뒤 눈보라가 세차게 휘몰아치는 성난 산등성이에서 밤을 지냈다. 함께 있던 안내인 두 사람이 흥미로운 이야기를 들려줬다. 웜퍼가 최초로 마테호른을 오르는 동안, 해도우, 허드슨, 프랜시스 더글라스 경, 미셸 크로즈는 우리가 매달려 있는 이 바위에서 4000피트 아래 빙벽으로 떨어졌다는 이야기였다. 동이 틀 무렵, 우리는 부르크하르트를 발견했다. 막 내린 눈을 파헤치니 잠이 든 듯 평화롭고 고요한 남자의 얼굴이 드러났다. 그는 동사했다. 산기슭에서 부르크하르트와 함께 했던 안내인 두 사람을 따라잡았다. 그들은 반쯤 정신이 나간 동료 데이비스를 부축하며 힘겹게 걷고 있었다. 두 사람은 목숨을 걸고 그를 구해낸 것이다.

이틀 뒤, 음울한 거인 슈렉호른은 여느 때처럼 침략자들을 향해 간당간당 매달려 있던 바위들을 쏟아부었다. 우리를 빗겨갔지만, 그렇게 먼 거리에서 날린 것치고는 썩 괜찮은 시도였다. 대성당도 날려버릴 만한 바윗덩어리가 천둥소리를 내며 우리 눈앞에서 불과 20야드도 떨어지지 않은 곳을 지나쳤다. 며칠 뒤, 계곡 아래에서부터 서서히 날이 밝아올 무렵 우리는 새하얀 눈의 가운을 걸친 융프라우를 넋을 잃고 바라보았다. 하얀 베일을 쓴 융프라우의 두 볼이 발그레했다. 나는 곧장 그 고혹적인 여인을 정복하러 나섰다. 처음에는 허락할 것만 같던 그 여인은 입고 있던 외투 자락에 달린 에델바이스를 내가 꺾으려 하자 갑자기 부끄러워하며 구름 뒤로 몸을 숨겼다. 아무리 애를 써도 나는 사랑스러운 그 여인에게 다가갈 수 없었다. 한 걸음 다가서면 두 걸음 멀어졌다. 이윽고 여인은 햇살에 빛나는 운무 뒤로 모습을 완전히 감췄다. 마치 「발퀴레」의 마지막 장면에서 브륀힐데를 둘러싼 불길과 연기의 장막 같았다. 질투심 많은 늙은 보모처럼 이 아름다운 여인을 지키던 늙은 마녀에게 홀린 듯, 우리는 목표에서 점점 멀어졌고, 결국 가파른 바위와 언제라도 우리를 집어 삼킬 준비가 된 험준한 절벽 가장자리까지 밀려났다. 얼마 지나지 않아 안내인들이 길을 잃었다며 서둘러 돌아가야 한다고 말했다. 정복에 실패하고 상사병에 빠진 나는 두 안내인이 잡고 있는 튼튼한 밧줄을 타고 다시 계곡으로 조금씩 내려갔다. 이만저만 실망스러운 게 아니었다. 그해에 젊은 여인에게 거절당한 게 두 번째였으니까.

하지만 젊음은 마음에 난 상처를 다스리는 뛰어난 치유력을 지녔다. 한잠 푹 자고 머리를 식히면 곧 회복된다. 나는 잠을 잘 못 잤지만 다행히 이성은 잃지 않았다. 다음 일요일(내 생일이었던 터라 날짜를 정확히 기억한다), 나는 몽블랑 정상에서 파이프 담배를 피웠다. 두 안내인들 말로는 정상에 도착한 사람들 대부분 숨을 헐떡이기 마련이었다. 그날 일어난 일을 다른 글에서 이미 이야기하였지만, 그 책은 절판되었다. 그래서 내가 티오 교수에게 무슨 빚을 졌는지 이해할 수 있도록 여기서 다시 이야기해보려 한다.

*

겨울과 여름에는 몽블랑을 오르기가 비교적 쉽다. 가을에는 바보가 아니고서야 낮의 태양과 밤의 서리가 몽블랑의 거대한 경사면에 새로 쌓인 눈을 단단히 다져놓을 시간도 주지 않고 산을 오르는 사람은 없다. 이 알프스의 제왕은 슈렉호른이 여기저기 널려 있는 바위들을 굴려 침입자를 막아내듯, 새로 쌓인 눈으로 사태를 일으켜 침입자들을 막아낸다.

점심 무렵, 나는 몽블랑 정상에 올라 파이프 담배에 불을 댕겼다. 샤모니 호텔에 머물던 외국인들은 노쇠한 산의 제왕이 머리에 쓰고 있는 하얀 칼로테 위에서 꼬물거리고 있는 파리 세 마리를 서로 돌아가며 망원경으로 보고 있었다. 그들이 점심을 먹는 동안 몽 모디 아래 협곡에서 눈밭을 더듬어 길을 찾는 우리 모습이 그랑 플라토(대평원)에 설치된 망원경 안에 이제 곧 나타날 터였다. 아무도 말을 하지 않았다. 조금이라도 목소리를 냈다가는 바로 눈사태로 이어질 수 있으니까. 갑자기 보아송이 뒤돌아보더니 들고 있던 얼음도끼로 하얀 경사면 위에 거인이 그리는 것 같은 검은 선을 가리켰다.

"비르 진트 알레 페를로렌." 보아송이 중얼거렸다.

이제 다 죽었다. 광활한 설원이 둘로 갈라지며 천둥 같은 소리와 함께 눈사태가 났다. 우리는 어마어마한 속도로 경사면 아래에 내동댕이쳐졌다. 감각이 없었다. 아무 생각도 나질 않았다. 갑자기 스팔란차니의 그 유명한 실험에서 머리가 잘린 개구리의 다리가 핀으로 찌르는 자극에 반사적으로 파닥거리는 것과 똑같은 반사운동이 내게 일어났다. 의식을 잃었던 커다란 짐승은 머리가 깨질 듯한 날카로운 통증에 반응하여 손을 들어 올렸다. 무뎌진 말초 감각이 내 뇌에 생존 본능을 불러일으켰다. 마지막 순간까지도 사라지지 않는 그 본능을 말이다. 눈 속에 파묻혀 있던 나는 거기서 벗어나려 필사적으로 몸부림쳤다. 푸르스름한 빙벽이 반짝이고 있었다. 눈사태로 처박혀 있던 빙하 틈으로 한낮의 햇살이 쏟아져 내리고 있었다. 이상하게도 두렵지 않았다.

과거, 현재, 미래, 그 어떤 것도 머릿속에 떠오르지 않았다. 점점 희미한 감각이 내 뇌에서 서서히 깨어나더니 마침내 이해의 영역에 들어섰다. 그게 무엇인지 곧 깨달았다. 내 오랜 취미, 죽음의 모든 것을 알고자 했던 내 불치병 같은 호기심이었다. 드디어 내게도 기회가 찾아왔다. 냉정을 유지하고 죽음을 똑바로 마주할 기회가. 저 앞에 죽음이 서 있다. 얼음처럼 차가운 수의를 입은 채 서서히 다가온다.

내게 뭐라 말하려나? 가차 없고 냉정할까? 아니면 나를 가엾이 여기며 여기 눈 속에 누워 영원히 잠들게 내버려둘까? 이해하기 어렵겠지만, 끝까지 남아 있던 내 정상적인 사고방식, 그러니까 죽음을 향한 호기심이 내 목숨을 구한 게 틀림없다. 갑자기 얼음도끼를 쥔 손에 감각이 돌아오고, 허리에 두른 밧줄이 느껴졌다.

밧줄이다! 내 두 동료들은 어디에 있지? 나는 최선을 다해 빠르게 밧줄을 잡아당겼다. 갑자기 뭔가가 느껴지더니 보아송의 머리가 눈 밖으로 불쑥 튀어나왔다. 그는 숨을 한 번 깊게 내쉬고는 곧장 허리에 감고 있던 밧줄을 잡아당겨 의식을 잃은 동료를 무덤에서 끌어냈다.

"얼어 죽는 데 얼마나 걸리죠?" 내가 물었다.

보아송이 우리를 가두고 있는 얼음벽을 빠르게 훑어보더니, 살짝 경사진 크레바스 벽을 고딕 성당의 외벽을 떠받치는 플라잉 버트레스처럼 가로지르는 얇은 얼음 다리에 시선을 고정했다.

"얼음도끼를 가지고 저 다리에 닿을 수만 있다면 길을 뚫을 수 있을 것 같습니다."

나는 곱은 손으로 꽉 쥐고 있던 얼음도끼를 그에게 건넸다.

"침착해. 제발 침착하자." 보아송은 혼잣말을 하며 곡예사처럼 내 어깨를 딛고 일어서고는 머리 위쪽에 걸린 얼음 다리로 몸을 날렸다. 경사진 벽에 맨손으로 매달린 그는 조금씩, 조금씩 빙벽에서 벗어나더니 밧줄을 이용해 나를 끌어올렸다. 우리는 천신만고 끝에 아직 정신을 차리지 못한 다른 안내인을 끌어올렸다. 눈사태가 모든 지형을 싹 쓸어버렸다. 우리는 얼음도끼 하나에만 의지한 채, 쌓여 있는 눈 밑에 숨어 있는 다른 빙벽에 빠지지 않도록 서로 조심하라고 경고하며 앞으로 나아갔다. 한밤중이 지나 산장에 도착했다. 보아송 말로는 우리가 빙벽에서 탈출한 것보다 더 큰 기적이었다. 산장도 눈에 거의 다 파묻혀 있어서, 지붕에 구멍을 내고 안으로 들어가는 수밖에 없었다. 우리는 바닥으로 곤두박질쳤다. 보아송이 가지고 있던 칼로 내 묵직한 등산화를 찢은 다음 눈에 꽁꽁 언 발을 꺼내 문질러 녹이는 사이, 나는 등잔에 남아 있던 산패한 기름을 마지막 한 방울까지 털어 마셨다. 샤모니에서 온 구조대가 온종일 눈사태 흔적을 따라 우리 시신을 찾아 돌아다녔지만 허탕이었다. 그러다가 오두막 바닥에서 잠이 든 우리를 발견했다. 다음 날 나는 짚을 나르는 수레에 실려 제네바로 옮겨졌고 파리행 야간열차에 올랐다.

다음 날 아침 비틀거리는 걸음으로 오텔 디유의 강당에 들어섰다. 티요 교수는 두 번째 수술을 앞두고 손을 씻고 있었다. 교수는 내 다리를 감싸고 있던 솜을 걷어내고 발을 뚫어져라 쳐다보았다. 나도 내 발을 들여다봤다. 꼭 흑인의 다리처럼 검게 변해 있었다.

"사크레 수에두아, 세상에, 대체 어디서 오는 길인가?" 티요 교수가 버럭 소리를 질렀다.

그는 자상한 그 파란 눈으로 걱정스러운 듯 나를 바라보았다. 너무 부끄러웠다. 스위스에서 휴양 중이었는데, 유감스럽게도 산을 찾는 사람이라면 누구나 겪을 수 있는 불행한 사고를 겪었다고 말했다.

"메 세 뤼, 그 사람이다!" 한 인턴이 외쳤다. "푸 수 세 뤼, 그 사람이 틀림없어!" 인턴은 입고 있던 옷 주머니에서 『피가로』지를 꺼내 샤모니에서 온 소식을 큰 소리로 읽었다. 한 외국인과 안내인 두 사람이 몽블랑을 내려오던 중 눈사태를 만나 실종되었다가 기적적으로 탈출했다는 내용이었다.

"세상에, 맙소사, 이 정신 나간 놈, 이 빌어먹을 스웨덴 녀석, 도대체 왜 여기로 온 거야? 정신병원엘 가야지!" 티요 교수가 이렇게 말하며 화를 냈다.

"잘들 보게. 라플란드 곰의 두개골이라네." 교수는 내 정수리에 난 상처에 드레싱을 하며 말했다. "코끼리도 한 방에 날릴 만한 타격이었을 텐데, 골절도 없고 코모시옹 세레브할(뇌진탕)도 아니었다니! 뭐 하러 그 먼 샤모니까지 갔나? 차라리 노트르담 종탑 꼭대기에서 창문 아래 광장으로 뛰어내리지. 머리로 떨어지기만 하면 위험하진 않을 걸세!"

티요 교수가 놀릴 때마다 기분이 좋았다. 그가 내게 호감을 가지고 있다는 확실한 표시였으니까. 곧장 빌리에 대로로 달려가고 싶었지만, 티요 교수는 병원 내 별도의 병실에서 며칠 편히 지내는 게 좋겠다고 했다. 나는 그다지 좋은 학생이 아니었지만 티요 교수에게 외과 수업을 들은 덕에 그가 내 다리를 절단하려 한다는 것쯤은 충분히 눈치챘다. 교수는 닷새 동안 하루에 세 번씩 병실을 오가며 내 다리를 살폈다. 엿새째 되는 날, 모든 위험을 넘긴 나는 빌리에 대로의 소파에 누워 있었다. 어쨌든 처절한 대가를 치렀다. 6주 동안 꼼짝없이 누워 지냈는데, 너무 예민해져서 책이라도 써야 했다. 아, 걱정하지 않아도 된다. 그 책은 절판됐으니까. 나는 지팡이 두 개에 의지해 또 한 달을 보냈다. 그리고 완전히 회복했다.

그때 파리에 있는 다른 유명 외과 의사가 나를 맡았다면 어떻게 됐을까. 생각만 해도 끔찍하다. 디유 병원의 다른 병동 책임자인 리셰 영감이 맡았다면 분명 그의 전문 분야인 괴저나 패혈증으로 죽었을 거다. 그의 케케묵은 클리닉에 그 병에 걸리지 않은 환자가 없을 정도였으니까. 생 루이 병원의 잔혹한 도살자로 유명한 피앙 교수였다면 내 두 다리를 모두 잘라, 도살장처럼 피범벅인 강의실 바닥에 쌓아둔 팔다리, 여섯 개의 난소와 자궁, 각종 종양 덩어리들 위에 던져 놓았을 거다. 그런 다음 아직 내 피로 물든 그 커다란 손으로 마취가 제대로 되지 않아 반쯤 의식이 있는 다음 희생자 몸에 마술사처럼 메스를 꽂았을 것이다. 그 사이에 다른 여섯 명의 희생자들은 들것에 누운 채 공포에 질려 비명을 지르며 고문당할 차례를 기다리고 있었겠지. 그렇게 마사크흐 앙 마스(대학살)를 마친 피앙 교수는 이마에 흐르는 땀을 닦아내고 입고 있는 흰 조끼와 연미복에 튄 핏방울과 고름 얼룩을 지워냈을 거다(그는 언제나 야회복 차림으로 수술을 했다). 그리고 보알라 푸르 오쥬흐뒤, 메슈[제군들, 오늘은 여기까지]!라는 말과 함께 서둘러 강의실을 벗어나 으리으리한 마차에 오른 뒤 전속력으로 상테 거리에 있는 개인 클리닉으로 달려가, 라 빌레트의 도살장에 힘없이 끌려가는 양들처럼 과대광고에 이끌려 그곳으로 몰려온 여성들의 배에 칼을 들이댔을 거다.

18

살페트리에르

나는 당시 살페트리에르 병원에서 열렸던 샤르코 교수의 유명한 화요 강의에 거의 빠지지 않고 참석했다. 그 강의에서는 주로 그랑 히스테리(대발작)와 최면술을 집중해서 다뤘다. 그 커다란 계단식 강의실이 유명 작가, 기자, 유명 배우들, 유행에 민감한 화류계 인사 등 파리 전역에서 온 각계각층의 청중들로 발 디딜 틈이 없었다. 모두 메스머와 브레이드 이후 거의 잊힌 최면술의 놀라운 현상을 목격하려는 병적인 호기심으로 가득한 사람들이었다. 그 강의에서 이미 『비곗덩어리』와 잊을 수 없는 『메종 텔리에』로 유명해진 기 드 모파상을 알게 됐다. 우리는 최면술과 온갖 정신 문제를 두고 끝없이 이야기를 나눴다. 모파상은 내가 알고 있는 것들을 조금이라도 더 알아내려 했다. 게다가 정신이상과 관련한 것들도 모두 알고 싶어 했다. 당시 모파상은 자신의 불행한 미래를 충실히 담은 그 무시무시한 『오를라』를 쓰려고 자료를 모으는 중이었다. 심지어는 나와 함께 낭시에 있는 베른하임 교수의 클리닉을 방문하였다. 이 방문으로 나는 살페트리에르 학파의 최면술에 오류가 있다는 사실을 깨달았다. 그리고 모파상의 요트에 초대 받아 이틀 정도 머물렀다. 앙티브 항구에 정박해 있던 그의 요트 벨 아미의 작은 거실에서 밤새도록 죽음을 이야기했던 기억이 아직도 생생하다.

도파상은 죽음을 두려워했다. 죽음이라는 말이 머릿속을 떠나지 않는다고 했다. 여러 가지 독물과 효력이 나타나는 속도는 물론 얼마나 고통스러운지 물었다. 특히 바다에서 죽는 법을 물을 땐 집요했다. 구명조끼를 입지 않고 바다에서 죽는 편이 비교적 고통이 덜하겠다고 생각하지만, 구명조끼를 입은 상태라면 가장 끔찍한 죽음이 될 수 있다고 말해줬다. 그가 선실 문 옆에 걸려 있던 구명조끼를 우울한 눈으로 바라보며 아침이 오면 조끼들을 모두 바다에 던져버려야겠다고 말하던 모습이 지금도 선하다. 나는 그 말이 예정된 코르시카 항해 중에 우리를 다 바다 밑바닥으로 내던지겠다는 뜻이냐고 물었다. 모파상은 말이 없었다.

"아니오." 드디어 입을 연 그는 죽더라도 여인의 품에 안겨 죽고 싶다고 했다. 나는 지금 속도라면 소원을 이룰 기회가 있지 않겠냐고 말했다. 그 사이에 잠에서 깬 이본느가 정신이 몽롱한 상태로 샴페인 한 잔 더 달라고 하더니, 다시 모파상의 무릎을 베고 잠들었다.

이제 겨우 열여덟 살인 이본느는 발레리나였다. 그랑 오페라의 무대 뒤에서 어떤 뷰 마흐슈어(여자를 밝히는 영감탱이)의 악랄한 애무를 받으며 자랐다. 지금은 벨 아미 위에서 지독한 연인의 품에 안겨 파멸을 향해 무기력하게 표류하고 있었다. 구명조끼를 입는다 한들 이본느는 목숨을 구할 수 없을 거다. 내가 구명조끼를 건네더라도 받지 않을 테지. 이본느는 만족을 모르는 이 남자에게 몸뿐만 아니라 마음까지도 내주었다. 필요한 건 그녀의 몸뿐인 남자에게 말이다. 나는 그녀의 운명이 어떨지 알고 있었다. 그렇게 그의 무릎을 베고 잠든 아가씨가 한둘이 아니었다. 모파상이 자신의 행동에 얼마나 책임이 있느냐는 별개의 문제다. 불안에 떠는 그의 뇌리에 밤낮으로 떠도는 두려움이 그의 두 눈에 드러난 지 오래였다. 나는 그때 이미 이 남자의 운이 다했다고 생각했다. 그의 『비곗덩어리』에 나오는 미묘한 독이 이 뛰어난 두뇌를 파괴하기 시작했다는 것도 알았다. 그도 알았을까? 그랬을 거라는 생각이 종종 든다. 우리가 마주 앉은 책상 위에 『물 위에서』 원고가 놓여 있었다. 그가 그 자리에서 몇 장 읽어주었는데, 그가 쓴 작품들 가운데 최고라는 생각이 들었다. 그는 여전히 샴페인과 에테르, 온갖 종류의 약물에 절어 흥분한 뇌를 마구 채찍질하며 한 작품이 끝나기가 무섭게 또 다른 작품을 써내고 있었다. 끊임없이 이 여자 저 여자 품에 안으며 파멸을 재촉했다. 생제르맹은 물론 온 동네 큰길가에서 배우, 발레 무용수, 중산층 여성들, 그리제트(젊은 노동자), 평범한 창녀 등 부류를 가리지 않고 여자들을 만났다. 모파상의 친구들은 그를 '르 토르 트리스트', 슬픈 황소라고 불렀다.

그는 자신이 거둔 성과를 지나치게 자랑스러워했고, 충실한 하인 프랑수아가 클로젤 거리에 있는 자신의 아파트로 들여보낸 비밀에 쌓인 최상류층 여인들을 은근히 암시하곤 했다. 그에게 닥칠 폴리 데 그랑되르(과대망상)의 첫 징후였다. 그는 종종 빌리에 대로의 계단을 급히 뛰어 올라와 내 방 구석에 앉아 내가 너무나도 잘 아는 그 특유의 병적인 눈빛으로 조용히 나를 바라보았다. 어떤 때는 벽난로 위에 걸린 거울에 비친 자기 모습을 마치 낯선 사람 보듯 한동안 응시하였다. 어느 날은 내게 이런 이야기를 했다. 서재 책상에 앉아 열심히 새 소설을 쓰고 있는데 철저히 감시하고 있는 하인의 눈을 피해 낯선 사람이 들어오는 것을 보고 깜짝 놀랐다. 그 사람은 책상 맞은편에 앉더니 자신이 쓰고 있는 내용을 줄줄이 읊으며 받아 적으라고 했다. 프랑수아를 불러 그를 내쫓으려 했지만 그 낯선 사람이 바로 자기 자신임을 알고는 경악했다.

며칠 뒤 나는 모파상과 함께 그랑 오페라 무대 뒤에서 마드모아젤 이본느가 파 드 콰트르를 추는 모습을 보았다. 그녀는 정염에 불타오르는 눈길을 한시도 떼지 않는 연인에게 남몰래 미소를 지었다. 우리는 모파상이 이본느에게 마련해준 아담하고 우아한 아파트에서 늦은 저녁을 먹었다. 화장을 지운 이본느의 얼굴이 처음 요트에서 봤던 얼굴보다 너무나 해쓱해 보여 놀랐다. 이본느는 춤을 출 때면 늘 에테르를 사용한다고 했다. 기운을 돋우는 데에 에테르만 한 게 없다며 동료들은 물론 발레단장도 복용한다고 했다(사실 단장은 몇 년 뒤 이 에테르 때문에 카프리 별장에서 죽었다). 모파상은 이본느가 너무 마른 데다가 밤에 계속 기침을 하는 소리에 잠을 제대로 잘 수 없다고 불평을 늘어놓았다.

그의 부탁으로 다음 날 이본느를 검사했다. 한쪽 폐 윗부분에 심각한 문제가 있었다. 모파상에게 이본느가 당장 일을 다 내려놓고 쉬어야 한다는 말과 함께, 망통에서 겨울을 나는 게 좋겠다고 일렀다. 모파상은 빼빼 마른 여자를 좋아하지 않는다며 이본느를 위해 할 수 있는 일은 기꺼이 다 하겠다고 말했다. 이본느는 그를 떠나느니 차라리 죽겠다며 완강하게 거부했다. 그리고는 겨우내 내게 많은 걱정과 새로운 환자들을 안겨줬다. 그녀의 동료들이 한두 명씩 몰러 빌리에 거리로 찾아왔다. 오페라단의 정식 의사에게 걸려 월급을 반 밖에 못 받을까 두려웠던 거다. 코르프 드 발레(발레단)의 무대는 경험 없는 탐험가인 나에겐 위험이 뒤따르는 완전히 새로운 세상이었다.

안타깝게도 젊은 무희들은 그들의 젊음을 엮어 만든 꽃다발을 테르피시코레 여신의 제단에만 바치는 게 아니었다. 다행히 주목받지 못한 글루크 <샤콘느>와 모차르트 <미뉴에트>의 선율과 함께 그들의 테르피시코레는 나의 올림포스 신전에서 쫓겨났다. 이제 남은 것은 단순한 곡예에 지나지 않아 보였다. 하지만 무대 뒤 다른 관객들의 눈에는 그렇게 보이지 않았나보다. 나는 반쯤 헐벗은 채 발끝으로 중심을 잡고 서 있는 소녀들을 지켜보며 그토록 흥분하는 그 늙은 돈 조반니들이 놀랍기만 했다.

이본느가 처음으로 각혈을 했다. 이제 문제가 심각해졌다. 병과 죽음을 다루는 작가들이 그렇듯 모파상 역시 가까이에서 그 모습을 지켜보는 것을 끔찍이 싫어했다. 이본느는 살을 찌우려고 간유를 몇 병씩이나 마셨다. 애인이 마른 여자를 좋아하지 않는다는 것을 너무나 잘 알고 있었다. 하지만 부질없는 짓이었다. 그 아름다운 젊음에서 남은 것은 열과 에테르로 빛나는 아름다운 두 눈뿐이었다. 모파상의 지갑은 여전히 이본느에게 활짝 열려 있었지만, 두 팔은 다른 발레리나의 몸을 안았다. 이본느가 연적의 얼굴에 황산이 든 병을 날렸지만, 다행히 빗나갔다. 모파상의 막강한 영향력과 그녀가 살날이 고작 몇 개월뿐이라는 내 진단서 덕에 이본느는 2개월 옥살이를 하는 것에 그쳤다. 하지만 간절히 애원하는 모파상을 뿌리치고 아파트로 돌아가지 않았다. 죽음을 앞둔 가련한 짐승처럼 이 넓디넓은 도시 속 어딘가로 사라져버렸다.

그리고 한 달 뒤, 나는 파리의 타락하고 버림받은 여인들이 걷는 비아 크루치스(십자가의 길)의 마지막 여정인 생 라자르 병실에서 그녀를 우연히 만났다. 나는 모파상에게 알리겠다고 말했다. 그가 알면 당장 보러 올 거라고 장담했다. 그날 오후 모파상의 집에 들렀다. 꾸물거릴 시간이 없었다. 그녀에게 남은 날이 많지 않았다. 충직한 프랑수아는 케르베로스처럼 지켜 서서 주인을 방해하려는 사람들을 막고 있었다. 어떻게든 들어가려 했지만 소용없었다. 어떤 일이 있어도 방문객을 받지 말라는 지시가 있었다고 했다. 누군지 알 수 없는 숙녀한테나 하던 이야기였다. 내가 할 수 있는 일이라고는 고작 이본느 소식을 적어 프랑수아에게 건네주며 곧바로 주인에게 전달하겠다는 다짐을 받는 것뿐이었다. 모파상이 쪽지를 받았는지는 모르겠다. 다만 받지 않았기를 바란다. 아마 못 받았을 거다. 프랑수아는 늘 친애하는 주인님이 여인들과 얽히지 않게 안간힘을 썼으니까.

다음 날 나는 다시 생 라자르를 찾았다. 이본느는 이미 세상을 뜨고 없었다. 수녀가 전하는 그녀의 마지막 모습은 이랬다. 이본느는 아침 내내 얼굴에 분을 바르고 머리를 매만졌다. 심지어 옆 병상에 있는 늙은 창녀에게 화려했던 지난날의 마지막 흔적인 작은 붉은색 실크 숄을 빌려 앙상한 어깨에 둘렀다. 그리고는 수녀에게 사랑하는 남자가 오기를 기다리는 중이라고 했다. 하루 종일 간절한 마음으로 기다렸지만, 그는 오지 않았다. 다음 날 아침 사람들이 봤을 때 이본느는 이미 숨을 거둔 뒤였다. 가지고 있던 클로랄을 마지막 한 방울까지 삼켰던 것이다.

두 달 뒤, 파시에 있는 유명한 정신병원인 메종 블랑슈의 정원에서 기 드 모파상을 보았다. 충직한 하인 프랑수아의 팔에 기대어 걸으며 밀레의 '씨 뿌리는 사람' 처럼 꽃밭에 작은 돌멩이들을 던지고 있었다. "봐봐," 모파상이 말했다. "이제 봄비가 내리면 저 녀석들이 작은 모파상으로 자라날 거야."

*

몇 년 동안 틈틈이 최면술을 연구한 나에게 투트 파리(파리 전체)의

대중 앞에서 펼치는 이런 살페트리에르 시연은 진실과 속임수가 절망적으로 뒤엉킨 터무니없는 희극일 뿐이었다. 대상자 중에는 진짜 몽유병 환자들도 있었다. 그들은 최면 상태에서 받은 여러 가지 지시들, 다시 말해서 최면후암시를 깨어 있는 상태에서 충실히 실행하였다. 하지만 많은 사람들은 그냥 사기꾼이었다. 사람들이 자신에게 무엇을 기대하는지 잘 아는 그들은 사람들 앞에서 온갖 속임수를 부리며 즐거워하였고 히스트리크(히스테리 환자)처럼 의사와 관객들을 교묘하게 속였다. 이들은 아르크-앙-시엘(무지개) 등을 비롯한 샤르코의 전형적인 그랑 이스테리를 언제든 일으킬 수 있었고, 그의 유명한 최면의 세 단계인 혼수, 경직, 몽유병을 보여줄 준비가 되어 있었다. 이것들은 모두 이 대가가 고안한 것으로 살페트리에르 밖에서는 좀처럼 보기 어려웠다.

어떤 사람들은 암모니아 병을 주고 장미수라고 말하면 기분 좋게 그 냄새를 맡았다. 초콜릿이라면서 준 숯 조각을 먹는 사람들도 있었다. 어떤 사람에게 당신은 개라고 말하면 네발로 기며 사납게 짖었고, 비둘기로 변신했다고 하면 날갯짓 하듯 팔을 퍼덕거렸다. 뱀이라고 하면서 장갑을 발밑에 던져주면 기겁을 하면서 치맛자락을 움켜쥐었다. 모자를 주며 아가라고 하면 팔에 모자를 안고 살살 어르며 부드럽게 입 맞추는 여자도 있었다. 운이 나쁜 아가씨들은 의사와 학생들에게 붙잡혀 하루에도 몇 번씩 마구잡이로 최면에 걸려 반혼수 상태에 빠져 지내거나, 온갖 터무니없는 암시에 뇌가 혼란에 빠지는 경우가 많았다. 결국 정신이 몽롱해져 그들의 책임이 아닌 행동을 하다가 결국에는 정신병원이 아니면 살 데 아시테(흥분한 사람들의 방)에 보내졌다.

계단식 강의실에서 열리는 화요 갈라 공연을 두고 비과학적이며 살페트리에르의 명성에 어울리지 않다고 종종 비판받으면서도, 여전히 명확하게 밝혀지지 않은 최면술의 많은 현상을 연구하는 진지한 작업이 병동에서 이루어졌다는 사실을 인정하지 않을 수 없었다. 나 역시도 당시 임상과장의 허락을 받아 내가 만난 최고의 몽유병환자 중 한 명에게 최면후암시와 텔레파시에 관한 흥미로운 실험을 진행하였다.

그 당시 나는 샤르코의 이론에 심각한 의문을 가지고 있었다. 일종의 수제스티옹 앙 마스(집단 암시)에 빠져 맹목적으로 따르는 제자들과 대중들이 아무런 반대 없이 받아들였던 그 이론에 대해 말이다. 낭시에 있는 베른하임 교수의 클리닉을 마지막으로 방문한 뒤로 나는 샤르코의 가르침에 반대하는 이른바 낭시 학파의 미약하나 결연한 지지자가 되었다. 당시 살페트리에르에서 낭시 학파의 이름을 꺼내는 것은 레즈 마제스테, 즉 불경죄로 치부되었다. 샤르코는 베른하임 교수의 이름이 나오기만 해도 불같이 화를 냈다. 이 대가는 나를 지독히 싫어했던 어느 조수한테서 내가 마지막으로 낭시를 방문한 뒤 쓴 글이 실린 『가제트 데 조피토』(병원공보)를 전해 받았다. 그러고는 며칠 동안 나를 없는 사람 취급을 했다.

얼마 뒤 '이그노투스'라는 놈 드 플륌(필명)을 쓰는 파리의 주요 저널리스트가 쓴 강경한 논조의 기사가 『피가로』에 실렸다. 이 기사는 공개 최면 시연은 과학적 가치가 전혀 없는 위험하고 우스꽝스러운 볼거리이며 살페트리에르의 위대한 스승에게는 어울리지 않는 일이라고 맹렬히 비난했다. 아침 회진 중에 누군가가 샤르코에게 이 기사를 보여주었다. 그 자리에 있던 나는 가볍게 무시하고 넘어갈 줄 알았던 샤르코가 고작 신문 기사 하나에 그렇게 분노하는 모습을 보고 깜짝 놀랐다. 샤르코 제자들끼리 질투가 많았고, 나 역시도 엄청난 질투를 받았다. 누가 먼저 그런 거짓말을 시작했는지는 모르겠다. 하지만 머지않아 그 '이그노투스'가 아주 위험천만한 사실을 나한테서 얻었다는 소문이 돌았다. 샤르코는 나에게 이 일을 한마디도 꺼내지 않았지만, 그날 이후로 평소 나를 대하는 태도가 달라졌다. 그리고 내 인생에서 가장 쓴 맛을 보게 되었다. 평소 무모하고 충동적인 성격인 나는 운명이 놓은 덫에 덜컥 걸려들었다.

*

어느 일요일, 병원에서 나오다가 안마당 플라타너스 아래 벤치에 앉아 있는 나이 든 농부 부부를 보았다. 그들에게서는 시골, 과수원, 들판과 외양간의 냄새가 났다. 그들을 보고 있자니 마음이 따뜻해졌다. 그들에게 다가가 어디서 왔는지, 여기서 무얼 하고 있는지 물었다. 푸른빛이 도는 긴 웃옷을 입은 노인은 쓰고 있던 베레모를 들어 올려 인사를 건넸고, 깔끔한 흰색 두건을 쓴 부인은 푸근한 미소를 지었다. 노르망디에 살고 있는 부부는 두 해 전부터 살페트리에르 주방에서 보조로 일하고 있는 딸을 만나러 온 길이었다. 지금 병원 주방 관리를 맡고 있는 같은 마을의 수녀가 딸을 데려갔다고 했다. 참 좋은 일자리이기는 하지만, 농장에 할 일이 너무 많은 데다가 소 세 마리, 돼지 여섯 마리까지 키우고 있어서 딸을 집으로 데려가려고 온 거였다. 딸은 기운도 좋고 튼튼하지만, 부부는 점점 나이가 들어 농장 일이 힘에 부쳤다. 밤새 기차를 타고 오는 통에 너무 피곤해 잠시 벤치에 앉아 쉬고 있던 중이었다. 부부는 주방이 어디에 있는지 알려줄 수 있겠냐고 물었다. 나는 정원 세 곳을 건너고 끝이 보이지 않는 복도를 지나야 하니, 내가 직접 주방까지 안내하고 딸 찾는 일을 돕겠다고 말했다. 3000명 가까운 사람들이 먹을 음식을 준비하는 어마어마한 주방에서 일하는 보조들이 얼마나 많겠나!

주방 건물로 발걸음을 옮기는 동안 노모는 사과 농장이며 감자 소출이며 키우는 소, 돼지 이야기까지 쉬지 않고 들려줬다. 자신이 만드는 치즈 맛이 기가 막히다고 하더니 바구니에서 작은 프로마주 드 크렘(크림치즈) 한 덩어리를 꺼냈다. 제네비에브에게 주려던 건데 받아주면 좋겠구려. 나는 치즈를 건네는 노모의 얼굴을 바라보았다.

"제네비에브는 몇 살이에요?"

"이제 스무 살 먹었다오."

"예뻐요?"

"저이 말로는 날 똑 닮았대요." 노모가 무심히 답했다.

노인은 맞는 말이라는 듯 고개를 끄덕였다.

"주방에서 일하는 건 확실한가요?" 노모의 주름진 얼굴을 다시 한 번 유심히 살펴보다가 나도 모르게 몸서리를 쳤다.

노인은 대답 대신 웃옷 주머니에서 제네비에브가 마지막으로 보낸 편지를 꺼냈다. 나는 한동안 글씨체를 살폈다. 희한하게 삐뚤빼뚤하고 투박하지만 어딘가 모르게 단정한 그 글씨체. 내 지도를 받아 수백 번 연습한 끝에 자동으로 써내려가던 그 글씨체를 한 눈에 알아봤다.

"이쪽으로 오세요." 나는 그들을 데리고 곧장 그랑 이스테리크 병동인 성 아녜스 병동으로 향했다.

*

제네비에브는 실크 스타킹을 신은 다리를 흔들며 병동 중앙에 놓인 긴 탁자 위에 앉아 있었다. 무릎에는 그녀의 초상화가 표지에 실린 『르 리르』가 놓여 있었다. 그 옆에는 같은 병동의 주인공인 리제트가 앉아 있었다. 제네비에브는 잘 정리한 매력적인 머리에 푸른색 실크 리본을 장식하였고, 목에는 가짜 진주 목걸이를 걸었다. 창백한 볼은 붉은 연지로 화장을 했고, 입술에도 붉은 칠을 해놓았다. 병원에 입원한 환자라기보다는 대로변에 산책 나온 적극적인 미디네트(점원)처럼 보였다. 제네비에브는 화요 공개 공연의 프리마돈나였다. 모든 사람들에게 아낌없는 사랑과 관심을 받는 그녀는 자신의 모습은 물론 환경에 매우 흡족해했다.

당황한 노부부는 멍하니 딸을 바라보았다. 제네비에브는 무관심한 듯 맹한 표정으로 노인들을 바라봤다. 처음에는 그들이 누구인지 알아보지 못한 듯했다. 그러다 갑자기 얼굴이 떨리더니 새된 비명을 지르며 바닥에 거꾸로 떨어져 격렬한 경련을 일으켰다. 뒤이어 리제트도 전형적인 아크-앙-시엘을 보이며 떨어졌다. 모방 법칙을 따르듯 다른 히스테리 환자 두어 명이 침대에서 '발작을 일으키기' 시작했다. 누구는 경련을 일으키며 웃음을 터뜨렸고, 누구는 눈물을 쏟아냈다. 수녀들은 겁에 질려 한마디도 못하고 서 있는 노부부를 서둘러 밖으로 내보냈다. 뒤따라 나온 나는 계단에서 겨우 그들을 만나 플라타너스 나무 아래 벤치로 자리를 옮겼다. 부부는 어찌나 놀랐던지 울지도 못했다. 이 가여운 농부들에게 이 상황을 어떻게 설명해야 할지 난감했다. 부부의 딸이 어쩌다 주방에서 히스테리 병동까지 오게 됐는지 나도 알 수가 없었다. 최대한 차분하고 부드럽게 딸이 곧 나을 거라고 말해줬다. 노모는 그제야 울음을 터뜨렸다. 아버지의 눈에는 분노의 빛이 돌았다. 나는 그들에게 고향으로 돌아가는 게 좋겠다고 말했다. 그리고 딸이 가능한 한 빨리 집으로 갈 수 있도록 노력하겠다고 약속했다. 아버지는 당장 딸을 데려가겠다고 했지만, 어머니는 딸이 좋아질 때까지 여기 두는 게 현명하다며 내 말을 따랐다. 노모는 좋은 사람이 딸을 잘 돌봐줄 거라 믿는다고 했다. 교수와 병원장과 상의해 제네비에브가 필요한 절차를 거쳐 간호사와 동행하여 집으로 돌아갈 수 있도록 처리하겠다고 몇 번이나 약속한 끝에 겨우 설득했다. 이 노부부가 다음 기차를 탈 수 있도록 마차에 태워 오를레앙 역으로 보냈다.

두 늙은 부부 생각에 나는 밤새 잠을 이루지 못했다. 어떻게 하면 약속을 지킬 수 있을까? 그 당시 나는 샤르코에게 부부의 딸 이야기를 꺼낼 처지가 아니었다. 그렇다고 제네비에브가 먼저 나서서 살페트리에르를 떠나 낡고 초라한 집으로 돌아가겠다고 할 리도 없었다. 내 입장에서는 제네비에브의 의지를 꺾고 내 의지를 관철하는 것만이 유일한 해결책이었다. 제네비에브는 몽유병 사례를 아주 잘 보여주는 환자였다. 나와 다른 사람들은 그녀가 최면으로 내린 지시를 마치 떨어지는 돌처럼 필연적으로, 거의 백만 분의 일 초까지 정확하게 시간을 지켜 실행에 옮기되 깨어 있는 상태에서는 그 지시를 완전히 망각하도록 훈련시켰다. 나는 임상과장을 찾아가 당시 최신 연구 주제였던 텔레파시 실험을 제네비에브와 계속하겠다고 신청했다. 임상과장도 큰 관심을 가졌던 주제라, 매일 오후 한 시간씩 그의 연구실에서 방해받지 않고 연구하라며 행운을 빌어주었다. 하지만 나는 거짓말을 했다.

첫날 나는 제네비에브를 깊은 최면 상태에 빠뜨린 뒤, 돌아오는 화요일에 강의실에 가는 대신 병실에 남고 싶다, 살페트리에르에서 지내기 싫다, 부모님에게 돌아가고 싶다고 암시했다. 일주일 내내 매일 이렇게 암시를 걸었지만 겉으로 보기에는 아무것도 변한 게 없었다. 다음 주 화요일, 제네비에브가 강의실에 나타나지 않자 많은 사람들이 어찌된 일인지 궁금해 했다. 제네비에브가 감기에 걸려 병실에 누워 있다는 소식이 전해졌다. 며칠 뒤 나는 그녀가 손에 철도시간표를 들고 있는 모습을 보았다. 그녀는 나를 보자마자 얼른 시간표를 주머니에 넣었다. 그녀가 암시를 망각했다는 긍정의 신호였다. 곧바로 외출하는 날인 다음 목요일에 본 마르셰로 가서 새 모자를 사라는 암시를 걸었다. 이튿날 아침 리제트에게 새 모자를 자랑하는 제네비에브를 보았다. 이틀 뒤에는 다음 날 간호사들이 점심 식사를 나눠주느라 정신이 없는 정오에 성 아녜스 병동을 나오라고 암시했다. 그녀는 경비가 점심을 먹는 틈을 타 경비실 앞을 몰래 빠져나가 마차를 타고 빌리에 대로로 곧장 향할 것이다.

집으로 돌아와 진료실로 가보니 제네비에브가 대기실에 앉아 있었다. 내가 무슨 일이냐 묻자 그녀는 난처한 표정으로 내가 그녀에게 들려줬던 개와 원숭이를 보고 싶다고 중얼거렸다. 제네비에브는 식당에서 로잘리가 내준 커피를 한 잔 마시고 다시 마차에 올라 병원으로 돌아갔다.

"세 튬 벨 필, 아가씨가 참 곱네요." 로잘리가 이마에 손가락을 대며 말했다. "그런데 정신이 좀 나간 것 같아요. 자기가 왜 여기에 왔는지 도무지 모르겠다고 하더라고요."

초반에 실험이 성공을 거두자, 평소 충동적인 성격인 나는 곧바로 계획을 실행에 옮겼다. 제네비에브에게 같은 주의를 주며 이틀 뒤 같은 시간에 빌리에 대로로 오라고 암시를 걸었다. 그날은 노스트롬이 나를 점심 식사에 초대한 월요일이었다. 만약의 사태에 대비해 노스트롬을 증인으로 삼을 생각이었다. 내 계획을 들려주자, 노스트롬은 성공하든 실패하든 심각한 결과를 불러올 거라고 경고했다. 게다가 제네비에브가 나타나지 않을 거라고 확신했다.

"그녀가 다른 사람한테 이야기했을지도 모르잖나." 노스트롬이 말했다.

"본인도 기억 못하는 일을 다른 사람에게 말했을 리가요. 정오가 되기 전까지는 자신이 빌리에 대로로 가고 있다는 것조차 모를 겁니다."

"하지만 최면 상태라면 알아낼 수 있지 않겠나?" 그가 끈질기게 물었다.

"알아낼 수 있는 사람은 오직 한 사람, 샤르코뿐이에요. 하지만 그가 화요 강의 때 말고는 제네비에브에 관심을 두지 않으니, 그럴 가능성은 배제해야죠."

나는 이런 이야기를 나누기에는 너무 늦었다고 말했다. 그녀가 이미 병원을 떠났으니 30분 안에 나타날 거라 확신했다.

홀에 있는 괘종시계가 15분 전 1시를 가리켰다. 시계가 너무 빠른가 싶었다. 처음으로 그 묵직한 소리가 거슬리기 시작했다.

"이런 말도 안 되는 최면술, 그만 집어치우지 그러나." 노스트롬이 커다란 시가에 불을 붙이며 말했다. "아직은 아니라지만, 그렇게 최면술에 집착하다가는 자네도 끝내 미쳐버릴지 몰라. 나는 최면술 따위 믿지 않네. 여러 사람에게 시도해봤지만, 한 번도 성공한 적이 없거든."

"박사님이 성공했다면 저도 최면술을 믿지 않았을 겁니다." 나는 발끈하며 맞받아쳤다.

현관 초인종이 울렸다. 나는 얼른 달려 나가 문을 열었다. 앤더슨 양이 서 있었다. 나에게 1시까지 그곳으로 와서 제네비에브를 집으로 데려다주라는 지시를 받은 간호사였다. 내가 마을 신부에게 보내는 편지 한 통을 가지고 제네비에브와 야간열차에 올라 노르망디로 가기로 되어 있었다. 그 편지에는 상황 설명과 함께 무슨 일이 있더라도 제네비에브가 파리로 돌아오지 않게 막아달라는 부탁이 담겨 있었다.

나는 식탁에 앉아 연신 줄담배를 피워댔다.

"그래, 그 간호사는 뭐라고 하던가?" 노스트롬이 물었다.

"아무 말도요. 그 간호사, 영국 사람이에요. 저를 아주 잘 알죠. 제 판단을 전적으로 믿기도 하고."

"나도 그럴 수 있으면 좋겠네." 노스트롬이 나지막이 투덜거리며 시가를 피워댔다.

벽난로에 놓아둔 크롬웰 시계가 정확하게 1시 30분을 알렸다. 각 방에 있는 여섯 개의 낡은 시계들도 기가 막힐 만큼 정확하게 울렸다.

"실패로군." 노스트롬이 무덤덤하게 말했다. "우리한텐 차라리 잘된 일이야. 이런 일에 얽히지 않아 정말 기쁘군."

그날 밤, 잠을 이룰 수 없었다. 이번에는 그 늙은 부부가 아니라 제네비에브 때문이었다. 그동안 너무 운이 좋았던 탓에 실패를 받아들이지 못했다. 도대체 무슨 일이 벌어진 걸까?

다음 날 아침 살페트리에르 강의실에 들어서는데 속이 거북하고 어지러웠다. 샤르코는 벌써 최면술을 주제로 화요 강의를 하고 있었다. 그런데 제네비에브가 보이질 않았다. 나는 강의실을 몰래 빠져나가 살 데 가르데(경비실)로 올라갔다. 인턴 하나가 어제 점심시간에 성 아녜스 병동에 불려 가보니, 제네비에브가 강직성 혼수상태에 빠져 있었다고 말했다. 그렇게 심한 경련은 처음 보았다고 했다. 이

어서 인턴이 들려준 이야기는 이랬다.

한 수녀가 30분 전 병원 밖에서 마차를 타려고 하는 제네비에브를 보았다. 제네비에브가 너무나 흥분한 상태라 수녀는 아주 힘들게 관리실까지 데려왔다. 제네비에브는 다시 성 아녜스 병동으로 옮겨졌다. 밤새 그녀가 우리에서 도망치려는 야생동물처럼 필사적으로 몸부림치는 바람에 결국 구속복을 입혀야 했다. 지금은 강력한 브롬화 약물을 투여하고 머리에 보네트 디리게시옹(관개모자)을 씌워 별실에 격리하였다. 아무도 그녀가 급격히 변한 이유를 알지 못했다. 샤르코가 직접 제네비에브를 찾아와 가까스로 그녀를 잠재웠다.

임상과장이 들어오는 바람에 인턴과 나누던 대화가 끊어졌다. 나와 이야기를 나누고 싶으니 강의가 끝나는 대로 나를 연구실로 데려오라는 샤르코의 말에 임상과장은 병원 구석구석 나를 찾아 다니고 있었다. 다닥다닥 붙어 있는 연구실들을 지나가는 동안 임상과장은 내게 한마디도 하지 않았다. 그가 문을 두드렸다. 나는 인생 마지막으로 스승의 유명한 작은 성소에 발을 디뎠다. 샤르코는 여느 때처럼 척상 의자에 앉아 현미경을 들여다보고 있었다. 그가 고개를 들더니 매서운 눈초리로 나를 쏘아 보았다. 아주 천천히, 나지막하게 내뱉는 목소리는 분노로 떨리고 있었다.

"자네, 내 병원에 입원한 환자를 꼬드겨 집으로 데려가려 했더군. 정신이 불안정하여 반쯤 의식이 없는 상태에서 자신이 무슨 행동을 하는지도 모르는 젊은 아가씨를. 이미 자네 집에 한 번 다녀왔다고 털어 놓았네. 자네가 그녀를 다시 이용하려던 악랄한 계획은 우연히 일어난 일로 실패했지. 엄연한 범죄 행위일세. 자네를 경찰에 넘겨야 마땅하겠지만, 의사라는 직업의 명예와 그 단추 구멍에 달린 붉은 리본을 생각해서 자네를 병원에서 내쫓는 것으로 끝내겠네. 다시는 내 눈에 띄지 말게."

순간 벼락을 맞은 것 같았다. 혀가 입천장에 딱 달라붙은 듯 아무 말도 할 수가 없었다. 하지만 그가 내게 쏟아부은 비난이 진정 무엇을 의미하는지 깨닫는 순간 두려움이 사라졌다. 나는 화가 나서 대들었다. 병원에 들어온 튼튼하고 건강한 이 시골 아가씨를 망가뜨린 사람은 교수님과 추종자들입니다. 이 아가씨가 이곳에 더 있다가는 미쳐버릴 겁니다. 저는 그녀를 고향에 있는 늙은 부모에게 돌려보낼 수 있는 유일한 방법을 선택했을 뿐입니다. 하지만 그녀를 구출하는 데 실패했고, 그래서 참으로 유감스러울 따름입니다.

"아씨, 무슈!" 그가 닥치라고 소리쳤다.

이내 임상과장을 돌아보며 나를 경비실로 데려가 내가 병원에 한 발도 들이지 못하게 하라는 지시를 전하라고 말했다. 그리고 자신의 권한으로 나를 병원에서 내보낼 수 없다면 아시스탕스 퓌블리크(파리 공공병원관리국)에 이 문제를 보고하겠다는 말을 덧붙였다. 샤르코는 의자에서 일어나 무거운 발걸음으로 천천히 방에서 나가버렸다.

19

최면

나에게 불명예를 안겨준 그 유명한 살페트리에르 원형 강당의 공개 강의는 최면 현상을 진지하게 연구하는 모든 학자들에게 오래전부터 비판을 받아왔다. 샤르코의 최면 이론들은 순전히 그의 권위 때문에 모든 세대 의사들이 불가항력적으로 받아들였지만, 오히려 그 때문에 이 현상의 진정한 본질을 이해하기까지 20년이나 지연되었고 결국 신뢰를 잃었다. 샤르코의 최면 이론은 거의 다 틀린 것으로 드러났다. 최면은 그가 주장한 것처럼 히스테리, 즉 과민하고 마음이 약하며 균형이 잘 잡혀 있지 않은 사람들한테서만 나타나는 인위적으로 유도된 신경증이 아니다. 사실은 그 반대다. 히스테리 상태의 사람들은 대체로 균형이 잘 잡혀 있고 정신적으로 건강한 사람들보다 최면에 잘 걸리지 않는다. 똑똑하고 의지가 강하며 고압적인 사람들이 무기력하고 어리석으며 진지하지 않고 마음이 약한 사람들보다 훨씬 최면에 잘 걸린다. 지적 능력이 낮거나 정신질환을 앓는 사람들은 대체로 최면에 영향을 받지 않는다. 최면을 믿지 않는다면서 자신은 결코 최면에 걸릴 리 없다고 말하며 비웃는 사람들이 대개 최면에 잘 걸린다. 아이들도 최면에 쉽게 걸린다. 최면 수면은 기계적 방법만으로 이끌어낼 수는 없다. 빛나는 유리 공, 새 사냥에 사용하는 회전 거울, 자석, 대상자의 눈동자를 고정시킬 사물, 살페트리에르와 샤리테에서 사용했던 고전적인 최면 동작 등은 전혀 의미가 없다.

샤르코도 말했지만, 최면 요법이 지니는 의학 및 외과적 치료 가치를 무시할 수 없다. 아니, 명확한 판단력과 깔끔한 솜씨를 지녔으며 최면 테크닉을 완전히 숙지하고 있는 유능한 의사의 손에서 최면이 이루어진다면, 그 가치는 엄청나다. 수천 건의 사례를 철저히 조사한 통계가 이 점을 분명히 증명한다. 나로 말하자면 최면술사라 불린 적은 없지만 다른 치료법으로는 효과를 얻지 못해 이 무기를 사용해야 했던 신경과 의사다. 그리고 아직도 오해 받고 있는 이 치료법으로 종종 놀라운 결과를 얻었다. 의지력 상실, 알코올 중독, 모르핀 중독, 코카인 중독, 색정증이 나타나거나 혹은 나타나지 않는 여러 종류의 정신질환은 일반적으로 이 방법으로 치료할 수 있다.

성 역전은 다루기가 더 까다롭다. 많은 경우 질병으로 간주되지 않는다. 특정 개인에게 자연스럽게 나타나는 성적 본능의 일탈로 본다. 강압적 간섭은 종종 이롭기보다는 해롭다. 사회법이 간섭해야 하는가, 그렇다면 어느 정도나 간섭해야 하는가라는 질문이 따르는 이 복잡한 문제를 여기서 논의할 마음은 없다. 하지만 법의 실제 조항이 우리 사회에서 다수 집단이 겪는 어렵고 불편한 상황을 오해한 데서 비롯된 것만은 확실하다. 그들은 범죄자가 아니다. 어쩌면 태어나거나 엄마 뱃속에 자리 잡을 때, 잠깐 한눈을 판 대자연에 희생당한 피해자일 뿐이다.

성 역전이 크게 증가한 현상을 어떻게 설명해야 할까? 자연이 남성화된 소녀들에게 복수하기 위해 그 납작한 엉덩이와 평평한 가슴에 여성적인 아들을 안긴 것일까? 아니면 우리는 서로 다른 두 존재가 서서히 결합하여 지금까지 알려지지 않은 새로운 종, 녹초가 된 행성에서 운명이 다한 종족의 마지막 생존자, 오늘의 호모 사피엔스와 내일의 신비로운 슈퍼 호모 사이의 잃어버린 연결고리일지도 모를 종으로 진화하는 새로운 국면을 목격하며 혼란스러워하는 것일까?

외과 수술과 출산에서 최면 마취로 얻는 이점이 크다는 사실을 이제 모두가 인정한다. 이 방법이 가장 고통스럽다는 수술, 일반적으로 마취 없이 견뎌야 하는 수술, 바로 죽음에서 내는 유익한 효과는 놀랍기만 하다. 지난 전쟁에서 죽어가는 수많은 병사들을 위해 내가 한 일만으로도 이 강력한 무기를 손에 쥐어주신 하느님께 감사드리기에 충분하다.

1915년 가을, 프랑스 어느 마을 교회 바닥에 피로 얼룩진 큼직한 겉옷을 뒤집어 쓴 채 아무렇게나 널브러져 죽어가는 이백 여 명의 병사들 틈에서 보낸 그 이틀 밤낮을 잊을 수가 없다. 부상병들의 고통을 덜어주고 그 고통의 시간을 단축시켜 줄 모르핀도, 클로로포름도, 마취제도 없었다. 많은 병사들이 눈앞에서 죽어갔다. 감각을 잃어 고통도 느끼지 못하였고 심지어 입가에 옅은 미소를 지었다. 나는 그들의 이마에 손을 얹고 귓가에 희망과 위로의 말을 천천히 반복하여 들려주었다. 서서히 감기는 병사들의 눈에서 죽음의 공포도 서서히 사라졌다.

내 손에서 뿜어져 나오는 것 같던 이 신비로운 힘은 무엇이었을까? 어디에서 왔지? 나의 각성한 삶 저변에 있는 의식의 흐름에서 나온 것일까, 아니면 고대 최면술사들이 주장한 자성유체(磁性流體)인 신비로운 '오딜의 힘'*이었을까? 물론 현대 과학에서 자성유체는

---

* 19세기 초 카를 폰 라이헨바흐는 신체에는 자연의 보편적 에너지인 오딜(odyl)이 깃들었다고 주장했다.

사라지고 더 독창적인 열두 가지 새로운 이론이 그 자리에 들어섰다. 나는 그것들을 다 알고 있지만 아직까지 그 어느 것에도 만족하지 못했다. 현재 보편적으로 받아들여지고 있는 최면 이론의 핵심인 암시만으로는 그 놀라운 현상을 모두 설명할 수 없다. 최면술의 주요 옹호자인 낭시 학파가 사용하는 암시라는 말은 이제 비웃음을 사고 있는 메스머의 '오딜의 힘'과 이름만 다를 뿐이다. 좋다, 이 기적이 최면술사가 아니라 피험자의 잠재의식에서 일어난다는 사실을 인정하자. 그러면 어떤 최면술사는 성공하고 어떤 최면술사는 실패하는 이유를 어떻게 설명할 수 있을까? 어째서 누구는 암시로 피험자의 마음속에 내재된 잠재의식에 명령을 내려 숨어 있던 힘을 활성화하고, 누구는 똑같은 암시를 걸어도 피험자의 의식에 가로막혀 효과를 발휘하지 못한단 말인가? 이 힘을 뭐라고 부르건, 어릴 때부터 이 남다른 힘을 자각했던 나야말로 누구보다도 그 답이 궁금한 사람이다.

남녀노소 불문하고 내 환자들 대부분이 이런 내 힘을 알아차리고는 종종 나에게 말을 걸었다. 병원 동료들도 이 사실을 다 알았다. 물론 샤르코도 이를 알고 가끔 활용했다. 성 안나 요양원의 유명한 정신과 의사인 부아장 교수도 정신병 환자들에게 최면을 걸어야 하는 절박한 순간에 종종 내게 도움을 요청했다. 우리는 구속복을 입고 화가 나 소리 지르며 날뛰는 이 불쌍한 환자들과 몇 시간씩 씨름해야 했다. 이들이 할 수 있는 일이라고는 가끔 우리 얼굴에 침을 뱉는 것뿐이었다. 우리가 쏟아부은 노력의 결과는 대부분 부정적이었지만, 교수가 초인적인 인내심을 발휘하고도 실패했던 환자들을 내가 몇 번 진정시켰다.

동물원과 미나주리 페종(페종 서커스)의 사육사들도 다 알고 있었다. 그들이 키우는 뱀, 도마뱀, 거북, 앵무새, 부엉이, 곰과 커다란 고양이들을 샤르코의 최면 첫 단계와 유사한 무기력 상태로 만드는 것쯤이야 일도 아니었다. 가끔은 이 녀석들을 깊은 잠에 빠뜨렸다. 폐종 서커스에 있는 거대한 암사자 레오니의 앞발에 생긴 농양을 째고 박혀 있던 파편을 빼낸 이야기는 이미 알고 있을 거다. 최면을 약하게 건 상태에서 국소 마취를 한 사례로밖에는 설명할 길이 없었다. 원숭이들은 한시도 가만히 있질 못하지만 지능이 높고 예민한 신경계를 가지고 있어서 쉽게 잠에 빠진다. 뱀을 길들이는 것 역시 일종의 최면 현상이다. 카르나크 신전에서 코브라를 경직 상태로 만든 적도 있었다. 야생 코끼리들을 길들이는 데에도 최면 효과가 어느 정도 작용하는 것 같다. 동물원에서 코끼리 사육사가 가만있지 못하는 코끼리에게 몇 시간 동안 말을 거는 모습은 꼭 최면 암시 같았다. 새들도 대부분 최면에 빠지기 쉽다. 닭에게 최면을 걸기가 얼마나 쉬운지 알 만한 사람들은 다 안다.

 모든 관찰자들은 야생동물이든 길들인 동물이든 단조로운 소리로 같은 말을 천천히 반복하면, 동물들이 우리가 하는 말뜻을 알아듣는다고 착각할 만큼 진정 효과를 볼 수 있다고 입을 모은다. 나도 동물들이 하는 말을 알아들을 수 있다면 얼마나 좋을까! 그렇지만 여기서 정신적 암시라고 말하는 것은 명백히 불가능하다. 뭔가 다른 힘이 작용하고 있는 게 분명하다. 소용없겠지만 다시 또 묻는다. 이 힘은 대체 뭐란 말인가?

*

내가 스웨덴에 가 있는 동안, 노스트롬에게 맡긴 환자 중에는 최면 암시로 거의 완치된 심각한 모르핀 중독 환자가 있었다. 치료가 중단되지 않기를 바랐던 나는 노스트롬에게 마지막 세션에 들어와 도와 달라고 말했다. 노스트롬은 뭐 어렵겠냐며, 환자도 자신을 좋아하는 것 같다고 했다. 그러나 내가 파리로 돌아왔을 때 환자는 다시 예전 습관에 빠져 있었다. 동료는 환자에게 최면을 걸지 못했던 거다. 환자에게 노스트롬이 실패한 이유를 설명해 달라고 했지만, 자신도 이유를 알 수 없다며 매우 안타까워했다. 그녀는 최선을 다했다. 그리고 그녀가 무척 좋아한다고 말한 노스트롬도 마찬가지였다.

한 번은 샤르코가 젊은 외국 외교관을 내게 보냈다. 성 역전의 나쁜 사례였다. 빈의 유명한 전문의 크라프트-에빙 교수도, 샤르코도, 이 젊은이에게 최면을 걸지 못했다. 환자 스스로 치료받고자 하는 마음이 간절했다. 끊임없는 협박의 두려움 속에서 살아가던 그는 두 교수들이 실패하자 더욱 괴로웠다. 이번이 자신에게 남은 유일한 기회라며, 잠에 들 수만 있다면 다 괜찮아지지 않겠냐고 말하는 그의 목소리는 확신에 차 있었다.

"이제 당신은 잠에 듭니다." 나는 환자의 이마를 손끝으로 건드리지 않고 말했다. 최면 유도 동작도 하지 않았고, 그의 눈을 들여다보지도 않았으며, 암시도 걸지 않았다. 내 입에서 아무런 말도 들리지 않자 그의 눈꺼풀이 파르르 떨리더니 이내 감겼고, 1분도 채 지나지 않아 깊은 최면에 빠졌다. 처음에는 희망이 보였다. 한 달 뒤 그는 나보다 더 미래를 자신하며 본국으로 돌아갔다. 그는 최근에 좋아하게 된 젊은 여성에게 청혼할 생각이었다. 어서 결혼해 아이를 갖기를 간절히 바랐다. 그 뒤로 그를 못 보았다. 1년쯤 지나 아주 우연히 그가 자살했다는 소식을 들었다. 내가 몇 년 더 성 역전 지식을 쌓은 뒤에 이 불행한 남자를 상담했다면 절대로 섣불리 그를 치료하려 들지 않았을 거다.

살페트리에르 밖에서는 샤르코의 유명한 3단계 최면술을 화요 강의에서처럼 확실하게 접할 기회가 거의 없었다. 샤르코는 이 단계들을 직접 고안하여 히스테리 환자들에게 적용했고, 그의 제자들은 스승의 강렬한 암시에 이끌려 이를 받아들였다. 샤르코의 특별한 취미인 '그랑 히스테리'도 마찬가지였다. 살페트리에르 곳곳에 이 현상이 만연하고 병동마다 이 사례가 넘쳐났지만, 이제는 찾아보기가 힘들다. 이 모든 최면 실험이 히스테리 환자만을 대상으로 행해졌다니, 샤르코가 이 현상의 진정한 본질을 이해하지 못한 이유가 거기에 있지 않나 싶다. 히스테리 환자만이 최면에 걸린다는 살페트리에르 학파의 주장이 옳다면 적어도 인류의 85퍼센트가 히스테리를 겪는 셈이 되고 만다.

그러나 낭시 학파, 포렐, 몰 등 다른 사람들이 뭐라 하든, 한 가지만큼은 샤르코가 확실히 옳았다. 최면 실험은 대상자에게나 관찰자에게나 위험이 따를 수 있다. 개인적으로 나는 최면 현상을 공개적으로 시연하지 못하도록 법으로 금지해야 한다고 생각한다. 외과 의사가 클로로포름과 에테르 없이 수술할 수 없는 것처럼, 신경 및 정신 질환 전문의는 최면 없이는 치료하지 못한다. 지난 전쟁에서 포격 충격과 외상성 신경증에 시달리는 수천, 수만 명의 사례가 이 방법으로 마법처럼 치료되었다는 점을 떠올려보면 안다. 다수의 사례에서는 의식이 깨어있지 않은 상태로 이끄는 최면 치료가 필요하지 않다. 이 복잡한 기술에 능통하고 심리학도 잘 아는 시행자(최면 성공에 이 두 가지 조건이 필수다)는 흔히 알리타 드 베이(각성 상태)에서 암시하는 것만으로도 대단히 놀라운 결과를 얻을 수 있다.

낭시 학파는 최면 수면과 자연 수면이 동일하다고 주장한다. 그렇지 않다. 아직 우리는 최면 수면이 무엇인지 알지 못한다. 더 많은 것을 알게 될 때까지는 정말 필요한 경우가 아니면 환자에게 최면 수면을 유도하지 않는 편이 바람직하다. 덧붙여 말하지만, 최면술에 쏟아지는 비난은 대부분 지나치게 과장되었다. 지금까지 최면 후암시를 받고 저지른 범죄 행위임을 확실히 입증할 증거는 없다.

내가 본 바로는 피험자가 정상적으로 의식이 깨어 있는 상태에서라면 거부했을 암시를 최면 상태에서 실행하지는 않는다. 그러니까, 어떤 불량배가 여인에게 깊이 최면을 건 상태에서 자신에게 굴복하라고 암시를 하고 여인이 이를 따랐다고 하자. 이 여인은 정상적으로 정신이 깨어있는 상태에서 그런 암시를 받아도 분명히 따랐을 거라는 말이다. 무조건적인 복종 같은 것은 없다. 피험자는 최면에 걸린 사이에도 무슨 일이 벌어지고 있는지, 자신이 무엇을 할 수 있고 무엇을 꺼리는지 잘 안다. 낭시의 저명한 리에주 교수가 몽유병 환자 카미유의 팔에 핀을 깊숙이 찔러 넣거나 불붙은 숯 조각을 손 위에 올려놓아도 환자가 무표정하니 아무 반응을 보이지 않다가, 교수가 자신의 옷을 흩뜨리는 시늉을 하자 얼굴을 붉히며 곧바로 깨어났다.

이 이야기는 최면 현상을 연구하는 학생들에게는 익숙하지만, 외부인이 이해하기에는 어려운, 참으로 당혹스러운 모순 중 하나일 뿐이다. 우려의 목소리를 내는 사람들은 본인의 의지가 아니고서는 최면에 걸리지 않는다는 사실을 간과해서는 안 된다. 물론 원하지 않거나 자신도 모르는 사이에 최면에 걸린다는 이야기도 말이 되질 않는다. 정신분석도 마찬가지다.

20

불면증

한결같이 친절하고 사려 깊은 노스트롬이 운명의 그날 저녁 식사에 나를 초대했다. 식사 자리는 우울했다. 아직 패배의 굴욕에서 벗어나지 못한 나는 여전히 괴로웠고, 노스트롬은 조용히 앉아 머리를 긁적이며 다음 날 집주인에게 지불해야 할 3,000프랑을 어떻게 마련할지 골똘히 궁리하고 있었다. 내가 어떤 불행에 빠졌는지 설명하려 했지만 노스트롬은 단호히 거부했다. 철저히 준비했던 내 계획이 불운과 생각지도 못했던 방해로 엉망이 되어 버렸다는 변명을 들은 척도 하지 않았다. 대신 내가 돈키호테처럼 어리석고 자만이 하늘을 찌른다고 진단했다.

  나는 지금 바로 내 사랑하는 운명의 여신 포르투나에게서 나를 저버려 미안하다, 호의를 베풀어 나를 다시 받아주겠다는 징표를 받지 못한다면, 그가 내린 진단을 인정하겠다고 대꾸했다. 그 말을 하던 나는 무엇에 홀린 듯 우리 사이에 놓여 있던 메독 병에서 노스트롬의 큼지막한 손으로 시선을 옮겼다.

  "마사지 해보셨어요?" 내가 뜬금없이 물었다.

  노스트롬은 손바닥이 넓고 듬직한 손을 활짝 펴더니 오렌지 크기만 한 엄지손가락 끝을 자랑스럽게 보여줬다. 예전에 스웨덴에서 마사지를 많이 해봤다는 말이 거짓은 아닌 듯했다. 종업원에게 뵈브 클리코를 한 병 주문했다. 오늘 내가 맛본 패배와 내일 그가 거둘 승리를 축하하며 잔을 들어올렸다.

"조금 전까지 돈이 없다던 사람은 어디 가셨나." 노스트롬이 샴페인 병을 보며 말했다.

"걱정 말아요." 내가 웃으며 말했다. "지금 뵈브 클리코 100병만큼 가치 있는 멋진 생각이 떠올랐으니까. 계획을 정리하는 동안 한 잔 더 드세요."

노스트롬이 늘 하는 말이 있었다. 내 머릿속에는 잘 발달한 바보의 뇌와 발달하지 못한 천재의 뇌가 들어 있다는 거다. 다음 날 두세 시쯤 그가 상담하는 시간에 찾아가 다 설명하겠다고 하자, 노스트롬은 황당하다는 듯 나를 쳐다보았다. 그리고는 조용히 대화를 나누기에 딱 좋은 시간이라고 했다. 나는 그가 혼자 있을 거라고 확신했다. 우리는 팔짱을 끼고 카페 드 라 레강스에서 나왔다. 노스트롬은 아직도 그 멋진 생각이라는 게 어느 쪽 뇌에서 나온 건지 곰곰이 생각하고 있었다. 나는 아침에 살페트리에르에서 쫓겨났다는 사실도 다 잊을 만큼 기분이 몹시 좋았다.

*

다음 날 정각 두 시, 나는 뤼 드 시르크(서커스 거리)에 있는 기노 드 뮈시 교수의 호화로운 진료실에 들어섰다. 오를레앙 가문의 의사로 유명했던 교수는 이 가문과 함께 망명길에 올랐고, 지금은 파리에서 명성을 날리고 있었다. 언제나 나를 친절하게 대해줬던 교수는 무얼 도와주랴 물었다. 나는 일주일 전 교수를 방문했을 때 몬시뇰

르 두크 도말르(오말르 공작 각하)에게 소개해줘 영광이었다며 말을 꺼냈다. 그때 공작은 지팡이에 크게 의지해 하인의 부축을 받으며 진료실에서 나가던 참이었다. 교수는 공작이 좌골신경통에 시달리고 있는데 무릎은 주저앉고 제대로 걷지도 못해 파리에 있는 유명 외과 의사들을 죄다 찾아가 상담을 받았지만 허사였다고 말했었다.

나는 오늘 다시 찾아온 이유를 설명했다.

"제가 착각하는 게 아니라면 공작의 병을 마사지로 치료할 수 있을 것 같습니다. 동포 중에 좌골 신경통과 마사지의 권위자가 사실 파리에 있거든요. 저는 언제든지 그에게 공작을 진찰해 달라고 제안할 수가 있습니다."

기노 드 뮈시는 그 시대 프랑스 의사들과 마찬가지로 마사지를 전혀 알지 못했지만 그 자리에서 내 제안을 받아들였다. 공작이 다음날 샹티 성으로 떠날 예정이었으므로 나와 내 저명한 동포는 곧바로 공작이 묵고 있는 생 제르맹 저택으로 가기로 약속을 잡았다.

늦은 오후, 저택에 도착한 노스트롬과 나를 기노 드 뮈시 교수가 맞아주었다. 나는 노스트롬에게 유명한 좌골 신경통 전문의처럼 보이도록 최선을 다하되, 부디 그 주제로 설교할 생각은 말라고 단단히 주의를 주었다. 빠르게 살펴본 결과, 마사지와 수동운동을 하기에 썩 좋은 사례가 분명했다.

두 주 뒤 「피가로」지에는 세계적으로 명성을 얻고 있는 스웨덴의 유명 전문의 노스트롬 박사가 샹티에 초빙되어 오말르 공작을 진료했다는 기사가 실렸다.

"각하께서 누구의 도움도 없이 성 안 공원에서 걷고 있는 모습이 목격되었다. 참으로 놀라운 회복이었다. 노스트롬 박사는 오랫동안 통풍으로 고생한 몽팡시에 공작의 진료도 맡았으며, 현재 공작의 증세는 빠르게 호전되고 있다."

 그다음으로 마틸드 공주가, 곧이어 브라질의 돈 페드로, 러시아의 두 대공들, 오스트리아 대공비 그리고 스페인의 에울랄리아 왕녀가 노스트롬을 찾았다.

 노스트롬은 샹티에서 돌아온 뒤로 무조건 내 말을 따랐다. 나는 따로 이야기가 있을 때까지 왕족 이외에는 환자를 받지 말라고 못 박았다. 확고한 심리적 사실 위에 세운 건전한 전술이라며 노스트롬을 안심시켰다. 두 달 뒤, 노스트롬은 오스만 대로의 깔끔한 집으로 되돌아왔다. 그의 진료실은 각국에서 온 환자들로 북새통을 이루었는데, 그중에서도 미국인들이 가장 많았다. 가을이 되자 구스타브 노스트롬 박사가 쓴 『스웨덴 마사지 매뉴얼』이 파리 리브레리 아셰트에서 출간되었다. 우리 두 사람이 여러 가지 스웨덴 자료를 바탕으로 급하게 엮어낸 이 책은 뉴욕에서 미국판으로 동시에 출간되었다.

 겨울에 들어설 무렵, 노스트롬은 뉴포트로 와서 연로한 밴더빌트 씨를 진료해 달라는 요청을 받았다. 진료비는 달라는 대로 주겠다는 조건이었다. 나는 노스트롬을 가지 못하게 말렸다. 한 달 뒤 이 나이 많은 억만장자는 노스트롬의 진료 명단에 이름을 올리려고 유럽행 여객선을 탔다. 그는 미국 어디서나 볼 수 있는 커다란 글씨가 적힌 리크람(광고판) 그 자체였다.

 노스트롬은 아침부터 밤까지 그 커다란 엄지손가락으로 환자들을 마사지하며 고되게 일했다. 손가락 끝이 점점 작은 멜론만 해졌다. 결국 토요일 저녁마다 간 건강을 위해 스칸디나비아 클럽을 숙녀들과 휘젓고 다니던 일도 포기해야 했다. 간 건강엔 춤추며 땀 흘리는 것만한 게 없다고 하던 사람이.

 노스트롬이 거둔 성과를 만끽하느라 내가 겪었던 치욕을 완전히 잊고 있었다. 흐음, 모든 일이 공포처럼 되살아났다. 처음에는 꿈에 보이더니 정신이 깨어있을 때에도 나타나기 시작했다. 종종 막 잠이 들려는 순간에도 내려앉는 눈꺼풀 아래로 치욕스러운 비극의 장면이 떠올랐다. 내 미래에 드리우는 막 사이로 어둠 속에서 무섭게 빛나고 있는 샤르코의 두 눈이 보였다. 경찰에게 붙잡혀 끌려가는 범죄자처럼 샤르코의 두 조수에게 이끌려 살페트리에르에서 쫓겨나던 마지막 내 모습이 떠올랐다.

내가 어리석었다. 그제야 노스트롬이 내게 왜 내게 그런 진단을 내렸는지 이해했다. "돈키호테 같은 무모함과 끝닿은 데 없이 높기만 한 자만심"이라는 진단이 옳았다. 또다시 돈키호테 같은 짓을 벌였구나!

그 뒤로 잠을 이루지 못했다. 극심한 불면증이 덮쳤다. 끔찍한 고통에 정신이 나갈 지경이었다. 불면증으로 사람이 죽지는 않는다. 다만 시달리다 못해 스스로 목숨을 끊을 뿐이다. 자살의 가장 흔한 원인은 수면 부족이다. 그러나 불면증은 인간이 느끼는 삶의 기쁨을 앗아가고, 힘을 잃게 하며, 뱀파이어처럼 그의 뇌와 심장에서 피를 빨아 마신다. 그리하여 인간이 더 없이 행복한 수면을 취하며 잊어야 하는 것들을 밤새 기억해내게 하고 낮에는 기억해야 할 것들을 잊게 만든다. 기억이 제일 먼저 튕겨 나가고, 그 뒤를 이어 우정, 사랑, 의무감, 심지어 연민까지도 차례차례 씻겨나간다. 절망만이 침몰하는 배에 끈질기게 매달려 바위를 향해 돌진하고, 결국 배는 산산조각 나고 만다. 잠과 희망은 같다고 한 볼테르의 말이 옳았다.

나는 정신이 나가지 않았다. 스스로 목숨을 끊지도 않았다. 어떻게든 최선을 다해 일을 해냈다. 다만 나나 내 환자들에게 무슨 일이 일어나든 무심했을 뿐이다. 부디 불면증에 시달리는 의사를 조심하기를! 환자들은 내가 퉁명스럽고 참을성이 없어졌다며 하나둘 불평하기 시작했다. 많은 환자들이 나를 떠났다. 여전히 나를 찾는 환자들도 많았지만, 갈수록 최악이었다. 환자들이 다 죽게 생겼을 때야 비로소 무기력한 상태에서 벗어나는가 싶었다. 나는 삶에 흥미를 잃었지만 죽음만큼은 관심을 거두지 않았다. 그 음울한 친구가 다가오는 모습을 날카롭게 지켜보았다. 학생 시절 생 클레어 병동에서 간절한 마음으로 그 무시무시한 비밀을 알아내려 했던 그때처럼. 살릴 수 있는 환자는 방치한 것과는 달리, 죽어가는 환자 곁은 밤새 지키고 앉아 있을 수 있었다. 환자들은 다른 의사들 같으면 모두 가버렸을 텐데 나는 밤새 곁을 지키고 있다며 참 자상한 의사라고 말했다. 하지만 누군가의 침상 곁에 앉아 뜬눈으로 지새우든, 내 침대에 누워 잠 못 이루든, 뭐가 다를까?

다행히 조금씩 약물과 마취제를 멀리한 덕에 나는 완전히 무너지지 않았다. 하루 종일 다른 사람들에게 수면제를 숱하게 처방해줬건만 정작 나는 하나도 복용하지 않았다. 로잘리는 내 의학 고문 역할을 톡톡히 했다. 기적의 약초에 대한 방대한 지식을 갖춘 로잘리가 그중 몇 가지를 골라 프랑스식으로 달인 차를 나는 군말 없이 마셨다. 로잘리는 나를 여간 걱정하지 않았다. 나중에 알고 보니 내가 너무 피곤해 보인다 싶으면 몰래 환자들을 돌려보내기도 했다. 화를 내야 하는 일이었지만 로잘리에게 뭐라 할 힘도 없었다.

노스트롬도 내 걱정이 많았다. 우리 입장이 이제 바뀌었다. 노스트롬은 자칫 미끄러지기 쉬운 성공의 사다리를 오르고 있었고, 나는 내려오고 있었다. 그래서인지 노스트롬은 전보다 더 친절했다. 그가 인내심을 가지고 나를 대하는 모습에 감탄이 절로 터져 나왔다. 노스트롬은 혼자 저녁 식사를 할 나를 생각해 종종 빌리에 대로를 방문했다. 나는 외식도 하지 않았고, 누군가를 저녁 식사에 초대하지도 않았으며, 예전에 자주 가던 사교 모임에도 나가지 않았다. 돌아보니 다 시간 낭비였다. 그저 혼자 조용히 잠이나 푹 잤으면 싶었다.

노스트롬은 내가 두어 달 카프리에 가서 푹 쉬다 오기를 바랐다. 그러면 내가 일을 다시 시작할 수 있을 거라고 굳게 믿었다. 하지만 나는 지금 카프리에 가면 다시는 파리로 돌아오지 않을 거라고 말했다. 갈수록 대도시의 가식적인 삶이 싫었다. 병폐에 찌든 분위기 속에서 더 이상 시간을 허비하고 싶지 않았다. 영원히 떠나고 싶었다. 더 이상 유행을 좇는 의사이고 싶지 않았다. 나를 찾는 환자들이 늘수록 점점 더 무거운 족쇄를 차는 것 같았다. 내 인생에는 돈 많은 미국인들과 신경증에 걸린 순진한 여자들을 돌보는 일 말고도 흥미로운 게 많았다.

노스트롬은 내가 "눈부신 기회"를 발로 걷어찬다고 하지만, 그런 기회를 잡는다고 뭐가 달라지겠는가? 그는 나에게 최고의 의사가 될 자질이 부족하다는 것을 간파했다. 그나 나나 돈 버는 재주도 없고 잘 관리할 능력도 없는 사람임을 잘 알았다.

게다가 나는 돈을 벌 생각이 없었다. 돈을 가지고 뭘 해야 할지도 모르겠고, 돈이 무섭고 싫었다. 그저 소박하고 순진한 사람들 틈에서 평범하게 살고 싶었다. 읽지도 쓰지도 못하는 사람들이었지만 그래서 더 좋았다. 사방이 온통 하얀 방에 딱딱한 침대, 나무판자로 만든 탁자와 의자 두 개, 피아노만 있으면 된다. 활짝 열어 놓은 창문으로 지저귀는 새소리와 저 멀리 바다 소리가 들려오겠지. 내가 정말 아끼는 것들은 아주 적은 돈으로도 구할 수 있으니, 주변에 험한 것만 없다면 아주 소박한 환경일지라도 꽤 행복하게 지낼 거다.

벽에 걸린 금색 바탕의 원시적인 그림에 머물던 노스트롬의 눈은 프리듀(기도대) 위에 놓아둔 친퀘첸토(1500년대) 피렌체에서 그려진 성모마리아를 거쳐 문 위에 걸어둔 플랑드르 태피스트리로 옮겨 갔다. 그리고 작은 탁자 위 반짝이는 카파이올로 꽃병과 깨지기 쉬운 베네치아 유리잔, 바닥에 깔린 페르시아 양탄자까지 두루 살폈다.

"이건 본 마르셰에서 건졌나보군." 탁자 밑에 깔아둔 값을 매길 수 없는 오래된 부하라 러그를 심드렁하게 쳐다보며 노스트롬이 말했다.

"단 하룻밤이라도 약을 먹지 않고 편히 잠을 잘 수 있다면, 기꺼이 그 양탄자를 드리죠. 저를 웃게 해준다면 거장 조르조가 직접 서명한 이 독특한 우르비노 꽃병을 드릴 마음이 얼마든지 있어요. 이딴 물건들, 이제 다 필요 없습니다. 내게 아무 의미가 없어요. 이젠 지겨워요. 그런 짜증나는 미소 좀 짓지 말아요. 저도 제가 지금 무슨 말을 하고 있는지 알아요. 두고 보세요."

"제가 지난주에 협심증을 앓는 숙녀를 진료하러 런던에 갔을 때 무슨 일이 있었는지 아세요? 바로 그날, 다른 사람을 상담했지 뭡니까. 상태가 더 안 좋은 사례였는데 남자였어요. 그런데 그 사람이 바로 저였어요. 아니, 그보다는 나와 똑 닮은 사람이었죠. 하이네는 그걸 도플갱어라고 부르더군요.

'이봐, 친구.' 도플갱어와 팔짱을 끼고 세인트 제임스 클럽을 나서는 길에 그에게 말했어요. '솔직히 자네 마음을 자세히 들여다보고 싶어. 마음을 가라앉히고 뉴 본드 스트리트를 따라 피카딜리에서 옥스퍼드 스트리트까지 슬슬 걸어가 보자고. 이제 내 말을 잘 들어봐. 가장 강력한 안경을 쓰고 모든 상점의 창문을 잘 들여다보게. 눈에 보이는 물건들을 찬찬히 살펴보는 거야. 아름다운 물건을 좋아하는 자네에게는 아주 좋은 기회라고. 런던에서 가장 호화로운 상점들이 모두 여기에 모여 있잖나. 돈만 있으면 살 수 있는 물건들이 전부 눈앞에, 손이 닿는 곳에 펼쳐져 있지. 갖고 싶은 건 모두 손에 넣을 수 있어. 원하는 물건이 보이면 말만 하게. 하지만 한 가지 조건이 있다네. 자네가 고른 물건은 오로지 자네가 사용하거나 누려야 해. 다른 사람에게 줄 수는 없다네.'

피카딜리 모퉁이를 도는 순간 실험이 시작됐어요. 본드 스트리트를 천천히 걸으며 상점 창문을 들여다보는 도플갱어를 곁눈질로 유심히 지켜봤죠. 미술상인 애그뉴 앞에 잠깐 멈춰 서서 금빛 바탕 위에 그려진 낡은 성모 마리아 그림을 찬찬히 들여다보더군요. 그러더니 아주 훌륭한 그림이라며 초기 시에나 화파, 아마 시모네 디 마르티노의 그림일 거라고 했어요. 그 낡은 그림을 잡으려는 것처럼 유리창을 향해 손을 뻗다가 금세 낙담한 듯 고개를 저으며 주머니에 손을 넣고는 걸음을 옮겼습니다.

헌트 앤드 로스켈에서 낡은 고급 크롬웰 시계를 보며 대단하다고 추켜세웠지만, 곧 어깨를 으쓱이며 시간이 몇 시인지는 중요하지 않다 했어요. 정 궁금하면 하늘에 떠 있는 해를 보고 알 수 있다나요. 아스프리 상점 앞에 이르러 온갖 소형 골동품과 금, 은, 보석으로 만든 장신구들을 보더니, 갑자기 속이 메스껍다며, 이 정신없는 쓰레기를 계속 보다가는 유리창이며 그 너머에 있는 것들을 모조리 부숴버릴 것 같다지 뭡니까. 웨일즈 공의 전속 양복점을 지나치면서는 오래 입은 옷이 새 옷보다 편하다고 했어요. 그렇게 우리는 계속 길을 따라 올라갔어요. 그는 점점 상점 구경엔 관심이 떨어졌는지, 주인 뒤를 종종걸음으로 따라다니는 개들에게만 흥미를 보이며 어떻게든 쓰다듬어 주려 하더군요.

드디어 옥스퍼드 스트리트에 도착했을 때, 그가 손에 들고 있는 건 사과와 은방울꽃 한 다발이었습니다. 본드 스트리트를 걸어오며 본 것들 다 관심이 없지만 아스프리를 지날 때 집 앞에서 끈기 있게 주인을 기다리던 작은 애버딘 테리어만큼은 욕심이 나더라는 거예요. 손에 들고 있던 사과를 한 입 베어 먹더니 참 좋은 사과라고 하더군요. 그리고 계곡에 피는 백합 다발을 아련하게 바라보며 스웨덴에 있는 옛 고향집 생각이 난다고 했어요. 그러고는 나를 보며 실험이 끝난 것 같은데 자신에게 무슨 문제가 있는지 알아냈냐고, 혹시 머리에 문제가 있냐고 묻더군요.

그래서 아니다, 머리가 아니라 마음에 문제가 있다고 대답했어요. 그랬더니 저에게 아주 현명한 의사라며, 자기도 혹시 마음에 문제가 있는 게 아닐까 늘 의심했다는 겁니다. 그리고는 저에게 직업상 비밀을 지켜 달라고 부탁했어요. 친구들에게 그들과 상관없는 것까지 알리고 싶지 않다고 하더군요."

"우리는 다음 날 아침 파리로 돌아왔어요. 도버와 칼레를 횡단하는 동안 그는 꽤 즐거워 보였어요. 바다를 좋아한다더군요. 그 뒤로 그는 빌리에 대로에서 거의 벗어나지 않았어요. 그리고 잠시라도 앉아 있으면 큰일 나는 사람처럼 쉬지 않고 집 안을 돌아다녔어요. 늘 대기실을 어슬렁거리다가 부유한 미국인들 사이를 헤집고 들어와서는 너무 피곤하다며 피로회복제를 처방해 달라고 조릅디다. 그 외 시간에는 나와 마차를 타고 여기저기 다녀요. 내가 환자를 방문하는 동안에는 개와 마차 안에서 얌전히 기다리죠. 저녁 식사를 하는 동안에는 제 맞은편, 그러니까 지금 박사님이 앉아 있는 그 의자에 앉아서 아주 피곤해 보이는 눈으로 나를 쳐다봐요. 입맛이 없다며, 강력한 수면제를 내놓으라고만 하는 거예요. 밤마다 그 남자는 내 방에 들어와 베개에 고개를 파묻고는 제발 자신을 죽여 달라고 애원해요. 더 이상은 못 견디겠다고, 그러니….”

"나도 더 이상 못 참겠네." 노스트롬이 버럭 화를 내며 끼어들었다. "도플갱어니 뭐니, 그 말도 안 되는 소리 좀 집어치우게. 잠 못 자는 사람에게 정신 해부는 아주 위험한 짓이네. 자네, 여기서 더 했다가는, 자네도, 도플갱어도 성 안느 정신병원에서 인생을 마감하게 될 걸세. 내가 포기하지. 일이고 경력이고 다 필요 없고, 부와 명예 따위 다 내팽개칠 생각이라면, 빌리에 대로에 있는 호화 아파트보다 카프리에 있는 하얗게 칠한 방이 더 좋다면, 떠나게. 당장. 자네가 그토록 사랑하는 섬으로 떠나란 말이야. 여기서 미쳐 가느니 가서 행복하게 지내게! 자네의 그 도플갱어에 대해 진심으로 한마디 하지. 그는 사기꾼이야. 장담하는데, 그는 곧 다른 부하라 러그를 가져다 자네 나무 탁자 아래에 깔아 놓을 거야. 시에나 풍의 성모마리아 그림과 플랑드르의 고블랭을 가져다 하얗게 칠한 벽에 걸어두겠지. 자네가 마카로니를 담아 먹을 친퀘첸토 시대의 구비오 접시도, 카프리 비앙코를 마실 낡은 베네치아 유리잔도 틀림없이 가져다 놓을 거라고!"

21
성 안토니오의 기적

성 안토니오가 또 기적을 행하였다. 나는 아나카프리에 있는 작고 소박한 집에서 살았다. 온통 하얗게 칠해 깨끗한 그 집 창문 밖에는 햇빛이 잘 드는 페르골라가 있었다. 주변에는 다정하고 순박한 사람들뿐이었다. 늙은 마리아 포르타-레테레, 아름다운 마르게리타, 안나렐라와 조콘다 모두 다시 돌아온 나를 반갑게 맞이했다. 돈 디오니시오의 카프리 비앙코는 어느 때보다 맛이 좋았다. 시간이 흐르면서 파로코(본당 신부)의 카프리 로소도 그에 못지않게 훌륭하게 느껴졌다. 해가 뜨고 질 때까지, 나는 한때 마스트로 빈첸초의 정원이었던 곳에서 열심히 일했다. 내 미래의 집 바깥으로 이어지는 거대한 아치형 로지아의 기초를 다지고 있었다. 마스트로 니콜라와 그 집 세 아들들도 옆에서 거들었고 여섯 명의 소녀들은 눈웃음을 치며 커다란 바구니를 머리에 이고 엉덩이를 흔들며 흙을 날랐다. 땅에서 1야드쯤 파내려가니 로마 성벽이 나타났다. 벽돌을 화강암만큼 단단하게 쌓아올린 오푸스 레티쿨라툼에는 님프와 바커스 신전 사제들이 춤을 추고 있는 모습이 폼페이의 붉은색 인토나코 위에 새겨져 있었다. 그 아래에는 검은 대리석인 네로 안티코의 덩굴을 두른 모자이크 바닥과 지금은 커다란 로지아 중앙으로 옮겨 놓은 멋진 팔롬

비노로 만든 깨진 포장석이 있었다. 안마당 작은 로지아를 떠받치고 있는 세로로 홈이 난 치폴리노 기둥이 이천 년 전에 그 포장석을 가로질러 쓰러지면서 파리아 대리석으로 만든 커다란 꽃병을 박살내버렸다. 그 꽃병에 달려 있던 사자 머리 모양의 손잡이는 지금 내 탁자 위에 놓여 있다. "팀베리오의 물건이군." 마스트로 니콜라가 두 동강이 난 아우구스투스의 머리를 주워들며 말했다. 지금은 이 머리를 로지아로 옮겨 놓았다.

파로코 돈 안토니오의 주방에서 마카로니가 완성되었을 때 교회 종이 울리며 메조조르노(정오)를 알렸다. 우리는 커다란 인살라타 디 포미도로(토마토 샐러드), 미네스트로네, 마카로니가 차려진 식탁에 둘러앉았다. 그리고 해가 질 때까지 다시 일을 했다. 카프리 아랫마을에서 저녁기도 시간을 알리는 종이 울리면 함께 일하던 동료들은 성호를 그으며 부온 리포조, 에첼렌차, 부오나 노테 시뇨리노라고 인사를 건네며 집으로 돌아갔다. 편히 쉬세요, 신부님, 안녕히 주무세요, 선생님. 그들의 기도가 안토니오 성인에게 닿았는지, 기적이 일어났다. 지난 몇 년 동안 제대로 잠을 이루지 못하던 내가 그날 밤 잠을 푹 잤다. 동이 트자 잠에서 깬 나는 등대까지 달려가 아침 목욕을 하고 정원으로 다시 갔다. 다른 사람들도 다섯 시 아침 미사를 마치고 일하러 오고 있었다.

내 동료 일꾼들은 글을 읽거나 쓰지 못했다. 콘타디니(농부)의 집이나 지었지, 다른 건물은 지어본 적이 없었다. 거기 사람들이 다 비슷했다. 하지만 마스트로 니콜라는 달랐다. 할아버지와 아버지처럼 집안 대대로 내려오는 아치 짓는 법을 배웠다. 로마인들이 그들의 스승이었다. 그들은 지금 짓고 있는 집이 예전에 보았던 집들과는 다르다는 사실을 진즉에 눈치챘다. 엄청난 관심을 보였지만, 그 집이

도대체 어떤 모습일지 누구도 짐작하지 못했다. 나도 마찬가지였다. 내가 정원 흰 벽에 숯으로 대충 그린 밑그림 하나 믿고 작업할 뿐이었다. 사실 내 그림 솜씨가 썩 좋은 편이 아니라 그 밑그림도 꼭 어린애가 그린 거나 다름없었다.

"이게 집이에요." 그들에게 설명했다. "천장이 둥근 방들을 커다란 로마식 기둥으로 떠받치죠. 물론 창문마다 작은 고딕 양식 기둥을 세울 겁니다. 여기가 튼튼한 아치가 있는 로지아에요. 아치를 몇 개나 만들지는 앞으로 보면서 결정할 겁니다. 여기, 백 개가 넘는 페르골라가 예배당까지 쭉 이어질 겁니다. 지금 페르골라를 바로 가로지르는 공도는 신경 쓰지 말아요. 없앨 거니까. 여기도 로지아예요. 카스텔로 바르바로사가 내다보이죠. 지금은 어떤 모습일지 잘 그려지지가 않네요. 때가 되면 머릿속에 떠오르겠죠. 여기가 작은 안뜰, 전체를 흰색 대리석으로 꾸밀 생각입니다. 한가운데에 시원한 분수를 두고 벽마다 벽감을 두어 로마 황제들의 두상을 놓을 거예요. 아트리움 같겠네요. 여기 집 뒤편에 있는 정원 벽은 부수고 로마 라테란처럼 클로이스터를 만들 겁니다. 여기에다가는 여름 저녁마다 아가씨들이 모두 타란텔라를 출 수 있을 만큼 넓은 테라스를 둘 거예요. 정원 위쪽에 있는 바위는 폭파해버리고 그리스식 극장을 지을 거예요. 사방이 뚫려 있어서 해와 바람이 잘 드는 모양으로 말이죠. 이건 예배당까지 이어지는 사이프러스나무 길이죠. 물론 예배당은 회랑 좌석과 스테인드글라스로 장식한 창문이 있는 모습으로 재건축해서 서재로 쓸 생각입니다. 이건 예배당 주변으로 꼬아놓은 모양의 고딕 기둥을 세운 콜로네이드예요. 여기, 나폴리 만이 내려다보이는 이 자리에는 티베리우스보다도 오래된 붉은 화강암으로 만든 거대한 이집트 스핑크스를 앉힐 겁니다. 스핑크스를 놓기에 딱 좋은 자리잖아요. 지금은 스핑크스를 어디서 구할 수 있을지 모르겠지만, 때가 되면 나타나겠죠."

그들은 모두 흡족해하며 금방이라도 집을 마무리할 것 같은 분위기였다. 마스트로 니콜라는 분수에 쓸 물을 어디서 물을 끌어올 생각인지 궁금해했다.

물론 섬에 있는 물은 모두 하늘에서 온다. 원래는 바바로사산 전체를 사서 거기다가 거대한 저수통을 짓고 빗물을 모아서 지금 마을 전체에 아주 절실히 필요한 물을 공급할 계획이었다. 내게 친절을 베풀어 준 그들에게 보답하는 최소한의 길이었다. 모래 위에 막대기로 작은 클로이스터의 윤곽을 그리고 나니, 그 모습이 지금과 똑같았다. 우아한 아케이드로 둘러싸인 아담한 사이프러스 정원이 있고 그 한가운데에서 사슴이 뛰노는 곳 말이다.

로마 동전이 그득한 항아리를 발견하자 사람들은 엄청 흥분했다. 섬에 사는 농부들은 이천 년 동안 티베리우스의 보물을 찾으려고 애썼다. 이 동전들을 깨끗이 세척하다 보니 요즘 주조한 것처럼 아주 멀쩡한 금화가 나왔다. 지금껏 본 중에 가장 뛰어난 옛 황제의 초상이 새겨진 플레어 드 코앙(완벽한 상태의 동전)이었다. 근처에서 기마상에 썼던 청동 말발굽 두 점을 발견했다. 하나는 아직도 내가 가지고 있지만, 나머지는 십 년쯤 지났을 때 어느 관광객이 몰래 가져가버렸다.

정원에는 짙은 아프리카노, 화려한 파보나제토, 황금빛 지알로 안티코, 회녹색의 베르데 안티코, 연한 녹색과 흰색 층이 아름다운 시폴리노, 우윳빛 알라바스트로 등 형형색색 윤이 나는 수천수만 개의 대리석 조각들이 잔뜩 있었다. 지금은 이 대리석들로 로지아와 예배당, 일부 테라스의 바닥을 깔았다. 땅을 파는 동안 기묘한 모양으로 깨진 컵, 깨지거나 온전한 모양의 그리스 꽃병 몇 점, 그리고 마스트로 니콜라의 말에 따르면 라 감바 디 팀베리오(티베리우스의 다리), 그리스와 로마 비문 수십 개를 포함한 초기 로마 조각상 조각들 한 무더기가 쏟아져 나왔다. 예배당으로 가는 작은 길을 따라 사이프러스나무를 심다가 남자 유골이 있는 무덤을 발굴했다. 해골 입에는 그리스 동전 하나가 물려 있었다. 뼈는 발견된 자리에 그대로 두었다. 두개골은 지금 내 서재 책상 위에 놓여 있다.

로지아의 거대한 회랑들이 빠르게 지어졌고, 하늘을 배경으로 페르골라의 흰 기둥 백 개가 하나둘씩 세워졌다. 한때 마스트로 빈첸초의 집이자 목공소였던 곳이 점점 확장되면서 내가 꿈꾸던 집의 모양을 갖추었다. 그런 일이 어떻게 가능했을까. 알 수가 없었다. 하긴 오늘날 산 미켈레의 역사를 알고 있는 사람 누구도 이해하기 어려운 일이었다. 나는 건축에 문외한이었다. 함께 일한 사람들도 마찬가지였다. 이 일에 참여한 사람 중에 글을 읽고 쓸 줄 아는 사람이 없었다. 건축가에게 자문을 받지도 않았고, 제대로 된 도면이나 설계도도 없었다. 심지어 치수도 정확하게 잰 적이 없었다. 마스트로 니콜라의 말마따나 전부 다 알로키오, 눈대중으로 작업했다.

저녁이 되어 모두가 돌아가고 나면 작은 예배당 밖 부서진 난간에 혼자 앉아 있곤 했다. 내 스핑크스가 놓일 그 자리에서 내가 꿈꾸던 성이 황혼 속에 우뚝 서 있는 모습을 마음의 눈으로 바라보았다. 거기 앉아 있으면 가끔 긴 망토를 두른 키 큰 형체가 반쯤 완성된 로지아의 지하 납골당 아래를 돌아다니며 그날 한 작업을 꼼꼼히 살펴보거나, 새로 지은 구조물은 단단한지 확인도 해보고, 내가 모래에다 삐뚤빼뚤 그려놓은 윤곽을 들여다보며 구부정하게 서 있는 모습이 아른거렸다.

그 수수께끼 같은 감독관은 누구였을까? 혹시 또 다른 기적을 행하려고 성전에서 슬그머니 내려온 공경하옵는 성 안토니오였나? 아니면 12년 전 바로 이 자리, 내 옆에 서서 미래를 담보로 도움을 주겠다던 내 젊은 시절의 유혹자였을까? 너무 어두웠던 터라 그 얼굴을 더 보지 못했지만 붉은 망토 자락 아래에 반짝이던 검의 날이 보였던 것 같았다. 다음 날 아침, 전날 무얼 어떻게 해야 할지 몰라 막막한 마음으로 손을 놓았던 그 자리에 사람들이 다시 모여 일을 시작할 때면, 그 어려운 문제들이 밤새 다 해결된 것 같았다. 꺼림직하던 마음이 모두 사라졌다. 마치 건축가가 아주 세세한 부분까지 그려놓은 듯 모든 것이 머릿속에 선명하게 그려졌다.

며칠 전 마리아 포르타-레테레가 로마에서 온 편지를 한 통 가져왔다. 나는 편지를 책상 서랍에 그대로 던져 넣었다. 거기엔 읽지 않고 처박아놓은 편지들이 이미 수십 통 쌓여 있었다. 카프리 밖 세상 따위에 신경 쓸 겨를이 없었다. 천국에서 편지가 올 리도 없고. 그런데 생전 듣도 보도 못한 일이 일어났다. 아나카프리로 전보가 날아온 거다. 이틀 전에 마싸 루브렌세에 있는 세마포어(전신기)로 힘들게 보낸 전보는 시간이 흐르고 흘러 아르코 나투랄레 옆에 있는 카프리 세마포어에 도착했다. 신호수인 돈 치치오는 전보의 뜻을 대충 추측해봤지만 도무지 해석할 수가 없었다. 결국 카프리에 있는 여러 사람들에게 돌아가며 보여줬지만, 누구 하나 거기 적힌 말을 이해하지 못했고, 아무도 그 일에 관여하려 하지 않았다.

결국 아나카프리로 보내보기로 결정되었고, 그렇게 전보는 마리아 포르타-레테레의 생선 바구니 위에 놓이게 되었다. 전보라는 것을 본 적이 없던 마리아 포르타-레테레는 그 물건을 교구 사제에게 조심스레 건넸다. 외워서 익힌 것 말고는 글을 읽는 데 익숙지 않았던 일 레베렌도 돈 안토니오(존경하는 안토니오 신부)는 마리아 포르타-레테레에게 마을에서 가장 학식이 높은 교장선생님 일 베레렌도 돈 나탈레에게 가져가보라고 일렀다. 돈 나탈레는 히브리어로 작성된 글이 분명하지만 철자가 엉망진창이라 해석할 수 없다고 했다. 그러니 일 레베렌도 돈 디오니시오에게 찾아가라고 마리아 포르타-레테레에게 말했다. 로마를 방문하여 교황의 손에 입 맞추었던 돈 디오니시오야말로 이 수수께끼 같은 메시지를 해독할 적임자였다. 로바 안티카(고대 유물)에 있어서 이 마을 최고의 권위자인 그는 이 전보를 보자마자 팀베리오가 직접 만든 비밀 전신 코드로 작성되었다는 사실을 알아차렸다. 아무도 그 내용을 이해하지 못한 이유가 다 있었던 거다. 약사가 돈 디오니시오에 힘을 실어주었지만 영어로 쓰인 글이라고 주장하는 이발사의 반대 의견에 부딪히고 말았다. 상황을 빠르게 판단한 이발사는 이모가 영국 영주와 결혼한 라벨라 마르게리타에게 가져가보는 게 좋겠다고 말했다. 라 벨라 마르게리타는 전보를 읽자마자 울음을 터뜨렸다. 간밤에 이모가 병을 앓는 꿈을 꿨는데, 영국 영주가 이모의 죽음을 알리려고 보낸 전보가 틀림없다고 믿었다.

마리아 포르타-레테레가 전보를 들고 이 집 저 집 돌아다니는 동안 마을 사람들은 점점 흥분했고, 곧 모든 일이 중단되었다. 이탈리아와 터키 사이에 전쟁이 벌어졌다는 소문이 돌았지만, 정오쯤에는 맨발인 소년이 가져온 또 다른 소문에 묻혀버렸다. 로마에서 왕이 암살당했다는 소문이었다. 시의회가 긴급 소집되었지만 신다코(시장) 돈 디에고는 비보를 확인해줄 전보가 도착하기 전까지 조기를 달지 않기로 결정했다. 해가 넘어갈 무렵, 마을 남녀노소 주민들에 둘러싸인 마리아 포르타-레테레가 전보를 들고 산 미켈레로 왔다. 전보를 받아든 나는 내게 온 게 아니라고 말했다.

"그럼 누구에게 온 전보죠?"

"나도 모르겠어요. 살아 있는 사람이나 죽은 사람 가운데 이런 비슷한 이름을 가진 사람이 있다는 말을 들은 적도 없네요. 이건 이름이 아니라 알 수 없는 언어의 글자일 수도 있어요."

"전보에 뭐라고 적혀 있는지 알려줄 수 없어요?"

"그럴 수 없어요. 난 전보가 싫어요. 이 일에 엮이고 싶지 않아요."

"이탈리아와 터키가 전쟁을 벌이고 있다는 말이 사실인가요?" 사람들이 정원 담벼락 아래서 아우성이었다.

"나도 모르겠어요. 설령 전쟁이 일어났다 해도 평화롭게 정원을 일굴 수만 있다면 난 상관없다고요."

낙담한 늙은 마리아 포르타-레테레는 털썩 주저앉아 시폴리노 기둥에 기대었다. 동이 틀 무렵부터 아무것도 먹지 못한 채 전보를 들고 여기저기 돌아다녔더니 이제는 꼼짝도 못하겠다고 푸념했다. 게다가 소에게 먹이를 주러 가야 했다. 그녀는 내게 내일 아침까지 전보를 맡아주겠냐고 물었다. 손주들은 물론이고 닭이며 돼지까지 뛰어 돌아다니는 마당이라 자신이 가지고 있으면 안전하지 않을 것 같다며 말이다. 늙은 마리아 포르타-레테레는 내 소중한 친구였다. 왠지 그녀와 소에게 미안했다. 나는 전보를 받아 주머니에 넣었다. 내일 아침에 그녀가 다시 전보를 들고 여기저기 다녀보기로 했다.

바다 너머로 해가 지고 종들이 저녁기도 시간을 알리자, 사람들은 저녁을 먹으러 집으로 돌아갔다. 나는 돈 디오니시오가 만든 최고의 포도주 한 병을 앞에 두고 페르골라 아래에 자리를 잡았다. 갑자기 으스스한 생각이 머릿속을 스치고 지나갔다.

이 전보가 정말 나에게 온 거라면! 포도주 한 잔을 더 들이킨 뒤 전보를 탁자 위에 꺼내놓고 그 알 수 없는 의미를 인간의 언어로 옮기는 일에 들어갔다. 나에게 온 전보가 아닐 거라며 마음을 달래느라 포도주 한 병을 다 비운 나는 손에 전보를 쥔 채로 탁자에 고개를 박고 잠이 들었다.

다음 날 잠에서 깨어나 보니 해가 벌써 높이 떠 있었다. 서두를 필요가 없었다. 정원에는 일하러 나온 사람들이 없었다. 모두 아침 미사를 드리고 성당에 있을 게 틀림없었다. 성금요일이었으니까. 몇 시간 뒤, 산 미켈레까지 산책이나 하러 나섰다가 마스트로 니콜라가 아들 셋과 소녀들을 데리고 평소처럼 정원에서 열심히 일하고 있는 모습을 보고 크게 놀랐다. 물론 그들도 내가 이 일을 얼마나 빨리 마무리하고 싶어 하는지 잘 알고 있었지만, 그렇다고 그들에게 성금요일에 나와 일해 달라고 부탁할 생각은 눈곱만큼도 없었다. 그런데 이렇게까지 생각해주다니 정말 고맙다고 말했다. 그러자 마스트로 니콜라가 깜짝 놀라며 나를 바라보았다. 그리고 오늘은 축일이 아니라고 했다.

"오늘은 축일이 아니라고요?"

아니, 오늘이 우리 주 예수 그리스도께서 십자가에 못 박히신 성금요일이라는 걸 그가 모른다고?

"바 베네, 그렇군요." 마스트로 니콜라가 말했다. "하지만 예수 그리스도는 성인이 아니지요."

"당연히 그분은 성인이십니다. 성인 중의 성인이시죠."

"하지만 백 가지가 넘는 기적을 행하신 성 안토니오만큼 위대하지는 않아요. 예수는 기적을 얼마나 행하셨죠?" 빈정거리듯 그가 내게 물었다.

기적이라는 점에선 성 안토니오를 이길 자가 없다는 걸 나보다 잘 아는 사람은 없다. 성인의 마을로 나를 이끈 것보다 더 큰 기적이 어디 있겠나?

나는 마스트로 니콜라의 질문을 슬쩍 비껴가며 이렇게 말했다.

"성 안토니오가 존경받아 마땅하지만 그저 인간일 뿐이에요. 예수 그리스도께서는 하늘에 계신 주님의 아들이시며 우리를 지옥에서 구원하고자 바로 오늘 십자가에서 죽음을 당하셨습니다."

"논 에 베로" 마스트로 니콜로는 다시 힘차게 땅을 파며 사실이 아니라고 말했다. "엘 안노 파토 모리레 이에리 페르 아브레비아레 레 푼조니 넬라 키에사."

교회에서 미사 시간을 줄이려고 어제 그분을 돌아가시게 한 거라니.

이 말을 듣고 정신을 차릴 새도 없이 정원 담 너머에서 내 이름을 부르는 익숙한 목소리가 들려왔다. 로마에 스웨덴 공사로 새로 부임한 내 친구였다. 그는 여기서 나와 부활절을 보낼 생각이라고 적어 보낸 편지에 왜 답장하지 않았냐며 불같이 화를 냈다. 게다가 전보에 부탁한 대로 우편선이 도착하는 시간에 맞춰 당나귀를 끌고 항구로 마중 나오지 않아 머리끝까지 화가 나 있었다. 이 다 쓰러져가는 마을까지 혼자서 칠백하고도 칠십 칠 개의 페니키아 계단을 올라야 한다는 사실을 알았더라면 그는 절대로 아나카프리에 오지 않았을 친구였다. 그런데 그가 보낸 전보를 받지 못했다고 자신 있게 말할 수 있을까?

물론 받았다. 사실 동네 사람들도 다 그 전보를 봤다. 나는 그 전보를 들여다보다가 취할 뻔하지 않았나. 전보를 보여주자 그 친구도 화가 누그러졌다. 그리고 이 전보를 로마로 가져가 미니스테로 델 포스테 에 텔레그라피(우편전신부)에 보여주고 싶다고 했다. 나는 그가 들고 있는 전보를 낚아채며, 어떻게든 카프리와 본토 간 전신을 개선하려는 생각이라면 절대 반대라고 경고했다.

나는 기꺼이 내 친구에게 이곳을 보여주었다. 이해를 돕기 위해 가끔 벽에 그린 내 스케치를 참고하며 앞으로 산 미켈레에 일어날 놀라운 일들을 설명해주었다. 그는 그 스케치가 무척 요긴했다고 말했다. 그리고 감탄을 아끼지 않았다. 예배당에서 발아래 펼쳐진 멋진 섬을 바라보며 세상에서 가장 아름다운 풍경일 거라고 말했다. 붉은 화강암으로 만든 거대한 이집트 스핑크스를 놓을 자리를 알려주자, 친구는 나를 걱정스런 눈빛으로 쳐다보았다. 산을 폭파하고 그리스식 극장을 세울 자리를 보여주자, 그는 현기증이 난다며 집에 가서 포도주나 한 잔 달라고 부탁했다. 아울러 나와 조용히 이야기를 나누고 싶어 했다.

하얗게 칠한 실내를 둘러보는 그의 눈이 갈피를 잃고 헤매었다. 이게 내 집이냐고 묻는 그에게 나는 평생 이처럼 편안한 적은 없었다고 답해줬다. 나무 탁자에 돈 디오니소의 포도주 병을 올려놓으며 친구에게 의자에 앉으라고 권한 나는 그대로 침대에 몸을 던졌다.

"무슨 말이든 들을 준비가 되었으니 해보게."

내 친구는 내가 지난 몇 년 동안 살페트리에르에서 조금 기이하고 불안정한 사람들, 그러니까 정신적으로 좀 불안한 사람들 틈에서 너무 오래 지낸 거 아니냐고 물었다.

사실과 크게 다르지 않지만 살페트리에르를 완전히 그만둔 지 오래라고 대답했다.

그는 그 말을 들으니 안심이 된다며, 이제 다른 전공 분야를 택할 때가 된 것 같다고 말했다. 그는 나를 무척 좋아했다. 사실은 아나카프리에서 이 농부들과 지내며 괜히 시간 낭비 말고 당장 파리에 있는 내 좋은 일자리로 돌아가라고 설득할 셈이었다. 하지만 이제 나를 보고 생각이 바뀌었는지, 나에게 온전한 휴식이 필요하다는 결론을 내렸다.

그에게 내 결정을 지지해줘서 고맙고, 정말 더 이상은 압박감을 견딜 수가 없을 만큼 너무나 지쳤다고 말했다.

"머리가?" 딱하다는 표정으로 그가 물었다.

나는 그에게 파리로 돌아가라고 나를 설득해봤자 소용없다고 말했다. 내 여생을 아나카프리에서 보낼 생각이니까.

"그러니까 자네 말은 이 초라한 작은 마을에서 글을 읽지도 쓰지도 못하는 농민들 사이에서 혼자 평생 살아가겠다는 거군! 자네 같이 교양 있는 사람이 도대체 누구와 어울릴 텐가?"

"나도 있고, 내 개들도 있지. 아, 어쩌면 원숭이도 같이 지낼지도 모르겠군."

"음악 없이는 살 수 없다고 입버릇처럼 말하지 않았나. 누가 자네에게 노래를 불러줄 건대? 누가 자네에게 연주를 해준다는 거야?"

"정원에 새들이 있지 않나. 주변이 다 바다야. 들어보게! 아름다운 메조소프라노의 소리가 들리지? 꾀꼬리라네. 그 소리가 우리의 유명한 동포인 크리스틴 닐손이나 파티보다 더 아름답지 않나? 엄숙한 안단테의 파도 소리가 들리나? 베토벤 교향곡 9번의 느린 악장보다 아름답지 않은가?"

내 친구는 갑자기 말꼬리를 돌리며 건축가가 누구고 어떤 양식으로 집을 지을 생각인지 물었다.

건축가는 따로 없고 아직까지도 어떤 양식으로 집을 지을지 정하지 못했으며, 다 일이 진행되면서 자연스럽게 정해질 거라고 알려줬다.

그는 또다시 불편한 눈빛으로 나를 곁눈질했다. 내가 설명한 것처럼 웅장한 저택을 지으려면 거금이 필요할 텐데, 그래도 최소한 내가 파리를 떠날 때 모아놓은 돈이 있다니 다행이라고 했다.

나는 책상 서랍을 열어 양말 안에 넣어둔 지폐 다발을 그에게 보여주었다. 파리에서 12년 동안 힘들게 일하고 모은 내 전 재산이었다. 1만 5천 프랑쯤 되려나.

"이런 구제불능 몽상가 같으니라고, 친구 말 좀 귀담아듣게." 스웨덴 공사가 말했다. 손가락으로 이마를 톡톡 두드리며 계속 말을 이어갔다. "자네가 살페트리에르에서 돌보던 환자들보다도 현실을 똑바로 보지 못하고 있어. 병이 옮은 게 분명해. 자네의 몽상이 아니라 현실을 똑바로 보란 말일세. 지금처럼 가다간 한 달도 안 돼서 그 양말은 텅 비고 말 거야. 이제껏 사람이 지낼 만한 제대로 된 방 하나 보질 못했네. 반쯤 짓다만 로지아, 테라스, 클로이스터와 페르골라가 전부였어. 집은 뭐로 지을 생각인가?"

"내 손으로."

"그래, 어찌어찌 집을 지었다 치세. 무얼 먹고 살 건데?"

"마카로니."

"자네가 상상한 대로 산 미켈레를 지으려면 적어도 50만 프랑은 들 텐데, 돈은 어디서 구할 거지?"

이런 멍청이. 그런 생각은 해본 적이 없다. 전혀 새로운 관점이었다.

"도대체 뭘 해야 하지?" 이윽고 나는 친구를 쳐다보며 말했다.

"뭘 해야 하는지 알려주지." 내 친구가 결연한 목소리로 말했다. "당장 산 미켈레에서 하던 이 정신 나간 짓을 그만두고 하얗게 칠한 이 방을 싹 다 비우게. 파리로 돌아가지 않겠다고 했으니 로마로 가서 의사 자리를 구하란 말이야. 로마야말로 자네에게 어울리는 곳이지. 겨울엔 그곳에서 지내는 거야. 그리고 기나긴 여름 내내 집을 계속 지으면 되지. 자네 머릿속에 온통 산 미켈레 생각뿐이겠지만, 자네, 바보가 아니잖나. 아니면, 사람들이 자네가 바보라는 걸 아직까지 모르거나. 게다가 자네가 손대는 일마다 운이 따르지. 듣자 하니 로마에서 진료를 보는 외국인 의사가 마흔네 명이라더군. 자네가 마음먹고 본격적으로 일을 시작한다면 그들을 뛰어넘는 건 식은 죽 먹기야. 열심히 일하고 번 돈은 내게 맡기게. 적어도 5년 안에 산 미켈레를 완성하고 개, 원숭이들과 평생 행복하게 살 수 있을 만큼 돈을 모은다는 데에 내 전 재산이라도 걸겠네."

친구가 떠난 뒤 나는 우리에 갇힌 동물처럼 내 작고 소박한 방안을 이리저리 서성이며 끔찍한 밤을 보냈다. 도저히 꿈에 그리던 스핑크스에게 작별 인사를 전하러 예배당에 올라갈 엄두가 나질 않았다. 붉은 망토를 두른 유혹의 악마가 또다시 황혼을 등지고 나타나 내 옆에 설까 봐 두려웠다. 동이 트자마자 등대로 달려가 바다에 뛰어들었다. 헤엄쳐 뭍에 오르니 바닷가에 일렁이는 물결처럼 머리가 맑고 차분해졌다.

두 주 후 나는 로마에 있는 키츠의 집에서 의사 일을 시작했다.

22

스페인 광장

첫 환자는 로마에서 명성이 자자한 영국 은행가의 부인이었다. P부인은 캄파냐에서 사냥을 하다가 말에서 떨어진 뒤 3년 가까이 자리에 누워 지내고 있었다. 로마에 있는 외국인 의사들을 차례로 돌며 진료를 받았고, 급기야 한 달 전에는 샤르코에게도 찾아갔다고 한다. 샤르코가 부인에게 내 이름을 알려줬다는데, 내가 로마에 머물고 있다는 사실을 그가 어떻게 알았는지 모르겠다.

부인을 진찰하고 나니, 스웨덴 공사가 했던 예언이 이루어지는 순간이 찾아왔구나 싶었다. 나의 눈에만 보이던 행운이 또다시 내 편에 서 있었다. 게다가 외국인 사회에서 가장 유명한 여성을 첫 환자로 로마에서 진료를 시작하다니, 정말 운이 좋았다. 부인은 충격으로 사지가 마비됐을 뿐 척추에 영구 손상을 입지는 않았다. 낫는다는 믿음과 마사지만 있으면 두어 달 안에 두 발을 딛고 일어설 일이었다. 그 누구도 섣불리 꺼내지 못했던 말을 부인에게 전했고, 그 약속을 지켰다. 마사지 치료를 시작도 하기 전에 부인은 벌써 좋아졌다.

석 달이 채 지나지 않아, 빌라 보르게세에 멈춘 마차에서 부인이 내려 지팡이를 짚으며 나무 아래를 걷는 모습을 로마 상류층 절반이 목격했다. 사람들은 기적이 빚어낸 결과라고 했지만, 사실 환자의 믿음과 의사의 인내심으로 이루어낼 수 있는 아주 간단하고 수월한 사례였다. 이 일로 로마에 있는 여러 영국인 사회와 수많은 이탈리아 가정의 문이 활짝 열렸다. 다음 해 나는 영국 대사관을 담당하는 의사가 되었고 영국 출신 의사들 열한 명이 돌보는 환자들을 한데 모아놓은 것보다 더 많은 영국인 환자들을 진료하였다. 그 의사들이 내게 어떤 감정을 보였는지는 각자의 상상에 맡기겠다. 에꼴 데 보자르 출신으로 지금은 빌라 메디치 상주 작가로 활동하는 내 오랜 친구가 프랑스인 사회에 나를 연결해주었다. 내 평생의 친구인 주세페 프리몰리 백작이 로마 사교계에다 입이 마르도록 내 칭찬을 한 덕에, 빌리에 대로에서 누리고 남은 행운의 희미한 기운이 내 진료실 가득히 환자들을 불러 모았다.

파리에 있을 때 몇 번 연이 닿았던 미국의 권위 있는 신경전문의 위어-미첼 교수는, 늙고 쇠약해진 백만장자들과 신경이 날카로워진 그 아내들을 내게 보내주었다. 처음 본 로마의 대공에게 허영심을 걸었던 그들의 혈기 왕성한 딸들도 이제 슬슬 나를 조용하고 고풍스러운 궁에 불러들여 이런저런 환상 증상을 상담받기 시작했다. 그리고 수많은 미국인 무리가 양떼처럼 그 뒤를 따랐다. 미국 의사 열 두 명이 곧 영국 동료 의사들과 같은 운명에 놓였다. 내 방 창문 아래로 내려다보이는 트리니타 데이 몬티 계단에 몬테카시노 주변 산에서 가져온 듯한 고풍스러운 의상을 입고 서 있는 수백 명의 모델들 역시 내 환자들이었다. 피아차 디 스파냐(스페인 광장)에서 꽃을 파는 사람들 모두 내가 마차를 타고 지날 때마다 자기 아이들에게 기침약을 조제해 준 내게 감사의 표시로 제비꽃 한 다발을 던져 주었다.

이렇게 트라스테베레에 둔 진료소를 통해 내 이름이 로마 전역의 빈민가에 알려졌다. 나는 아침부터 저녁까지 분주히 돌아다녔고, 특별히 호출이 없는 한, 밤부터 아침까지 왕처럼 푹 잠을 잤다. 물론 밤에 호출이 오는 경우가 많았지만 괜찮았다. 그 시절 나는 피로가 뭐냐는 듯 일했다. 머지않아 시간도 아끼고 말을 좋아하는 마음도 충족시킬 겸, 윤기가 흐르는 헝가리산 말 두 마리가 끄는 붉은 바퀴 달린 고급 빅토리아를 타고 로마를 전속력으로 달렸다. 내 옆에는 라플란트종인 충견 타피오를 태웠다. 지금 생각해 보니 과시하고픈 마음도 있었던 것 같다. 굳이 할 필요도 없는 리클람(광고)을 하고 돌아다닌다고 오해받기에 딱 좋은 행동이었는지도 모르겠다.

아무튼, 나의 모습이 마흔네 명의 동료 의사들에게 꽤 충격이었나 보다. 그 뒤로 몇몇은 피오 논노(교황 비오 9세) 시대의 칙칙하고 낡은 마차를 타고 다녔는데, 죽은 환자들을 위한 영구차로 써도 무방해 보였다. 나머지 동료들은 걸어 다니며 우울한 일을 처리했다. 긴 프록코트를 입고 머리에 탑 해트를 깊게 눌러 쓴 그들의 모습이 다음번엔 누구를 방부처리하나 고민하는 듯했다. 그들 모두 내가 마차를 타고 지나갈 때마다 매섭게 노려봤다. 모두 나와 안면은 있는 사람들이었다. 하지만 곧 나를 개인적으로 만나야 했다. 그들이 원하든 아니든, 그들이 돌보던 환자들이 임종을 앞두고 나에게 자문을 요청하기 시작했기 때문이다. 환자들을 만날 때면 나는 최대한 상도덕을 지키며 그동안 훌륭한 의사에게 진료를 받아 다행이었다고 말하려 애썼지만, 쉽지만은 않았다.

따지고 보면 우리 의사들은 각자 다른 땅과 바다에서 조난을 당해 떠돌다가 지식이라는 빈약하기 짝이 없는 무기를 쥐고 로마에 상륙한 불쌍한 뱃사람들이었다. 우리는 어디서든 살아가야 했다. 환자들의 삶에 간섭만 하지 않는다면 우리가 로마에 살지 못할 이유가 없었다.

곧 로마에서 죽음을 앞두고 내게 진료를 요청하지 않는 외국인이 없을 정도가 되었다. 죽어가는 로마인들에게 일러스트리시모 프로페소르 바첼리가 그랬던 것처럼, 나는 죽어가는 외국인들에게 마지막 희망 같은 존재가 되었다. 그들은 지푸라기라도 잡고 싶은 심정이었겠지만, 안타깝게도 나는 그 희망을 이루어주지 못했다.

이런 상황에서 꼭 빠지지 않고 등장하는 이름이 또 있었다. 시뇨르 코르나키아. 외국인 거주지 장의사이자 포르타 산 파올로 근처 프로테스탄트 묘지 감독인 그는 누가 부르지 않아도 언제나 기가 막히게 때맞춰 나타났다. 썩은 고기를 뜯어먹는 독수리처럼 큰 매부리코로 멀리서도 죽음의 냄새를 맡는 모양이었다. 의사처럼 긴 프록코트와 탑 해트를 차려 입고 늘 복도에서 자기 이름이 불리기를 기다렸다. 내게 호감을 느끼는지, 길을 가다 마주칠 때마다 모자를 흔들며 정중하게 인사했다. 내가 봄이 찾아오기가 무섭게 누구보다 먼저 로마를 떠날 때면 늘 아쉬워했고, 가을에 로마로 다시 돌아오면 이렇게 말하며 두 팔을 크게 벌려 친근하게 맞이했다. "벤 토르나토, 시뇨르 닥토레! 돌아온 걸 환영합니다, 의사 선생님!"

지난 크리스마스에는 약간의 오해가 있었다. 그가 다음 시즌에도 유익한 협력 관계를 유지하길 바란다며 나에게 포도주 열두 병을 보냈다. 그 선물을 받을 수 없다고 하자 크게 마음이 상했는지, 내 동료들은 그가 보낸 작은 위로의 징표를 거절한 적이 없다고 말했다. 그 말고도 외국인 약사 두 명과도 이런 안타까운 오해를 빚는 바람에 그들과 나의 우호적 관계에 한동안 찬바람이 불었다.

어느 날, 아주 특별한 이유로 나를 싫어하던 연로한 필킹턴 박사가 나를 찾아와 깜짝 놀랐다. 박사는 그의 동료들과 함께 내가 예의범절이라는 불문율에 따라 그들을 찾아오기만을 공연히 기다렸다고 한마디 했다. 산이 마호메트를 찾지 않으니 마호메트가 산을 찾아온 셈이었다. 박사는 덕망 있어 보이는 길고 흰 수염 말고는 마호메트와 공통분모가 없었다. 진짜 예언자라기보다는 사이비 예언자 같아 보였다. 박사는 로마에 거주하는 외국 의사들의 연장자로서 나를 최근에 결성한 상호보호협회 회원으로 초대하러 왔다고 말했다. 오랫동안 외국인 의사들 사이에서 벌어지고 있는 전쟁을 끝내려는 데에 목적을 둔 협회로, 박사의 동료들은 전부 회원으로 가입했다고 했다. 다만 누구와도 말을 섞지 않는 늙은 악당 닥터 캠벨은 제외였다. 의사 수수료라는 복잡한 문제는 상호 합의에 따라 모든 이가 만족할 만한 수준에서 이미 결정되었다. 최소 수수료는 20프랑, 최대 수수료는 각 회원의 재량에 따라 상황에 맞게 정하기로 되어 있고, 시신을 방부 보존할 때에는 남녀노소 구분없이 오천 프랑 이하로는 책정하지 않기로 했다.

박사는 내가 수수료 징수에 관심이 없을 뿐만 아니라 아예 받지 않는다는 불만이 협회에 여러 차례 접수되었다며 유감을 표했다. 어제는 시뇨르 코르나키아라는 장의사가 찾아와 내가 스웨덴 목사의 아내를 100리라에 방부처리를 했다고 전하며 눈물을 글썽였다는 거다. 그들이 보기에 내 행동은 모든 동료들을 배신하는 아주 개탄스러운 일이었다. 박사는 내가 상호보호협회 회원이 되면 틀림없이 큰 이익을 얻을 것이며, 다음 날 있을 모임에서 큰 환영을 받을 거라고 말했다.

나는 미안하지만 회원이 된다고 해서 나나 협회에 무슨 이점이 있는지 모르겠다며 협회와 최대 수수료를 논의할 의향은 있지만 최소 수수료는 정하지 않겠다고 답했다. 저들이 방부 보존제라고 부르는 이염화수은을 주입하는 비용은 50프랑을 넘지 않았다. 여기에 시간

손실까지 감안한다 해도 내가 목사 부인을 방부처리한 비용은 딱 그 정도가 적당했다. 살아 있는 사람을 상대로 돈을 벌 뿐이지 망자에게 돈을 뜯어내고 싶은 마음은 내게 없었다. 나는 의사이지 하이에나가 아니란 말이다.

필킹턴 박사는 하이에나라는 말에 자리를 박차고 일어났다. 본인에게 자문을 구하고 싶더라도 방해하지 말라고 요청했다. 더 이상 협의는 없다는 말을 덧붙였다.

그 말에 나와 내 환자들에게 타격이 크겠지만, 박사의 도움 없이 우리끼리 어떻게든 해결해보겠다고 대꾸했다.

이성을 잃고 발끈한 것 같아 마음이 좋지 않았다. 그 뒤로 박사를 비아 콰트로 폰타네에 있는 그의 집에서 다시 만났을 때 그 마음을 그대로 전달했다. 안타깝게도 필킹턴 박사는 우리가 대화를 나눈 다음 날 가벼운 뇌졸중을 겪었고, 내게 사람을 보내 진료를 부탁했다. 박사는 상호보호협회는 해체되어 다시 서로 으르렁거리고 있다며, 그들보다는 내 손에 진료를 맡기는 편이 마음이 놓일 것 같다고 말했다. 다행히 걱정할 만한 징후는 없었다. 사실 박사는 뇌졸중을 겪은 뒤로 더 활기차 보였다. 나는 한껏 박사의 기분을 북돋아주며 전에도 몇 번 가벼운 뇌졸중을 겪었던 것 같은데 걱정할 필요가 없다고 말했다. 박사는 곧 자리를 털고 일어나 전보다 활기차게 활동하였다. 내가 로마를 떠날 때에도 여전히 건강한 모습이었다.

그 일이 있은 뒤 필킹턴 박사가 원수처럼 여기며 늙은 악당이라고 부르던 캠벨 박사와 인사를 나눌 기회가 있었다. 첫인상을 보니 이번에는 박사가 정확하게 진단을 내린 것 같았다. 살면서 이렇게 사나운 모습을 한 노신사는 처음이었다. 핏발 선 날카로운 두 눈과 비열해 보이는 입매, 술 취한 듯 붉은 낯빛, 원숭이처럼 털이 무성한 피부, 마구 뒤엉킨 긴 수염. 여든이 넘었다고들 하는데, 은퇴한 늙은 영국인 약사 말로는 그가 30년 전 처음 로마에 왔을 때도 저 모습 그대로였다. 그가 어디서 왔는지 아무도 몰랐다. 다만 미국 전쟁 때 남부군에서 외과 의사로 있었다는 소문이 돌았다. 그는 사실 외국인 의사들 가운데 유일한 외과 전문의였다. 다른 의사들과는 말한마디 섞지 않았다. 그런데 그런 그가 어느 날 내 마차 옆에서 타피오를 쓰다듬고 있질 않겠나.

"참 탐나는 개로군요." 그가 갈라지는 목소리로 갑자기 말을 꺼냈다. "원숭이를 좋아하시오?"

그렇다고 대답했다.

그는 자기가 찾던 사람이라며, 키우고 있는 원숭이가 펄펄 끓는 물주전자를 뒤집어 써 다 죽게 생겼으니 와서 봐달라고 부탁했다.

박사를 따라 피아차 미냐넬리 모퉁이 건물 맨 위층에 있는 그의 집으로 올라갔다. 거실에서 기다려 달라던 그가 잠시 후 원숭이 한 마리를 안고 나타났다. 온몸에 붕대를 감은 몸집 큰 개코원숭이였다.

"이 녀석 상태가 썩 좋질 않아 걱정이오." 퀭해진 원숭이의 얼굴을 부드럽게 어루만지는 박사의 목소리가 사뭇 달랐다.

"이 녀석이 잘못되면 어찌 살아가야 할지. 내 유일한 친구라오. 애기였을 때부터 젖병을 물려 키웠다. 어미가 이 녀석을 낳다가 죽었거든. 어미는 고릴라만큼 덩치가 컸는데, 그렇게 사랑스러운 원숭이는 처음이었다오. 꼭 사람 같았지. 다른 생명체들에 그렇게 칼을 대면서도 눈 한 번 깜빡하지 않았는데, 화상 입은 이 작은 녀석을 치료할 용기가 영 나질 않는구려. 상처를 소독을 하는데 얼마나 고통스러워하던지 더는 볼 수가 없어요. 보아하니 동물들을 좋아하는 것 같은데, 이 녀석을 맡아주겠소?"

나는 박사와 함께 피고름으로 흥건히 젖은 붕대를 모두 풀어 젖혔다. 차마 보기 힘든 모습이었다. 온몸이 끔찍한 상처투성이였다.

"저렇게 얌전히 있는 것을 보면, 녀석도 선생이 좋은 사람이란 것을 아는 모양이오. 나 말고 다른 사람이 건드리면 가만히 있지 않거든. 녀석도 다 알아요. 로마에 있는 외국인 의사들 머리를 다 합친 것보다 훨씬 똑똑하다오. 지난 나흘 동안 도통 뭘 먹지를 못했어요."

그의 핏발 선 두 눈에 한껏 온화한 빛이 어렸다.

"빌리, 요 녀석아, 무화과 좀 먹어 보렴. 그래야 이 아빠 마음이 좀 놓이지."

나는 바나나가 있으면 좋겠다고 말했다. 원숭이들이 그보다 더 좋아하는 건 없었다. 박사는 비용이 대수냐며 당장 런던에 전보를 쳐서 바나나를 한 송이 주문하겠다고 했다.

빌리가 기운을 차리는 게 관건이었다. 따뜻하게 데운 우유를 빌리 입에 조금씩 넣어주었지만, 빌리는 단박에 우유를 밀어냈다.

"전혀 삼키질 못하는군요." 빌리의 주인이 신음을 내뱉었다. "그게 무슨 뜻이겠소. 죽어가고 있는 거요."

우리는 임시로 먹이를 공급하는 관을 만들었다. 이번에는 빌리가 우유를 곧잘 먹었다. 연로한 의사는 그 모습에 기뻐했다.

빌리는 서서히 기운을 차렸다. 2주 동안 매일 녀석을 만나다 보니 어느새 녀석에게도, 그 주인에게도 정이 들었다. 머지않아 녀석은 햇살 가득한 테라스에 특별히 제작한 흔들의자에 주인과 나란히 앉아 있었다. 그 앞 탁자 위에는 위스키 한 병이 놓여 있었다. 이 연로한 의사는 수술을 앞두고 위스키를 마시면 손이 떨리지 않는다고 철석같이 믿었다. 테라스 한구석을 차지하고 있는 빈 위스키 병들을 보니 수술을 꽤 한 모양이었다. 세상에! 빌리와 캠벨 박사 모두 술에 지나치게 의존했다. 빌리가 주인 잔에 있는 위스키소다를 홀짝홀짝 마시는 모습을 한두 번 본 게 아니었다. 박사는 위스키야말로 원숭이에게 가장 좋은 강장제라며 사랑스런 빌리의 어미가 폐렴에 걸렸을 때도 그 덕에 목숨을 구했다고 했다.

어느 날 저녁, 그들이 있는 테라스에 나가 보니 이미 머리끝까지 취해 있었다. 빌리는 위스키 병을 놓아둔 탁자 위에 올라가 아프리카 사람들처럼 춤을 추었고, 노 의사는 의자에 삐딱하니 기대어 앉아 박자에 맞춰 손뼉을 치며 쉰 목소리로 노래를 불렀다.

"빌리, 내 아들, 빌리, 아이구 예뻐라, 요 녀서어어어어억!"

내가 다가가는데도 둘 다 아무것도 안 들리고 안 보이는 모양이었다. 이 단란한 가족을 지켜보다가 경악하고 말았다. 술기운이 오른 원숭이 얼굴은 점점 사람처럼 보였고 술고래 노인의 얼굴은 거대한 고릴라 같았다. 누가 봐도 아주 똑 닮은 가족이었다.

"빌리, 내 아들, 빌리, 요 예쁜 놈, 이 녀서어어어어억!"

정말 가능한 일이냐고? 그럴 리가. 당연히 일어날 리가 없지만 왠지 그런 것만 같아 오싹했다….

두어 달 뒤, 이 늙은 박사가 또 내 마차 옆에 서서 타피오에게 말을 걸고 있었다. 다행히 빌리는 괜찮았다. 이번에는 박사의 부인이 아팠다. 부인을 봐달라는데 응해야 하나?

결국 박사를 따라 또다시 그의 집으로 걸어 올라갔다. 그때까지만 해도 박사가 그 집에 빌리 말고 다른 누구와 함께 살고 있다는 생각을 전혀 하지 못했다. 침대에는 어린아이처럼 보이는 젊은 여자가 눈을 감고 누워 있었다. 의식이 없는 게 분명했다.

"분명 아내가 아프다고 하셨던 것 같은데, 따님인가요?"

아니었다. 박사의 네 번째 부인이었다. 박사의 첫 번째 아내는 스스로 목숨을 끊었고, 둘째와 셋째 아내는 모두 폐렴으로 죽었다. 박사는 네 번째 아내도 같은 길을 가고 있다고 확신했다.

한눈에 봐도 박사의 판단이 옳았다. 폐 양쪽 다 염증이 생겼다. 다만 박사는 왼쪽 흉막 삼출이 크게 있었던 것을 미처 눈치채지 못했다. 박사의 더러워진 주사기로 부인에게 캄포르와 에테르를 피하에 두 차례 주입한 뒤 박사와 함께 부인의 팔다리를 사정없이 문질렀지만 별 효과가 없었다.

"부인이 의식을 잃지 않도록 계속 말을 시키세요!"

박사는 검푸른 빛이 도는 아내의 얼굴 가까이에 고개를 숙이고 귓가에 소리쳤다.

"샐리, 오 내 사랑, 정신 차려야지. 당신이 이겨내지 않으면 나 또 결혼할 거야!"

그러자 부인이 깊은 숨과 함께 몸서리를 치며 눈을 떴다.

다음 날, 우리는 부인의 늑막을 두드려보았다. 나머지는 젊음의 몫이었다. 부인은 마지못해 좋아진다는 듯 아주 서서히 회복되었다. 폐에 만성 질환이 있는 게 아닐까 했던 나의 의심은 곧 사실로 드러났다. 부인은 결핵이 진행된 상태였다. 두 주 동안 하루도 빠짐없이 상태를 보러 갈 때마다 부인이 불쌍해 보였다. 부인은 이 노인을 무서워했다. 당연했다. 설령 그럴 뜻은 아니었다 해도 박사가 부인을 아주 험하게 대했으니까. 박사에게 들으니 부인의 고향이 플로리다였다. 가을이 다가오자 나는 박사에게 부인을 데리고 플로리다로 가라고 조언했다. 빨리 떠날수록 좋다는 말도 잊지 않았다. 부인은 로마의 겨울을 이겨낼 수 없을 테니까. 박사도 수긍하는 듯 보였다. 그런데 가장 큰 문제는 빌리였다. 빌리는 어떻게 하지? 하지만 그 문제도 내 말 한마디로 해결했다. 박사가 떠나 있는 동안 트리니타 데이 몬티 계단 아래 내 작은 뜰에서 돌보면 어떻겠냐고 제안했다. 거기에는 이미 여러 동물들이 살고 있었으니까. 박사는 석 달 뒤에 돌아올 예정이었다. 하지만 돌아오지 않았다. 그가 어떻게 됐는지 알 수가 없었다. 다른 사람들도 마찬가지였다. 들리는 소문으로는 선술집에서 말다툼 끝에 총에 맞았다는데, 그 말이 사실인지는 모르겠다. 가끔 궁금했다. 이 남자는 어떤 사람이었지? 의사이기는 했나? 그가 믿기 어려운 속도로 팔을 절단하는 모습을 보기는 했다. 분명 해부학을 어느 정도 아는 듯했지만, 확실히 상처를 소독하거나 치료하는 방면으로는 아는 게 없었다. 게다가 사용하는 기구들도 굉장히 원시적이었다. 그 영국 약사에게 들은 바로는 그가 어떤 증상이건 항상 똑같은 처방을 내렸는데, 철자도 틀리고 복용량도 잘못 적었다는 거다. 내 생각엔 절대 의사가 아니었다. 전직 도축업자나 구급차에서 일하는 잡역부였는데 어떤 사정이 있어 조국을 떠나야 했던 것 같다.

 빌리는 봄까지 나와 스페인 광장에서 지냈다. 그 후 나는 녀석을 산 미켈레로 데려갔다. 빌리는 그곳에서 나를 괴롭히며 남은 생을 행복하게 지냈다. 알코올 중독을 치료받고 여러모로 꽤 괜찮은 원숭이로 거듭 태어났다. 이 이야기는 나중에 다시 할 기회가 있을 거다.

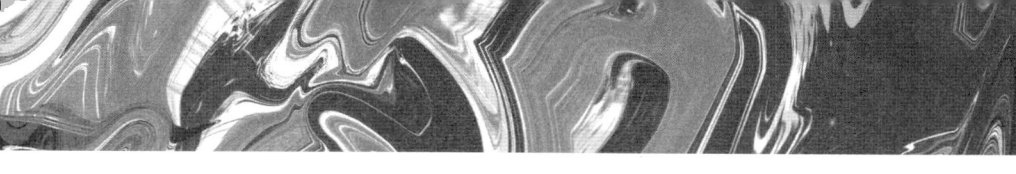

23
의사들

어느 날, 한 부인이 무척 비통한 표정으로 진료실을 찾아왔다. 영국 목사가 써 준 소개장을 들고 있었다. 나이는 적지 않아 보였고 몸집이 풍만했으며 아주 특이하게 재단한 헐렁한 옷을 입고 있었다. 그녀는 조심스럽게 소파에 앉으며 로마에는 처음 와보았다고 했다. 얼마 전 사랑하는 남편 조나단 목사가 세상을 떠난 뒤 홀로 남겨져 누구의 보호도 받지 못하는 상태였다. 남편이면서 아버지였고, 연인이자 친구였던 사람…. 조나단 목사는 한마디로 세상 전부였다.

나는 동정심 가득한 눈으로 그 부인의 검고 둥글둥글한 얼굴과 멍한 두 눈을 바라보며 위로의 말을 전했다.

"조나단 목사님은 말이죠…."

나는 미안하지만 시간이 없고, 대기실에 기다리는 환자들로 가득한데, 무슨 일로 오셨냐 물었다. 부인은 내게 자신을 맡기러 왔다고 했다. 아기 낳을 날이 가까워지고 있었다. 조나단 목사가 분명 천국에서 지켜주겠지만 불안하고 초조한 기분이 드는 건 어쩔 수가 없다고 했다. 내 이야기를 많이 들었는데, 이제 이렇게 직접 만나보니 나에게 의탁하면 조나단 목사의 보호 아래 있을 때처럼 안전하겠다는 확신이 든다고 했다.

평소에 스웨덴 사람들을 좋아했던 부인은 스웨덴 목사와 약혼한 적도 있었다. 첫눈에 반한 사람이었지만 그 사랑은 그리 오래가지 못했다. 부인은 내가 약혼했던 스웨덴 목사와 나이가 비슷한 것 같은데도 동안이라며 놀라워했다. 심지어 둘에게 닮은 점이 있다고 생각했다. 부인은 우리가 예전에 만난 적이라도 있는 것처럼, 희한하게 서로 말하지 않아도 이해할 것만 같은 느낌이 든다고 했다. 그러면서 나를 바라보며 눈을 깜빡였다. 죽은 조나단 목사가 그 모습을 봤다면 심기가 꽤 불편했을 거다.

서둘러 부인에게 나는 산과 의사가 아니니 이 분야 전문의에게 진료를 맡기는 게 훨씬 안전할 거라고 일렀다. 예를 들어 저명한 필킹턴 박사 같은….

부인은 다른 의사는 필요 없다고 딱 잘라 거절했다. 하긴, 부인을 낯선 사람들 사이에 홀로 두자니 마음에 걸렸다. 게다가 아이 아버지도 없질 않나! 꾸물댈 시간이 없었다. 아기가 언제 나올지 모를 일이었다. 나는 부인에게 숙소인 오텔 드 뤼시(러시아 호텔)까지 데려다 줄 마차를 부르겠다고 말하며 재빨리 자리에서 몸을 일으켰다.

아내를 그렇게 열렬히 사랑했던 조나단 목사가 살아서 아이를 보았다면 얼마나 좋은 아버지가 되었을까! 두 사람의 결혼은 진정한 사랑의 결실이었고, 열정적인 두 생명이, 조화로운 두 영혼이 만나 하나가 되었다. 부인은 눈물을 터뜨렸고 온몸이 심하게 떨릴 만큼 흐느꼈다. 그런데 순식간에 얼굴에 핏기가 사라지더니 두 손으로 배를 보호하려는 듯 감싸 안았다. 걱정이 두려움으로 바뀌었다. 조반니와 로지나는 개들을 데리고 빌라 보르게세에 나갔고, 안나도 없었다. 집 안에 여자들은 없고, 대기실에는 환자들로 가득했다.

나는 벌떡 일어나 부인을 꼼꼼히 살폈다. 갑자기 그 얼굴이 익숙하다는 생각이 들었다. 잘 아는 얼굴이었다. 지난 15년 동안 그렇게 많은 나라를 돌아다니며 다양한 나이대의 히스테리 여성들 사이에서 보낸 내 인생이 헛되지 않았다. 나는 부인에게 눈물을 닦으라고 단호하게 말한 뒤 정신차리고 내가 하는 말을 끊지 말고 끝까지 들으라고 일렀다. 의사로서 몇 가지 질문을 하자 얼버무리며 대답하는 모습에, 조나단 목사가 비명횡사한 이유가 궁금해졌다. 더군다나 그녀가 그토록 슬퍼하는 남편의 갑작스런 죽음이 지난해에 일어났다는데, 의사의 관점에서 앞뒤가 맞지 않았다. 나는 최대한 목소리를 누그러뜨리며 부인에게 임신 가능성이 없다고 말했다. 부인은 소파에서 벌떡 일어났다. 화가 나 새빨갛게 달아오른 얼굴로 내가 조나단 목사와의 추억을 모욕했다고 고래고래 소리를 지르며 방을 뛰쳐나가버렸다!

이삼일 뒤에 광장에서 영국인 목사를 만났다. 나를 조나단 부인에게 소개해줘 감사하다는 인사와 함께 부인을 돌보지 못해 유감이라고 전했다. 냉담한 목사의 태도에 내심 놀랐다. 목사에게 조나단 부인은 어떻게 지내는지 물었다. 목사는 존스 박사가 부인을 돌보고 있고 아기가 태어날 날을 기다리고 있다고 말한 뒤 급히 자리를 떴다.

그 일이 모두 알려지는 데에는 24시간이 채 걸리지 않았다. 그 일을 모르는 사람이 없었다. 외국인 의사들도 그 일을 알고 좋아했고, 환자들도 다 알았다. 두 영국인 약사들도, 비아 바부이노에서 지내는 영국인 제빵사도, 요리사도 알았다. 비아 시스티나에 있는 작은 숙소들도 죄다 알았고, 영국식 찻집에서도 사람들이 모이기만 하면 그 이야기뿐이었다. 삽시간에 로마에 있는 영국인 사회의 모든 이들이 내가 엄청난 실수를 저질렀고 조나단 목사의 명예를 모욕했다는 사실을 알게 되었다. 모든 사람들이 존스 박사가 뤼시 호텔을 지켰고 한밤중에 산파가 호출되었던 일을 알고 있었다.

 이튿날 로마에 있는 영국인 사회는 두 진영으로 나뉘어 팽팽하게 맞섰다. 아기가 태어날 것인가, 태어나지 않을 것인가? 영국인 의사들과 그 환자들, 성직자와 신앙심 깊은 신자들, 비아 콘도티의 영국인 약사는 아기가 태어날 것이라고 확신했다. 내 환자들, 피아차 미냐넬리에 있는 경쟁 관계의 약사, 스페인 광장에서 꽃을 파는 사람들, 내 창문 아래로 보이는 트리니타 데이 몬티 계단을 차지하고 있는 모델들, 골동품상들, 비아 마르구타에서 일하는 석공들은 아기가 태어나지 않는다고 말했다. 영국인 제빵사는 이랬다저랬다 하며 결정을 내리지 못했다. 내 친구인 영국 영사는 내키지 않지만 애국심이라는 이유로 내 반대편에 서야 했다. 장의사인 시뇨르 코르나키아는 아주 신중한 입장을 취했다. 마음 한편에는 주요 협력자라는 내 효용성에 굳건한 믿음을 가지고 있었으나, 다른 한편에는 내가 틀렸다고 밝혀질 경우 장의사로서 전망이 한층 밝아진다는 계산을 하고 있었다. 게다가 연로한 필킹턴 박사를 러시아 호텔로 불러 진찰을 받았는데 아기가 하나가 아니라 둘이더라는 소문이 돌았다. 시뇨르 코르나키아는 지금은 관망하는 게 현명하다고 판단했지만 영국 목사가 밤이든 낮이든 죽음을 앞두고 세례를 줄 수 있게 만반의 준비를 하고 있다는 사실이 알려지자 더 이상 망설일 이유가 없었다. 시뇨르 코르나키아는 완전히 상대 진영으로 돌아섰다. 오롯이 나 혼자 운명을 감당해야 했다. 장의사의 눈으로 봤을 때 시뇨르 코르나키아에게는 아기든 성인이든 똑같았다. 그런데 아기가 둘이라지 않나? 혹시 그 이상일 수도?

*

사비네 산악 지역에서 온 보모가 그림 같은 복장을 입고 러시아 호텔에 들어서는 모습을 보았다는 소식에 내 동맹들 사이에 낙담의 기운이 들았다. 영국에서 온 유모차가 호텔 홀에 들어오는 순간, 내 처지가 더더욱 곤란해졌다. 호텔에 묵고 있는 여성 여행객들은 홀을 지날 때마다 유모차를 사랑스럽다는 듯 쳐다보았다. 호텔 종업원들은 쌍둥이냐 아니냐를 두고 내기를 걸었는데 2대 1이었다. 아기가 태어나지 않는다는 쪽에 거는 사람은 이제 없었다. 영국 대사관에서 열린 가든파티에서 몇몇 사람들은 나를 무시했다. 필킹턴 박사와 존스 박사가 다시 이야기를 나누자, 러시아 호텔에서 나온 최신 소식을 들으려는 사람들이 두 사람 곁으로 몰려들었다.

스웨덴 공사는 나를 한쪽으로 데려가 화를 꾹꾹 눌러가며 더 이상 나와 엮이고 싶지 않다고 말했다. 좋게 말해서 내가 벌이는 기이한 짓을 더는 못 봐주겠다는 소리였다. 이 친구는 지난주에 내가 존경받는 연로한 영국 의사를 하이에나라고 불렀다는 소문을 들었다고 했다. 어제는 영국 목사의 부인이 그의 아내에게, 내가 고인이 된 어느 스코틀랜드 목사를 모욕했다는 말을 했다. 결국 그는 계속 이런 식으로 행동할 거면, 차라리 외국인 사회 전체가 내게 등을 돌리기 전에 아나카프리로 돌아가라고 윽박질렀다.

팽팽한 긴장감이 감도는 가운데 또 한 주가 지나고 반전의 기운이 돌기 시작했다. 종업원들이 하던 내기는 이제 반반으로 나뉘었고, 몇몇은 아기가 태어나지 않았다는 쪽에 조심스레 5리라를 걸었다. 의사 둘이 서로 다퉜고 필킹턴 박사가 프록코트 아래에 두 번째 아기를 감추고 떠났다는 소식이 전해지면서 쌍둥이냐 아니냐를 두고 걸었던 내기도 흐지부지되었다. 시간이 흐르고 시큰둥한 반응을 보이는 사람들이 날마다 조금씩 늘었지만, 영국인 목사와 신자들은 여전히 보행기 주변을 용감하게 지켰다. 존스 박사, 조산사, 보모는 아직 호텔에 머물고 있었지만 시뇨르 코르나키아는 어떤 낌새를 맡았는지 침몰하는 배를 버린 지 오래였다.

그러던 어느 날, 충격적인 인물이 등장했다. 인상이 날카로워 보이는 나이 지긋한 스코틀랜드 남자가 내 진료실에 들어와 누이동생이 앉았던 바로 그 소파에 앉았다. 그는 불행하게도 자신이 조나단 부인의 오빠라고 소개했다. 그 전날 저녁 던디에서 곧장 로마로 왔다는데, 시간을 허비한 것 같지는 않아 보였다. 필킹턴 박사하고는 그가 청구한 금액의 3분의 1만 지불하기로 합의를 보았고 존스 박사는 내쫓아버렸다. 이제 나를 찾아와 저렴한 정신병원 주소를 물었다. 여동생을 다른 곳에 가둬야 마땅하다고 여기는 듯했다.

나는 그 남자에게 미안하지만 여동생은 정신병원에 입원시킬 만한 사례가 아니라고 말했다. 그러자 그는 자기 여동생이 정신병원에 가야 할 사람이 아니라면 세상에 정신병원에 갈 사람은 없을 거라고 받아쳤다. 조나단 목사는 1년 전에 노령과 뇌 연화로 사망하였고, 누이는 이제 누가 유혹하려 들지도 않을, 늙고 정신 나간 것이라고 했다. 지금 로마에서 웃음거리가 된 그녀는 던디 전체에서도 이미 웃음거리였다. 남자는 여동생을 봐줄 만큼 봐줬다며 이제 모든 인연을 끊어버리고 싶다고 했다. 그 말에 나는 이렇게 답했다.

"저도 그러고 싶군요. 15년 동안이나 신경이 예민한 여성들에 둘러싸여 있다 보니 쉬고 싶은 마음이 간절합니다. 유일한 방법은 여동생을 데리고 던디로 돌아가는 거예요."

조나단 부인을 돌봤던 의사는 자신의 능력 안에서 최선을 다했다. 은퇴한 인도 군의관이 히스테리를 다루기에는 한계가 있었다. 영국 군대에서 '환각종양'을 다룰 일이 얼마나 있었겠나. 하지만 히스테리 질환을 앓는 여성들에게서는 그리 드물지 않았다.

던디에서 꽤 좋은 중고 유모차를 단 2파운드에 구입할 수 있는데도 부인은 뻔뻔하게도 오빠 이름으로 상점에 유모차를 주문했고, 그래서 그가 5파운드를 지불해야 했다는 사실은 전혀 몰랐다. 혹시 그 유모차를 구입할 사람을 알아봐줄 수 있냐고? 그는 그 유모차로 이익을 남길 생각은 없었다. 다만 지불한 돈은 돌려받고 싶어 했다.

나는 그에게 여동생을 로마에 두고 가면 또다시 유모차를 주문할 가능성이 꽤 크다고 알려줬다. 그도 내 말에 수긍하는 듯했다. 나는 여동생을 데리고 역으로 타고 가라며 마차를 내주었다. 그 뒤로 그들을 보지 못했다.

*

지금까지는 스웨덴 영사가 예언한 그대로였다. 일이 너무 술술 풀렸다. 하지만 머지않아 막강한 경쟁자를 만났다. 이제 막 로마에서 진료를 시작한 의사였다. 내가 빠르게 성공하는 것을 보고 자국에서 잘 나가던 그가 다 접고 이 수도로 이사왔다는 말이 있었다. 틀린 말은 아닐 거라고 생각했다. 그는 그 나라 사람들 사이에서 능력 있는 의사이자 매력 있는 사람이라는 평판을 얻었다. 내가 알고 싶었던 것을 배운 뒤로 차차 로마 사회에서 멀어지는 사이, 그는 곧 주목받는 인물로 떠오르며 그 자리를 대신했다. 나만큼 멋진 마차를 타고 다녔고 코르소에 있는 호화 아파트에서 많은 손님들을 접대하며 나만큼이나 빠르게 성공을 거뒀다.

그런 그가 나를 찾아왔다. 우리는 로마에 우리 둘 다 자리 잡을 여지가 있다는 데에 뜻을 모았다. 그는 나를 만날 때마다 무척 정중했다. 그의 환자층은 꽤 두터웠는데 주로 부유한 미국인들이었다. 그에게 치료를 받으러 로마로 몰려든 사람들이라고 들었다. 병원에 전담 간호사들을 두었고, 포르타피아 외곽에 사설 요양원을 운영했다. 처음에는 그가 여성 전문의인 줄 알았는데 나중에 들어보니 심장질환 전문의였다. 그는 환자들에게 신뢰를 주는 귀한 능력을 지닌 게 분명했다. 그의 이름에는 항상 칭찬과 감사의 말이 뒤따랐다. 딱히 놀랄 일은 아니었다. 사실 그는 다른 의사들에 비해 성격도 좋고 이마도 반듯하며 눈빛도 유난히 예리하고 총명한 데다가 말도 잘하고 매너가 참 좋았다. 그는 다른 동료 의사들은 안중에 없었지만, 내게는 두어 번 자문을 구했다. 주로 신경질환 관련 진료였다. 그는 샤르코를 꽤 잘 아는 듯했고, 독일의 여러 클리닉을 방문하기도 했다. 우리가 내린 진단과 치료 방법은 거의 항상 일치했다. 머지않아 나는 그가 나 못지않게 자기 분야에 정통하다는 결론을 내렸다.

어느 날 그가 내게 급하게 휘갈겨 쓴 쪽지를 보냈다. 곧바로 콘스탄치 병원으로 와서 진료해달라는 내용이었다. 그는 평소답지 않게 흥분한 것 같았다. 나를 보자 지난 몇 주 동안 치료했던 환자인데 처음에는 치료 효과를 보이다가 최근 며칠 사이에 상태가 더 나빠지면서 심장 활동이 불안정해져 내 견해를 듣고 싶다고 빠르게 전했다.

우선 환자와 그 가족을 놀래서는 안 되었다. 그 환자가 내가 오랫동안 좋아하고 존경했던 인물, 그리고 그를 만나본 사람이라면 누구나 좋아할 수밖에 없는 인물이라는 사실을 알았을 때 얼마나 놀랍던지. 그는 바로 『인간의 성격과 육체적 죽음 이후의 생존』의 저자였다. 환자는 호흡이 얕고 가빴다. 청색증이 나타난 얼굴은 지쳐 보였다. 그 아름다운 두 눈만은 예나 지금이나 변함없었다. 그는 내게 손을 내밀며 드디어 이렇게 와줘서 고맙다며 내가 돌아오기를 간절히 기다렸다고 했다. 그러면서 우리가 런던에서 마지막으로 만났던 일을 기억하냐고 물었다. 그때 우리는 심리연구협회에서 저녁을 함께하며 죽음과 그 이후에 대해 밤새 이야기를 나누었다. 내가 미처 무어라 답할 새도 없이 내 동료 의사는 그에게 또 심장마비가 일어날지 모르니 더 이상 말하지 말라고 주의를 준 뒤 내게 청진기를 건넸다. 오래 살펴볼 필요가 없었다. 내가 본 것만으로 충분했다. 나는 동료 의사를 한쪽으로 데려가 가족들에게 알렸는지 물었다. 놀랍게도 그는 상황을 제대로 파악하지 못한 듯 보였다. 더 짧은 주기로 스트리크닌을 반복해서 주입하고 다음 날에는 혈청을 주사하겠다, 그랑 호텔에 특정 빈티지 부르고뉴 와인을 한 병 보내겠다고 하는 게 아닌가. 나는 어떤 자극제든 쓰면 안 된다고 말했다. 자극제를 주입해봐야 이미 자비로운 자연이 고요히 잠재워놓은 고통을 다시 일깨울 뿐일 테니까. 그가 너무 고통스러워하지 않게 돕는 것 말고는 달리 할 수 있는 일이 없었다. 우리가 이야기를 나누고 있을 때, 그의 가장 친한 친구이자 유명한 철학자인 윌리엄 제임스 교수가 들어왔다. 나는 다시 한 번 시간이 얼마 남지 않았으니 그의 가족에게 곧바로 알려야 한다고 말했다. 가족들은 나보다는 내 동료 의사의 말을 더 믿는 듯했다. 그래서 나는 당장 다른 의사를 불러야 한다고 주장했다. 두 시간이 지난 후 로마 최고의 진료 전문의인 바첼리 교수가 도착했다. 그가 진찰하는 시간은 나보다도 짧았다. 소견은 더 간단했다.

"일 바 무리 오조르뒤, 오늘을 넘기기 어렵겠소." 바첼리 교수가 낮게 깔린 목소리로 말했다.

윌리엄 제임스는 누가 먼저 죽든 미지의 세계로 넘어가는 순간 이 세상에 남은 사람에게 메시지를 보내기로 엄숙히 맹세했다는 이야기를 들려줬다. 두 사람은 이런 소통이 가능하다고 굳게 믿었다. 제임스 교수는 슬픔에 압도되어 병실에 들어오지도 못했다. 열어 둔 문 옆 의자에 털썩 주저앉아 무릎에 공책을 얹고 손에 펜을 쥔 채 평소처럼 체계적이고 정확하게 메시지를 받아 적을 채비를 했다. 그날 오후 체인스토크스 호흡이 시작됐다. 죽음이 다가오고 있다는 가슴 아픈 신호였다. 죽음을 앞둔 그가 내게 말을 하고 싶어 했다. 그의 눈은 차분하고 고요했다.

"내 목숨이 다해가고 있나 보군." 그가 말했다. "자네가 도움을 줄 수 있겠구먼. 오늘인가, 내일인가?"

"오늘입니다."

"좋네, 마음의 준비는 이미 끝났지. 두렵지 않다네. 드디어 알게 되겠군. 윌리엄 제임스에게 전해주게, 그에게 전해…."

한껏 들썩거리던 그의 가슴은 생사를 가르는 끔찍하고 긴박한 순간 고요해졌다.

"제 말 들리세요?" 죽어가는 남자에게 몸을 숙이며 물었다. "고통스럽습니까?"

"아닐세," 그가 나지막이 웅얼거렸다. "몹시 피곤하지만 참으로 행복하다네."

그것이 그가 남긴 마지막 말이었다.

내가 떠날 때까지도 윌리엄 제임스는 여전히 두 손으로 얼굴을 감싼 채 의자에 기대어 앉아 있었다. 무릎에는 공책이 아직 펼쳐져 있었다. 아무것도 적혀 있지 않았다.

*

그해 겨울, 나는 동료의사와 그의 환자들을 정말 많이 만났다. 그는 항상 혈청으로 놀라운 결과를 얻었다거나, 최근 요양원에서 사용하고 있는 새로운 협심증 치료제가 엄청난 성과를 거뒀다고 떠들고 다녔다. 내가 협심증에 늘 관심이 많다고 하자, 그는 나를 요양원에 데려가 새로운 치료제로 치료한 환자들을 보여주겠다고 했다. 그중 한 명이 예전에 내게 진료를 받았던 환자여서 깜짝 놀랐다. 온갖 고전적인 히스테리 증상을 보였던 그녀는 내가 상상병 환자로 분류했던 부유한 미국인이었다. 늘 그랬듯 그날도 아주 좋아 보였다. 그녀는 한 달 넘게 병상에 누워 있었다. 간호사 둘이 밤낮으로 돌보며 네 시간마다 체온을 재고 하루에 여러 번 뭔지 모를 약물을 피부 아래에 주사하였다. 식단은 세세한 부분까지 철저히 조절하였고, 밤에는 수면제를 복용했다. 사실 다 그녀가 원하는 대로 돌아가고 있었다. 그녀가 협심증이라면, 세상에 협심증 아닌 사람이 없을 거다. 다행히 그녀는 말처럼 튼튼해서 어떤 치료도 견뎌낼 수 있었다. 그녀는 내 동료 의사가 자신의 목숨을 구했다고 말했다. 나는 곧 이 요양원에 있는 환자들 대부분이 비슷한 사례로 병원과 똑같은 엄격한 관리를 받고 있음을 깨달았다.

 삶이 너무 한가하고 돈이 넘쳐나며 병에 걸려 의사 진찰을 받고 싶어한다는 것 말고는 아무런 문제가 없는 사람들이었다. 내 눈으로 본 모습들이 협심증만큼이나 흥미로웠다. 그런 일이 어떻게 가능했지? 도대체 그가 무슨 수를 쓴 걸까? 내가 파악한 바로는, 그는 처음부터 심각한 질환이라는 충격적인 진단을 내려 이 여성들을 입원시킨 다음, 혼란스러워 하는 그들의 머릿속에서 그 진단으로 받은 충격을 서서히 덜어주며 차츰 회복을 도왔다. 이 동료 의사를 지금껏 내가 보았던 중에 가장 위험한 의사로 분류하기는 무척 쉬웠다.

하지만 그를 단순히 사기꾼으로 분류할 준비는 하지 못했다. 그를 유능한 의사라 여겼던 모습이나 사기꾼으로 보이는 모습이 크게 다르지 않았다. 그 둘은 한 끗 차이다. 사기꾼이 그래서 위험하다. 하지만 사기꾼은 소매치기처럼 혼자 움직이는 법인데 이 사람은 나를 자신이 운영하는 요양원으로 데려가 중증 환자들이 어떻게 치료받고 있는지 아주 당당하게 보여줬다. 물론 그는 사기꾼이었다. 하지만 여느 사기꾼과는 달랐다. 깊이 연구해볼 만한 인물이었다. 지켜보면 볼수록 그의 정신 체계가 병적으로 가속되는 모습에 무척 놀랐다. 눈동자는 불안한 듯 흔들렸고, 말하는 속도도 비정상적으로 빨랐다. 그러나 그가 심장병 치료에 가장 강력하고 동시에 가장 위험한 무기인 디기탈리스를 다루는 모습에 처음으로 내 귀에 경고음이 울려댔다.

어느 날 밤, 그가 돌보는 환자의 딸이 간호사의 긴급 요청으로 내게 쪽지를 보냈다. 그 간호사는 나를 한쪽으로 따로 불러 뭔가 상황이 잘못 돌아가는 것 같아 불안한 마음에 내게 도움을 요청했다고 말했다. 간호사 말이 옳았다. 심장이 디기탈리스에 너무 오래 노출된 환자는 약물의 영향으로 금방이라도 목숨이 끊어질지도 모를 위험한 상태였다. 내 동료 의사는 그 환자에게 다른 약물을 주사하려 했다. 나는 그 주사기를 빼앗았다. 그리고 그의 광기 어린 눈에서 끔찍한 진실을 보았다. 그는 사기꾼이 아니라 미치광이였다.

나는 무얼 해야 하지? 그를 사기꾼으로 고발해야 하나? 그랬다가는 그를 찾는 환자만 더 늘어날 거다. 희생자도 더 많아질지도 모른다. 그를 정신병자로 고발해야 할까? 그러면 그의 경력 전체가 걷잡을 수 없이 망가질 거다. 내가 어떤 증거를 제시할 수 있을까? 죽은 자는 말을 할 수 없고, 산 자는 입을 열지 않을 것이다. 그의 환자들, 그의 간호사들, 그의 친구들 모두 나와 맞서 싸우겠지. 그가 몰락하여 이익을 볼 사람은 나밖에 없으니까. 그렇다고 아무것도 하지 말고 생사여탈을 쥐고 있는 이 미치광이를 그대로 두고 봐야 하나?

오랜 망설임 끝에 나는 그와 굉장히 우호적인 관계에 있는 그 나라 대사와 이야기를 나누기로 결심했다. 대사는 내 말을 믿으려들지 않았다. 오랫동안 내 동료 의사와 알고 지낸 대사는 언제나 그를 능력 있고 믿을 수 있는 의사라고 여겼고, 자신은 물론 가족까지도 그의 치료로 큰 도움을 받았다. 늘 그가 아주 흥분을 잘 하고 별난 사람이라는 생각은 들었지만 머리가 맑은 것으로 봐서는 우리만큼 정신이 온전하다고 확신했다. 갑자기 대사가 특유의 호탕한 웃음을 터뜨렸다. 너무 웃겨서 아무리해도 웃음을 멈출 수 없다고 했다.

"아, 그렇다고 너무 기분 나빠하지 마시오. 박사가 그렇게 유머감각이 떨어지는 사람이 아닐 거라 믿소."

잠시 뒤 그는 바로 그날 아침 내 동료 의사가 자신을 찾아와 아주 중대한 문제로 스웨덴 대사와 면담을 해야 한다며 소개장을 부탁했다는 이야기를 해줬다. 내 동료 의사는 스웨덴 대사에게 나를 주시하라고 경고하는 것이 자신의 의무라고 여겼다는 거다. 그리고 내 정신 상태에 이상이 있다고 확신하였다고 했다. 나는 바로 그것이 내가 하는 말의 증거라고 지적했다. 그런 상황에서 미치광이가 할 법한 짓이며, 미치광이가 얼마나 교활한지 만만히 봐서는 안 된다고 말이다.

집에 돌아오니 내 동료 의사가 보낸 쪽지가 도착해 있었다. 도저히 알아볼 수 없는 글씨체로 다음 날 점심 식사에 초대한다고 적었다. 글씨체가 바뀌었다….

다음 날 찾아가니 그는 진료실에 있었다. 거울 앞에 서서 튀어나온 눈으로 살짝 부어오른 목을 뚫어져라 쳐다보고 있었다. 나는 그가 갑상선 비대증에 걸렸다는 사실을 이미 알고 있었다. 그의 맥박이 비정상적으로 빨라 진단하기 쉬웠다. 나는 그에게 그레이브스 질환에 걸렸다고 말했다. 그는 자신도 그렇게 의심하고 있다며 내게 치료를 부탁했다. 나는 과로가 원인이니 잠시 진료를 중단하고 고국으로 돌아가 푹 쉬는 것이 최선이라고 조언했다. 나는 그의 형이 올 때까지 그를 병상에 눕혀놓는 데 성공했다. 그는 일주일 뒤 로마를 떠났고, 다시 돌아오지 않았다. 그가 이듬해에 정신병원에서 죽었다는 소문이 돌았다.

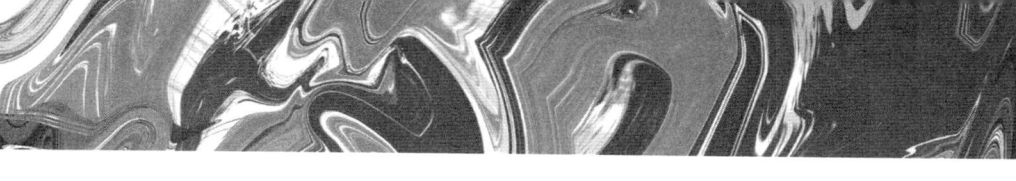

24

그랑 호텔

필킹턴 박사는 자신을 외국인 의사 사회의 원로라고 소개했지만, 사실 그렇게 불려야 할 사람은 따로 있었다. 로마의 어느 외국인 의사들보다 독보적인 그 사람의 진짜 이름을, 내 기억 속에 황금빛으로 아로새겨진 그대로 적어보겠다.

에르하르트 박사. 내가 만난 최고의 의사이자 가장 마음이 따뜻한 사람이었다. 사라진 피오 노노의 로마에서 살아남은 그는 이 영원한 도시에서 모진 풍파를 견디며 40년 넘도록 진료하며 명성을 쌓았다. 일흔이 넘은 나이에도 여전히 강인한 정신력과 체력을 유지하며 밤낮없이 일을 하였고, 부자와 가난한 사람 가리지 않고 언제든 도움을 주었다. 내가 본 옛날 가족 주치의 중에 가장 완벽한 표본이었다. 이제는 그런 의사는 거의 찾아볼 수 없는데, 고통 받는 인류에게 그보다 불행한 일은 없을 거다. 그는 좋아할 수밖에 없고, 신뢰할 수밖에 없는 사람이었다. 장담하지만 그가 평생 누구와 척을 지는 일은 없었을 거다. 단 한 사람, 바첼리 교수만은 예외였다. 에르하르트 박사는 독일에서 태어났는데 만일 1914년에 그 나라에 그와 같은 사람들이 많았더라면 전쟁은 절대 일어나지 않았을 거다.

박사의 옛 환자들을 비롯해 그렇게 많은 사람들이 에르하르트 같은 인물과 같은 광장에 살면서도 왜 굳이 키츠의 집으로 찾아와 내게 조언을 구했는지, 그 이유를 도무지 모르겠다. 그는 내가 확신이 서지 않을 때 찾아가 자문을 구하곤 했던 유일한 동료 의사였다. 그의 판단은 언제나 옳았고 나는 종종 틀렸다. 그렇다고 그가 어디 가서 뒷말하는 사람은 아니었다. 기회가 있을 때마다 나를 지지했고, 그런 기회는 충분했다.

아마 에르하르트 박사는 최근 의료계에서 일어나는 마술 같은 속임수가 조금은 낯설었을 거다. 그리고 전 세계에서 유례하는, 온갖 신념에서 유래한 기적의 최신 특효약과도 상당히 거리를 두었던 것 같다. 하지만 검증이 잘 된 오래된 약전을 능숙한 솜씨로 다뤘고, 어디에 숨어 있는지 모를 문제들을 그 날카로운 눈으로 찾아냈다. 청진기를 그 노련한 귀에 대는 순간, 폐나 심장에 어떤 비밀도 남지 않았다. 현대의 중요한 발견 중에 그가 주목하지 않는 것이 없었다. 당시 신생 과학 분야나 다름없었던 박테리아학과 혈청 치료제에 큰 관심을 가졌고, 파스퇴르를 나만큼이나 잘 알았다. 그는 이탈리아에서 베링의 항디프테리아 혈청을 실험한 최초의 의사였다. 당시 이 혈청은 실험 단계라 대중에게 사용하지 않았지만, 지금은 매년 수십만 명의 어린 생명을 구하고 있다.

에르하르트 박사가 한 이 실험을 잊지 못할 것 같다. 어느 늦은 저녁, 한 미국 신사가 위어 미첼 박사가 써준 소개장과 함께 그랑 호텔로 급히 와달라는 전갈을 보내왔다. 그 길로 그랑 호텔로 달려가니 땅딸막한 남자가 몹시 화가 난 표정으로 나를 맞이했다. 몹시 흥분한 그는 파리에서 트랑 드 뤽스(호화 열차)를 타고 이제 막 도착한 길이었다. 그런데 호텔 측이 그와 가족들을 예약한 최고급 스위트룸이 아니라 거실도 없고 욕실도 없는 작은 침실 두 곳에 밀어 넣었다는 것이다. 호텔 책임자가 호텔이 만실이라는 전보를 보냈다지만 너무 늦게 보낸 탓에 받질 못했다. 그는 이런 처우에 항의하는 전보를 방금 리츠 호텔 측에 보냈다. 설상가상으로 어린 아들이 열 감기에 걸려 앓았고, 아내는 기차를 타고 오는 동안 밤새도록 아들을 간호했다. 내게 바로 그 아이를 봐 달라고 부탁했다. 어린아이 둘이 한 침대에서 서로 입술이 닿을 만큼 얼굴을 가까이 맞대고 잠이 들었다. 아이들 어머니는 근심 어린 얼굴로 아이가 우유도 한 모금 넘기질 못했다며 혹시 목이 아픈 게 아닌지 걱정했다. 어린 남자아이는 입을 벌린 채 힘겹게 숨을 내쉬었고 얼굴은 거의 파랗게 질려 있었다. 아직 자고 있는 여자아이를 어머니의 침대로 옮긴 뒤, 아이 어머니에게 아들이 디프테리아에 걸렸으니 즉시 간호사를 부르라고 했다. 부인은 자신이 직접 간호하겠다고 나섰다.

나는 밤새 아이 목에서 디프테리아 막을 긁어냈다. 그 아이는 숨이 막히기 직전이었다. 날이 밝을 무렵 나는 기관절제술을 시도하기 위해 에르하르트 박사에게 도움을 요청했다. 아이는 질식할 것만 같았다. 심장 박동이 이미 너무 나빠진 탓에 박사는 함부로 클로로포름을 투여하지 못했다. 우리 둘 다 수술을 망설였다. 소년이 수술 중에 죽을 수도 있는 상황이었다. 나는 아이 아버지를 불렀다. 디프테리아라는 말이 나오자, 그는 서둘러 방을 나갔다. 살짝 열어둔 방문 틈으로 대화를 마저 나눴다. 그는 수술 이야기는 들으려 하지도 않고 로마에 있는 다른 주요 의사들에게 소견을 구하겠다고 했다. 나는 그럴 필요가 없을 뿐만 아니라 그러기에는 너무 늦었다며 수술을 할지 말지는 에르하르트와 나에게 달렸다고 전했다.

나는 어린 여자아이를 담요로 감싸 그에게 안기며 다른 방으로 데려가라고 일렀다. 아들만 살려준다면 백만 달러를 주겠다는 그에게 돈이 문제가 아니라 말하고는 문을 쾅 닫아버렸다. 아이 어머니는 계속 침대 곁에 머물며 두려운 눈빛으로 우리를 지켜보고 있었다. 나는 부인에게 언제 수술에 들어갈지 모르며 간호사가 도착하려면 적어도 한 시간은 걸릴 테니, 부인이 우리를 도와야 한다고 말했다. 부인은 알겠다는 듯 그저 고개만 끄덕였다. 눈물을 참는 건지 얼굴이 파르르 떨렸다. 그녀는 용감하고 훌륭한 여성이었다.

내가 등불을 밝힌 탁자에 깨끗한 수건을 깔고 수술 기구들을 준비하는 동안 에르하르트는 무슨 우연인지 마르부르크에 있는 실험실에 요청했던 베링의 새로운 항디프테리아 혈청 샘플을 바로 그날 아침에 독일 대사관을 통해 받았다고 말했다. 내가 알기로는 이미 독일 여러 병원에서 그 혈청을 시도하여 주목할 만한 성과를 냈다. 우리도 혈청을 시도해봐야 하나? 따지고 말고 할 시간이 없었다. 아이의 상태가 급격히 나빠지고 있었다. 우리는 이 아이가 살 가능성이 매우 낮다고 판단했다.

아이 어머니의 동의를 얻어 혈청을 주사하기로 결정했다. 주사하자마자 엄청난 반응이 일어났다. 아이의 몸이 온통 검게 변했고, 체온이 40도 넘게 치솟았다가 갑자기 정상 이하로 떨어지며 극심한 오한이 일었다. 코와 장에서 피가 흐르고 심장 박동이 매우 불규칙해지더니 곧장 붕괴 증상이 나타났다. 그날 아무도 그 방을 나서지 않았다. 아이가 언제 죽을지 몰랐다.

놀랍게도 저녁 무렵이 되면서 아이의 호흡이 편안해졌다. 목 상태도 나아진 듯 보였고, 불규칙하던 심장 박동도 조금씩 정상으로 돌아오고 있었다. 나는 연로한 에르하르트에게 집에 가서 몇 시간만이라도 좀 눈을 붙이고 오라고 간곡히 말하였지만, 박사는 이 사례를 지켜보는 게 어찌나 흥미로운지 전혀 피곤한 줄 모르겠다며 거절했다.

  내가 본 간호사 중에 훌륭하기로 손꼽히는 영국 블루 시스터즈 소속의 필리핀 수녀가 도착하자, 호텔 꼭대기 층에 디프테리아가 발생했다는 소문이 호텔 전체에 들불처럼 퍼져나갔다. 호텔 지배인에게서 아이를 당장 병원으로 옮기든지 집에서 간호하라는 전갈을 받았다. 나는 그러다가 아이가 죽는다면 에르하르트나 나나 책임질 수 없다고 답했다. 게다가 옮길 곳도 마땅치 않았다. 당시에는 그런 응급 상황에 대처할 만한 시설이 턱없이 부족했다. 잠시 뒤 피츠버그에서 온 백만장자가 문을 반쯤 열고, 지배인에게 비용을 댈 테니 꼭대기 층 전체를 싹 비우라고 일러두었다고 알렸다. 생사가 오가는 순간에 아들을 다른 곳으로 옮기느니 차라리 그랑 호텔 전체를 사 버리고 말겠다는 말과 함께 말이다.

  저녁 무렵, 아이 어머니에게도 감염 증상이 나타났다. 다음 날 아침, 꼭대기 층 전체가 비워졌다. 종업원과 객실 담당 여종업원들까지도 모두 떠났다. 장의사 시뇨르 코르나키아만 손에 모자를 쥐고 휑한 복도를 어슬렁대며 돌아다녔다.

  가끔 아이 아버지가 겁에 질려 미칠 것 같은 얼굴로 문을 반쯤 열고 안을 들여다보았다. 아이 어머니는 증세가 더 나빠져 옆방으로 옮기고 에르하르트와 다른 간호사가 맡아 돌보았다. 사내아이 곁에는 나와 필리핀 수녀가 남았다. 정오 무렵 아이는 심장마비로 죽고 말았다. 어머니의 상태가 너무 나빠 도저히 아이의 죽음을 전할 수 없었다. 결국 우리는 이튿날 아침까지 기다리기로 했다. 아이 시신을 바로 그날 저녁에 프로테스탄트 묘지에 있는 영안실로 옮긴 다음 24시간 내에 매장해야 한다는 말을 전하자, 충격을 받은 아이 아버지는 곁에 공손히 서 있던 시뇨르 코르나키아 품에 안기듯 쓰러졌다.

그는 아이를 낯선 땅에 남겨두고 떠나는 일을 아내가 결코 용납하지 않을 거라며 피츠버그에 있는 가족묘지에 안장하겠다고 주장했다. 나는 불가능한 일이라고 대답했다. 이런 경우 시신을 외국으로 보내는 일은 법으로 금지되었다. 잠시 후 피츠버그에서 온 백만장자는 반쯤 열린 문틈으로 천 파운드짜리 수표를 건넸다. 내가 원하는 액수만큼 수표를 더 써줄 수 있으니 아이 시신만은 반드시 미국으로 보내야 한다고 말했다.

나는 조용히 시뇨르 코르나키아를 데리고 다른 방으로 들어가 문을 닫은 뒤, 1급 장례식과 프로테스탄트 묘지에 영구 안장할 묘지를 마련하는 데 드는 비용이 대략 얼마인지 물었다. 그는 요즘 경기가 좀 어려워 관 값도 오르고 고객 수도 생각지 못하게 줄어서 사정이 더 나빠졌다며 뜸을 들였다. 장례식을 잘 치르는 일은 자신의 명예에 관한 문제라며 팁을 제외하고 1만 리라면 충분할 거라고 답했다. 내가 알기론 자녀를 여덟 둔 사토장이가 있었다. 물론 꽃값은 별도로 지급하기로 했다.

그리고 아이 시신을 나폴리로 보낸 뒤 그다음 배로 미국에 보낼 수 있게 주선해준다면 말한 금액의 두 배를 주겠다고 하자, 고양이처럼 길쭉한 시뇨르 코르나키아의 눈이 화등잔만 하게 커졌다. 두 시간 안에 답을 달라고 했다. 그 일이 불법이지만 양심에 대고 잘 생각해 보라고 했다. 나는 이미 내 양심에 따라 결정을 내렸다. 그날 밤 시신을 직접 방부처리 한 다음 내 앞에서 납관을 봉하게 할 생각이었다. 그렇게 감염될 위험이 모두 사라졌음을 확인한 뒤 사인을 '폐혈성 폐렴 및 그로 인한 심장마비'로 기록한 뒤 사망증명서에 서명할 것이다. 디프테리아라는 말은 빼고 말이다. 시뇨르 코르나키아는 생각보다 빠르게 양심과 타협했다. 한 시간 뒤에 돌아와, 금액의 절반은 선불로 지급하되 영수증은 쓰지 않는다는 조건으로 거래를 받아들였다. 나는 그에게 돈을 건넸다. 한 시간 뒤 에르하르트와 나는 아이 어머니에게 기관 절개술을 시행했다. 물론 그녀의 생명을 구했다.

*

아직도 포르타 산 파올로 근처에 있는 작고 아름다운 묘지를 방문할 때마다, 그날 밤 기억에 시달린다. 사토장이 조반니는 희미한 등불을 들고 문 앞에서 서서 나를 기다렸다. 내게 인사하는 모습을 보니 그날 밤 일을 대비해 술을 한 잔 걸친 듯했다. 나를 옆에서 도울 사람은 조반니뿐이었다. 다른 사람을 더 두지 않은 데에는 그럴 만한 이유가 있었다. 몰아치는 폭풍우와 쏟아지는 비에 사방이 컴컴했다. 갑자기 불어오는 바람에 등불이 꺼졌다. 우리는 칠흑 같은 어둠 속에서 최대한 길을 더듬어 나아갈 수밖에 없었다. 묘지 중간쯤 갔을까. 파헤쳐 놓은 흙더미에 발이 걸린 나는 그만 반쯤 파 놓은 무덤 속에 고꾸라지고 말았다. 조반니는 그날 오후 시뇨르 코르나키아의 지시로 그 무덤을 파고 있던 중이라고 했다. 다행히 무덤이 그리 깊지 않았다. 작은 아이의 무덤이었으니까.

　시신 방부처리는 어려울 뿐만 아니라 위험한 작업이었다. 시신은 이미 부패가 진행된 상태였다. 빛이 충분하지 않았다. 그만 손가락을 살짝 베이고 말았다. 큰 부엉이가 세티우스의 피라미드 너머에서 온종일 울어댔다. 그 소리가 아직도 생생하다. 부엉이를 좋아했던 내 귀에 그 소리가 그렇게 거슬리기는 처음이었으니까.

　이른 아침에 그랑 호텔로 돌아왔다. 아이의 어머니는 잠을 잘 잤고, 체온도 정상으로 떨어졌다. 에르하르트는 그녀가 위험한 고비를 넘겼다고 판단했다. 그녀에게 아이가 죽었다는 소식을 알리는 일을 더는 미룰 수 없었다. 아이의 아버지와 에르하르트는 그 일을 하려 하지 않으니 내가 나설 수밖에 없었다. 간호사는 그녀가 이미 알고 있는 것 같다고 말했다. 침대 곁에 앉아 있는데 아이 어머니가 갑자기 잠에서 깨어나 고통스레 울부짖으며 침대를 벗어나려다가 기절했다는 거다. 그녀가 죽은 줄 알고 막 나를 부르러 달려 나가던 참에 나와 마주쳤다. 간호사 생각이 맞았다. 내가 입을 떼기도 전에 아이 어머니는 나를 똑바로 바라보며 아들이 죽은 것을 안다고 말했다. 에르하르트는 아이의 죽음에 완전히 무너진 듯했다. 혈청을 제안한 일을 두고 자책했다. 이 고결하고 정직한 노인은 아이 아버지에게 아들이 죽은 원인이 자신에게 있다고 고백하는 편지를 쓰려 했다. 내가 맡았던 환자였으니 내 책임이라고 나는 박사에게 말했다. 그리고 안 그래도 슬픔에 반쯤 넋이 나간 아버지가 그런 편지를 받는다면 완전히 정신을 잃을 수도 있다며 말렸다. 이튿날 아침, 아이 어머니를 내 마차에 태워 블루 시스터즈의 요양원으로 옮겼다. 계속해서 그녀의 남편과 어린 딸이 지낼 방을 마련했다. 아이 아버지는 디프테리아를 너무나 무서워한 나머지 가지고 있던 얼스터 외투와 모자는 물론, 옷이 가득 들어있는 커다란 트렁크 두 개와 옷장을 통째로 내게 주었다. 기뻤다. 약보다 중고 옷이 종종 더 유용했으니까.

나는 금제 회중시계만은 가지고 있으라고 그를 어렵사리 설득했다. 그가 준 휴대용 자기기압계를 아직도 가지고 있다. 호텔을 떠나는 날, 피츠버그 백만장자는 그 어마어마한 청구서를 전혀 개의치 않고 지불했다. 그 금액을 보고 내 다리가 다 후들거렸다. 나는 직접 방의 소독을 감독했다. 아이가 죽은 방에서 무릎을 꿇고 한 시간을 기어 다니며 바닥에 못을 박아 고정한 브뤼셀 카펫을 걷어내다가 불현듯 하이델베르크의 빅토리아 호텔에서 벌였던 일이 떠올랐다. 그런 순간에도 가난한 이들의 작은 자매회를 생각할 여유가 있었다니, 지금 생각해도 어이가 없다. 그때 카펫을 아벤티노 언덕에 있는 시립 소독시설로 옮기려고 들고 내려가 마차에 싣는 나를 끝까지 쳐다보던 호텔 직원들 표정이 아직도 눈에 선하다. 나는 호텔 지배인에게 피츠버그에서 온 백만장자가 카펫 값보다 세 배가 넘는 돈을 치른 뒤 이 카펫을 내게 기념품으로 선물했다고 말했다.

드디어 스페인 광장에 있는 내 집으로 돌아왔다. 현관에 건강상 이유로 당분간 휴진하니 스페인광장 28번지에 있는 에르하르트 박사에게 문의하라는 안내문을 프랑스어와 영어로 써서 붙였다. 목이 붓고 체온이 40도가 넘었다. 모르핀 주사를 세 배 용량으로 직접 투여하고 진료실 소파에 털썩 주저앉았다. 놀란 안나가 몹시 걱정하며 에르하르트 박사를 부르려 했다. 그런 안나를 나는 괜찮다며 안심시켰다. 그저 24시간 푹 잤으면 좋겠으니 집에 불이 나지 않는 한 방해하지 말라고 일러두었다.

빌어먹을 약이 내 지친 뇌에 망각과 평화를 전파하기 시작했다. 심지어 손가락에 난 상처 걱정으로 공포에 떨던 마음도 사고력이 마비되면서 엷어졌다. 서서히 잠에 빠져 들던 순간, 갑자기 현관문 종이 미친 듯이 울려댔다. 복도에서 어느 나라 사람인지 알 것 같은 한 여성이 서툰 이탈리아어를 쓰며 큰 소리로 안나와 다투고 있었다.

"글쎄 의사 선생님이 편찮으시다니까요. 옆 건물에 계시는 에르하르트 박사님께 안내해드릴게요."

"싫어요." 그 여성은 아주 급한 일로 당장 문테 박사와 이야기를 만나야겠다며 거절했다.

"선생님은 지금 누워 계세요. 돌아가주세요."

"싫다니까요. 당장 박사님을 만나야겠어요. 여기 내 명함을 가져다 드리세요."

"선생님은 주무시고 계세요. 그러니…."

"잠들었다니. 복도에서 그렇게 큰 소리가 나는데 어떻게?"

"무슨 일이십니까?"

안나가 말릴 틈도 없이 그 여성은 내 방 입구에 친 커튼을 확 걷어젖혔다. 말처럼 힘이 넘치고 건강해 보이는 그 여성은 찰스 W. 워싱턴 롱펠로우 퍼킨스 주니어 부인이었다.

"무슨 일로 저를 찾으시죠?"

부인은 그랑 호텔 최상층 방에 배정되었는데 디프테리아에 감염될 위험이 조금이라도 있는지, 아이가 1층에서 사망한 것이 맞는지 물었다. 그녀는 어떤 위험도 감수할 생각이 없다고 단호하게 말했다.

"몇 호실이죠?"

"335호예요."

"그렇다면 그 방에서 묵으십시오. 호텔에서 가장 깨끗한 방이죠. 제가 직접 소독했거든요. 아이가 바로 그 방에서 죽었습니다."

나는 다시 침대에 누웠다. 몸이 땅으로 꺼져드는 것 같았다. 모르핀 기운이 다시 돌기 시작했다.

현관 종이 다시 울렸다. 아까와 같은 그 무자비한 목소리가 복도에서 들려왔다. 안나에게 미처 묻지 못한 말이 이제 생각났다고, 아주 중요한 일이라고 말했다.

"의사 선생님은 주무시고 계신다니까요."

"저 여자를 당장 아래층으로 내보내요."

나는 그 부인 체구의 반도 안 되는 안나에게 고함쳤다.

부인은 가지 않겠다고 버티며 내게 꼭 물어볼 말이 있다고 소리쳤다.

"무엇을 알고 싶으신가요?"

"이가 부러졌어요. 로마에서 제일 잘 보는 치과 의사가 누구신가요?"

"워싱턴 퍼킨스 주니어 부인, 제 말 들립니까?"

부인은 아주 잘 들린다고 했다.

"퍼킨스 주니어 부인. 난생 처음 치과 의사가 아닌 게 후회되는군요. 제가 치과 의사였다면 부인의 이를 몽땅 뽑아드렸을 텐데요."

25

가난한 이들의 작은 자매회

빈콜리 산 피에트로에 있는 가난한 이들의 작은 자매회에는 50명 남짓한 수녀들이 있었다. 대부분 프랑스 출신으로, 모두 나와 친했다. 커다란 건물에서 지내고 있는 300여 명의 노인들도 나와 가까이 지냈다. 이 사람들을 돌보던 이탈리아 의사는 같은 일을 하는 내게 경쟁심을 갖지 않는 듯 보였다. 심지어 피츠버그의 백만장자가 준 그랑 호텔 카펫을 소독하고 차가운 돌바닥 위에 깔자, 작은 자매회 수녀들이 무척 기뻐하는 모습을 보고도 그는 질투하지 않았다.

  이 수녀들이 그 많은 거주자들에게 어떻게 음식과 옷을 제공할 수 있었는지 아직도 잘 모르겠다. 이들이 낡고 허름한 수레를 끌고 이 집 저 집 다니며 남은 음식들을 구걸하는 모습은 당시 로마를 방문하는 사람들에겐 익숙했다. 스무 명의 작은 자매회 수녀들이 둘씩 짝을 지어 아침부터 밤까지 커다란 식료품 바구니와 저금통을 들고 돌아다녔다. 수녀 둘이 내 진료 시간에 맞춰 복도 한쪽에 서 있고는 했다. 그때 진료를 받으러 왔던 환자들은 지금도 그 모습을 기억할 거다. 다른 수녀들처럼 이 두 수녀들도 매우 명랑하고 유쾌했으며, 기회가 있을 때마다 담소를 즐겼다. 둘 다 젊고 꽤 예뻤다. 오래전에 수녀원장이 내게 고백했던 말이 있었다. 나이 많고 평범한 수녀들은 모금을 하는 데 도움이 되질 않는다는 말이었다. 그 고백에 대한 답례로, 나는 환자들이 젊고 매력 있는 용모의 간호사의 말을 잘 따를 가능성이 더 크며, 무뚝뚝한 간호사는 결코 좋은 간호사가 될 수 없다고 털어놓았다.

  이 수녀들은 세상 물정에는 어두웠지만 인간 본성에는 훤했다. 누가 돈 상자에 무얼 넣을지 아닐지 딱 보면 알 수 있었다. 수녀들 말로는 대체로 나이 많은 사람보다는 젊은 사람이 더 많이 기부하는 편이었다. 안타깝게도 아이들은 그들을 돌보는 보모들이 말해야 겨우 움직였다. 여자들보다는 남자들이, 마차를 타고 있는 사람보다는 걸어 다니는 사람들이 더 많이 기부했다. 영국인들이 가장 큰 기부자였고, 그다음이 러시아인이었다. 프랑스 관광객은 매우 드물었다. 미국인과 독일인들은 인색한 편이었고, 이탈리아 상류층은 그보다 더 심했다. 하지만 이탈리아의 가난한 사람들은 인심이 후했다. 나라를 불문하고 왕족이나 성직자들은 썩 좋은 기부자들이 아니었다. 그들이 돌보는 150명의 노인들은 대체로 다루기 쉬웠지만, 그들은 늘 서로 다투고 싸웠다. 두 보호소 사이에서 종종 격정 드라마 같은 일이 벌어졌고, 그때마다 작은 자매회 수녀들은 그 상황이 잘 이해되지 않더라도 최선을 다해 남은 감정의 불씨를 끄느라 애를 썼다.

  보호소에는 많은 사랑을 받는 이가 있었다. 무슈 알퐁스. 아주 작은 이 프랑스인은 60개의 침대가 놓인 커다란 병실 한구석에 쳐놓은 파란 커튼 뒤에서 살았다. 다른 침대들에는 커튼이 달려 있지 않았다. 그러니까 보호소 전체의 고참인 무슈 알퐁스에게만 주어진 특권인 셈이었다. 본인 말로는 일흔다섯 살이라고 했지만, 수녀들은 족히 여든은 넘었을 거라고 믿었다. 하지만 나는 그의 동맥 상태로 보아 곧 아흔이지 않을까 추측했다.

그는 몇 년 전에 낡은 프록코트와 탑 해트 차림에 작은 손가방 하나를 들고 보호소에 들어왔는데, 그가 어디서 왔는지 아는 사람이 없었다. 낮에는 다른 거주자들과 완전히 거리를 두고 커튼 뒤에 꽁꽁 숨어 지내다가 주일만 되면 손에 모자를 들고 으스대며 나타나 예배당으로 향했다. 그가 하루 종일 커튼 뒤에서 무얼 하며 지내는지 아무도 몰랐다. 자매회 수녀들이 수프 접시나 커피잔을 가져다 줄 때면(이것 역시 그가 누리는 특권이었다) 그는 언제나 침대에 앉아 낡은 가방 속에 든 종이 뭉치를 뒤적이거나 탑 해트를 솔질하고 있었다.

무슈 알퐁스는 손님맞이에 특히 까다로웠다. 그를 만나려면 먼저 침대 옆에 둔 작은 탁자를 똑똑 두드려야 했다. 그러면 무슈 알퐁스는 보고 있던 종이 뭉치를 가방에 조심스럽게 넣고 잠근 뒤 소리 높여 "앙트레, 무슈! [들어오세요, 선생님!]"라고 외친 뒤 미안하다는 듯 손을 흔들며 침대 옆으로 와서 앉으라고 권하곤 했다. 무슈 알퐁스는 나의 방문을 내심 즐기는 듯 했고 우리는 곧 가까워졌다. 그의 과거를 어떻게든 좀 알아보려했지만 헛수고였다. 그저 프랑스인이라는 사실을 알아냈을 뿐인데, 파리 출신은 아닌 것 같았다. 이탈리아어는 전혀 못했고 로마에 대해 아는 게 하나도 없는 듯했다. 성 베드로 성당도 가본 적은 없지만, 운 드 시 케트르 메탕(조만간) 시간이 나면 가볼 생각이라고 했다. 하지만 자매회 수녀들은 그가 성 베드로 성당에 갈 일은 없을 거라고 했다. 아니, 마음만 먹으면 어디든 돌아다닐 수 있지만 아무데도 가지 않을 거라고 장담했다. 남자들에게 외출이 허용되었던 목요일에도 무슈 알퐁스가 바깥에 나가지 않은 이유가 따로 있었다. 탑 해트와 낡은 프록코트를 하도 솔질해댄 바람에 손 쓸 수 없이 망가져버린 거였다.

그가 피츠버그 백만장자의 탑 해트와 미국 최신 유행인 프록코트를 입어본 날을 잊지 못한다. 무슈 알퐁스 인생의 마지막 장이 펼쳐진 날이자 아마도 가장 행복한 날이었을 거다. 그다음 주 목요일, 보호소에 있던 수녀들은 물론 수녀원장까지 모두 현관 앞에 나와 무슈 알퐁스가 화려한 빅토리아 마차에 오르는 모습을 지켜봤다. 그는 감탄의 눈으로 그를 바라보는 이들에게 쓰고 있던 새 탑 해트를 점잖게 들어 올리며 인사를 전했다.

"에틸 시크! [멋져요!]" 마차가 움직이자 나와 있던 사람들이 웃으며 말했다. "영국 귀족이 따로 없네요!" 우리는 코르소를 따라 달리다가 핀치오 언덕에 잠시 들른 뒤 스페인 광장에서 멈춰 섰다. 내가 무슈 알퐁스를 점심 식사에 초대했기 때문이었다.

누구라도 목요일마다 계속되는 이런 초대의 유혹을 떨쳐내기 힘들었을 거다. 그해 겨울 매주 목요일 정각 1시, 무슈 알퐁스를 태운 내 빅토리아 마차는 스페인 광장 26번지에 어김없이 멈춰 섰다. 한 시간 뒤 내가 진료를 시작하면, 그는 안나의 부축을 받아 대기하고 있는 마차에 올라타 평소처럼 핀치오 주변을 한 바퀴 돌았다. 그런 뒤 카페 아라뇨에 들러 그의 지정석에 30분 정도 앉아 아주 노련한 대사처럼 커피 한 잔을 즐기며「피가로」지를 들여다봤다. 그리고 또다시 30분 동안 코르소 거리를 따라 마차를 달려 즐거운 인생을 누렸다. 틈틈이 스페인 광장에 탑 해트를 들어 올려 인사를 건넬 지인이 보이는지 열심히 살펴보았다. 작은 자매회 수녀들이 하는 말을 들으니, 무슈 알퐁스는 그렇게 마차를 타고 돌아오기가 무섭게 다시 파란 커튼 뒤로 모습을 감췄다가 그다음 목요일 새벽에야 모자를 손질하러 나왔다. 친구 한두 명이 종종 점심 식사를 함께하러 찾아와 무슈 알퐁스에게 큰 기쁨을 안겨주었다. 아직도 그를 분명히 기억하는 사람이 있을 거다. 그런데 누구도 그가 어디서 왔는지 전혀 궁금해하지 않았다. 길고 깔끔한 프록코트를 입고 새 탑 해트를 쓴 그는 단정하고 말쑥하게 보였다. 식탁에 앉아서도 모자를 벗으려 하지 않았다.

무슈 알퐁스를 어떻게 소개해야 할까 고민하던 끝에 나는 그를 은퇴한 외교관으로 만들어버렸다. 내 친구들은 모두 그를 "무슈 르 미니스트르(공사님)"라고 칭했고 안나는 한결같이 "보스트라 에첼렌자(각하)"라고 불렀다. 그가 그런 말을 들을 때 어떤 표정이었는지 사람들이 봤어야 하는데! 다행히 그는 가는귀가 어두웠던지라 대화는 주로 교황이나 시로코(남동풍)처럼 몇 가지 고상한 주제 안에서 이루어졌다. 아무튼 나는 대화에 귀를 기울이다가 필요할 때마다 끼어들어 디켄터를 한쪽으로 밀어놓거나, 프라스카티를 두 잔째 마신 뒤 조금 곤란한 질문을 던지거나 그보다 더 곤란한 답을 해야 하는 순간에 처한 그를 구해내야 했다.

무슈 알퐁스는 열렬한 왕당파로, 어떻게든 프랑스 공화국을 뒤엎으려 했다. 그는 신뢰할 수 있는 소식통으로부터 언제든 파리로 돌아오라는 소식이 오기만을 기다렸다. 뭐, 이 정도쯤이야 꽤 안전한 주제였다. 공화국을 폐지해야 한다고 주장하는 프랑스인들도 꽤 많았으니까. 그렇지만 나는 그가 가족사를 꺼내놓는 순간부터 행여 가방 속에 깊이 묻어둔 과거의 비밀을 털어놓을까 봐 신경을 곤두세웠다. 다행히 늘 그의 처남이 내게 신호가 되었다. "몽 보-프레레 르 소프레페[내 처남이 부지사였는데 말이야]…." 나와 친구들은 무슈 알퐁스의 입에서 이 신비에 쌓인 인물이 언급되는 순간 디켄터를 치워버리고 그의 잔에 포도주를 한 방울도 더 따르지 않기로 암묵적 합의를 보았다.

지금도 기억이 생생하다. 그날도 목요일이었다. 유명한 미국 조각가이자 무슈 알퐁스와 각별한 친구 사이인 왈도 스토리가 우리와 점심을 먹는 중이었다. 무슈 알퐁스는 뭐에 그렇게 기분이 좋았는지 평소보다 말이 많았다. 프라스카티를 한 잔 비우기도 전에 이미 왈도와 공화국 전복 계획을 짜고 있었다. 옛 가리발디 군대를 다시 일으켜 프랑스를 침공해 파리로 진군하자는 계획이었다. 결국 자금이 문제였다. 그는 500만 프랑이면 충분하다고 확신하였고, 최악의 경우 직접 100만 프랑을 마련할 마음도 있었다.

그의 얼굴이 불콰해지는 듯했다. 머지않아 그의 처남이 등장할 때가 된 거다. 왈도에게 이제 포도주 한 방울도 더는 주지 말라는 신호를 보냈다.

"몽 보-프레레 르 소프레페…." 그가 키득거리며 말했다.

내가 그의 손에 닿지 않는 곳에 디켄터를 밀어 놓자, 잠시 멈칫한 그는 기분이 상했을 때처럼 고개를 떨구고 자기 접시를 내려다봤다.

"그래요, 알겠다고요." 내가 말했다. "건강을 생각해 포도주 한 잔 더 드세요. 언짢게 해서 미안합니다. 당신이 원하는 대로, 아 바 라 뤼피블리크! [공화국을 무너뜨립시다!]"

놀랍게도 그는 앞에 놓인 잔으로 손을 뻗지 않았다. 미동도 없이 가만히 접시를 바라보았다. 이미 숨을 거두었다.

그 일로 통상적인 절차를 밟고 법에 따라 경찰을 불렀다면, 무슈 알퐁스와 나에게 어떤 결과를 초래할지 나만큼 잘 아는 사람은 없었다. 법의학관이 검시하고(아마 부검을 했을 거다), 프랑스 영사가 개입할 테고, 마지막엔 고인에게서 그의 유일한 재산, 즉 과거의 비밀을 앗아갔겠지. 안나를 불러, 마부에게 가서 마차의 덮개를 씌우라는 말과 함께 무슈 알퐁스가 정신을 잃어서 내가 직접 그를 집까지 데려다주겠다는 말을 전하라고 했다. 5분 뒤 무슈 알퐁스는 늘 그랬듯이 내 옆자리 구석에 앉아 있었다. 피츠버그 백만장자의 울스터 외투 깃을 귀까지 바짝 세우고, 탑 해트를 평소처럼 푹 눌러 썼다. 평소와 다름없는 모습이었지만 사람이 죽으면 다 그렇듯이 살아 있을 때보다 작아 보였다.

"코르소를 지나갈까요?" 마부가 물었다.

"그래, 코르소를 지나가지, 무슈 알퐁스가 그 길을 좋아하잖나."

수녀원장은 처음엔 불안해했다. 하지만 내가 "심부전으로 인한 사망"이라고 적은 확인서를 보호소에서 발급한 덕에 경찰 규정에 어긋나는 일은 없었다. 그날 저녁 무슈 알퐁스를 관에 뉘였다. 그의 가방을 베개 삼아 머리를 받쳤다. 끈에 매단 가방 열쇠는 여전히 그의 목에 걸려 있었다. 작은 자매회 수녀들은 산 사람에게나 죽은 사람에게나 아무것도 묻지 않았다. 쉼터를 찾아온 사람들이 늙고 굶주렸는가에만 신경 쓸 뿐이었다. 나머지는 하느님께 맡길 뿐, 그들은 물론 그 누구도 관여할 일이 아니었다. 수녀들은 그곳에서 많은 사람들이 가명을 쓰고 살다가 죽는다는 사실을 모르지 않았다. 나는 무슈 알퐁스가 무척 좋아했던 탑 해트를 관에 함께 넣어주고 싶었지만, 수녀들은 그러면 안 된다며 말렸다. 나는 유감이라고 말했다. 모자를 넣었다면 그도 틀림없이 기뻐했을 텐데.

*

어느 날 밤, 가난한 이들의 작은 자매회에서 급히 와 달라는 전갈을 받고 잠에서 깼다. 큰 건물에 달린 병실들은 온통 캄캄하고 조용했다. 오직 예배당에서 수녀들이 기도하는 소리만 들렸다. 수녀들이 거처하는 작은 방으로 안내를 받았다. 한 번도 발을 들인 적 없는 곳이었다. 침대에는 아직 어려 보이는 수녀가 두 눈을 감은 채 누워 있었다. 얼굴은 머리를 받치고 있는 베개처럼 새하얬다. 맥박은 거의 잡히지 않았다. 전 세계를 순방 중인 가난한 작은 자매회의 총원장이었다. 그날 저녁 나폴리에서 파리로 돌아갈 예정이었지만 심각한 심장 질환으로 생명이 위태로웠다. 나는 왕과 여왕은 물론 유명 인사들의 목숨이 경각에 달한 순간 침대맡에 서 있었다. 그들의 생명이 내 손에 달린 적도 있었다. 하지만 이 여인이 천천히 눈을 뜨고 그 아름다운 눈으로 나를 바라보던 그날 밤만큼 의사로서 책임감을 무겁게 느낀 적이 없었다.

"페트 세 케 부 프베, 무슈 르 독테르. [최선을 다해주세요, 선생님.]" 그녀가 힘없이 속삭였다. "카 카흐앙트 밀 포브흐 데팡드 드 므와. [가난한 사람들 4만 명이 내게 의지하고 있어요.]"

*

가난한 이의 작은 자매회는 아침부터 밤까지 수고로이 일을 한다. 내가 아는 중에 가장 필요하지만 가장 일한 보람이 없는 자선 활동이다. 그들을 꼭 로마에 가야만 볼 수 있진 않다. 가난하고 나이 많은 사람들은 전 세계 어디에나 있다. 그곳에 빈 바구니와 빈 돈 상자를 들고 다니는 가난한 이의 작은 자매회도 있다. 낡은 옷들을 바구니에 넣으면 된다. 큰 옷, 작은 옷, 상관없다. 어떤 옷이든 가난한 이의 작은 자매회에 도움이 된다. 유행이 지나고 있는 탑 해트도 기부하면 좋다. 그들의 병실에는 파란 커튼 뒤에 숨어서 지나간 화려한 과거의 마지막 흔적인 망가진 탑 해트를 손질하는 무슈 알퐁스 같은 노인이 언제나 있을 테니까. 그를 화려한 빅토리아 마차에 태워 코르소를 달리며 즐거운 하루를 보내게 해주자. 간 건강을 생각해서 개를 데리고 캄파냐에 산책을 다녀온다면 더할 나위 없다. 그다음 목요일에는 그를 점심 식사에 초대하는 거다. 굶주린 사람이 배불리 먹는 모습만큼 식욕을 되찾기 좋은 자극은 없다. 그가 지난 과거를 모두 잊을 수 있게 프라스카티 포도주를 한 잔 그에게 건네는 거다. 하지만 그가 기억을 떠올린다 싶으면 곧장 디켄터를 치워야 한다.

 모아놓은 돈이 있다면 일부를 작은 수녀회의 모금 상자에 넣는 거다. 동전 한 닢이라도 괜찮다. 장담하지만 이것만큼 안전한 투자는 없다. 내가 이 책 어딘가에서 했던 말을 기억했으면 좋겠다. 자신을 위해 간직한 것은 반드시 잃고, 남에게 베푼 것은 영원히 남는 법이다. 게다가 돈이란 누구 한 사람의 것이 아니다. 내 것도 아니고, 세상 누구의 것도 아니다. 돈은 밤낮으로 돈 자루를 깔고 앉아서 인간의 영혼과 거래하는 악마의 소유다. 악마가 손에 쥐어준 더러운 동전을 너무 오래 쥐고 있지 말고 가능한 빨리 치워버려야 한다. 그렇지 않으면 그 저주 받은 쇠붙이가 금세 손가락을 썩어들게 만들고 핏 속에 스며들어 눈을 멀게 하며 생각을 더럽히고 마음을 매정하게 만들어버린다. 그러니 작은 자매회의 모금함에 넣자. 아니면 가장 가까이에 있는 하수구에 그 망할 물건을 내던져야 한다. 거기가 바로 그것에게 어울리는 자리다! 돈을 쌓아둔들 무슨 소용이 있겠는가. 어차피 다 사라지고 말 텐데. 죽음도 금고의 열쇠를 가지고 있다.

 신은 모든 것을 공정한 가격에 판다고 옛 시인이 말했다. 거기에 신은 가지고 있는 가장 좋은 것을 가장 싼 값에 판다는 말도 덧붙였어야 했다. 우리에게 정말 유익한 것은 적은 돈으로 살 수 있다. 비싼 값을 치르고 사는 것은 쓸데없는 것뿐이다. 참으로 아름다운 것은 판매대에 나오지도 않는다. 불멸의 신이 우리에게 선물로 준다. 해가 뜨고 지는 풍경을, 하늘에 떠 있는 구름을, 숲과 들을, 찬란히 빛나는 바다를 돈 한 푼 들이지 않고 감상할 수 있게 허락하였다. 우리는 공짜로 새들이 부르는 노래를 듣는다. 길을 걷다가 길가에 핀 들꽃들을 꺾기도 한다. 별이 빛나는 밤의 무대에 입장료는 없다. 두 다리 뻗고 자는 건 부유한 이가 아니라 가난한 이다. 소박한 음식이 리츠 호텔에서 나오는 음식보다 맛있다. 만족감과 마음의 평화는 큰 도시의 웅장한 궁전보다 작은 시골 마을에서 누리기 쉽다. 마음 맞는 친구 몇 명, 책 몇 권, 그리고 개 한 마리. 우리가 사는 동안 이것만 있으면 충분하다. 다만 시골에서 살아야 한다. 최초의 도시는 악마의 계획으로 지어졌다. 그래서 하느님께서는 바벨탑을 무너뜨리려 하셨다.

악마를 본 적이 있나? 나는 봤다. 노트르담 종탑 난간을 짚고 기대어 서 있었다. 날개를 접고, 머리를 손에 괸 채로 말이다. 두 볼은 움푹하고 그 더러운 입술 사이로 혀가 늘어져 있었다. 생각에 잠긴 채 심각한 표정으로 발아래 펼쳐진 파리를 내려다보았다. 석상처럼 미동도 없었다. 천 년 가까이 그곳에 서서 자신이 선택한 도시를 차마 눈을 떼지 못하겠다는 듯 만족스럽게 내려다보고 있었다. 어릴 적부터 그 이름만으로도 나를 두렵게 만든 사탄이었을까? 선과 악의 전쟁에 나선 바로 그 무시무시한 악의 전사였을까?

나는 놀란 눈으로 악마를 바라보았다. 상상했던 것만큼 사악해보이지 않았다. 그보다 더 사악한 얼굴을 본 적도 있었다. 차가운 두 눈에 승리의 빛은 없었다. 늙고 지쳐보였다. 쉽게 얻는 승리에 싫증이 난 듯, 지옥에 진력이 난 듯 보였다.

늙고 불쌍한 베엘제불! 이 세상이 잘못되더라도 전적으로 그대의 탓만은 아닐지도 모른다. 무엇보다 그대는 우리가 사는 이 세상에 생명을 불어넣은 존재가 아니다. 인간들 틈에 슬픔과 죽음을 흘려보낸 존재도 아니다. 발톱이 아니라 날개를 지니고 태어났다. 그대를 악마로 만들고 저주받은 이들을 지키라며 지옥으로 내던진 건 신이었다. 그대가 그 일을 좋아했다면 이렇게 천 년이라는 세월동안 비바람을 맞으며 노트르담 종탑 꼭대기에 서 있을 리 없다. 날개를 가지고 태어나 악마로 존재하는 게 쉬운 일은 아닐 거다. 어둠의 군주여, 어째서 지하 왕국의 타오르는 불을 끄고 이 거대한 도시에서 우리와 함께 살지 않는 겁니까? 하루 종일 먹고 마시고 돈을 쌓는 일 말고는 달리 할 일이 없는 돈 많은 신사처럼 살아보면 어떻겠습니까? 맹세코 변방에 계실 분이 아닙니다. 혹시라도 재산을 늘리고 마음에 드는 새로운 일을 시작할 생각이라면, 몬테카를로에 지옥 같은 도박장을 열거나 매음굴을 운영하거나 가난한 이들을 상대로 고리대금을 놓거나 무방비하게 철창에 갇혀 굶주리는 야생 동물들을 데리고 다니는 유랑 동물원의 주인이 되는 건 어떨까요? 그게 아니라 기분 전환을 하고 싶다면 독일로 건너가 최신식 독가스를 제조하는 공장을 하나 더 시작해보시죠? 맹목적인 나폴리 공습을 지휘하고 300명의 노인과 노파들이 거주하는 가난한 이들의 작은 자매회 건물에 소이탄을 투하하라고 명령을 내릴 수 있는 존재가 누가 또 있겠습니까!

이렇게 조언을 드렸으니 그 대가로 질문 하나 해도 되겠습니까? 왜 그렇게 혀를 날름대고 있는 겁니까? 그 모습이 지옥에서는 어떻게 보이는지 모르겠지만, 인간들 사이에서는 좋게 말해 도전적이고 무례해 보이죠. 미안합니다만 온종일 누구한테 그렇게 혀를 날름날름하는 건지요?

26

홀 양

그 시절 나를 찾았던 환자들은 홀 양을 많이 기억할 거다. 한 번 보면 쉽게 잊을 수 없는 사람이었다. 대영제국만이, 찬란한 전성기를 누리는 대영제국만이 만들어낼 수 있는 독특한 초기 빅토리아 시대 노처녀의 전형이었다. 키 6피트 3인치(약 190센티미터)에 꼬챙이처럼 깡마르고 뻣뻣한 것이, 아직 태어나지도 않은 스코틀랜드인 두 세대를 키우고도 남을 아리다 뉴트릭스(무뚝뚝한 유모)의 모습이었다. 홀 양을 15년 동안 알고 지냈지만 그 모습은 늘 한결같았다. 언제나 환한 얼굴에 굽슬굽슬하고 하얗게 샌 금발을 드리웠고, 언제나 화사한 색의 옷을 입었으며, 언제나 장미로 모자를 장식했다.

홀 양이 얼마나 오랜 세월을 로마의 2급 하숙집에서 지내며 모험을 찾아다니는 평범한 삶을 살았는지는 모르겠다. 그러나 한 가지, 그녀가 빌라 보르게세에서 타피오와 나를 만난 그날, 그녀 인생의 진정한 사명이 시작되었고, 비로소 자아를 발견했다는 사실은 안다. 아침나절에는 트리니타 데이 몬티 계단 아래 냉골 같은 응접실에서 개들의 털을 손질한 뒤 점심을 먹으로 집으로 돌아갔다. 세 시 정각만 되면 자신의 절반밖에 되지 않는 키에 나막신을 신고 머리에 붉은 두건을 두른 조반니나와 로시나를 대동하고 키츠의 집에서 나와 나란히 걸으며 광장을 가로질렀다. 내 개들은 그들이 빌라 보르게세로 산책을 나가려는 걸 눈치채고 주변을 맴돌며 신나게 짖어댔다. 그 시절 스페인 광장 곳곳에서 흔히 볼 수 있는 광경이었다. 조반니나와 로시나는 산 미켈레의 식솔들로, 정말 훌륭한 하인들이었다. 손발이 빠르고, 일하는 내내 노래를 흥얼거렸다. 물론 이렇게 아직 채 길들여지지 않은 두 아나카프리 소녀들을 로마로 데려갈 생각을 꿈에라도 할 수 있는 사람은 나밖에 없었다. 게다가 홀 양이 제때에 나타나 마치 병아리들을 돌보는 어미닭처럼 두 소녀를 양어머니처럼 보듬어주지 않았다면 결코 일어날 수 없는 일이었다.

 홀 양은 내가 왜 이 소녀들이 빌라 보르게세를 혼자 걸어 다니도록 허락하지 않는지 도무지 이해할 수 없다고 말했다. 자신도 오랫동안 로마 곳곳을 혼자 돌아다녔지만 누가 눈길을 주거나 말을 거는 적은 없었다며 말이다. 그런 유형의 사람들이 그렇듯 홀 양은 제대로 된 이탈리아어를 한마디도 못했지만, 두 소녀들은 그녀를 잘 이해하고 무척 따랐다. 하지만 그들이 나만큼 그녀를 진심으로 받아들이지 않는 것 같아 걱정이었다.

 홀 양이 나를 쳐다보는 일은 드물었다. 나도 그랬다. 어쩔 수 없는 경우를 제외하고는 눈길도 주지 않았다. 아주 가끔 홀 양에게 점심을 함께 하자고 청할 때는 마주 앉은 식탁 한가운데에 커다란 꽃병을 두었다. 홀 양은 나를 보지 말라는 엄한 명령에도 가끔 고개를 들어 꽃병 너머로 슬쩍슬쩍 나를 훔쳐보았다. 홀 양은 자신이 내게 해준 일에 비해 내가 얼마나 이기적이고 감사할 줄 모르는 사람인지 하나도 모르는 것 같았다. 의사소통에 제한이 있었지만(홀 양이 내게 질문하지 못하게 하였다) 그녀는 이 집에서 무슨 일이 일어나고 내가 어떤 사람들을 만나는지 어느 정도 파악하고 있었다. 나를 찾아오는 여성 환자들을 유심히 지켜보았고, 누가 진료 받으러 오가는지 살피느라 몇 시간씩 광장을 돌아다니곤 했다.

그랑 호텔이 문을 열면서 리츠는 사라져가는 로마 생활의 소박함에 결정타를 날렸다. 야만인들이 마지막 침략을 개시하자, 영원한 도시는 점점 유행을 따르는 상류층의 도시가 되어갔다. 거대한 호텔은 런던과 파리에서 온 상류층, 미국의 백만장자, 지중해 연안의 리비에라에서 온 주요 라스타콰레(신흥 부유층)로 넘쳐났다. 이 사람들 중에 홀 양이 모르는 이름은 없었다. 수년간 『모닝 포스트』의 사교 칼럼을 읽으며 그들을 지켜봤다. 특히 영국 사교계에 빠삭했다. 어느 집안 아들이나 상속자가 언제 태어나고 성인이 되는지, 딸들이 언제 약혼하고 결혼하는지, 궁정에 나갈 때 어떤 드레스를 입고 어떤 무도회에 참석했으며 저녁 만찬은 어떠했고 외국 어디로 여행을 다녀왔는지 줄줄이 꿰고 있었다. 이런 상류층 사람들 중에 많은 이들이 자의 반 타의 반으로 내 환자가 되었고, 그런 일들에 홀 양은 크게 기뻐했다.

잠시도 혼자 지낼 수 없는 사람들은 나를 점심이나 저녁 식사에 초대했다. 키츠가 사망한 방을 구경하려고 스페인 광장에 들르는 사람들도 있었다. 어떤 이들은 마차를 빌라 보르게세에 세우고 내 개들을 쓰다듬으며 홀 양에게 참 잘 가꾼 개들이라고 칭찬했다. 그다지 주목받지 못하던 나와 홀 양은 손을 맞잡고 점점 더 높은 상류사회로 나아갔다. 그해 겨울 나는 자주 외출했다. 이 느긋한 한량들한테 배울 게 아직 많았다. 아무것도 하지 않고 지낼 수 있는 능력에 태평한 성격, 게다가 숙면까지, 놀랍기만 했다. 홀 양은 이제 내 일상생활에서 일어나는 사회 활동들을 특별히 일기로 남기기 시작했다. 가지고 있는 가장 좋은 드레스를 입고 자부심 가득한 표정으로 여기저기 내 명함을 뿌리고 돌아다녔다. 우리의 별은 점점 더 높이 떠오르며 우리의 앞길을 환히 비추었다. 그 무엇도 우리를 막을 수 없었다.

어느 날 홀 양이 빌라 보르게세에서 개들을 데리고 산책하고 있는데, 마차에 앉아 무릎 위에 검은 푸들을 안고 있던 한 숙녀가 가까이 오라고 손짓하였다. 그녀는 라플란드 개를 쓰다듬으며 이 개가 아주 작은 강아지일 때 박사에게 준 사람이 자기라고 말했다. 홀 양은 무릎이 후들후들 떨리는 것 같았다. 그 숙녀는 바로 스웨덴 왕세자비 전하였다! 명망 높은 그녀의 곁에 앉아 있던 멋진 신사가 매력적인 미소와 함께 손을 내밀며 이렇게 말했다.

"안녕하시오, 홀 양. 박사에게 이야기 많이 들었소."

그 신사는 바로 홀 양이 사랑하는 알렉산드라 여왕의 조카와 결혼한 바덴의 막시밀리안 대공 전하였다! 영원히 기억할 그날 이후, 홀 양은 그랑 호텔의 상류층을 내팽개치고 왕족들에게 남는 시간을 다 쏟아부었다. 그해 겨울 로마에는 못해도 왕족 여섯 명이 머물고 있었다. 홀 양은 행여 그들이 들어오고 나가는 모습을 볼 수 있을까 기다리며 왕족들이 머물고 있는 호텔 밖에 몇 시간이나 서성였다. 그들이 핀치오나 빌라 보르게세에서 마차를 타고 나가면 고개를 숙여 인사하였고, 교회와 박물관에서는 탐정처럼 그 뒤를 따라다녔다. 일요일마다 바부이노 거리에 있는 영국 교회를 찾아 대사의 전용석 가까이 앉아 한쪽 눈으로는 기도서를 보고 다른 눈으로는 고귀한 왕족을 흘끔거렸다. 나이 들어 잘 들리지 않는 귀를 종긋 세워 회중이 부르는 성가 소리 속에서 왕족의 목소리를 들으려 애썼고, 초대 기독교인처럼 왕실과 그 일가친척을 위해 기도했다.

머지않아 홀 양은 왕족과 연관된 일만을 다루는 일기를 쓰기 시작했다. "지난 월요일, 영광스럽게도 호텔 퀴리날레에 묵고 있는 바이마르 대공비 전하께 박사님의 편지를 전달하는 일을 맡았다. 호텔 문지기는 작센과 바이마르의 대공 왕관으로 장식한 답장을 나에게 건넸다. 박사님은 그 편지 봉투를 소중한 기념품으로 남기라며 내게 선물했다." 수요일에는 그녀에게 그랑 호텔에 묵고 있는 스페인의 에울랄리아 공주 전하께 편지를 전달하는 임무를 맡겼다. 안타깝게도 답장을 받지 못했다. 어느 날 오후, 개들을 데리고 빌라 보르게세로 나간 홀 양은 검은 옷차림을 한 키 큰 여인이 빠른 걸음으로 골목을 오가는 모습을 보았다. 단박에 산 미켈레 정원에서 스핑크스 옆에 서서 꼼짝도 하지 않고 아름답고 슬픈 눈으로 바다를 바라보던 여인임을 알아차렸다.

홀 양의 앞을 지나던 그 여성은 함께 있던 사람에게 무슨 말을 하며 보르조이종인 지알라를 쓰다듬었다. 경호원이 다가와 당장 개들을 데리고 자리를 떠나라고 하는 말을 듣고 홀 양이 얼마나 당황했을지 짐작이 간다. 그들은 다름 아닌 오스트리아 황후 폐하와 여동생인 트라니 백작 부인이었다!

"박사님도 너무하시지, 어쩜 여름 내내 한마디도 안 해주실 수가 있지? 그 일이 있고 한참 뒤에야, 그 여성이 산 미켈레를 방문한지 일주일 뒤 로마에 있는 오스트리아 대사관이 박사에게 산 미켈레 매입을 제안하는 편지를 보냈다는 것과, 그 잠재적 구매자가 다름 아닌 오스트리아 황후라는 사실을 알게 되었다. 다행히 의사 선생님은 그 제안을 거절했다. 산 미켈레 같이 왕족을 보는 흔치 않은 기회를 누릴 수 있는 곳을 팔아버렸다면 얼마나 안타까웠을까! 그랬다면 지난여름 내내 내가 그토록 존경하는 빅토리아 여왕의 손녀가 페르골라(덩굴을 올려 차양을 만든 정자)에서 그림을 그리는 모습을 먼발치에서 지켜보는 일도 없었겠지! 차르의 사촌이 그곳에서 한 달이나 머무는 일도 없었을 거고! 유제니 황후가 처음 산 미켈레를 방문하셨을 때, 부엌 문 뒤에 숨어 팔만 뻗으면 닿을 거리에서 지나가는 황후를 뵐 영광을 누릴 수도 없었을 거야. 황제 폐하께서 박사님에게, 이 정원에서 발굴한 아우구스투스의 두상이 위대한 나폴레옹과 무척 닮았다고 하는 말을 두 귀로 직접 들을 일도 없었을 게 아닌가! 그리고 몇 년 뒤 카이저께서 수행원들에게 다양한 고대 유물과 예술 작품들에 관하여 강의하는 근엄한 목소리를 듣지 못했겠지! 그 옆에서 아무 말도 못하고 있는 박사의 모습을 볼 일도 없었을 거고! 내가 몸을 숨기고 서 있던 편백나무 숲 가까이 다가온 황제 폐하는 담쟁이로 뒤덮은 여인의 반신상을 가리키며 수행원들에게 베를린 박물관의 명예로운 자리에 둘 만한 작품이라며, 어쩌면 피디아스가 만든 알려지지 않은 걸작일지도 모른다고 말하였다. 박사님이 이 작품은 산 미켈레에서 유일하게 온전하지 않은 조각으로 썩 좋은 작품은 아니라고 하는 말을 듣고 나는 깜짝 놀라고 말았다. 한 환자가 나폴리에서 구입해 좋은 뜻으로 선물해 준 이 작품은 카노바의 것으로 아주 형편없는 작품이라고 했다."

홀 양에게는 안타까운 일이지만, 카이저 일행은 곧바로 정박지로 떠났다. 나폴리로 향하는 파견선 슬레이프너에 승선해야 했다.

오스트리아 황후 이야기가 나와서 하는 말인데, 홀 양이 성 슈테판 제국 기사단 훈장을 받았다는 사실을 짚고 넘어가야겠다. 몹시 양심에 거리끼던 나는 홀 양이 나와 내 개들에게 진심을 다해 봉사하는 것을 보상하고자 이 고귀한 훈장을 그녀에게 수여했다. 그 훈장이 왜 내게 주어졌는지 나도 잘 모르겠다. 홀 양은 눈물이 그렁그렁한 채로 고개를 떨구고 내가 건넨 이 훈장을 받았다. 그러고는 무덤까지 이 훈장을 가지고 가겠다고 말했다. 나는 말릴 생각이 없다고 답했다. 그녀는 분명 천국에 갈 테니까. 하지만 그녀가 그 훈장을 달고 영국대사관에 갈 줄은 꿈에도 몰랐다. 나는 친절한 더퍼린 경에게 여왕의 생일을 기념하여 대사관에서 열리는 축하연회에 홀 양을 초대해 달라고 부탁했다. 가엾은 홀 양만 빼고 로마에 있는 모든 영국인들이 초대받았기 때문이었다. 홀 양은 기쁨과 기대감에 몇 날 며칠 모습을 보이지 않고 옷단장에만 열중했다. 그런데 홀 양을 소개하는 자리에서 더퍼린 경이 단안경을 끼고 놀란 듯 홀 양의 가슴께를 보는 모습에 내가 얼마나 기겁했는지 아는가! 다행히 더퍼린 경은 아일랜드 사람이었다. 더퍼린 경은 나를 한쪽으로 데려가 한바탕 웃음을 터뜨리더니, 홀 양이 경의 오스트리아 지인들 눈에 띄지 않도록 조심하겠다는 다짐을 받았다.

집으로 돌아오는 마차 안에서 홀 양은 지금까지 살면서 가장 자랑스러운 날이라고 말했다. 더퍼린 경은 더없이 친절했고, 모든 사람들이 그녀에게 미소를 지어줬는데, 이 모든 게 잘 차려입은 덕이라고 확신했다.

그래, 홀 양을 비웃어도 좋다! 하지만 홀 양이 더 이상 왕족들의 행적을 일기로 남기지 않는다면, 핀치오와 빌라 보르게세에서 마차를 타고 지나가는 그들의 모습에 후들거리는 무릎을 붙잡고 고개를 숙이지도 않는다면, 바부이노 거리에 있는 영국 교회에서 그들을 위해 기도하지 않는다면, 왕족들은 어떻게 될까? 사람들이 장난감을 가지고 노는 일에 흥미를 잃는다면 그들의 별과 리본은 어떻게 될까? 차라리 모두 다 홀 양에게 주는 편이 낫지 않겠는가! 그래도 빅토리아 훈장은 없어지지 않을 거다. 우리 모두 죽음에 맞서는 용기에 경의를 표할 테니까. 영국 군대에서 빅토리아 훈장을 받은 이가 왜 그렇게 드문지 아는가? 나폴레옹이 말한 최고 형태의 용기, 코라

쥬 드 라 누이(밤의 용기)로는 빅토리아 훈장을 받기 어렵기 때문이다. 게다가 운이 따르지 않는 용기는 보상을 받지 못한 채 피 흘리며 죽음을 맞이하기 때문이다.

빅토리아 다음으로 가장 탐내는 영국 훈장은 가터 훈장이다. 그 훈장이 취소되는 날은 영국인들에게 가장 불행한 날일 거다.

"나는 가터가 좋습니다." 멜버른 경이 말했다. "훈장을 받으려고 빌어먹을 공훈을 세울 필요가 없거든요."

며칠 전, 내 친구인 로마 주재 스웨덴 공사가 20여 년 전에 내가 쓴 편지 사본을 내게 보여줬다. 원본은 검토 후 숙고해달라는 요청과 함께 스웨덴 외무부에 보냈다고 했다. 그 편지는 스웨덴 공사관에서 반복해서 보내온 공식 요청에 늦게 보낸 답장이었다. 공사관에서 보낸 편지에는 지진이 발생했을 때 내가 했다고 추정되는 일로 이탈리아 정부가 메시나 메달을 수여한 일에 감사의 뜻을 전하는 것이 최소한의 예의라는 내용이 적혀 있었다. 내가 보낸 답장은 다음과 같았다.

"각하,

지금까지 훈장과 관련해 제가 고수해 온 원칙은, 제게 자격이 없더라도 훈장을 주겠다면 수락하자는 것이었습니다. 신사록을 보시면 제가 지난 몇 년 동안 이러한 원칙을 철저히 지키며 일궈낸 눈부신 결과를 보실 수 있을 겁니다. 각하께서는 편지로 제게 새로운 방법을 제시하셨습니다. 제게 행한 아주 사소한 일을 공적으로 인정받으라는 말씀이었지요. 하지만 그런 방식은 실용적 가치가 의심되는 위험한 시도로 보입니다. 이는 저의 철학에 혼란을 가져올 뿐만 아니라 불멸의 신들을 자극할지도 모릅니다.

저는 콜레라가 도는 나폴리 빈민가에서 몰래 빠져 나왔습니다. 폐허가 된 메시나에서도 똑같이 행동할 것입니다. 제가 목격한 일을 떠올리게 하는 기념 메달은 필요치 않습니다."

사실, 편지에 쓴 말은 다 헛소리다. 스웨덴 공사는 내 메시나 메달을 이탈리아 정부에 반납하지 않았다. 지금 내 서랍 어딘가에 들어 있다. 딱히 양심의 가책도 없고, 전과 달리 내 철학에 큰 혼란이 생기지도 않았다. 사실 메달을 받지 않을 이유가 없었다. 내가 메시나에서 한 일은 이름도, 기록도 한 줄 남기지 못한 수많은 사람들이 목숨 걸고 행한 일에 비하면 아주 보잘것없었으니까. 나는 굶어 죽거나 내 어리석음 때문에 죽으면 죽었지, 위험할 일이 없었다. 물론 내가 곧 숨이 넘어갈 것 같은 사람들을 인공호흡으로 살려내기는 했지만, 나와 같은 일을 아무런 대가도 바라지 않고 해낸 의사나 간호사, 해안경비대원들은 얼마든지 있었다. 부엌에 쓰러져 있던 노파를 나 혼자 끌어내기도 했지만 두 다리가 부러진 채 도와달라고 울부짖는 그 사람을 거리에 내팽개쳐버렸다. 첫 번째 병원선이 도착할 때까지 내가 할 수 있는 일은 없었다. 드레싱 재료나 의약품을 전혀 구할 수 없었다.

어느 늦은 저녁에는 어느 마당에서 알몸인 아기를 발견했다. 코트 자락에 아기를 감싸 안고 지하실로 데려갔다. 아기는 가끔 잠결에 내 엄지손가락을 빨면서 밤새 평화롭게 잠잤다. 아침이 되자, 아기를 성 테레사 수녀원에 데려갔다. 무너져 내린 수녀원 예배당에는 이미 열두 명이 넘는 아기들이 배고픔에 칭얼거리며 바닥에 누워 있었다. 메시나에서는 일주일 내내 우유 한 방울도 구경할 수 없었다. 폐허나 길거리에서 그렇게 많은 아이들이 어디 하나 다치지 않고 발견되는 것을 보고 놀랐다. 전능하신 하느님께서는 어른들에게 조금 더 가혹하신 듯했다. 수로가 파괴되어 물은 구경하기도 어려웠고, 마실 수 있는 물이라 해봐야 도시 곳곳에 널린 수 천구의 시체들이 썩어 오염된 악취 나는 우물물뿐이었다. 빵도, 고기도, 마카로니도, 채소도, 생선도 없었다. 고깃배들은 대부분 바닷가를 덮친 해일에 가라앉거나 산산조각 났고, 안전한 곳을 찾아 바닷가에 모여 있던 천 여 명의 사람들이 휩쓸려갔다. 그중 몇백 명이 모래사장에 떠밀려 와 며칠 동안 태양 아래 방치되어 썩어갔다. 어마어마하게 큰 상어도 모래밭에 내동댕이쳐졌다(메시나 해협에는 상어들이 들끓는다). 나는 아직 살아 있는 그 녀석이 조각나는 모습을 허기진 눈으로 지켜보며 이제나저제나 한 조각 낚아챌 기회를 노리고 있었다. 상어 고기가 그렇게 맛이 좋다는 말을 예전부터 들었다. 배를 가르니 붉은색 모직 양말과 두꺼운 부츠를 신은 여자 다리가 나왔다. 외과 수술용 칼로 절단한 것 같은 모양이었다. 그 당시에는 상어 말고도 사람의 살을 맛본 다른 동물이 있었을 가능성이 있지만, 그냥 그 정도 말로 넘어가는 게 좋겠다. 물론 갈 곳 없는 개와 고양이 수천 마리도 아무것도 먹지 못하고 밤새 폐허를 슬금슬금 돌아다니다가 틈만 나면 살아남은 사람들에게 잡아먹혔다.

   나도 가지고 있던 알코올램프에 고양이를 구워봤다. 다행히 정원에는 오렌지, 레몬, 귤 등 훔칠 만한 것이 많았다. 포도주도 넉넉했다. 첫날부터 사람들이 수많은 포도주 저장고와 상점들을 털기 시작했고, 저녁만 되면 대부분의 사람들이 어느 정도 취해 있었다. 나도 예외는 아니었다. 그것은 실로 축복이었다. 배고파 정신을 잃을 것 같은 기분도 잊게 해줬다. 맨정신으로는 도저히 잠들 수 없었다. 매일 밤 여진이 발생했다. 집이 무너져 내리는 소리가 들리고 거리에서는 공포에 질린 사람들이 지르는 비명이 이어졌다. 메시나에서 잠자리가 계속 바뀌어 불편했지만 대체로 잘 잤다. 허물어지는 벽에 쥐새끼처럼 갇힐지도 모른다는 두려움만 이겨낼 수 있다면, 포도주 저장창고는 가장 안전한 잠자리였다. 오렌지 나무 아래에서 잠을 자는 편이 훨씬 나았지만, 이틀 동안 폭우가 쏟아진 뒤로는 밤공기가 너무 차가워졌다. 등에 짊어진 가방이 전부였던 나는 더욱 견디기 힘들었다. 무척 아꼈던 스코틀랜드 망토를 잃어버린 나는 나보다 더 낡은 옷을 입은 몸을 감싸고 있겠지 생각하며 애써 마음을 다독였다. 하지만 기회가 된다 해도 그 낡은 옷들을 더 괜찮은 옷들과 바꾸지 않았을 거다. 잠옷 바람으로 공포와 굶주림과 추위에 떨다 구출된 사람들 틈에서 제대로 된 옷을 입고 편하다고 느낄 만큼 배짱 좋은 사람이 있을까. 설령 있다 해도 그 옷을 끝까지 입고 있기는 힘들었을 거다. 군대가 도착하고 계엄령이 선포되기 전까지, 산 자와 죽은 자들을 상대로 약탈, 폭행, 심지어 살인까지 빈번히 일어났지만 그리 놀랍지 않았다. 이처럼 말로 다 표현할 수 없는 상황은 어느 나라에서나 일어날 수 있다.

　게다가 아이러니하게도, 첫 번째 충격으로 콜레조 밀리타레(군사대학)에 모여 있던 800명의 카라비니에리(이탈리아 총기병대) 중에 단 열네 명만 살아남았지만, 카푸치니 인근 교도소에 종신형을 받아 수감되었던 전문 살인자와 도둑 400명이 무사히 도망치는 최악의 상황이 벌어졌다. 탈옥수들은 상점에서 옷가지를 약탈하고 무기상에서 총을 빼앗아 이 부유한 도시 어딘가에 아직 멀쩡하게 남아 있는 곳에서 호화로운 시간을 보냈을 게 분명하다. 심지어 나폴리 은행을 습격해 야간 경비원 두 명을 죽이고 금고를 털었다. 하지만 마음속 깊이 자리한 두려움 때문인지, 이 다시없을 기회에도 많은 범죄자들이 운명이 다한 도시에 남느니 모든 것을 포기하고 투항해 항구에 정박 중인 증기선 선실에 갇히는 쪽을 택했다.

나를 괴롭히는 사람은 없었다. 오히려 사람들은 서로에게 그랬듯이 내게도 감동스러울 만큼 친절과 도움의 손길을 베풀었다. 옷이나 음식을 가지고 있는 사람들은 그러지 못한 사람들과 기꺼이 나누었다. 심지어 누군지도 모르는 좀도둑이 멋진 수가 놓인 여성용 가운을 내게 주었다. 그동안 받았던 선물 중에 가장 반가운 선물이었다.

어느 날 저녁, 폐허가 된 어느 궁전 근처를 지나다가, 잘 차려 입은 남자가 땅속 마구간에 갇힌 말 두 마리와 새끼 당나귀에게 빵 조각과 당근 한 줌을 던져주고 있는 모습을 보았다. 이 불쌍한 동물들은 벽에 난 틈새로 겨우 볼 수 있었다. 그 남자는 먹을 것을 구해서 하루에 두 번씩 거길 갔다. 먹지도 목을 축이지도 못하고 죽어가는 불쌍한 동물들을 보고 있기가 너무나 괴로워 차라리 권총으로 쏴 죽이고 싶지만, 새 한 마리도 쏠 용기가 없다고 했다(동물을 사랑하는 사람이라면 지진 발생 후 열이레 째 되는 날에 이 말 두 마리와 어린 당나귀가 무사히 구조되어 회복되었다는 소식에 관심을 보였을 거다). 그 말에 깜짝 놀란 나는 잘 생기고 지적이며 인정 많아 보이는 그의 얼굴을 보며 시칠리아 사람이냐고 물었다. 그는 시칠리아 사람은 아니지만 거기서 몇 년 살았다고 대답했다.

비가 쏟아지는 바람에 그와 발걸음을 옮겼다. 그는 내게 사는 곳이 어디냐고 물었다. 딱히 머무는 곳이 없다고 답했다. 그는 내 젖은 옷을 물끄러미 보더니, 멀지 않은 곳에서 두 친구와 지내고 있는데 하룻밤 묵어가라고 했다. 그를 따라 거대한 돌덩어리와 부서진 가구 더미를 더듬어 길을 찾았다. 계단을 내려가니 커다란 지하 주방 안에 들어섰다. 벽에 걸린 성모 마리아 그림 아래에 밝혀 놓은 등잔

불빛이 희미하게 드리운 주방 바닥에는 침대 매트리스 세 개가 깔려 있었다. 시뇨르 아메데오는 내게 자신의 매트리스에서 자도 좋다고 말했다. 그와 두 친구들은 원래 살던 집에 가서 밤새 물건들을 챙겨 올 생각이었다. 나는 아주 훌륭한 저녁을 먹었다. 메시나에 도착한 뒤로 제대로 된 식사는 두 번째였다. 첫 번째 식사는 며칠 전 생각지도 못하게 초대받았던 오찬 자리였다. 미국 영사관 정원에서 열렸던 그 즐거운 오찬 파티는 내 오랜 친구인 윈스럽 챈러가 주재했다. 그는 굶주림에 시달리는 도시에 제공할 식량을 실은 요트를 타고 그날 아침에 막 도착한 참이었다. 나는 시뇨르 아메데오의 매트리스에서 밤새 푹 잤다. 아침에 매트리스 주인이 두 친구들과 함께 위험천만한 야간 탐험을 마치고 안전하게 귀가하는 소리에 깼다. 사실 자기네 집이 무너진 자리였다지만, 어떤 물건이든 옮기려는 자가 보이면 발포하라는 명령이 군대에 내려졌다고 하니 위험할 수밖에 없었다. 내가 그 집에서 나올 땐 이미 그 세 사람은 챙겨온 짐을 탁자 밑에 던져 놓고 매트리스 위에 곯아떨어져 있었다. 내게 친절을 베푼 집주인은 죽을 만큼 피곤해 보이는데도 내게 원하는 만큼 머물러도 된다는 말을 잊지 않았다. 내게 그보다 더 좋은 제안은 없었다.

　이튿날 저녁, 나는 또 시뇨르 아메데오와 저녁을 먹었다. 그의 두 친구들은 이미 매트리스에서 잠이 들었다. 세 사람은 자정이 넘어 다시 밤일을 나갈 계획이었다. 나를 초대한 그 남자보다 더 친절한 사람은 없었다. 내가 수중에 돈이 없다는 말을 들은 그는 그 자리에서 500리라를 빌려주었다. 안타깝게도 그 빚을 여태 갚지 못했다. 잘 알지도 못하는 낯선 사람에게 흔쾌히 돈을 빌려 주려는 그의 마음 씀씀이에 놀라움을 표했다. 그는 미소를 지으며, 나를 믿지 못했다면 옆자리를 내주지 않았을 거라고 답했다.

다음 날 오후, 나는 무너져 내린 호텔 트리나크리아 잔해를 헤치며 스웨덴 영사의 시신을 찾아 다녔다. 갑자기 군인이 나타나 내게 소총을 겨누었다. 나는 체포되어 가장 가까운 군대 주둔지로 끌려갔다. 초반에 생소한 내 나라의 위치를 파악하는 데 어려움을 겪은 담당 장교는 경찰국장이 서명한 내 허가증을 꼼꼼히 살펴본 뒤에 나를 풀어주었다. 코르푸스 델리크티(범죄 증거)는 반쯤 타고 남은 스웨덴 영사 등록부뿐이었다. 주둔지를 떠나면서도 마음 한구석이 영 찜찜했다. 내가 지내는 곳의 주소를 제대로 대지 못하자, 장교의 눈에 당혹스러운 빛이 어리는 것을 보았다. 나에게 호의를 베풀어준 그 주인이 사는 거리 이름도 모르다니. 밖은 이미 캄캄했다. 누군가 내 뒤를 은밀히 밟고 있는 소리가 들리는 것만 같았다. 나는 곧장 달리기 시작했다. 하지만 아무런 일도 겪지 않고 무사히 숙소에 도착했다. 시뇨르 아메데오와 두 친구들은 이미 매트리스 위에 곯아 떨어져 있었다.

나는 허기진 배를 안고 평소처럼 친절한 주인이 차려 놓은 저녁 식사를 먹으려 식탁에 앉았다. 그들이 집을 나설 때까지 깨어 있다가 시뇨르 아메데오에게 밤에 그의 소지품을 찾는 일을 도와도 될지 물어볼 생각이었다. 지금으로서는 그가 베푼 호의에 보답할 길이 그것밖에 없다고 혼잣말을 하고 있는데 갑자기 날카로운 호각 소리와 함께 발소리가 들렸다. 누군가 계단을 내려오고 있었다. 매트리스에서 자고 있던 세 남자가 벌떡 일어났다. 총소리가 들렸다. 계단에서 카라비니에리(경찰) 한 명이 고꾸라지며 내 발치에 떨어졌다. 그가 죽었는지 살펴보려 급히 몸을 숙이는 순간 내게 총구를 겨누고 있는 시뇨르 아마데오가 보였다. 그와 동시에 군인들이 방에 들어찼다. 또다시 총소리가 울렸다. 세 남자가 거세게 저항하던 끝에 제압당했다. 수갑을 차고 팔다리가 포승줄에 묶여 끌려 나가던 그는 내 앞을 지나다가 고개를 들어 나를 노려보았다. 증오와 비난 가득한 그 눈빛에 온몸의 피가 얼어붙는 듯했다.

반시간쯤 후, 나는 다시 그 주둔지로 잡혀가 밤새 갇혀 있었다. 아침에는 저번 그 장교에게 심문을 받았는데, 그의 지성과 호의 덕에 내 목숨을 보존했는지도 모른다. 장교는 그 세 남자가 카푸치니 인근 감옥에서 도망친 종신수들로, 모두 "페리콜로지시미", 극도로 위험한 자들라고 말했다. 아메데오는 오랫동안 지르젠티 일대를 공포에 떨게 만든 악명 높은 강도로, 여덟 건의 살인 전과가 있었다. 요전날 밤 내가 그의 매트리스에서 푹 자고 있을 때, 나폴리 은행에 침입하여 경비원을 죽인 범인도 그와 그 패거리들이었다. 이 세 남자는 새벽에 총살당했다. 이들은 사제와 면담을 요청하고 죄를 고백하였으며 두려움 없이 죽음을 맞이했다. 경찰관은 이들을 체포하는 데 중요한 역할을 한 나를 칭찬하고 싶다고 했다. 나는 그를 똑바로 쳐다보며 내가 한 일이 조금도 자랑스럽지 않다고 말했다. 내가 고발자 역할에 어울리지 않는 사람인 건 진즉에 알았지만, 사형 집행자 역할은 더군다나 맞지 않았다. 내가 할 일이 아니었다. 어쩌면 그의 일이었겠지만, 아니었을지도 모른다. 하느님께서는 심판하시고자 할 때 어떻게 심판을 내릴지 아신다. 생명을 거두는 방법도, 생명을 주시는 방법도 알고 계신다.

안타깝게도 내가 겪었던 일이 군사지역 외곽에서 어슬렁거리던 몇몇 신문기자들 귀에 들어갔다. 당시에는 어떤 신문기자도 마을에 들어갈 수 없었는데, 그럴 만한 이유가 있었다. 그들은 자극적인 기삿거리를 찾고 있었고, 충격적인 이야기일수록 좋았다. 확실히 이런 이야기는 지진이 발생한 첫 주에 메시나에 있지 않았던 사람들에게는 충격적이고도 남았다. 다행히 내 이름이 잘못 표기되는 바람에 유명세를 피할 수 있었다. 하지만 마피아의 힘이 어디까지 미치는지 아는 사람들은 내게 계속 메시나에 남아 있으면 살해당할 거라고 경고했다. 나는 다음 날 해안 경비대와 함께 해협을 건너 레조로 향했다.

첫 지진으로 레조에서만 이만 명이 즉사했다. 무어라 표현할 수 없을 만큼 처참한 그 광경은 잊으려야 잊을 수 없었다. 오렌지 과수원들 사이에 흩어져 있던 작은 바닷가 마을들의 모습은 더 끔찍했다. 실라, 카니텔로, 빌라 산 조반니, 갈리코, 아르키, 산 그레고리오. 이탈리아에서 가장 아름다운 풍경을 자랑하던 곳들이었지만 삼만 명이 넘는 사망자와 수천 명의 부상자로 가득한 거대한 묘지로 변해버렸다. 이들은 아무런 도움도 받지 못한 채 이틀 밤 내리 쏟아진 폭우와 얼음장 같이 차가운 트라몬타나(북풍)를 맞으며 폐허 속에 나뒹굴었다. 그리고 거리에는 반쯤 헐벗은 수천 명의 사람들이 미친 사람처럼 뛰어다니며 먹을 것을 내놓으라고 소리 질렀다.

남쪽으로 내려갈수록 지진의 파괴력은 막강했다. 오천 명의 주민 중 겨우 몇백 명만이 살아남은 펠라로에 도착해 보니 어디가 길이고 어디가 집인지 도무지 분간할 수 없었다. 겁에 질린 사람들이 몰려들었던 교회가 여진으로 무너지면서, 그 사람들 모두 목숨을 잃었다. 묘지에는 뚜껑이 부서진 관들이 여기저기 널려 있었다. 말 그대로 무덤에서 막 튀어나온 모습이었다. 그런 섬뜩한 광경은 이미 메시나의 묘지에서 봤다. 교회가 서 있던 폐허 위에는 누더기를 걸친 여자 열두 명이 앉아 떨고 있었다. 그들은 울지 않았다. 아무 말도 하지 않았다. 그저 고개를 떨구고 눈을 반쯤 감은 채 가만히 앉아 있었다. 가끔 한 여인이 고개를 들어 텅 빈 눈으로 근처 사람들 틈에서 미친 듯이 손짓하고 있는 초췌한 몰골의 늙은 사제를 바라보았다. 사제는 가끔 바다 건너 메시나 쪽에 대고 꽉 쥔 주먹을 휘두르며 무시무시한 저주를 퍼부었다. 메시나, 소돔과 고모라를 합쳐 놓은 사탄의 도시이자 모든 고통의 근원지. 죄인들의 도시가 결국 그렇게 끝날 것이라고 내가 늘 예언하지 않았던가? 양손을 하늘을 향해 들어 올린 채 보여줬던 숨 가쁘게 흔들리던 몸짓에서 그 예언이 무엇이었는지 자명했다. 카스티고 디 디오! 카스티고 디 디오! 하느님의 심판이었다!

나는 아기를 안고 내 옆에 앉아 있던 여자에게 배낭에서 딱딱해진 빵 한 덩어리를 꺼내 건넸다. 여자는 아무 말 없이 빵을 움켜쥐고는 바로 주머니에서 오렌지 하나를 꺼내 내게 주었다. 그리고 뒤를 돌아 산달이 머지않은 여자 입에 빵 한 조각을 뚝 떼어 넣어주고는 남은 빵을 굶주린 짐승처럼 게걸스럽게 먹기 시작했다. 그녀는 낮고 단조로운 목소리로, 아이를 품에 안고 그 아수라장에서 어떻게 빠져 나왔는지 모르겠다고 웅얼거렸다. 첫 번째 "스타카타(짧고 강력한 진동)"에 살고 있던 집이 와르르 무너지는 것을 보며 그녀는 발만 동동 구르다가 이튿날 잔해 속에서 나머지 두 아이와 남편을 끄집어 내려고 안간힘을 썼지만, 날이 밝을 때까지 그들의 신음 소리를 듣고 있을 수밖에 없었다. 그러다 또 한 번 스타카타가 닥쳤다. 그 뒤론 사방이 고요해졌다. 그녀는 이마에 흉한 상처를 입었지만 그라지에 아 디오(감사하게도), 그녀의 "크레투라"는 어디 하나 다치지 않았다(이곳 엄마들은 아기를 크레투라라는 감동적인 말로 불렀다).

이야기를 하는 동안에도 그녀는 아기에게 젖을 물렸다. 아무것도 걸치지 않은 이 잘생긴 사내아이는 갓난쟁이 헤라클레스처럼 튼튼해보였다. 세상에 무슨 일이 벌어져도 아무런 해도 입지 않을 것 같았다. 아기 엄마 옆에 놓아둔 바구니 안에도 다 썩은 지푸라기 몇 가닥을 덮고 누워 있는 아기가 있었다. 거리에 혼자 남겨진 아기였는데, 부모가 누군지는 아무도 몰랐다. 나는 그만 가야겠다며 자리에서 일어섰다. 그런데 엄마를 잃은 그 아기가 자지러지듯 울어대기 시작했다. 내게 이야기를 들려주던 아기 엄마는 바구니에서 그 아기를 얼른 안아 올려 다른 쪽 젖을 물렸다. 나는 이 초라한 칼라브리아의 촌부를 바라보았다. 사랑스러운 두 아기가 튼튼한 팔다리와 풍만한 가슴에 안겨 힘차게 젖을 빨고 있었다. 문득 그녀의 이름이 생각났다. 그녀는 마그나 그라이키아에서 태어난 로마 민족의 위대한 어머니 데메테르였다. 풍만한 가슴에서 시작된 생명의 강줄기가 백만 명에 달하는 죽은 이들의 무덤으로 넘쳐흘렀다. 그녀는 대자연 그 자체였다. 오 죽음이여, 그대의 독침은 어디에 있는가? 오 죽음이여, 그대의 승리는 어디 있는가?

*

다시 홀 양 이야기를 해보자. 왕족들을 맡게 된 뒤로 홀 양은 갈수록 여성 환자들의 출입을 통제하기가 어려워졌다. 파리를 떠나면서 이제 신경증에 걸린 여성들과도 안녕이라고 생각했지만, 그런 내 소원은 이루어지지 않았다. 내 스페인 광장 진료실은 그런 여성들로 북적였다. 그중에는 빌리에 대로에 있을 때부터 알고 지낸 두려운 환자들도 있었지만, 지치고 지친 신경 전문의들이 결국 정당한 자기방어 차원에서 나에게 떠넘긴 환자들이 갈수록 늘었다. 위어 미첼 교수만 해도 통제가 되지 않을 만큼 불안정한 여성들을 수없이 내게 보내어 한 인간의 정신력과 인내심의 한계가 어디까지인지 시험하곤 했다. 『성적 병리학』의 저자로 유명한 빈의 크라프트-에빙 교수는 남자, 여자, 혹은 어느 쪽도 아닌 환자들을 꾸준히 내게 보내왔다. 모두 다루기 힘들었는데, 특히 여성 환자들이 그랬다. 그나마 정말 놀랍고도 만족스러운 일이라면, 최근 들어 다양한 신경질환 환자들이 진료를 받으러 온다는 거였다. 따로 추천서를 들고 오진 않았지만 살페트리에르 병원의 그 유명한 교수가 나를 소개한 게 틀림없었다.

　많은 환자들이 명확하지 않은 경계성 사례로, 그들이 저지른 행동에 책임을 묻기가 좀 어려웠다. 개중에는 겉으론 멀쩡해 보이는 환자들도 있었다. 그런 환자들은 무슨 일을 저지를지 알 수가 없다. 정신질환 환자들에게 인내심을 발휘하는 건 오히려 쉽다. 이제 와서 하는 말이지만 왠지 모르게 그런 환자들이 좋았다. 조금만 친절하게 대해도 대부분 환자들과 타협할 수 있다. 하지만 히스테리 상태의 여성들에게 인내심을 발휘하기란 쉽지 않다. 그런 환자들에게 친절을 베풀 생각이라면 두 번, 세 번 다시 생각해 보기를 바란다. 그들이 바라는 게 바로 그런 친절이니까. 대체로 병원 밖에서 그런 환자들에게 할 수 있는 일이 그리 많지 않다. 진정제로 중추신경을 진정시킬 수는 있어도 치료할 수는 없다. 정신 이상과 신체 이상이 뒤섞인 당혹스러운 상태 그대로 지낼 수밖에 없다. 환자와 가족에게는 재앙이고 의사에게는 저주다.

　최면 치료는 지금껏 불치라 여겼던 정신질환에 유익하지만 모든 연령의 히스테리 여성을 치료하는 데에는 권장하지 않는다. 히스테리는 나이와 상관없다. 어떤 경우라도 치료는 샤르코가 말한 아 레타 드 베이유, 즉 각성 상태에서 암시로 제한해야 한다. 사실 그마저도 필요 없다. 이런 무력한 여성들은 어차피 의사에게 쉽게 영향을 받고, 의사에게 지나치게 의존하며, 오로지 그만이 자신들을 이해한다고 상상하고, 그를 영웅처럼 여기기 때문이다.

　곧 사진이 등장한다. 그것 말고는 할 수 있는 일이 없다. "일 포 파세 파 라." 반드시 거쳐야 하는 과정이라고 샤르코는 특유의 냉소적인 미소를 지으며 입버릇처럼 말했다. 나는 오래 전부터 사진을 싫어했다. 개인적으로 열여섯 살 이후로 사진 찍기가 싫었다. 전쟁 중에 적십자에서 복무할 때 여권을 만드느라 어쩔 수 없이 스냅사진을 찍었을 뿐이다. 친구들 사진에도 그다지 관심을 두지 않았다. 차라리 수정하지 않은 친구들 얼굴을 그 어떤 최고의 사진사보다 정확하게 내 망막에 새겨놓았다. 심리학을 공부하는 사람에게 인간의 얼굴을 담은 일반 사진은 썩 쓸모가 없다.

하지만 늙은 안나는 사진에 엄청난 관심을 보였다. 스페인 광장의 초라한 꽃장수에서 키츠의 집 문을 열어 주는 하인으로 신분이 상승한, 그 잊지 못할 날을 시작으로 안나는 열렬한 사진 수집가가 되었다. 종종 안나가 가지고 있는 단점들 때문에 그녀를 심하게 나무란 뒤에는 평화의 비둘기를 보내곤 했다. 비둘기 부리에 사진 하나를 물려 트리니타 데이 몬티 계단 아래에 있는 안나의 작은 지하방으로 보냈다. 내가 불면증에 시달리다 지쳐 키츠의 집을 영원히 떠날 때, 안나는 온갖 크기의 다양한 사진들로 꽉 찬 서랍 하나를 차지했다. 솔직히 그 사진들을 치워버릴 수 있어서 정말 홀가분했다. 안나는 잘못이 없었다. 다 내 죄였다. 이듬해 봄에 런던과 파리를 잠시 방문했을 때 옛 환자들과 그 가족들이 보여준 무관심, 아니 그 냉랭한 태도에 충격을 받았다.

카프리로 돌아가는 길에 로마를 들렀을 때였다. 스웨덴 공사관에서 저녁 식사를 할 시간이 났다. 그런데 공사의 표정이 어딘가 모르게 둥해 보였다. 그렇게 상냥한 안주인도 이상하게 말이 없었다. 나폴리로 가는 야간열차를 타러 역으로 가려는데, 내 오랜 친구는 내게 이제야말로 산 미켈레로 돌아가 남은 인생을 개, 원숭이들과 함께 지낼 때가 되었다고 말했다. 가뜩이나 다른 사람들과 어울리지 못하는 내가 키츠의 집을 떠나며 보여준 마지막 행동으로 다시 없을 기록을 세웠다고 타박했다. 계속해서 그는 아주 격양된 목소리로, 지난 크리스마스 이브에 평소처럼 관광객들로 북적이는 스페인 광장을 지나다 보니 안나가 키츠의 집 입구에 사진을 잔뜩 늘어놓은 탁자를 두고는 지나가는 사람들을 향해 목청껏 외치고 있더라고 말했다.

"이리 와서 이 아름다운 곱슬머리 여인 좀 구경해 봐요. 최종 가격은 2리라라우!"

"이 미국 아가씨를 봐 봐요, 이 진주 목걸이랑 다이아몬드 귀걸이 좀 보라니까. 2리라 반, 공짜나 다름없지!"

"온몸에 모피를 휘감은 이 귀부인을 놓치지 말아요!"

"무도회복을 입고 왕관을 쓴 이 공작 부인은 4리라, 거저 주는 셈이라고요!"

"여기 입을 벌리고 있는 아가씨는 단돈 1리라 반!"

"여기 반쯤 정신 나간 아가씨도 있어요. 항상 웃고 있어요. 최종 가격 1리라!"

"여기 늘 술 냄새 풀풀 풍기는 카파 로사 부인은 1리라 반!"

"의사 선생한테 홀딱 빠진 유럽 호텔의 아가씨는 2리라 반이에요!"

"망토 자락에 담배 케이스를 몰래 감추고 있는 이 프랑스 여자 좀 봐요. 불쌍해라, 이 여자가 무슨 잘못이야, 정신이 온전치 않았다우. 특별히 1리라에 가져가요!"

"여기 부엉이를 죽이고 싶어 하는 러시아 여인은 에누리 없이 딱 2리라!"

"여기 반은 남자, 반은 여자인 남작 부인이 있어요. 맙소사, 뭔 일이래. 의사 선생님 말이 그냥 그렇게 태어난 거라네요. 2리라 25!"

"의사 선생님이 무척 아꼈던 금발의 백작 부인이에요. 정말 예쁘지 않아요? 3리라도 안 해요!"

"여기…."

여성들 사진 속에서도 공사의 캐비넷 사진이 단연 눈에 띄었다. 잘 차려입은 정복에 훈장을 달고 삼각모를 쓴 모습이었다. 사진 한구석에는 "A. M.에게, 오랜 친구 C. B.로부터."라고 적혀 있었다. 안나는 자신은 주로 여성 사진을 다루고 있어서 이 사진은 기꺼이 절반 가격인 1리라에 판다고 외쳤다. 옛 환자들과 그들의 아버지, 남편, 연인들은 이 민망한 사건에 분노하며 공사에게 보낸 항의 편지가 산더미처럼 쌓였다. 로마로 신혼여행을 떠났던 한 프랑스인은 비아 크로체에 있는 이발소 창문에 큼지막하게 붙어있는 아내 사진을 보고 화를 참을 수 없었다. 그 길로 공사를 찾아가 국경에서 권총으로 결투를 신청하겠다며 내 주소를 물었다. 공사는 그 프랑스인이 사격 실력이 좋기를 바란다며, 늘 나를 보면 이런 생각이 절로 들었다고 했다. 저러다 제 명에 못 죽지.

늙은 안나는 아직도 스페인 광장에서 꽃을 팔고 있다. 그곳에 갈 일이 있다면 안나에게 사진을 한 장 주든지 제비꽃 한 다발을 사면 좋겠다. 이 어려운 시절에 안나는 백내장을 앓고 있다.

이 환자들을 어떻게 해야 할지 도통 모르겠다. 좋은 수가 있다면 누가 좀 알려주면 좋으련만. 환자 가족에게 집으로 데려가라고 편지를 써 봐야 소용이 없다. 가족들도 지친 지 오래라 환자를 의사에게 맡길 수만 있다면 어떤 희생도 기꺼이 감수할 거다. 어느 날, 환자들이 모두 돌아간 뒤에 잔뜩 풀이 죽은 얼굴로 진료실에 들어서던 자그마한 남자를 생생히 기억한다. 의자에 털썩 앉은 그는 내게 명함을 건넸다. 찰스 W. 워싱턴 롱펠로우 퍼킨스 주니어. 듣기만 해도 치가 떨리는 이름이었다. 그는 내가 보낸 두 통의 편지와 전보에 답하지 않아 미안하다고 사과한 뒤, 나를 직접 만나 마지막으로 호소하는 편이 낫겠다는 생각에 찾아왔다고 말했다. 나는 편지에 썼던 말을 다시 전했다. 퍼킨스 주니어 부인이라는 짐을 온전히 내게 떠넘기는 것은 옳지 않으며 내가 할 수 있는 일이 더 이상 없다고 말이다. 그는 자신도 할 수 있는 일이 없다고 했다. 사업가이니 이 일을 사업가답게 처리하고 싶다며 연간 수입의 절반을 기꺼이 선불로 지급하겠다고 말했다. 나는 돈이 문제가 아니라고 받아쳤다. 내게는 휴식이 필요했다.

부인께서 제게 편지를 하루에 평균 세 통씩 석 달 넘게 보낸 건 아십니까? 저녁마다 전화가 울려 수화기를 내려놔야 했다는 건요? 로마에서 제일 빠른 말을 구입해 제가 어디를 가든 따라다닌 통에 핀치오로 저녁 산책 나가던 것도 포기할 수밖에 없었다는 건요? 부인이 비아 콘도티 맞은 편 모퉁이 아파트를 임대해 지내면서 성능 좋은 망원경으로 제 집에 드나드는 사람들을 지켜보았다는 것은 아시나요?

"그래요, 정말 좋은 망원경이지요. 세인트루이스의 젠킨스 박사도 그 망원경 때문에 이사를 가야 했어요."

"지난밤 부인이 로더넘을 과다 복용하는 바람에 제가 그랑 호텔에 세 번이나 불려가 위세척을 했던 건 알고 계십니까?"

"아내는 늘 리핀코트 박사의 처방을 받아 베로날을 복용했어요. 늘 조심해서 약을 복용하는 사람인데, 다음번에 또 아내가 부른다면 다음날 아침까지 기다려보시죠. 혹시 이곳에 강이 있습니까?"

"네, 티베라고 부르는 강이 있습니다. 부인께서는 지난달 산탄젤로 다리에서 강으로 뛰어들었어요. 곧장 경찰관도 뛰어들어 부인을 구해냈습니다."

"괜한 일을 했군요. 아내는 수영을 꽤 잘합니다. 뉴포트에서 삼십 분 넘게 떠 있었죠. 그나저나 아내가 아직도 그랑 호텔에 묵고 있다니 놀랍군요. 보통 어디를 가나 일주일을 넘기지 않는 사람인데."

"이번이 부인에게 마지막 기회였습니다. 로마에 있는 호텔이라는 호텔에 모두 묵었죠. 호텔 측에서 더 이상은 부인이 호텔에 묵기 어렵다는 말을 방금 전해 왔어요. 부인이 하루 종일 호텔 종업원과 하녀들을 붙잡고 다투거나 밤새 거실 가구를 이리저리 옮기고 다녔다는군요. 부인에게 주는 용돈을 끊을 순 없습니까? 이제 남은 기회는 부인 스스로 열심히 일해서 생계를 유지하는 것뿐입니다."

"아내는 법적 권리에 따라 연간 1만 달러를 받고 있습니다. 전 남편한테도 1만 달러를 받고 있지요. 그 사람은 큰돈을 들이지 않고 이혼한 셈이에요."

"미국에서는 부인을 정신병원에 입원시킬 수 없었나요?"

"저도 그러려고 했지만 헛수고였어요. 그렇게까지 정신이 나간 것 같지는 않다는 겁니다. 도대체 아내에게 뭐가 부족한 걸까요? 선생께서 제 아내를 이탈리아에서 입원시킬 수는 없습니까?"

"아마 어려울 겁니다."

우리는 서로 안됐다는 눈으로 바라보았다.

그는 젠킨스 박사가 낸 통계에 따르면 아내는 한 의사에게 한 달 이상 매달린 적이 없다고 했다. 보통 14일 정도였으니 어쨌든 나도 곧 끝나지 않겠냐고 하더니, 자신을 불쌍히 여겨 봄까지 참아줄 수는 없겠냐고 묻는 게 아닌가?

이런, 젠킨스 박사의 통계는 틀렸다. 그녀는 내가 로마에 머무는 내내 나를 괴롭혔다. 여름에는 카프리까지 쳐들어왔다. 블루 그로토에 빠져 죽겠다고 소란을 피웠다. 산 미켈레의 정원 담을 넘은 적도 있다. 어찌나 화가 나던지 그녀를 절벽으로 밀어버릴 뻔했다. 그녀의 남편이 나와 헤어지면서 이렇게 경고하지 않았다면 정말 그렇게 했을지도 모른다. 제 아내는 하늘에서 떨어진다 해도 멀쩡할 겁니다.

신빙성 있는 말이었다. 불과 몇 달 전에 반쯤 정신이 나간 독일 소녀가 그 유명한 핀치오 성벽에서 뛰어 내려 발목이 부러진 채 도망친 일이 벌어졌다. 독일인 의사들이 모두 나가떨어지고 내가 그녀의 희생양이 되었다. 그녀는 특히 더 까다로운 환자였다. 프라우라인 프리다(프리다 양)는 시를 쓰는 재능이 뛰어나 매일 열 쪽이 넘는 시를 써 댔고, 그것들을 모두 내게 보냈다. 나는 겨우내 참고 견뎠다. 봄이 왔다(대체로 이런 사례의 환자들은 봄만 되면 상태가 더 나빠진다). 프리다 양의 세상물정 모르는 어머니에게 딸을 데리고 원래 살던 곳으로 돌아가지 않는다면 무슨 수를 써서라도 딸을 정신병원에 입원시키겠다고 말했다. 그들은 다음 날 아침에 독일로 떠나기로 했다. 한밤중에 스페인 광장으로 소방차가 달려오는 소리에 잠이 깼다. 바로 옆 유럽 호텔 1층에서 불길이 치솟았다. 그 사이 프리다 양은 잠옷을 입은 채 내 거실에서 길길이 날뛰며 밤새 시를 썼다. 그녀는 원하던 바를 얻었다. 경찰 조사를 받고 피해 복구가 될 때까지 일행과 로마에 한 주 더 머물러야 했으니까. 불은 그들이 머물던 방 거실에서 발생했다. 프리다 양이 수건에 석유를 적셔 피아노에 던진 뒤 불을 질렀던 거다.

어느 날 집을 나서는 데 웬 세련된 차림의 미국인 아가씨가 나를 불러 세웠다. 감사하게도 이번에는 아주 건강한 데다가 신경에도 아무런 문제가 없어 보이는 아가씨였다. 나는 그녀에게 말했다. 내일 진료를 받아도 될 것 같아 보이시는군요. 제가 지금 좀 바빠서. 그러자 그녀도 바쁘다고 받아쳤다. 로마에는 교황도 보고 샐리 이모가 1년 동안 소란을 피우지 않게 막아준 문테 박사를 만날 겸 왔다고 말했다. 그동안 그렇게 하는 의사가 없었다고 했다. 나는 아주 멋진 보티첼리의 '프리마베라' 채색 판화를 줄 테니 이모를 모시고 미국으로 돌아가는 게 어떠냐고 물었다. 그녀는 그림 원본을 준다 해도 그럴 수 없다고 답했다. 이모는 말을 듣지 않을 거라고 했다. 이모는 믿을 만한 사람이 못 된다면서. 내가 키츠의 집을 떠날 당시 이 집을 구매했던 키츠 협회가 키츠가 숨진 그 방에 문을 새로 달았는지 모르겠다. 만약 나도 죽을 운명이었다면 그 방에서 죽었을지도 모른다. 아직도 예전 그 문 그대로라면, 내 머리 높이 정도 왼쪽 구석에 내가 직접 벽토로 채우고 칠해서 감춘 작은 총알구멍이 하나 나 있을 거다.

진료실을 늘 드나들던 방문자 중에 소심하지만 예의바른 여성이 있었다. 어느 날 소파에 앉아 있던 그 여성은 환한 미소를 지으며 옆자리에 앉아 있던 영국 남자의 다리에 긴 모자 핀을 꽂아버렸다. 진료실에는 도벽이 있는 사람들도 있었는데, 손에 닿는 것들은 모조리 망토에 숨겨 나가는 바람에 내 하인들이 긴장하곤 했다. 대기실에 있기 어려운 환자들은 서재나 거실 뒤쪽으로 안내를 받았다. 그런 환자들을 나보다 더 잘 참아내는 안나가 경계 어린 눈으로 그들을 살폈다. 시간을 벌까 싶어 환자들을 식당에 들어오게 해 점심을 먹으며 그들의 고민을 듣기도 했다. 식당에서 트리니타 데이 몬티 계단 아래 작은 마당으로 나갈 수 있었다.

나는 그곳을 일종의 동물 병원 겸 요양소로 바꾸었다. 그곳을 찾은 동물 중에는 미네르바가 데리고 다니는 부엉이의 직계 후손인 귀여운 부엉이가 있었다. 날개가 부러지고 굶주려 다 죽어가던 이 녀석을 캄파냐에서 발견했다. 날개를 치료한 뒤 이 녀석을 발견했던 곳으로 두 번이나 데려가 풀어주었지만, 헤어지기 싫다는 듯 두 번 다 내 마차로 다시 날아와 내 어깨에 앉았다. 그 뒤로 이 작은 부엉이는 식당 한구석에 만들어 준 둥지에 들어 앉아 그 황금빛 눈으로 나를 사랑스럽게 바라봤다. 그 보드랍고 자그마한 몸을 토닥여주면 기분이 좋은 듯 눈을 반쯤 감고는 뽀뽀를 하듯 그 작고 뾰족한 부리로 내 입술을 살짝살짝 쪼아댔다.

　식당으로 안내를 받는 환자 중에 성미가 불같아 나를 곤란하게 만드는 젊은 러시아 여성이 있었다. 믿기 어렵겠지만, 이 여성은 부엉이를 시샘한 나머지 이 작은 새를 아주 사납게 노려보았다. 결국 나는 안나에게 식당에 이 둘만 남겨두지 말라고 신신당부를 했다. 어느 날 점심을 먹으러 들어서는데 안나가 다가오더니 이 러시아 여성이 지금 막 종이에 죽은 쥐를 싸들고 왔다고 전했다. 그녀는 자기 방에서 쥐를 잡았는데 아침에 부엉이에게 먹이로 주면 좋아할 것 같아 가져왔다고 했다. 부엉이는 눈치가 빨랐다. 쥐의 머리를 몇 번 쪼아대고는 영 먹으려 들지 않았다. 그 쥐를 영국인 약사에게 가져가 보여줬다. 고양이도 죽일 만한 양의 비소가 검출되었다.

*

　조반니나와 로지나에게 주는 특별 선물로, 두 사람의 아버지를 부활절에 맞춰 로마로 초대했다. 늙은 파치알레는 오랫동안 나와 알고 지낸 특별한 사람이었다. 젊은 시절에는 그 당시 카프리 섬에 사는 대부분의 남자들처럼 산호를 캤다. 우여곡절 끝에 아나카프리의 공식 사토장이가 되었다. 의사만 멀리하면 아무도 죽지 않는 동네라는 점을 감안해보면 썩 좋은 직업이 아니었다. 내가 그와 그 집 아이들이 산 미켈레에 자리 잡게 해준 뒤에도 그는 무덤 파는 일을 그만둘 생각이 없었다. 그는 시체 다루는 일을 유난히 좋아했고, 시신 매장을 진심으로 즐겼다. 성목요일에 도착한 늙은 파치알레는 얼빠진 표정이었다. 철도를 타고 여행을 한 것도, 도시에 간 것도, 마차를 탄 것도, 다 처음이었다. 매일 아침 세 시에 일어나 광장으로 내려가 내 방 창문 아래에 있는 베르니니 분수에서 세수했다. 홀 양과 자녀들의 안내를 받아 성 베드로 동상의 발에 입을 맞춰도 보고 스칼라 산타(성스러운 계단)를 올라도 보았다. 동료인 프로테스탄트 묘지의 조반니와 함께 로마의 여러 묘지들을 둘러본 그는 이제 그만 둘러보고 싶다고 했다. 그리고 남은 시간을 창가에 앉아 광장을 내다보며 지냈다. 그럴 때에도 프리지아 스타일의 어부 모자를 꼭 쓰고 있었다. 그는 로마에서 가장 아름다운 풍경이라며 스페인 광장만한 곳이 없다고 했다. 내 생각도 그랬다. 나는 왜 그렇게 스페인 광장을 좋아하냐고 물었다.

"그야 늘 장례 행렬이 지나가니까요."

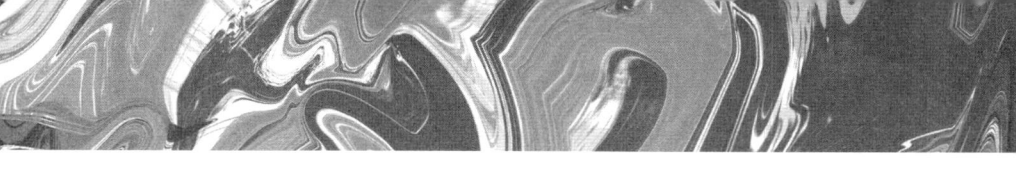

27

여름

로마에 봄이 오는가 싶더니 어느새 여름을 맞이하고 있었다. 후텁지근하고 답답한 거리를 오가던 외국인들도 떠났다. 텅 빈 박물관에서는 대리석으로 만든 여신들이 무화과 잎사귀 아래에서 시원하고 편안하게 휴가를 즐겼다. 성 베드로는 바티칸 정원에 드리운 그늘에서 낮잠을 잤다. 포럼 광장과 콜로세움은 또다시 악몽에 빠져들었다. 조반니나와 로지나는 피곤하고 창백해 보였다. 홀 양이 모자에 꽂아두었던 장미들도 잎을 떨구었다. 개들은 숨을 헐떡이고, 트리니타 데이 몬티 계단을 차지하고 있던 원숭이들은 제발 이 답답한 공기와 풍경 좀 바꿔보라고 아우성이었다. 포르토 단조(안치오 항구)에 닻을 내리고 있던 내 작고 예쁘장한 쾌속정은 나의 집이 있는 섬으로 떠나기만을 기다렸다. 그 섬에서는 마스트로 니콜라가 세 아들과 함께 예배당 난간에 기대어 행여 내 배가 보일까 지평선을 바라보았다.

  내가 로마를 떠나기 전 마지막으로 찾은 곳은 포르타 산 파올로 근처에 있는 프로테스탄트 묘지였다. 나이팅게일은 죽은 이들을 위해 여전히 노래하고 있었다. 사람들이 기억하든 말든 아랑곳없이, 백합과 장미와 머틀이 만발하여 꽃향기 가득한 이곳에 묻혀 있는 그들을 위해. 조반니의 여덟 아이들 모두 말라리아에 걸렸다. 베데커

가이드북에 적혀 있는 것과는 달리, 그 당시 로마 외곽 지역에는 말라리아가 창궐했다. 큰딸 마리아는 자꾸 오르내리는 열에 몹시 쇠약해져 있었다. 나는 아이 아버지에게 딸을 로마에 그대로 두었다가는 이번 여름을 넘기지 못할 거라고 말하며 마리아를 산 미켈레로 보내 나의 식솔들과 여름을 지내게 하면 어떻겠냐고 물었다. 조반니는 선뜻 답을 하지 못했다. 가난한 이탈리아 사람들은 아픈 아이들과 떨어져 지내기를 꺼렸다. 아이들이 병원에 가느니 차라리 집에서 죽음을 맞이하는 게 낫다고 생각했다. 그는 딸과 함께 카프리로 가서 우리집 식솔들이 얼마나 잘 돌봐주는지 두 눈으로 직접 확인해보라는 말을 듣고서야 고개를 끄덕였다.

홀 양은 평소와 다름없이 조반니나, 로지나와 함께 개들을 데리고 나폴리로 가는 기차에 올랐다. 나는 개코원숭이 빌리, 몽구스, 작은 부엉이와 요트를 타고 항해를 즐겼다. 몬테 치르체오(치르체오산)를 돌아서니 태양이 떠오르고 있었다. 가에타 만에서 불어오는 상쾌한 아침 바람을 맞으며 이스키아 성 아래를 질주하듯 나아갔다. 메조조르노(정오)를 알리는 종소리가 울리는 가운데 카프리 정박지에 닻을 내렸다. 두 시간 뒤, 나는 옷을 거의 다 벗어던진 채 산 미켈레 정원에서 일하고 있었다.

기나긴 여름이 다섯 번 지나는 동안 해가 뜨고 질 때까지 쉼 없이 노력한 끝에 산 미켈레의 모습이 갖춰졌지만 정원에는 아직 할 일이 많았다. 집 뒤편에 새로 테라스를 두었고, 가을에 발견한 로마 양식의 작은 방 두 곳에는 로지아를 또 지을 예정이었다. 작은 회랑 건물은 지금 보니 마음에 들지 않아 마스트로 니콜라에게 허무는 편이 낫겠다고 말했다. 마스트로 니콜라는 그대로 두자고 말렸다. 이미 두 번이나 허물었는데, 계속 그렇게 짓고 부수고 하다보면 산 미켈레를 마무리하지 못한다며 말이다. 그런 마스트로 니콜라에게 집을 짓는 가장 좋은 방법은 모든 게 눈에 들 때까지 몇 번이든 허물고 다시 짓는 것이라는 말했다. 건축에 대해선 책보다 눈이 더 잘 안다. 눈은 틀리는 법이 없다. 다만 다른 사람의 눈이 아니라 자신의 눈을 믿는다면 말이다.

다시 바라본 산 미켈레는 어느 때보다 아름다웠다. 집은 아담했고, 방은 몇 개 없지만 로지아, 테라스, 페르골라를 두어 태양과 바다와 구름을 볼 수 있다. 영혼에게는 몸보다 더 넓은 공간이 필요하다. 방에 가구가 많지는 않지만 돈만 가지고는 살 수 없는 것들이었다. 불필요한 것도 없었고, 아름답지 않은 것도 없었으며, 잡다한 골동품도, 자질구레한 장식품도 없었다. 단순하고 원시적인 느낌의 그림 몇 점, 뒤러의 에칭과 그리스 부조를 흰 벽에 걸어두었다. 모자이크 바닥에는 러그를 깔고, 탁자마다 책을 몇 권씩 얹어 놓았으며, 반짝반짝 윤이 나는 프라엔차와 우르비노 산 도자기에 꽃을 꽂아 곳곳을 장식했다.

빌라 에스테에서 예배당까지 이어지는 길에 심은 사이프러스들이 어느새 울창한 숲길을 이루었다. 세상에서 가장 기품 있는 나무들이었다. 내 집의 이름이 되어준 예배당도 드디어 나의 소유가 되었다. 이곳은 서재로 쓸 생각이었다. 오래되고 운치 있는 의자들을 흰 벽을 빙 둘러 놓고, 한가운데에는 책과 테라코타 조각들을 잔뜩 올려 둔 커다란 식탁을 두었다. 세로로 홈이 새겨진 잘로 안티코(고대 황색 대리석) 위에는 현무암으로 만든 호루스 상을 세웠다. 내가 본 중에 가장 큰 이 조각상(아마 티베리우스가 아닐까 싶다)은 어떤 로마 수집가가 파라오의 땅에서 가져왔다. 책상 위쪽에 걸어둔 메두사의 머리가 나를 내려다보았다. 기원전 4세기 작품인데, 바다 밑바닥에 있던 것을 내가 발견했다. 1500년대 피렌체 벽난로 위에는 날개 달린 승리의 여신상을 올려놓았다. 창가 아프리카노 대리석 기둥 위에 놓아둔 훼손된 네로 두상은 자신의 명령을 받은 뱃사공들에게 어머니가 죽음을 당한 바로 그 만을 바라보고 있었다.

현관문 위는 피렌체 시에서 엘레오노라 두제에게 선물한 아름다운 16세기 스테인드글라스로 장식했다. 두제는 산 미켈레에 마지막으로 머문 기념으로 이 스테인드글라스를 내게 선물했다. 벽난로 난간 기초 공사를 하느라 로마식 대리석 바닥에서 5피트 정도 파내려가다 작은 지하실을 우연히 발견했다. 그곳에는 두 수도사가 평화롭게 잠들어 있었다. 500여 년 전 두 팔을 가슴 위에 포갠 채 묻혔던 모습 그대로였다. 입고 있던 수도복은 모두 썩어 먼지가 되었고 바짝 마른 몸뚱이는 종잇장처럼 가벼웠지만, 얼굴 형태는 잘 보존되었고 두 손으로는 여전히 십자가를 쥐고 있었다. 그중 한 시신은 앙증맞은 은색 버클이 달린 신발을 신고 있었다. 잠을 방해한 것 같아 미안해진 나는 다시 두 시신을 원래 있던 작은 지하실에 조심조심 안치했다.

예배당 바깥쪽에 고딕 양식 기둥이 있는 웅장한 아치형 입구가 참 잘 어울린다고 생각했다. 요즘 저런 기둥들을 어디서 구할 수 있을까? 난간에 서서 발아래 펼쳐진 섬의 풍경을 내려다보며 마스트로 니콜라에게 시간이 없으니 서둘러 스핑크스를 놓을 자리를 준비하라고 일렀다. 그 말에 신이 난 마스트로 니콜라가 물었다.

"지금 당장 옮겨오죠. 스핑크스는 어디 있나요?"

"본토 어딘가에 있는 로마 황제의 잊힌 저택 폐허 아래에 묻혀 있지. 그곳에서 이천 년이나 나를 기다려왔어. 지금 우리가 서 있는 이 자리에서 처음으로 저 바다를 내려다보고 있을 때, 붉은 망토를 입은 남자가 나타나 지금까지 내가 꿈에서만 보았던 스핑크스 이야기를 모두 들려주었다네."

나는 저 아래 마리나에 정박해 있는 작고 하얀 요트를 내려다보며 틀림없이 스핑크스를 제때 찾아낼 거라고 확신했다. 문제는 어떻게 바다 건너로 가져오느냐 하는 거였다. 내 보트에 실어 옮기기에는 너무 무거웠다. 전부 화강암으로 만들어져 무게가 몇 톤이나 나갈지 가늠이 안 되었다. 마스트로 니콜라는 머리를 긁적이며 중얼거렸다. "그런 걸 누가 이 산 미켈레까지 끌어올린담." 당연히 그와 나였다.

예배당 아래 있는 작은 로마식 방 두 칸에는 아직도 무너진 천장 잔해로 가득했지만 남자 키 높이 정도 되는 벽은 멀쩡했다. 붉은색 인토나코 위에 그려진 꽃 장식과 춤추는 님프들은 마치 어제 그린 듯 생생했다.

"로바 디 팀베리오?" 티베리우스의 물건이냐고 마스트로 니콜라가 물었다.

"아닐세." 나는 네로 안티코로 만든 섬세한 포도잎 무늬 모자이크 바닥을 자세히 들여다보며 답했다. "이 바닥은 그 이전, 아우구스투스 황제 때 만들어졌네. 카프리 섬을 무척 좋아해서 여기 어디에다 별장을 짓기 시작했다는군. 하지만 로마로 돌아가던 길에 놀라에서 죽는 바람에 완성하지 못했지. 물론 아우구스투스도 훌륭하고 위대한 황제였지만, 똑똑히 듣게나, 가장 위대한 황제는 티베리우스였다네."

페르골라는 벌써 어린 포도 덩굴로 뒤덮였다. 길게 늘어선 흰 기둥들 주변에는 장미, 인동덩굴, 에포미아가 무리지어 피었다. 작은 회랑 안뜰에 심은 사이프러스 나무들 사이에 있는 치폴리노 기둥 위에 춤추는 파우누스가 서 있고, 커다란 로지아 중앙에는 헤르쿨라네움에서 온 헤르메스 청동상이 자리했다.
 햇볕이 내리쬐는 식당 밖 작은 대리석 마당에는 개코원숭이 빌리가 자리를 잡고 앉아 타피오의 벼룩을 잡는 일에 열중하였고, 그 주변에는 다른 개들이 차례를 기다리며 나른하게 늘어져 있었다. 빌리는 벼룩 잡는 재주가 보통이 아니었다. 뛰어오르거나 기어 다니는 것들은 녀석의 날카로운 눈을 피할 수 없었다. 개들도 이 사실을 잘 알았다. 게다가 빌리 못지않게 그가 하는 사냥을 즐겼다. 산 미켈레의 법이 허용하는 유일한 사냥이었다. 죽음은 번개처럼 빠르게 찾아왔다. 아마 고통을 느낄 새도 없었을 거다. 빌리는 사냥감들이 미처 위험을 깨달을 새도 없이 삼켜버렸다. 술을 끊은 빌리는 수컷의 멋이 폭발하는 꽤 멋진 원숭이가 되었다. 놀라울 정도로 인간과 비슷했고 대체로 점잖게 행동했지만 내가 눈을 돌리기만 하면 금세 소란을 일으키며 모두를 놀려댔다. 가끔은 개들이 빌리를 어떻게 생각하는지 머릿속을 들여다보고 싶었다. 빌리를 무서워하지 않느냐 하면 그렇지도 않았다. 빌리와 눈이 마주치기만 해도 고개를 돌려버렸다. 빌리가 두려워하는 건 나뿐이었다. 녀석의 얼굴만 봐도 양심의 가책을 느끼는 짓을 저질렀구나, 감이 왔다. 그런 예감은 대체로 맞았다.
 참, 이 녀석은 넘치는 호기심에 정원을 쉴 새 없이 어슬렁거리는 몽구스를 무서워했다. 빌리한테는 수컷다운 면이 있었다. 녀석이 어찌할 수 없는 부분이었다. 창조주께서 녀석을 그렇게 만드신 것을. 빌리는 이성이 가진 매력에 둔하지 않았다. 빌리는 정원사의 아내 엘리사에게 첫눈에 반했다. 엘리사 역시 매료된 듯한 눈으로 몇 시간이고 빌리를 바라보았다. 빌리는 무화과나무에 앉아 엘리사를 보며 계속 입술을 내밀었다. 엘리사는 언제나 그렇듯 임신 중이었다. 하긴 그녀가 그렇지 않은 적이 있었던가. 어쨌든, 나는 엘리사와 빌리 사이에 갑작스레 생겨난 이 우정이 마음에 들지 않았다. 그래서 엘리사에게 차라리 다른 사람에게 관심을 두는 게 낫다고 말하고 말았다.

늙은 파치알레는 동료인 로마의 사토장이를 마중하러 마리나로 내려갔다. 그는 딸과 함께 소렌토에서 범선을 타고 정오에 도착해서, 다음날 저녁에는 일자리인 프로테스탄트 묘지로 돌아가야 했다. 그래서 늙은 파치알레는 오후에 그를 데리고 섬에 있는 묘지 두 곳을 돌아볼 생각이었다. 저녁에는 우리집 식솔들이 로마에서 온 특별한 방문객에게 정원 테라스에서 비노 아 볼론타, 즉 포도주를 마음껏 즐길 수 있는 저녁 식사를 대접하기로 했다.

예배당에서 저녁기도를 알리는 종소리가 울렸다. 아침 다섯 시부터 이글거리는 태양 아래에서 온종일 일을 했다. 지치고 허기진 나는 이층 로지아에서 소박한 저녁을 먹었다. 오늘도 행복한 하루를 보낼 수 있어 감사했다. 정원 테라스에는 손님들이 좋은 옷을 차려 입고 거대한 마카로니 접시와 산 미켈레 최고의 포도주로 가득 채운 커다란 피레토를 앞에 두고 둘러앉았다. 식탁 상석에는 로마에서 온 사토장이가 앉고 그 양옆으로 카프리의 두 사토장이들이 마주 앉았다. 그 옆에는 우리집 정원사 발다사레, 내 보트를 운전하는 가에타노, 그리고 마스트로 니콜라와 세 아들들이 앉아 떠들썩하게 이야기를 나누었다. 여자들은 나폴리 관습에 따라 테이블 주변에 둘러서서 감탄하였다.

태양이 서서히 바다 너머로 기울고 있었다. 마침내 이스키아 너머로 사라지자 나는 난생 처음으로 안도감을 느꼈다. 어렸을 적부터 어둠과 밤이 무서워 태양 숭배자가 된 내가 어째서 황혼과 별을 그렇게 기다렸을까? 찬란한 태양의 신을 우러러볼 때마다 왜 눈이 타들어가는 것 같았을까? 그가 내게 화가 나서 그 얼굴을 내게서 돌려 나를 어둠 속에 내버려두려는 걸까? 무릎을 꿇고 그를 위한 또 다른 성전을 짓고 있는 나를? 20년 전 산 미켈레 예배당에서 처음으로 아름다운 섬을 내려다보고 있을 때 붉은 망토를 두른 유혹자가 내게 했던 말이 사실이었을까? 너무 빛이 많으면 인간의 눈에 좋지 않다는 말이?

"빛을 조심하게! 빛을!"

그가 했던 불길한 경고가 귓가에 맴돌았다.

나는 그의 거래를 받아들였고, 그에 합당한 값을 치렀으며, 산 미켈레를 얻으려고 내 미래를 걸었다. 그것만으론 부족했나? 그가 내게 죽기 전에 큰 대가를 치를 거라고 했는데 그게 뭘까?

갑자기 바다와 발아래 정원 위로 먹구름이 내려앉았다. 욱신거리는 눈꺼풀이 겁에 질려 스르륵 감겼다….

"들어보라고, 이 사람들아!" 테라스 아래쪽에서 로마에서 온 사토장이가 소리쳤다. "내 말 잘 들어 봐! 그 양반이 이 작고 보잘것없는 마을에서 자네들과 별반 다르지 않은 옷을 입고 맨발로 걸어 다니니까 자네들이랑 비슷해 보이겠지만, 로마에서는 마차를 타고 다니는 거 아나? 교황님이 감기에 걸렸을 때도 뵈러 갔다더군. 이보게들, 세상에 이만한 사람이 없어요. 그 양반, 로마 최고의 의사라고. 나와 같이 묘지에 가서 자네들 눈으로 직접 확인해보게나! 셈프레 루이, 늘 그런 양반이지! 의사 선생이 없었으면 나나 내 가족은 어쩔 뻔했을까 몰라. 우리 은인이지. 내 마누라가 화환이며 꽃을 누구에게 팔겠나, 다 선생의 고객들 아닌가! 문 앞에서 초인종을 누르고 내 아이들에게 동전 한 닢씩 주면서 문을 열어 달라고 하는 그 외국인들이 왜 거기에 왔겠나? 그들이 원하는 게 뭐겠어? 물론 우리집 애들은 외국인들이 무슨 말을 하는지 모른다네. 그래서 종종 그들이 원하는 것을 찾을 때까지 같이 묘지 곳곳을 헤매고 다녀야 하지. 이제는 외국인들이 초인종을 누르기만 해도 그들이 무얼 원하는지 알아차리곤 곧장 무덤으로 데려간다네. 그러면 외국인들이 기분이 좋아서 아이들에게 동전 한 닢을 더 준다고. 셈프레 루이! 셈프레 루이! 그 양반, 한 달에 몇 번씩은 묘지에 딸린 예배당에서 환자들을 해부하지. 환자들한테 뭐가 문제였는지 알아내야 하니까. 그리고 그들을 다시 관에 넣어주는 대가로 시신 한 구당 550리라밖에 안 받는다고. 자네들, 내 말 잘 듣게! 세상에 그만한 사람은 없다네! 셈프레 루이! 셈프레 루이!"

구름은 벌써 걷혔다. 바다는 또다시 황금빛으로 일렁였다. 두려움은 사라졌다. 웃고 있는 인간에게 악마가 할 수 있는 일은 없다.

저녁 파티는 끝났다. 살아 있는 게 용했다. 머릿속에서 포도주가 출렁대는 것 같았다. 잠자리에 든 우리는 모두 곯아떨어졌다.

어느새 까무룩 잠이 들었다. 부서진 석조물, 아이비, 로즈마리와 야생 인동덩굴, 시스터스, 타임에 가린 거대한 석회암 덩어리와 대리석 조각들. 황량한 외딴 평야에 나 홀로 서 있었다. 무너져 내린 오푸스 레티쿨라툼 담장 위에 늙은 양치기가 앉아 염소들에게 판의 피리를 불어주고 있었다. 덥수룩한 수염이 길게 자란 얼굴은 햇볕과 바람에 그을려 거칠었고, 무성한 눈썹 아래에 자리한 두 눈은 불꽃처럼 이글거렸다. 칼라브리아 양치기 같은 파란색 긴 망토에 감춰진 깡마르고 쇠약한 그의 몸은 바들바들 떨고 있었다. 그에게 담배 한 모금을 건넸다. 그는 신선한 염소 치즈 한 조각과 양파 하나를 내게 주었다.

그가 하는 말을 이해하기 어려웠다.

이 낯선 곳의 이름이 뭡니까?

이름 없는 땅이라오.

어디서 왔습니까?

어디서 왔냐니, 늘 이 자리에 있었지. 여기가 집이라오.

어디서 잡니까?

그는 기다란 지팡이를 들어 무너진 아치 아래 계단을 가리켰다. 바위를 깎아 만든 계단을 따라 내려가니 어두침침한 방이었다. 구석에는 양가죽 두 장을 침대보처럼 깔아둔 짚으로 만든 매트리스가 자리 잡고 있었다. 벽과 천장에는 말린 양파와 토마토 다발이 매달려 있고, 대충 만든 탁자 위에는 흙으로 빚은 물병이 놓여 있었다. 여기가 그의 집이었다. 이 물건들은 모두 그의 소유였다. 여기서 평생을 살았고, 언젠가는 여기에 누워 죽음을 맞이할 것이다. 내 앞쪽으로는 무너져내린 지붕 잔해로 반쯤 가로막힌 어두운 지하통로가 보였다. 어디로 이어지는 길일까?

나도 모른다오. 한 번도 내려간 적이 없으니까. 어릴 때 들은 이야기로는 수천 년간 그곳에 살았던 사악한 영혼이 자주 나타나는 동굴로 이어진다더군요. 그 영혼이 거대한 늑대인간의 형상을 하고는 동굴에 접근하는 사람은 모두 잡아먹는답디다.

나는 횃불을 들고 대리석 계단을 더듬어 내려갔다. 갈수록 길이 넓어지더니 얼음장처럼 차가운 바람이 훅하고 불어왔다. 기괴한 신음 소리에 피가 모두 얼어붙는 것 같았다.

갑자기 아주 커다란 방이 나타났다. 거대한 아프리카 대리석 기둥 두 개가 여전히 아치형 지붕 일부를 떠받치고 있지만, 다른 두 기둥은 지진의 영향으로 받침대에서 떨어져 나와 모자이크 바닥 위로 쓰러져 있었다. 큼직한 박쥐 수백 마리가 시커멓게 떼를 지어 벽에 매달려 있고, 갑작스레 들이닥친 횃불에 눈이 부신 박쥐 몇 마리가 내 머리 위를 사납게 날아다녔다. 방 한가운데에 거대한 화강암 스핑크스가 자리를 차지하고 있었다. 차가운 두 눈을 크게 뜨고 나를 응시한 채로….

선뜩 놀라 잠에서 깨어났다. 꿈은 사라졌다. 눈을 뜨니 동이 트고 있었다.

문득 바다가 부르는 소리가 들렸다. 거부할 수 없는 긴박한 명령 같았다. 나는 벌떡 일어나 옷을 걸치고 예배당 난간으로 달려가 요트에 출발 준비를 하라는 신호를 보냈다. 두어 시간 뒤, 일주일치 식량, 굵고 튼튼한 밧줄, 곡괭이와 삽, 권총, 수중에 있는 돈 전부, 어부들이 밤낚시에 사용하는 송진먹인 횃불 한 더미를 챙겨 배에 올랐다. 곧장 돛을 펴고 내 인생 가장 가슴 떨리는 모험에 나섰다.

다음날 밤 몇몇 어부와 밀수꾼들만 아는 외딴 만에 닻을 내렸다. 가에타노는 요트에 남아 일주일 동안 나를 기다리다가 악천후가 닥칠 경우 가장 가까운 항구를 찾아 대피하기로 했다. 우리는 백 마일 이내에 안전한 정박지가 없는 이 위험한 해안을 잘 알았다. 그리고 나는 이 멋진 섬도 잘 알았다. 한때 헬레니즘 예술과 문화의 황금기를 이룬 마그냐 그레치아였지만, 지금은 말라리아와 지진으로 버림받은 이탈리아에서 가장 황폐한 지역으로 전락하고 말았다.

사흘 뒤, 나는 부서진 석조물, 아이비, 로즈마리와 야생 인동덩굴, 시스터스와 타임에 거대한 석회암 덩어리와 대리석 조각들이 반쯤 가려진 그 외딴 황야에 또다시 서 있었다. 무너져내린 오푸스 레티쿨라툼 담장 위에 늙은 양치기가 앉아 염소들에게 피리를 불어주고 있었다. 그에게 담배 한 모금을 권했고, 그는 내게 신선한 염소 치즈 한 조각과 양파를 하나 건넸다. 태양은 이미 산 저쪽으로 저물었고, 말라리아의 위험이 느껴지는 으스스한 안개가 황량한 평야를 서서히 뒤덮었다. 나는 길을 잃었는데 이 황무지를 혼자 돌아다닐 엄두가 나질 않는다며 하룻밤 같이 묵어도 되겠냐고 물었다.

그는 꿈에서 보았던 그 지하 숙소로 안내했다. 양가죽 위에 몸을 누인 나는 이내 깊은 잠에 들었다.

글로 옮기기에는 너무나 기이하고 엄청난 일이다. 설령 글로 옮길 수 있다 해도 믿기 어려울 거다. 나도 어디까지가 꿈이고 어디부터가 현실인지 모르겠다. 누가 내 요트를 이 숨겨진 외딴 만으로 움직였을까? 누가 나를 길 하나 없는 이 황야를 가로질러 세상에 드러나지 않은 네로의 별장 폐허로 이끌었지? 그 양치기는 살과 피를 가진 인간이었을까, 아니면 염소 떼에게 피리를 불어주려고 사랑하는 옛 고향으로 돌아온 판이었을까?

부디 아무것도 묻지 말기를. 아무런 답도 해줄 수가 없다. 함부로 입을 열 수도 없다. 산 미켈레 예배당 난간에 웅크리고 있는 거대한 화강암 스핑크스를 붙잡고서라도 묻고 싶겠지. 하지만 공연한 짓이다. 스핑크스는 오천 년 세월동안 자신의 비밀을 지켰다. 스핑크스는 나의 비밀도 지킬 것이다.

*

엄청난 모험을 마치고 돌아왔다. 나는 굶주림과 온갖 고생을 겪으며 수척해졌고 말라리아에 걸려 몸이 떨렸다. 산적들에게 납치당한 적도 있었다. 당시 칼라브리아에는 산적이 많았다. 입고 있던 허름한 옷이 나를 구했다. 밀수꾼으로 오해를 받아 해안경비대에 두 번이나 체포되었다. 전갈에 여러 번 쏘였고, 독사에 물린 왼손엔 아직도 붕대를 감고 있었다. 파르테노페의 자매인 사이렌 레우코시아가 묻혀 있다는 푼타 리코사 부근에서는 남서쪽에서 불어오는 강력한 폭풍에 휩싸였다. 성 안토니오 성인께서 때맞춰 키를 잡아주지 않았다면 우리는 무거운 짐과 함께 바다 밑으로 가라앉을 뻔했다.

내가 산 미켈레에 도착했을 때 아나카프리 교회에는 수많은 봉헌 초들이 성 안토니오의 제단을 밝히고 있었다. 우리가 탄 배가 심한 폭풍우에 난파되었다는 소문이 온 섬에 퍼졌다고 했다. 내가 집으로 돌아오자 나의 식솔들은 기뻐하며 어쩔 줄 몰라 했다.

그렇다, 산 미켈레에서는 모든 일이 잘 돌아가고 있었다. 그라지에 아 디오, 하느님 감사합니다. 아나카프리에서는 아무 일도 벌어지지 않았고, 여느 때처럼 아무도 죽지 않았다. 본당 신부가 발목을 삐끗했다. 그가 지난 주일에 제대에서 내려오다가 미끄러졌다고 하는 사람들도 있고, 카프리의 사제가 그의 눈을 말로키오(악마의 눈)로 만들어버려 그렇다는 사람들도 있었다. 카프리 사제가 악마의 눈을 가지고 있다는 건 모두가 아는 사실이었다. 어제 아침 카프리에서는 카노니코(의전 사제)인 돈 자친토가 침대에서 숨진 채 발견되었다. 잠자리에 들 때만 해도 멀쩡하던 사람이 잠을 자다가 돌연 세상을 뜨다니. 그는 밤새 중앙 제단 앞에 안치되었다. 아침에 성대한 장례식을 치르기로 했다. 새벽녘부터 종소리가 울려 퍼졌다.

정원에서는 평소처럼 일이 진행되고 있었다. 마스트로 니콜라는 회랑 벽을 부수다가 테스타 디 크리스티아노, 그리스도인의 얼굴이 조각된 로마 시대 동전을 또 하나 찾아냈다. 새로 난 감자를 캐던 발다사레가 이번에는 로마 동전이 가득 담긴 단지를 발견했다. 늙은 파치알레는 다메쿠타에 있는 내 포도밭을 일구다가 아주 중요한 비밀이라는 표정을 지으며 나를 한쪽으로 데려갔다. 그리고 주변에 듣는 사람이 없는지 확인하더니 주머니에서 깨진 토기 파이프를 꺼냈다. 그을음으로 가득 찬 이 파이프는 1808년에 다메쿠타에 주둔했던 몰타 연대 소속 군인의 것이었는지도 모른다.

"라 피파 디 팀베리오!" 티베리우스의 파이프라고 늙은 파치알레가 말했다.

규칙에 따라 매일 정오에 개들을 씻기고 일주일에 두 번씩 뼈다귀를 주었다. 작은 부엉이는 기분이 좋았다. 몽구스는 밤낮없이 벌떡벌떡 일어나 무언가를 찾았다. 거북이들은 저마다 조용한 방식으로 행복을 누리고 있는 듯 보였다.

"빌리는 얌전히 지냈나?"

"그럼요." 엘리사가 서둘러 대답했다. "빌리는 정말 얌전하게 지냈어요, 운 베로 안젤로, 정말 천사 같다니까요."

빌리가 무화과나무 꼭대기에서 나를 보며 활짝 웃는 모습을 보면서도 천사 같다는 생각은 들지 않았다. 이 녀석이 평소와 달리 나에게 인사하러 내려오지 않았다. 뭔가 잘못을 저질렀다는 느낌이 강하게 들었다. 녀석의 저런 얼굴 표정은 썩 마음에 들지 않았다. 빌리는 정말 얌전하게 굴었을까?

점점 진실이 드러났다. 내가 배를 타고 나갔던 바로 그날, 빌리가 정원 벽 아래를 지나가고 있는 한 외지인 머리에 당근을 집어던지는 바람에 그가 쓰고 있던 안경이 깨지고 말았다. 그 외지인은 머리끝까지 화가 나서 카프리에 가서 고소하겠다고 했다. 엘리사는 강력히 주장했다. "이게 다 그 외지인의 잘못이었다고요. 그에겐 빌리를 보고 비웃을 권리가 없어요. 사람들이 자기를 보고 웃으면 빌리가 화를 낸다는 사실을 모두가 다 알잖아요."

다음 날에는 빌리와 폭스테리어가 맹렬하게 싸웠다. 다른 개들도 전부 싸움에 뛰어들었다. 빌리는 일 데모니오(악마)처럼 맞서 싸웠고 하다못해 싸움을 말리려는 발다사례를 물려고 들었다. 몽구스가 등장하면서 싸움은 갑자기 끝났다. 이 작은 몽구스가 나타나기만 하면 늘 그랬던 것처럼 빌리는 나무 위로 달아났고 개들은 슬그머니 꼬리를 내리고 도망쳤다. 그날 이후로 빌리와 개들은 서로 앙숙으로 지냈다. 심지어 빌리는 개들의 몸에서 벼룩을 잡는 일도 거부했다. 빌리는 정원 구석까지 샴 고양이 새끼를 쫓아다니다가 결국 무화과나무 꼭대기까지 끌고 가서 고양이털을 몽땅 뽑아버렸다. 거북이를 끈질기게 쫓아다니며 괴롭혔다. 가장 큰 거북이 아만다는 비둘기 알만한 알을 일곱 개나 낳았다. 거북이의 습성에 따라 햇빛에 부화하도록 놔두었는데 빌리가 눈 깜짝할 사이에 다 삼켜버렸다.
"집안 아무 데나 포도주 병을 두지 말라고 일렀는데 지켰나?"
불길한 침묵이 흘렀다. 집안에서 가장 믿음직한 파치알레가 드디어 입을 열었다. 빌리가 포도주 창고에 몰래 들어가 한 손에 포도주 한 병씩을 들고 나오는 일이 두 번이나 있었다는 것이다. 사흘 전에는 원숭이우리 구석에서 모래더미 밑에 잘 묻어둔 포도주 병 두 개가 발견되었다. 규칙에 따라 빌리를 즉시 원숭이우리에 가두고 내가 돌아올 때까지 물과 빵만 주었다. 그런데 다음 날 아침에 보니 원숭이우리가 텅 비어 있었다. 빌리가 간밤에 도망쳐버렸다. 뭘 어떻게 한 건지 도무지 알 수가 없었다. 쇠창살은 멀쩡했고, 열쇠는 발다사레의 주머니에 들어 있었으니까. 온 집안사람들이 마을을 돌며 빌리를 찾았지만 소용없었다. 그러다 바로 오늘 아침에 발다사레가 바르바로사 산꼭대기에서 죽은 새를 손에 쥐고 잠에 빠져 있는 빌리를 붙잡았다.
그간의 일을 듣고 있는 동안, 빌리는 무화과나무 꼭대기에 앉아 나를 무시무시한 눈빛으로 내려다보았다. 녀석이 우리가 하는 말을 다 알아듣는 게 분명했다. 엄하게 다뤄야 한다. 원숭이나 아이들이나 명령하는 법에 앞서 따르는 법을 배워야 한다. 빌리는 불편한 기색을 내보이기 시작했다. 녀석도 알았다, 내가 주인이라는 사실을. 예전처럼 내가 녀석을 올가미로 잡을 수도 있고, 손에 들고 있는 채찍을 녀석에게 쓰려한다는 것도 안다. 개들이 빌리가 올라가 있는 나무 주위에 둥글게 모여 앉아 양심의 가책 따윈 없다는 듯 꼬리를 신나게 흔들며 상황을 즐기는 것을 보니, 녀석들도 그런 사정을 잘 알고 있는 게 틀림없었다. 개들은 누군가에게 채찍질 할 때 옆에서 부추기기를 좋아한다.

 갑자기 엘리사가 날카로운 비명을 지르며 배를 감싸 안았다. 파치알레와 내가 엘리사를 오두막 침대로 데려갔고 발다사레는 조산사를 부르려 달려갔다. 다시 빌리의 나무로 돌아왔을 때 빌리는 이미 사라지고 없었다. 녀석에게나 나에게나 다행스러운 일이었다. 동물을 벌하는 건 정말 싫었으니까.

 그 일이 아니어도 생각할 게 많았다. 나는 늘 돈 자친토에게 관심이 많았다. 그의 죽음은 물론 그동안 내가 꽤 많이 알고 있다고 생각했던 그의 삶을 더 알아보고 싶었다. 돈 자친토는 섬에서 가장 부자라는 말을 들었다. 평생 매 시간 24리라씩 수입을 거뒀다고 했다. '안체 콴도 도르메', 심지어 잠을 자는 동안에도 말이다. 나는 그를 오랫동안 지켜보았다. 그는 가난한 세입자에게 마지막 동전 한 닢까지 싹 거둬들였고, 올리브 농사가 망해서 세를 낼 수 없는 지경인데도 그들을 집에서 내쫓았다. 그리고 나이가 들어 더 이상 일할 힘이 없는 사람들을 그냥 굶주리게 내버려두었다. 나는 그가 한 푼이라도 베풀었다는 이야기를 들어본 적이 없었다. 다른 사람들도 마찬가지였다.

단약 전능하신 하느님께서 살아 있는 인간에게 베푸실 수 있는 가장 큰 축복, 그러니까 잠자다 편히 죽는 축복을 이 늙은 흡혈귀에게 허락하셨다면, 나는 더 이상 신의 정의를 믿지 않았을 것이다. 나는 내 오랜 친구인 돈 안토니오 사제를 찾아가기로 했다. 돈 자친토와 반백 년 동안 앙숙이었던 그라면, 내가 알고 싶은 것들을 분명 이야기해줄 수 있을 테니까. 사제는 침대에 앉아 있었다. 발을 담요로 엄청 칭칭 감싸고 있었지만, 얼굴은 활짝 웃고 있었다. 방은 사제들로 붐볐다. 그 한가운데에 마리아 포르타-레테레가 서 있었는데, 어찌나 흥분했던지 혀를 내빼고 헉헉거렸다. 그녀가 전한 소식에 따르면 밤중에 성 코스탄초 교회에 화재가 발생해 카타팔케에 얹어 놓은 돈 자친토의 관이 불길에 휩싸이고 말았다! 어떤 사람들은 일 데모니오가 카타팔케 옆에 세워둔 촛대를 쓰러뜨려 돈 자친토 시신에 불이 붙었다고 했다. 도적 떼가 은으로 된 성 코스탄초 상을 훔치려다가 저지른 짓이라는 사람들도 있었다. 늘 돈 자친토가 불길에 휩싸여 죽을 거라고 생각했던 본당신부는 일 데모니오가 촛대를 쓰러뜨렸다고 확신했다.

마리아 포르타-레테레가 돈 자친토의 죽음에 관해 추측한 이야기는 아주 그럴 듯했다. "이 카노니코가 저녁기도문을 읽고 있는데 창문으로 일 데모니오가 나타난 거예요. 돈 자친토가 고래고래 소리지르며 도움을 요청하다가 기절하여 침대로 옮겨졌고 곧 극심한 공포에 죽고 만 거죠."

몹시 흥미로운 이야기였다. 내가 직접 카프리로 가서 이 사건을 조사하는 게 좋을 듯했다. 광장은 소리 높여 외치는 사람들로 북적였다. 시장과 시 의원들이 그들과 함께 소렌토에서 경찰이 도착하기만을 목이 빠지게 기다렸다. 교회로 이어지는 계단 위에는 열두 사제가 크게 손짓하며 서 있었다. 굳게 닫힌 교회 문은 당국에서 사람들이 도착할 때까지 열리지 않았다. 맞습니다. 시장이 심각한 표정으로 내게 다가와 말했다. 다 사실이에요! 사크리스탄(전례봉사자)이 아침에 교회 문을 열고 들어가니 연기가 자욱했다. 불에 카타팔케가 반쯤 타버렸고 관도 심하게 그을렸다. 수를 놓은 귀한 벨벳 덮개와 카노니코의 친척과 아이들이 보낸 열두 개의 화환들은 모두 타버리고 잿더미만 남았다. 카타팔케 주위에 두었던 커다란 밀랍 양초 세 개는 아직 타고 있었다. 네 번째 초가 신을 두려워하지 않는 어떤 손에 쓰러지면서 덮개에 불이 붙은 게 분명했다. 지금까지는 이 사건이 일 데모니오의 짓인지 범죄자들의 짓인지 알 수 없었지만, 시장은 산 코스탄초의 목에 걸려 있던 값비싼 보석이 그대로 남아 있다는 사실로 미루어 파를란도 콘 리스페토, 조심스럽지만 일 데모니오의 소행일 가능성이 크다고 에둘러 말하였다.

    사건을 파고들수록 갈피를 잡을 수 없었다. 독일인 사회의 중심지인 카페 줌 히디가이가이 바닥은 깨진 유리잔과 병, 온갖 종류의 도자기 조각들로 어지러웠고, 탁자 위에는 반쯤 마시고 남은 위스키 병이 놓여 있었다. 약국에 들어서니, 선반에서는 파엔차 항아리에 들어 있던 귀한 약재와 비밀스러운 화합물들이 쏟아져 내리고 곳곳에 피마자 기름이 엎질러져 있었다. 라파엘레 파르미지아노 교수는 이 광장의 자랑인 자신의 새 살라 디 에스포지치오네(전시장)가 얼마나 엉망이 됐는지 직접 보여줬다. 그가 그린 '베수비오 화산의 폭발', '산 코스탄초 행렬', '티베리우스의 도약', '아름다운 카르멜라'는 액자가 망가지고 캔버스는 찢어진 채로 바닥에 쌓여 있었다. 이젤 위에 놓인 '블루 그로토에서 수영하는 티베리우스'는 온통 군청색으로 어지럽게 얼룩졌다.

시장은 지금까지 지역 당국에서 조사를 했지만 아무런 성과도 얻지 못했다고 알려주었다. 자유당은 실제로 가치 있는 물건이 도난당하지 않은 것으로 드러나자 도둑이 들었다는 가설은 포기했다. 1년 넘게 카프리 감옥에서 푹 쉬고 있는 나폴리의 두 흉악범들도 알리바이가 확인되었다. 밤새 쏟아진 폭우로 두 흉악범들은 평소처럼 자정이 넘은 시간에 마을로 산책을 나가지 않고 감옥에 머물렀다고 확인됐다. 게다가 그 둘은 독실한 가톨릭 신자이고 인기가 많아 굳이 그런 사소한 일에 발을 들일 리가 없었다.

죽은 돈 자친토의 명예를 존중하는 성직자 측에서 일 데모니오라는 가설을 일축했다. 그렇다면 이런 비열한 폭력을 누가 저질렀을까? 남은 가설은 한 가지였다. 바로 눈앞에 있는 세속의 적, 아나카프리였다! 이 모든 일은 아나카프리 사람들이 저지른 짓이 틀림없다! 그렇다면 다 설명된다! 일 카노니코는 성 코스탄초 축일에 그 유명한 강론을 하며 성 안토니오가 보여준 마지막 기적을 비웃었고 이를 참지 못한 아나카프리 사람들과 척지고 말았다. 줌 히디가이가이와 아나카프리에 새로 문을 연 카페가 서로 무섭게 헐뜯고 싸운다는 이야기는 유명했다. 카이사르 보르지아 시대였다면, 카프리의 약제사 돈 페트루치오는 마카로니나 함께하자는 아나카프리 동료 약제사의 초대를 받고 두 번 생각했을 거다. 카프리의 라파엘 파르미지아노 교수와 아나카프리의 미켈란젤로 교수가 '블루 그로토에서 수영하는 티베리우스'의 독점권을 놓고 경쟁했고 최근에는 급기야 격렬한 싸움을 벌였다. 미켈란젤로 교수 눈에는 문을 연 살라 디 에스포시조네가 곱게 보이지 않았다. 교수가 그린 '산 안토니오의 행렬'은 거래가 거의 중단되었다.

이 일의 배후에 아나카프리가 있는 게 분명해!

아바소 아나카프리! 아나카프리를 타도하라!

집으로 돌아가야겠다는 느낌이 들었다. 마음이 몹시 불안해졌다. 어느 쪽 말을 믿어야 할지. 스페인 총독이 나폴리를 통치하던 시절부터 불붙었던 카프리와 아나카프리의 다툼이 여태 이어졌다. 두 지역의 시장들은 서로 말도 섞지 않았다. 농민들은 서로 헐뜯었고, 유명인들은 서로 헐뜯었으며, 사제들도 서로 헐뜯었고, 두 곳의 수호성인인 성 안토니오와 성 코스탄초마저 서로 헐뜯었다. 몇 년 전에는 몬테 바르바로사에서 거대한 바위가 굴러 떨어져 성 안토니오의 제단과 동상이 박살났는데 한 무리의 카프리 사람들이 덩실덩실 춤추는 모습을 내 눈으로 직접 보았다.

산 미켈레에서는 모든 일이 이미 중단되었다. 우리집 사람들 모두 잘 차려 입고 축제를 기념해 악단이 연주할 광장으로 향했다. 불꽃놀이에 벌써 100리라 넘게 모금되었다. 시장은 내게 시타디노 오노라리오(명예시민) 자격으로 참석해 달라는 전갈을 보냈다. 사실 이 특별한 명예는 지난해에 받았다.

페르골라 중앙에 빌리가 커다란 거북이와 나란히 앉아 있었다. 빌리는 좋아하는 놀이에 한껏 빠져 있느라 내가 오는 소리를 듣지 못했다. 거북이 꼬리가 튀어나오는 등껍질 뒤쪽을 빠르게 두드리는 놀이였다. 두드릴 때마다 거북이는 무슨 일인가 싶어 앞쪽으로 느릿느릿 고개를 내밀다가 빌리가 번개처럼 잽싸게 휘두르는 주먹에 코를 세게 얻어맞았다. 산 미켈레의 규칙으로 금지된 놀이였다. 그 사실을 빤히 알고 있는 빌리는 그 어느 때보다도 빠르게 두드리며 어린애처럼 신나게 소리 질렀다. 나는 녀석의 배에 두른 끈을 붙들었다.

"빌리," 엄한 목소리로 녀석을 불렀다. "무화과나무로 가서 이야기를 나눠야겠구나. 우리, 할 이야기가 있지? 그렇게 입을 삐쭉 내밀어도 소용없어. 혼날 짓을 저질렀으니 벌을 받아야지. 너도 알지? 이 녀석, 또 술 마셨구나! 우리 구석에서 빈 포도주병 두 개가 나왔어. 부캐넌의 '블랙 앤 화이트' 와인도 한 병 없어졌고. 내가 칼라블리아에 가고 없는 틈을 타 부끄러운 짓을 벌였더구나. 당근을 던져 외지인 안경을 날려버렸어. 하인들 말을 따르지도 않았고. 개들이랑 걸핏하면 으르렁거리고 싸우더니 벼룩도 안 잡아줬다며? 게다가 몽구스를 모욕하고 작은 부엉이를 무시했어. 거북이 귀를 한두 번 때린 게 아니고. 샴 고양이를 목 졸라 죽일 뻔한 것도 모자라 술에 취해 집에서 도망쳤다지? 동물들을 잔인하게 대하는 네 본능 때문에 인간이 될 뻔했지. 하지만 술에 취할 권리는 창조주만이 가진다. 내가 이미 충분히 말한 것처럼 너를 술독에 빠져 사는 옛 주인 캠벨 박사에게 돌려보내겠어. 네 녀석은 이 품위 있는 사회에 어울리지 않아. 너는 네 아비와 어미를 욕되게 하고 있어! 빌리, 이 불한당 같은 놈, 걸핏하면 술을 마셔대는 술고래에…."

순간 무시무시한 적막이 흘렀다.

나는 안경을 쓰고 군청색으로 물든 빌리의 손톱과 불에 그을린 꼬리를 자세히 들여다보았다. 이윽고 내가 말했다.

"빌리, 난 네가 고친 '블루 그로토에서 수영하는 티베리우스'가 꽤 마음에 들어. 원작보다 낫더군. 그 그림을 보는데 작년에 파리 미래파 전시회에서 본 그림이 생각났지. 네 옛 주인이 종종 네 죽은 어미 이야기를 들려줬는데, 참 대단한 원숭이였어. 네 예술적 재능을 어미한테 물려받았나 보구나. 잘생긴 외모며 유머 감각은 아비한테 온 거겠지. 최근 사건들로 네 아비가 어떤 녀석이었는지 완전히 드러났어. 그 녀석은 악마야. 그나저나 빌리, 궁금해서 물어보는 건대, 밀랍 촛대를 쓰러뜨려 관을 태운 게 너냐, 아니면 네 아비냐?"

28

조류보호구역

카노니코 돈 자친토가 화염과 연기에 휩싸여 갑작스레 저 세상으로 떠난 일로 우리 돈 안토니오 신부는 몸과 마음에 활력을 되찾았다. 삐었던 발목이 빠르게 회복되자 아침마다 산 미켈레까지 산책하여 내 아침 식사를 돕던 일도 다시 시작했다. 나폴리 풍습에 따라 나는 늘 "만자레 콘 메", 함께 들자고 청했다. 하지만 그는 항상 "노, 그라치에, 스토 베네"(감사하지만 괜찮습니다)라는 말로 정중하게 거절하며 차 한 잔도 마시지 않았다. 그가 방문하는 목적은 단 하나, 내가 아침 식사 하는 동안 앞에 앉아 지켜보는 것뿐이었다. 외국인을 가까이에서 본 적이 없는 돈 안토니오는 내가 하는 말이나 행동에 끊임없이 호기심이 생긴 모양이었다. 내가 개신교도라는 사실을 알고 몇 번 은근슬쩍 그 문제를 두고 말을 꺼내보다가 결국 우리 대화에서 신학 이야기는 제외하고 개신교도는 개신교도인 채로 두기로 합의했다. 일주일에 한 번씩 강론하는 자리에서 아주 살벌한 비난과 함께 살아 있거나 죽은 개신교도들을 모두 지옥으로 보내곤 했던 그의 입장에서는 엄청난 양보였다. 개신교는 돈 안토니오의 전문 분야였다. 강론 중에 난관에 부딪힐 때마다 밥 먹듯 꺼내들었다. 개신교도가 없으면 어쩔 뻔했나 모르겠다.

늙은 사제의 기억이 가끔은 정확하지 않았고, 설득력 떨어지는 논리의 맥락은 가장 불편한 순간에 툭툭 끊어졌다. 강론 중에 갑작스러운 침묵이 찾아오곤 했다. 충실한 신앙인들은 그렇다는 것을 잘 알면서도 전혀 개의치 않았다. 그저 모두 평화롭게 자신들이 해야 할 일, 올리브와 포도밭, 소와 돼지를 묵상하였다. 그 뒤에 무슨 일이 일어날지도 훤했다. 돈 안토니오는 최후의 심판을 알리는 나팔처럼 우렁차게 코를 풀었다. 그렇게 하면 다시 자신감을 찾는 듯했다.

"이 저주받은 프로테스탄트들, 불한당 같은 루터!" 돈 안토니오가 말했다. "일 데모니오가 그들의 저주받은 혀를 뽑아버리고 뼈를 부수어 산 채로 불에 던져버려야 합니다! 인 애테르니타템! [영원히!]"

어느 부활절 주일에 내 친구와 우연히 교회 앞을 지나다가 신부가 바로 그 순간에 봉착하는 모습을 보았다. 그리고 언제나처럼 어색한 침묵이 흘렀다. 나는 친구의 귀에 대고 속삭였다. 우린 이제 큰일 났다고.

"마 퀘스토 카모리스타 루테로, 퀘스티 말레데티 프로테스탄티! 케 일 데모니오….'

갑자기 돈 안토니오가 문 앞에 서 있는 나와 눈이 마주쳤다. 지금 막 주먹을 불끈 쥐고 저주 받은 이교도들을 향해 휘둘렀던 손을 슬그머니 펴더니 나에게 반갑게 손을 흔들었다. 그리고 내게 사과했다. "물론 일 시뇨르 도토레(의사 선생님)는 아닙니다! 당연히 일 시뇨르 도토레는 아니에요!"

나는 웬만하면 부활절 주일에 거르지 않고 교회를 찾아 교회 문간에 자리를 잡고 앉았다. 아나카프리 공식 거지인 눈먼 체카티엘로 옆자리였다. 우린 둘 다 교회에 오는 사람들 쪽으로 손을 내밀었다. 체카티엘로는 돈을 구걸하려고 손을 뻗었고, 나는 남자들의 주머니와 여자들이 입은 검은 망토 자락 그리고 아이들의 손바닥 안에 들어 있는 새 때문에 손을 내밀었다. 이천 여 년 동안 전통에 따라 봉헌되고 성직자들이 장려해 온 주 예수의 부활 축하 방식에 내가 끼어들었는데도 사람들이 아무런 반감 없이 받아들인 것을 보면, 그 당시에 내가 마을 사람들 사이에서 얼마나 특별한 대접을 받았는지 알 수 있다.

성주간 첫날에 모든 포도밭과 올리브 나무 아래에 덫이 놓였다. 며칠 동안 마을에 있는 사내아이들이 수백 마리 새들을 날개에 끈을 묶어 끌고 다녔다. 이제 성령의 비둘기를 상징하는 만신창이 새들을 교회에 풀어 놓아 그리스도께서 천국에 오르심을 기쁜 마음으로 기념하는 일만 남았다. 하지만 새들은 다시 하늘로 날아오를 수 없었다. 잠시 당황하며 무기력하게 날갯짓을 해보지만 결국 창문에 부딪히고 날개가 부러져서 교회 바닥에 떨어져 죽었다. 새벽녘에 마스트로 니콜라가 마지못해 붙잡아주는 사다리를 타고 교회 지붕에 올라가 유리창을 깨뜨려 놓았지만, 운이 나빴던 새들 중에 자유를 찾아 날아오른 새들은 겨우 몇 마리뿐이었다.

새! 그래, 새! 그때 새들을 지금처럼 사랑하지 않았다면 그 아름다운 섬에서 지내는 내 삶이 훨씬 행복했을 텐데! 해마다 봄이면 수천수만 마리 새들이 날아다니는 광경을 보는 게 참 좋았다. 산 미켈레 정원에서 지저귀는 새소리를 듣는 일도 큰 기쁨이었다. 하지만 어느 날부터인가 그들이 돌아오지 않기를, 바다 저 멀리, 머리 위로 높이 날아가는 기러기 떼와 함께 사람의 손이 닿지 않는 안전한 곳인 북쪽 고향으로 곧장 날아가라고 신호를 보낼 수 있기를 바라는 날이 오고야 말았다. 나에게는 천국인 이 아름다운 섬이 새들에게는 지옥이었다. 그들이 가는 비아 크루시스(십자가의 길) 끝에 있는 헬리

골란트 섬이라는 또 다른 지옥처럼 말이다.

  새들은 동이 틀 무렵 날아왔다. 그저 지중해를 가로지르는 긴 비행 끝에 잠시 쉬려던 뿐이었다. 그 여정의 끝, 그들이 태어나고 그 자손들이 자라날 그 땅은 너무나 멀었다. 수천 마리 새들이 날아왔다. 숲비둘기, 개똥지빠귀, 멧비둘기, 물떼새, 메추라기, 유럽꾀꼬리, 종달새, 나이팅게일, 할미새, 되새, 제비, 휘파람새, 울새 그리고 북쪽 조용한 숲과 들에서 봄의 연주회를 열기 위해 길을 떠나는 수많은 작은 예술가들까지. 몇 시간 뒤, 새들은 교활한 사람들이 바닷가 절벽부터 몬테 솔라로와 몬테 바르바로사의 기슭까지 펼쳐 놓은 그물에 걸려 힘없이 파닥거렸다. 저녁 무렵 먹이도 물도 없이 수백 마리씩 작은 나무 상자에 담겨 증기선으로 마르세이유에 보내진 새들은 파리 고급 식당에서 사람들의 미각을 만족시킨다. 수익성이 좋은 장사였다.

  수 세기 동안 주교좌가 있었던 카프리는 그물로 잡은 새들을 팔아 재정을 충당했다. "일 베스코보 델레 쿠알리에." 로마에서는 주교를 이렇게 메추라기 주교라고 불렀다. 그물로 새를 어떻게 잡는지 아는가? 덤불 아래에 기둥 두 개를 숨기고 미끼로 쓸 새들을 넣은 새장을 그 사이에 둔다. 이 새들은 자동적으로 단조로운 울음소리를 계속해서 낸다. 소리를 멈추지 않고 밤이고 낮이고 죽을 때까지 운다. 과학이 인간의 뇌에 있는 여러 중추신경의 위치를 알아내기 오래 전에, 악마는 뜨겁게 달군 바늘로 새의 눈을 찌르면 자동으로 지저귄다는 무시무시한 사실을 발견하고는 하수인인 인간에게 알려줬다. 오래 전부터 내려오는 이야기다. 그리스와 로마 사람들도 다 알고 있는 이야기였고, 요즘에도 스페인, 이탈리아(지금은 법으로 금지한다), 그리스 남쪽 해안을 따라 전해지고 있다. 이 방법을 실행했을 때 살아남는 새는 백 마리 중 단 몇 마리뿐이지만 그래도 수익성은 정말 좋다.

오늘날 카프리에서는 눈 먼 메추라기 한 마리 가격이 25리라나 나간다. 봄에 6주, 가을에 6주, 그 기간에 몬테 바르바로사는 산꼭대기에 있는 폐허가 된 성부터 산기슭에 있는 산 미켈레의 정원 담까지 그물로 뒤덮였다. 섬 전체를 통틀어 이곳이 가장 좋은 사냥터로 꼽혔다. 이 산은 본토에서 온 사람의 소유였다. 한때 도축업자였던 그는 새의 눈을 멀게 하는 데에 도가 튼 사람으로 유명했다. 아나카프리에서 의사를 제외하고는 내 유일한 적이었다. 산 미켈레를 짓기 시작한 뒤로 그와 나 사이에 싸움이 끊이지 않고 일어났다. 나는 나폴리 행정관에게 호소했고 로마 정부에도 호소했지만 어쩔 수 없다는 답만 돌아왔다. 산은 그 사람 것이었고, 법은 그 사람 편이었다.

나는 이 나라에서 가장 높은 귀부인을 알현할 기회를 얻었다. 그분은 모든 이탈리아 인들의 마음을 사로잡은 매혹적인 미소를 나에게 지어보였다. 그리고 영광스럽게도 오찬을 함께 하자고 초대하였다. 메뉴판에서 제일 먼저 눈에 들어온 말이 "파테 달루에트 파르시", 속을 채운 종달새 파테였다. 나는 교황님께 호소했지만, 뚱뚱한 추기경에게 교황 성하께서는 바로 그날 동이 트자마자 그물로 새를 잡는 모습을 보러 가마를 타고 바티칸 정원으로 자리를 옮기셨으며, 사냥이 꽤 잘 되어 이백 마리가 넘는 새들이 잡혔다는 말을 전해 들었다. 나는 1808년에 영국인들이 정원에 버리고 간 무게 2파운드짜리 작은 포를 꺼내어 녹을 다 긁어낸 다음 밤부터 해가 뜰 때까지 5분 간격으로 쏘아댔다. 제발 새들이 놀라 그 죽음의 산에서 도망치기를 바라며. 옛 도축업자는 합법적으로 운영하는 사업을 방해했다며 나를 고소하였고, 나는 200리라를 배상했다. 나는 겨우 눈을 붙이는 시간까지 쏟아부으며 개들을 밤새 짖어대도록 훈련시켰다. 며칠 뒤 내 마렘마 개가 갑자기 죽었다. 개의 뱃속에서 극소량의 비소가 나왔다. 이튿날 밤 나는 정원 담 뒤에 숨어 있던 살인범을 발견하고 달려가 주먹을 날렸다. 그는 또다시 나를 고소했고, 나는 폭행죄로 벌금 500리라를 물었다. 그가 산의 가격을 실제보다 몇백 배나 비싸게 부르는 바람에 나는 아름다운 그리스 꽃병과 가장 좋아하는 데시데리오 디 세티냐노의 성모상을 팔아 그 막대한 금액을 마련했다. 돈을 들고 찾아가자 그는 고전적인 수법을 꺼내들며 가격이 두 배로 올랐다고 말하고는 낄낄댔다. 그는 상대방이 어떤 사람인지 잘 알았다. 분노가 극에 달한 나는 가진 것을 모두 내놓는 한이 있더라도 기필코 저 산의 주인이 되고 말겠다고 다짐했다.

새를 학살하는 행위는 여전히 이어졌다. 나는 잠을 이룰 수가 없었다. 아무런 생각도 할 수 없었다. 절망에 빠져 산 미켈레를 떠나 몬테 크리스토로 배를 띄웠다. 새들이 모두 섬을 지나가고 나면 그때 다시 돌아올 생각이었다.

다시 돌아오니 그 옛 도축업자가 죽음을 앞두고 있다는 소식이 제일 먼저 들려왔다. 교회에서는 그의 구원을 지향하는 미사를 하루에 두 차례 올렸는데 한 번 올릴 때마다 30리라를 봉헌하였다. 하긴 그는 이 마을에서 손꼽히는 부자였으니까. 저녁 무렵 본당 신부가 찾아와 그리스도의 이름으로 죽어가는 그를 방문해 달라고 부탁했다. 마을 의사는 폐렴을 의심했고, 약사는 뇌졸중이라고 확신했으며, 이발사는 콜포 디 산게(급성 출혈), 조산사는 우나 파우라(공포증)로 생각했다. 늘 악마의 눈을 경계하는 신부는 말로키오(악마의 눈)를 의심했다. 나는 부탁을 거절했다. 이 카프리에서 가난한 이들을 대할 때 말고는 의사 노릇한 적이 없으며, 그런 병쯤은 섬에 거주하는 의사들이 거뜬히 치료할 수 있다며. 그래도 가야 한다면 한 가지 조건이 있다고 말했다. 만일 그 사람이 살아난다면 다시는 새의 눈을 찌르지 않겠다고 십자가에 맹세하고 내게 한 달 전에 불렀던 그 터무니없는 가격에 산을 팔아야 한다는 조건이었다. 그 사람은 이 조건을 거부했다. 그날 밤 그는 마지막 성사를 받았다. 새벽에 신부가 다시 찾아왔다. 그가 내 제안을 받아들이고 십자가에 맹세했다고 알려주었다. 두 시간 뒤, 나는 그의 왼쪽 늑막에서 고름을 한 바가지 뽑아냈다. 마을 의사는 경악하고 마을의 수호성인은 기뻐할 일이 일어났다. 내 예상과는 다르게 그 남자가 회복되었으니까. 미라콜로! 기적이 일어났다!

지금 바르바로사 산은 조류보호구역이다. 봄, 가을마다 지친 새들 수천 마리가 사람과 짐승들에서 안전한 산기슭에 머물며 날개를 쉰다. 산 미켈레의 개들은 새들이 산에서 쉴 때 짖어서는 안 된다. 고양이들은 목에 작은 방울을 달아야지만 부엌 밖으로 나갈 수 있고, 방랑자 빌리는 우리에 가둬둔다. 원숭이나 소년들은 무슨 짓을 벌일지 모를 일이잖나.

지금까지 내가 성 안토니오의 마지막 기적을 업신여긴 적은 없다. 그 기적으로 한 해에 적어도 만오천 마리의 새들이 목숨을 구하고 있다. 하지만 나에게 주어진 시간이 다할 때 가장 가까이에 있는 천사에게 이렇게 속삭이겠다. 성 안토니오에게 경의를 표하지만 그 도축업자의 왼쪽 늑막에서 고름을 뽑아낸 사람은 나였다고. 그러니 아무도 나를 위해 선한 말을 하지 않는다면, 부디 그 말을 천사가 해주기를 간절히 부탁하고 싶다. 전능하신 하느님께서는 새들을 사랑하시리라 믿는다. 그렇지 않고서는 주님께서 천사들에게 주신 것과 똑같은 날개 한 쌍을 새들에게 내어주셨을 리 없을 테니까.

29

밤비노

성 안나는 고개를 저으며 이렇게 바람이 많이 부는 날에 이렇게 작은 아기를 보내는 게 현명한 일인지, 손자가 갈 집이 적어도 점잖은 집인지 물었다. 성모 마리아가 말했다. 걱정 마세요. 아이를 꽁꽁 잘 여몄으니 괜찮을 거예요. 별일 없을 거라고 믿어요. 산 미켈레에서는 아이들을 환영한대요. 아이가 원하면 보내줘야죠. 아직 어리지만 이미 자신의 뜻이 확고하잖아요? 성 요셉과는 의논조차 하지 않았다. 사실 그는 가족 사이에서 말을 많이 하지 않았다.

아나카프리에서 가장 젊은 사제 돈 살바토레가 제단에서 요람을 들어 올리자 사크리스탄(전례봉사자)이 밀랍 양초에 불을 댕겼다. 행렬이 시작됐다(이 진기한 옛 관습을 들어본 적이 없을지도 모르겠다. 내가 산 미켈레에서 지내는 동안 해마다 밤비노, 즉 아기 예수의 방문을 받았다. 우리가 누릴 수 있는 가장 큰 영광이었다. 아기 예수는 보통 일주일동안 산 미켈레에 머물렀다). 규모가 작은 소년성가대가 맨 앞에서 종을 울리며 걸어오고, 그 뒤로 하얀 외투와 파란 미사보를 쓴 두 명의 피글리 디 마리아(마리아의 딸들)가 따랐다. 뒤이어 향로를 흔들며 걸어오는 사크리스탄이 보이고 마지막으로 돈 살바토레가 요람을 안고 나타났다. 행렬이 마을을 지나갈 때 남자들은 모자를 벗어들었고 여자들은 자기 아기를 높이 들어 올려 황금 관을 쓰고 목에 사이렌 모양의 은 딸랑이를 건 왕이신 아기 예수님을 뵙게 했다. 거리로 나온 소년들은 서로를 향해 외쳤다. "일 밤비노! 아기 예수님 만세!" 산 미켈레 문 앞에 온 집안사람들이 장미꽃을 들고 나와 손님을 맞이했다. 이 집에서 가장 좋은 방을 아기방으로 꾸민 뒤 온갖 꽃으로 장식하고 로즈마리와 아이비로 꾸민 화환들을 걸었다. 탁자 위에 우리집에 있는 가장 좋은 린넨 보를 깔고 밀랍 초 두 개를 켜놓았다. 어린아이들은 어두운 곳에 혼자 있는 것을 싫어하니까. 아기방 한구석에는 아기 예수님을 안은 피렌체의 성모상을 세워두었다. 벽에 걸린 루카 델라 로비아의 푸토(날개 달린 소년상) 두 개와 미노 다 피에솔레의 성모 마리아가 요람을 내려다보았다. 천장에서는 성스러운 등불이 타고 있었다. 이 등불이 깜빡이거나 꺼지면 그 집에 재앙이 닥쳐 집주인이 1년 안에 죽는다는 이야기가 있었다. 조반니나와 로시나가 어린 시절 가지고 놀던 장난감 중에 유일하게 남은 대머리 인형, 엘리사의 큰딸이 빌려준 나무 당나귀, 사악한 눈을 막아줄 뿔 모양의 딸랑이 등, 우리 마을에서 볼 수 있는 소박한 장난감 몇 점을 밤비노 곁에 두었다. 탁자 아래 놓아둔 바구니에는 엘리사가 키우는 고양이가 막 태어난 새끼 여섯 마리와 함께 잠들어 있었다. 이 고양이들은 특별히 이 행사를 위해 데려왔다. 바닥에 둔 커다란 토기 항아리에는 꽃이 핀 로즈마리 덤불을 꽂아두었다. 왜 로즈마리를 꽂아두는지 아는가? 성모 마리아가 아기 예수 그리스도의 옷을 빨아 로즈마리 덤불에 널어 말렸기 때문이다.

돈 살바토레는 요람을 제단에 내려두고 자세한 사항을 알려준 뒤, 우리집 여자들에게 밤비노를 맡기며 잘 보살피고 원하는 대로 해주라고 일렀다. 엘리사네 아이들은 하루 종일 그 곁을 떠나지 않고 마룻바닥에서 놀았다. 저녁기도 종이 울릴 때면 온가족이 요람 앞에 무릎을 꿇고 기도를 바쳤다. 조반니나는 밤새 등잔이 꺼지지 않게 기름을 더 부었다. 그들은 밤비노가 잠들 때까지 잠시 기다렸다가 조용히 물러났다. 집안이 고요해지면 나는 잠자리에 들기 전에 아기 방으로 올라가 밤비노를 들여다보았다. 요람 위를 비추는 성스러운 등불의 빛에 배시시 웃으며 잠든 아기 예수의 얼굴이 보였다.

미소 짓는 작고 불쌍한 아이. 이 아이는 요람 앞에 무릎 꿇고 있던 우리 모두에게 버림 받는 날이 올 줄 몰랐다. 그를 사랑한다고 했던 사람들이 모두 배신하고, 잔인한 손길이 그의 머리에 얹은 황금 왕관을 빼앗아 짓밟고 가시관을 씌운 뒤 십자가에 못 박는 날이 올 줄은, 심지어 하느님에게도 버림받을 줄은 몰랐다.

그가 죽던 날 밤, 침통한 표정을 지은 노인이 지금 내가 서 있는 바로 그 대리석 바닥 위를 서성였다. 조금 전 괴로운 꿈을 꾸고 잠에서 깨어 몸을 일으켰다. 그의 낯빛은 머리 위에 드리운 하늘처럼 어두웠고 눈에는 두려움이 어렸다. 그는 동방의 천문학자와 현자들을 불러 그 꿈이 무엇을 뜻하는지 풀어보라고 말했다. 하지만 그들이 하늘에 새겨진 황금 글자를 읽기도 전에 별들이 하나둘 깜빡거리며 사라졌다.

이 세상을 다스리는 그가 무엇이 두렵겠는가! 수많은 사람들의 목숨을 쥐고 있는 그에게 한 사람의 목숨이 무슨 상관이겠는가! 그 밤에 로마 황제의 이름으로 죄 없는 이를 처형한 황제의 총독에게 누가 책임을 물을 수 있을까? 게다가 지금도 우리 입에 오르내리는 저주 받은 이름의 그 총독이 죄 없는 이의 사형 집행 명령에 서명했다한들 황제보다 더 큰 책임이 있을까? 제멋대로 구는 지역에서 로마법과 전통을 엄중히 지키는 그가 과연 죄 없는 이에게 사형을 선고한다고 생각했을까? 그리고 아직도 용서를 구하며 전 세계를 떠돌고 있는 저주 받은 유대인은 자신이 무슨 짓을 저질렀는지 알기는 했을까? 아니, 모든 세대를 통해 가장 악랄한 인간인 그가 사랑의 입맞춤으로 스승을 배신할 줄 알았을까? 그에게 달리 어찌할 도리가 있었을까? 그가 자신의 자유 의지를 따랐을까? 그는 자신의 의지보다 더 강한 의지에 굴복해 그 일을 해야만 했다. 그날 밤 골고타 언덕에는 자신이 짓지 않은 죄로 고통 받아야 할 사람이 어디 한 명뿐이었겠나?

　나는 허리를 숙여 잠든 아이를 잠시 바라보다가 가만가만히 발소리를 죽이며 방을 나왔다.

30

성 안토니오 축제

성 안토니오 축제는 아나카프리에서 일 년 중 가장 중요한 날이다. 이 작은 마을은 몇 주 동안 우리의 수호성인을 엄숙하게 기념할 준비를 하느라 들뜬 분위기였다. 거리는 깔끔하게 청소하고 행렬이 지나는 집들은 하얗게 칠했으며 교회는 붉은 실크 벽장식과 태피스트리로 장식했다. 나폴리에다 불꽃놀이를 주문하고 가장 중요한 악단은 토레 안눈치아타에서 고용했다. 축일 전날 악단이 도착하면서 축제가 시작된다. 만을 절반 정도 건너온 악단은 벌써부터 온 힘을 다해 악기들을 연주해댔다. 우리 아나카프리에서는 거리가 멀어 들리지 않지만 바람 덕에 앙숙인 아랫마을 카프리에서는 귀에 거슬릴 만큼 가깝게 들렸다. 정박지에 배가 닿자 악단과 그들이 가져온 커다란 악기들을 두 개의 큰 수레에 태워 마차 길이 끝나는 곳까지 갔다. 나머지 길은 악단이 삼삼오오 흩어져 계속 악기를 연주하며 가파른 페니키아 계단을 걸어 올라가야 했다.

산 미켈레 성벽 아래에 도달하자 시청에서 나온 대표단이 그들을 맞이했다. 온통 금색 레이스로 장식한 아 라 무라(무라 스타일)의 화려한 유니폼을 근사하게 차려입은 악장이 지휘봉을 들어 올렸다. 마을 소년들의 뒤를 따라 악단은 행진곡 속도에 맞춰 호른, 클라리

넷, 오보에를 불고 드럼과 심벌즈와 트라이앵글을 힘껏 울리며 근엄하게 아나카프리에 들어섰다. 깃발로 장식한 광장에는 개막 연주회를 구경하려는 사람들로 발 디딜 틈이 없었다. 연주회는 휴식 시간 없이 한밤중까지 이어졌다. 단원들은 1806년에 영국 군인들이 지냈던 옛 막사에서 겨우 몇 시간 꿈도 꾸지 않고 잠들었다. 대망의 날이 밝았음을 알리는 첫 폭죽 소리가 이들의 잠을 방해했다. 오전 4시, 힘찬 나팔 소리가 상쾌한 아침 바람에 실려 온 마을에 퍼져 나갔다. 5시에는 여느 때처럼 교회에서 본당 신부가 오전 미사를 집전하였다. 특별히 이 날을 기념하여 아침을 먹지 않아 빈속인 악단이 미사에 참여했다. 7시에는 블랙커피 한 잔, 빵 500그램과 신선한 염소 치즈가 메렌다(간단한 식사)로 나왔다. 8시, 교회는 이미 마지막 자리까지 다 찼다. 남자와 여자가 양쪽으로 나뉘어 앉았다.

　잠든 아기들은 엄마의 무릎 위에 안겨 있었다. 교회 중앙에 특별히 마련된 연단에는 악단이 자리 잡고 앉았다. 제단 뒤편 성가대석에 자리한 아나카프리의 열두 사제들은 하느님의 섭리와 반주하는 악단의 도움에 의탁하며 용감하게 페르골레지의 <장엄미사>를 부르기 시작했다. 음악 중간에 악단이 엄청난 기교를 발휘하며 격렬한 갤럽을 연주했고 회중은 환호했다. 10시가 되자 제단 위에서 <미사 칸타타>가 연주되었다. 실력이 형편없는 늙은 돈 안토니오가 부르는 솔로는 듣기 괴로웠다. 3세기가 지나는 동안 낡고 닳은 작은 오르간 안쪽에서는 아우성 같은 떨림과 갑작스러운 고통의 비명 소리가 터져 나왔다. 11시에는 독서대에서는 성 안토니오와 그가 이룬 기적을 기념하는 강론이 이어졌다. 각각의 기적은 그에 맞는 특별한 동작을 통해 시각적으로 표현하였다. 강론을 하는 사제는 때로는 황홀한 표정으로 하늘에 있는 성인들을 향해 두 손을 들어 올리는

가 하면, 때로는 바닥을 향해 검지를 펴며 지옥에 떨어져 구제받지 못하는 영혼들이 살고 있는 지하를 가리켰다. 어떤 때는 무릎을 꿇고 침묵 속에 성 안토니오에게 기도하다가, 갑자기 벌떡 일어나 제대에서 몸을 내던지듯 앞으로 숙이며 보이지 않는 조롱하는 자를 주먹으로 치려 했다. 그러다가 황홀한 침묵 속에 고개를 숙인 채 기쁨에 찬 천사들의 노래를 들었고, 두려움에 질린 얼굴로 일 데모니오가 이를 갈아대는 소리와 뜨거운 가마솥에서 죄인들이 울부짖는 소리를 듣지 않으려고 귀를 틀어막았다. 마침내 섭씨 40도가 넘는 기온에 두 시간 동안 눈물과 흐느낌, 저주를 쏟아부어 탈진한 사제는 땀에 흠뻑 젖어 바닥에 주저앉은 채로 프로테스탄트를 향해 무시무시한 저주를 퍼부었다.

  12시. 광장은 흥분의 도가니였다. 에셰 라 프로체시오네! 행렬이 온다! 아기나 다름없는 열두 명의 어린아이들이 서로 손을 잡고 선두에 섰다. 라파엘의 푸토처럼 짧은 흰색 튜닉을 입고 천사 날개를 단 아이들도 있고, 어느 그리스 부조에서 막 튀어나온 듯 아무것도 입지 않은 상태에서 포도 덩굴과 장미로 만든 화관으로 이마를 장식한 아이들도 보였다. 마리아의 딸들이 그 뒤를 이었다. 키가 크고 늘씬한 그 소녀들은 하얀 예복을 입고 파란색 긴 베일을 썼으며 목에는 성모상이 새겨진 은색 메달이 달린 파란 리본을 둘렀다. 그다음으로 검은색 옷차림에 검은색 베일을 쓴 비초케(여성수도사)가 들어왔다. 첫 사랑 예수 그리스도를 충실히 따랐던 나이 많은 독신녀들이었다. 그리고 사보나롤라 시대의 기이한 흑백 성직자복을 입은 진지한 표정의 노년 남성들로 이루어진 "콘그레가 디 카리타(자선형제단)"가 깃발을 앞세우고 행진했다.

  라 무지카! 음악 소리가 들린다!

그 뒤에는 화려한 옷을 입은 악장을 선두로 나폴리 부르봉 왕조 시대부터 내려오는 금빛 레이스가 달린 제복을 입은 악단이 등장했다. 이들은 성인이 특히 좋아한다는 활기찬 폴카를 힘껏 연주했다. 마지막으로 수백 개의 폭죽이 터지는 가운데 왕좌에 우뚝 선 성 안토니오가 화려한 제의를 입은 사제들에 둘러싸여 행진했다. 모든 이를 축복하듯 손을 뻗은 성인은 귀한 레이스로 꾸미고 보석과 엑스보토(신께 바치는 서약)로 장식한 예복을 입었고 사파이어와 루비로 장식한 브로치로 화려하지만 낡은 브로카텔로 망토를 가슴께에 고정했다. 알록달록한 유리구슬을 꿴 줄을 목에 걸고 그 위에 사악한 눈으로부터 보호해줄 뿔 모양의 커다란 산호를 달았다.

나는 맨머리에 밀랍 양초를 들고 시장과 나란히 성 안토니오 바로 뒤에서 걸었다. 소렌토 대주교의 특별 허가로 이런 영광을 누렸다. 우리 뒤로는 그날만큼은 막중한 책임에서 벗어난 시의원들이 따랐다. 이어서 의사, 공증인, 약사, 이발사, 담배 가게 주인, 재단사 등 아나카프리의 유지들이 줄지어 걸었다. 뱃사람, 어부, 농부 등 일 포폴로(일반인)들이 그 뒤를 이었고, 그들의 아내와 아이들이 조금 떨어져 걸었다. 행렬 맨 뒤에는 개 여섯 마리, 새끼들과 나란히 걷는 염소 두 마리, 그리고 주인을 찾아 두리번거리는 돼지 한두 마리가 얌전히 따라갔다. 특별히 선발된 전례담당자들은 '호위 지팡이'를 들고 행렬을 따라 이리저리 분주히 움직이며 질서를 유지하고 속도를 조절했다. 행렬이 골목을 지날 때에는 성인이 가장 좋아했던 지네스트라가 창문에서 쏟아져 내렸다. 달콤한 향을 품은 이 꽃을 실제로 피오레 디 산탄토니오, 즉 성 안토니오의 꽃이라고 부른다. 길을 가로질러 긴 밧줄이 창문에서 창문으로 걸렸고 성인이 지나가는 순간 화려한 색깔의 판지로 만든 천사가 밧줄을 타고 날개를 펄럭이며 하늘을 나는 장면이 연출되었다. 군중들은 이를 보며 크게 환호했다. 산 미켈레 앞에 이르러 행렬이 멈추었다. 성인이 잠시 쉴 수 있도록 특별히 마련된 단상에 경건하게 모셨다. 성직자들은 이마에 흐르는 땀을 닦았고, 두 시간 전에 행렬이 교회를 출발한 뒤로 쉬지 않고 연주하던 악단이 여전히 포르티시모로 연주하였다. 성 안토니오는 단상 위에서 이 모습을 자애로운 눈으로 바라보았고 우리집 여자들은 창문에서 장미꽃잎을 한 움큼씩 흩뿌렸다. 늙은 파치알레는 예배당에서 종을 울렸고 발다사레는 집 지붕에서 펄럭이던 깃발을 내렸다. 우리 모두에게 굉장한 날이었다. 우리에게 주어진 영광에 모두가 뿌듯했다. 개들은 평소처럼 착하고 얌전했지만 다소 부산스럽게 움직이며 페르골라에서 행렬을 지켜보았다. 정원에서는 거북이들이 무덤덤한 표정으로 자신들의 문제를 곱씹고 있었고, 몽구스는 너무 바빠서 관심을 둘 틈이 없었다. 작은 부엉이는 횃대에 앉아 반쯤 감긴 눈을 깜박이며 딴 생각에 잠겼다. 신을 믿지 않는 빌리는 원숭이 우리에 갇혀 물병으로 양철 그릇을 마구 두드리고 사슬을 시끄럽게 잡아당기거나 철창을 흔들며 고래고래 소리를 질러댔다.

쏟아지는 폭죽 세례를 받으며 광장으로 되돌아온 성 안토니오를 교회 제단에 다시 모셨다. 행렬했던 사람들은 마카로니를 먹으러 모두 집으로 돌아갔다. 악단은 당국이 호텔 파라디소의 페르골라에 마련한 연회에 참석해 1인당 500그램의 마카로니와 비오 아 볼론타(무제한으로 제공되는 포도주)를 즐겼다. 4시가 되자 산 미켈레의 모든 문이 활짝 열렸고, 반시간 뒤에는 온 마을 사람들이 정원에 모였다. 부유한 사람들과 가난한 사람들, 남녀노소, 갓 태어난 아기들, 몸이 불편한 사람들, 정신질환을 앓는 사람들, 앞이 보이지 않는 사람들, 귀가 들리지 않는 사람들이 다 모였고 자기 힘으로 올 수 없는 사람들은 다른 사람들의 부축을 받으며 찾아왔다. 사제들만 참석하지 않았다. 하지만 그들의 잘못이 아니었다. 긴 시간 걸어 지친 사제들은 대제단 뒤편 성가대석에 기대어 앉아 성 안토니오에게 간절히 기도했다. 그 기도가 제단 위에 있는 성인에게 가닿았을지 몰라도, 우연히 텅 빈 교회를 들여다보는 다른 사람들 귀에는 들리지 않았다. 페르골라 이쪽 끝에서 저쪽 끝까지 탁자들을 길게 늘어놓고, 그 위에 산 미켈레 최고의 포도주를 담은 커다란 피레티를 잔뜩 올려놓았다. 늙은 파치알레와 발다사레와 마스트로 니콜라는 잔을 다시 채우느라 바빴고, 조반니나와 로지나와 엘리사는 부지런히 돌아다니며 남자들에게 시가를, 여자들에게는 커피를, 아이들에게는 케이크와 사탕을 내주었다. 내가 특별히 당국과 협의하여 오후 내내 빌린 악단이 위층 로지아에서 쉬지 않고 음악을 연주했다.

집안 곳곳을 모두에게 공개하였고 어떤 문도 잠그지 않았다. 내 소중한 물건들은 평소처럼 탁자, 의자, 바닥 가리지 않고 아무렇게나 널려 있었다. 천 명이 넘는 사람들이 자유롭게 이 방 저 방 돌아다녔지만, 아무것도 건드리지 않았고 없어진 물건도 없었다. 저녁기도를 알리는 종이 울리자 연회는 끝이 났고, 사람들 모두 그 어느 때보다 기쁜 표정으로 손을 흔들며 헤어졌다. 포도주의 쓸모가 바로 거기에 있었다. 그 어느 때보다 기분이 좋은 악단이 앞장서서 광장으로 향했다. 성 안토니오를 지키며 마음의 평화와 활력을 얻은 열두 사제들은 벌써 교회 문 밖에 옹기종기 모여 있었다. 시장과 시 의원과 마을 유지들은 시청 테라스에 자리를 잡았다. 악단은 숨을 헐떡이며 특별히 마련된 단상 위로 악기를 들고 올랐다. 사람들은 광장에 물고기처럼 빽빽하게 서 있었다. 위엄 있는 악장이 지휘봉을 들어 올리자 대 연주회가 시작되었다. <리골레토>, <일 트로바토레>,

<위그노교도>, <청교도>, <가면무도회>, 나폴리 민요, 폴카, 마주르카, 미뉴에트, 타란텔라가 끊임없이 이어졌고 템포는 점점 빨라졌다. 11시가 되자 이천 리라 어치의 폭죽과 원통형 꽃불, 회전 폭죽과 고깔모양 폭죽이 하늘을 수놓으며 성 안토니오의 영광을 기렸다. 자정 무렵 축제의 공식 프로그램이 모두 끝났지만 아나카프리 사람들과 악단은 이대로 끝낼 수 없었다. 아무도 잠자리에 들지 않았다. 마을에는 노래와 웃음소리, 음악이 밤새도록 울려 퍼졌다. 에비바 라 조이아, 기쁨이 영원하길! 에비바 일 산토, 성인 만세! 에비바 라 무지카, 음악이여 영원히!

악단은 아침 여섯 시에 배를 따고 떠날 예정이었다. 정박지로 가는 길에 동이 트자 그들은 산 미켈레 창문 아래에서 관례에 따라 세레나타 다디오(작별의 세레나데)를 연주하며 나에게 감사의 뜻을 전했다. 헨리 제임스가 잠옷 차림으로 침실 창가에서 밖을 내다보며 온몸이 들썩이도록 웃어대던 모습이 아직도 눈에 선하다. 안타깝게도 밤새 악단의 단원 수가 줄고 효율성이 떨어졌다. 단장은 정신을 못 차렸고, 주요 오보에 연주자 두 명은 피를 토했으며 바순은 깨져버렸다. 큰북 연주자는 오른쪽 어깨뼈가 탈구되었고 심벌즈 연주자는 고막이 찢어졌다. 다른 연주자 두 명은 몸을 제대로 가누지 못할 만큼 감정이 격해져 당나귀에 실려 정박지로 내려갔다. 생존자들은 길 한복판에 누워 마지막 숨을 내쉬며 산 미켈레에 바치는 애절한 작별의 세레나데를 연주했다. 블랙커피 한 잔으로 간신히 기운을 차린 그들은 말 한마디 내뱉지도 못하고 힘겹게 자리에서 일어나 손을 흔들며 페니키아 계단을 비틀비틀 걸어 내려갔다. 성 안토니오 축제는 그렇게 끝이 났다.

31

요트 경주

여름의 한가운데, 그 찬란한 햇살이 길게 내리쬐던 날이었다. 영국대사관이 로마에서 소렌토로 옮겨와 본부를 세웠다. 대사는 선원 모자를 쓰고 호텔 빅토리아 발코니에 앉아 단안경 너머로 수평선을 찬찬히 훑어보며 마에스트랄레(북서풍)에 만의 물결이 반짝이기만을 기다렸다. 발아래 작은 항구에는 대사가 아끼는 '레이디 헤르미온느'가 닻을 내린 채 이제나저제나 출발하기만을 기다렸다. 대사는 놀라운 독창력과 기술을 발휘하여 혼자서 운전할 수 있는 고속 순양함을 직접 설계하고 만들었다. 그는 종종 레이디호가 대서양을 항해하는 것도 마다하지 않을 것이라고 말했다. 자신이 이룬 찬란한 외교업적보다 그 배를 더 자랑스러워했다. 하루 종일 배에서 지내는 그의 얼굴이 소렌토 어부처럼 진하게 그을렸다. 그는 치비타 베키아에서 푼타 리코사에 이르는 해안을 나 못지않게 훤히 꿰고 있었다. 한번은 메시나까지 경주를 하자고 나에게 도전장을 내밀었다. 뒷바람과 거친 바다의 도움으로 나를 이기고는 크게 기뻐했다.

"잭야드 탑세일과 실크 스피네커를 새로 장착하면 그때 다시 붙으시죠." 나는 말했다.

대사는 카프리를 참으로 좋아했다. 지금까지 많은 곳을 다니며 보았지만 산 미켈레가 가장 아름답다고 여겼다. 이 섬의 긴 역사는 잘 알지 못했지만, 호기심 많은 소년처럼 알고자 하는 열정으로 가득했다.

그 무렵 나는 블루 그로토를 탐험하고 있었다. 마스트로 니콜라는 그 유명한 지하 통로에서 반쯤 정신을 잃은 나를 두 번이나 끌어냈다. 전설에 따르면 이 통로는 지구 가장 깊은 곳을 관통해 아마도 도무스 아우구스타라는 이름에서 변형된 것으로 보이는 다메쿠타 평원에서 600피트 높이에 자리한 티베리우스의 저택까지 이어진다. 나는 며칠을 꼬박 그로토에서 지냈다. 내가 일하는 동안 더퍼린 경이 종종 작은 배를 타고 나를 찾아왔다. 푸른 물속에서 한바탕 수영을 하고 난 뒤, 우리는 그 신비의 동굴 밖에 앉아서 티베리우스와 카프리의 난교에 대해 몇 시간씩 이야기를 나눴다. 나는 대사에게 수에토니우스가 남긴 다른 추잡한 소문처럼 티베리우스가 이 지하 통로 그로토에 내려와 소년소녀들과 난잡하게 놀다가 그들을 목 졸라 죽였다는 이야기도 헛소리라고 말했다. 이 동굴은 사람의 손으로 만든 게 아니라 오랜 세월 바닷물이 암벽을 서서히 침투해서 생겨났다. 동굴을 80야드 이상 기어 들어가 본 나는 이 동굴이 어디에도 이르지 않는다는 데에 목숨을 걸 수도 있었다. 로마인들이 그로토를 알았다는 증거는 여러 로마 석조물의 흔적에서 나타난다. 그 이후로 섬이 16피트 정도 가라앉아, 당시에는 맑은 물을 통해 보이는 커다란 수중 아치형 입구로 동굴에 들어갔다. 더퍼린 경이 작은 배를 타고 들어갔던 작은 구멍은 원래 그로토를 환기하는 창문이었다. 물론 당시에는 이렇게 파랗지 않고 이 섬에 있는 다른 수많은 동굴과 비슷했다. 베데커는 블루 그로토를 1826년 독일 화가 코피시가 발견했다고 하였지만 틀린 정보였다. 이 동굴은 17세기에 그로타 그라둘라(그라둘라 동굴)라고 알려져 있었고 1822년에 카프리의 어부 안젤로 페라로가 동굴을 다시 발견하였다. 페라로는 이 일로 종신연금을 받았다. 타키투스의 『연대기』에 전해오는 이런 악의적인 티베리우스의 전설을 두고, 나는 더퍼린 경에게 역사가 나폴레옹이 '인류의 비방자'라고 부른 주요 고발자의 증언만 믿고 이 위대한 황제에게 이런 불명예를 안긴 것은 엄청난 실수라고 말했다. 인류의 비방자 타키투스는 뛰어난 작가였지만 그가 쓴 『연대기』는 역사가 아니라 역사 소설이었다. 그는 자신이 속한 수사학파가 그리는 전형적인 폭군의 모습을 완성하고자 카프리의 난교와 관련한 글 스무 줄을 임의로 집어넣었다. 그가 이런 더러운 소문을 접한 의심스러운 출처가 어디인지 어렵지 않게 추적할 수 있었다. 나는 『티베리우스에 대한 심리학적 연구』에서도 그 이야기는 실제로 이 황제가 카프리에서 보냈던 삶과 관련이 없다고 지적했다.

정작 타키투스도 카프리에서 이루어진 난교를 믿지 않았다는 것이 그의 글에서 분명히 드러난다. 이런 소문들이 있었다 해도 타키우스가 그의 말을 빌자면 "훌륭한 인격으로 높이 평가받는" 티베리우스를 위대한 황제이자 위대한 인간이라고 보는 생각에는 변함이 없었기 때문이다. 그만큼 현명하지 않은 후계자 수에토니우스조차도 그와 얽힌 이 추악한 이야기들을 언급하기에 앞서 "도저히 그와 연관 지을 수도 없고 믿기도 어렵다"고 말하였다. 티베리우스가 사망하고 80년이 지나 『연대기』가 나오기 전까지 로마 역사에서 이 옛 황제보다 고귀하고 흠 없는 삶을 살았다고 기록된 인물은 없었다. 여러 작가들이 티베리우스를 다루었다. 그중에는 로마의 추악한 소문을 제일 먼저 접할 기회를 가진 동시대 작가도 있었지만, 그 누구도 카프리의 난교를 언급하지 않았다. 신심 깊고 학식이 높은 유대인 필로는 칼리굴라가 양할아버지와 함께 카프리에서 지내는 동안 깨끗하고 소박한 삶을 살도록 강요받았다고 분명하게 말한다. 사기꾼 수에토니우스는 거짓말을 하려면 기억력이 좋아야 한다는 퀸틸리아누스의 명언을 잊은 채, 칼리굴라가 카프리에서 방탕한 짓을 저지를 때면 늙은 황제의 삼엄한 감시를 피해 가발을 쓰고 변장을 했다는 정보를 퍼뜨리는 실수를 저질렀다. 악행을 꾸짖는 세네카와 플리니우스(두 사람 모두 수에토니우스와 동시대를 살았다)는 티베리우스가 카프리에서 겪은 처절한 고독을 이야기한다. 사실 디오 카시우스도 이런 추악한 소문을 몇 번 언급하지만, 스스로 설명할 수 없는 모순에 빠져들고 있다는 것을 알아차렸다. 하다못해 스캔들을 좋아하는 유베날리스도 황제가 이 섬에 있는 저택에서 학자나 천문학자들과 함께 '평온한 노년'을 보냈다고 이야기한다.

엄격한 도덕 옹호자 플루타르코스는 이 늙은 황제가 생의 마지막 10년 동안 품위 있는 고독을 유지했다고 말한다. 볼테르는 카프리의 난교 이야기는 과학적 심리학의 관점에서도 절대 불가능하다는 것을 일찌감치 이해했다. 티베리우스는 예순여덟 나이에 왕위에서 물러나 카프리로 거처를 옮겼다. 그리고 가장 악의적인 적들도 감히 도전할 수도 없는 엄격한 도덕적 삶이라는 불멸의 기록을 남겼다. 모든 작가들이 이 노인이 79세를 일기로 사망할 때까지 정신이 건강하고 활력이 넘쳤다고 인정하였으니, 그가 치명적인 노인성 치매를 앓았을 가능성은 모두 배제된다. 율리우스 가문에 흐르는 광기의 피를 클라우디우스 가문에서는 찾아볼 수 없었다. 섬에서 지낸 삶은 고독한 노인, 배은망덕한 세상에 지친 통치자, 마음의 상처를 받고 씁쓸해하는 우울한 이상주의자의 삶이자 오늘날 건강염려증 환자라 할 수 있는 상태의 삶이었다. 그러나 그 탁월한 지성과 뛰어난 유머 감각, 인류를 향한 믿음은 여전히 살아 있었다. 그는 동시대 사람들을 불신하고 경멸하였다. 그도 그럴 것이 그가 믿었던 사람들이 남녀 가리지 않고 대부분 그를 배신했기 때문이었다. 타키투스는 티베리우스가 왕위에서 물러나 카프리로 옮기기 1년 전, 아우구스투스에게 행해졌던 것처럼 자신을 위해 신성한 사원을 세워야 한다는 청원을 거부하면서 했던 말을 인용했다. 풍자와 미묘한 암시의 대가인 『연대기』의 편찬자가 아니고서야, 그 누가 후세에 공정한 판단을 진지하게 호소하는 이 늙은 황제의 말을 비웃으며 대담하게 인용할 수 있었을까?

"나로 말하자면, 원로들이여, 그저 반드시 죽어야 하는 인간으로서 그 의무를 다할 뿐이오. 내가 여러분 가운데 가장 높은 자리를 맡기에 합당하였다면 그것으로 만족하오. 후대는 이 점을 기억해주기를 바라오. 그들이 내가 우리 선조들에게 부끄럽지 않은 사람이었고 그대들의 이익을 살폈으며 위험 속에서도 굳건하였고 공직에서 만나는 적들에게 굴하지 않았다고 평가한다면 그것으로 충분하고도 남을 것이오. 이것이 바로 내가 여러분 마음속에 세우고자 하는 성전이자, 가장 아름답고 오래 남을 형상이오. 돌로 지은 성전은 후대가 이를 혐오한다면 한낱 명예롭지 않은 무덤일 뿐이오. 그러므로 나는 이 자리에서 신들께 마지막 날까지 신과 인간에 대한 나의 의무를 한 치의 흐트러짐 없이 분별할 수 있는 정신을 내게 허락하시기를 기도드리오. 또한 우리 백성들과 동맹들에게 부탁하니, 내가 이 세상을 떠난 뒤에도 나의 삶과 이름을 인정하고 따뜻한 마음으로 기억해주기를 바라오."

우리는 다메쿠타로 올라갔다. 노쇠한 황제는 저기 산 미켈레 옆에 가장 큰 저택을 지으면서 자신이 무슨 일을 하고 있는지 알고 있었다. 다메쿠타는 카프리 섬에서 가장 아름다운 전망을 자랑한다. 나는 대사에게 여기서 발견된 많은 조각들이 넬슨 시대 때 나폴리에 파견된 영국대사 윌리엄 해밀턴 경의 손에 들어갔고, 지금은 대영박물관에 있다고 말했다. 여전히 많은 조각들이 묻혀 있는 저 포도밭이 이제는 내 소유가 되었으니, 내년 여름부터 본격적으로 발굴할 생각이었다. 더퍼린 경은 모자이크 파편과 색색의 대리석 조각들 사이에서 녹슨 군복 단추를 주웠다. 코르시카 특수 부대였다! 그렇다, 1808년에 이백 명의 코르시카 특수부대가 이곳에 주둔했지만 안타깝게도 아나카프리에 주둔했던 영국 수비대는 대부분 몰타 군으로 이루어졌고 프랑스가 진영을 급습하자 혼비백산하며 달아났다. 나는 오리코 절벽 아래를 내려다보며 대사에게 프랑스군이 어디로 상륙했고 어디로 해서 깎아지른 암벽을 올라왔는지 알려주었다.

우리 둘 다 실로 어마어마한 작전 수행이었다며 고개를 끄덕였다. 그렇다. 영국군은 평소와 다름없이 용맹하게 싸웠지만 밤의 장막에 몸을 숨기며 오늘날 산 미켈레라고 불리는 이곳까지 후퇴해야 했다. 그곳에서 대사와 같은 아일랜드 출신이었던 지휘관 해밀 소령이 부상을 입고 전사했다. 그는 아나카프리 묘지 한쪽에 묻혔다. 이튿날 카프리로 퇴각하던 부대는 페니키아 계단을 내려가며 포 두 기를 버렸다. 그 포는 아직도 내 정원에 있다. 날이 밝자 프랑스 군대는 몬테 솔라로 정상에서 카프리로 포격하기 시작했다. 그 높은 곳까지 대포를 어떻게 끌고 올라갔는지 지금도 이해가 되질 않는다. 카프리 카사 잉글레세에 주둔하던 영국 사령관은 항복문서에 서명하는 수밖에 없었다. 잉크가 채 마르기도 전에, 바람이 불지 않아 폰차 제도에 묶여 있던 영국함대가 곧 모습을 드러냈다. 항복 문서에는 장차 다른 섬에서 사로잡힌 독수리(나폴레옹 보나파르트)를 감시하게 될 비운의 인물, 허드슨 로 경의 이름이 적혀 있었다.

마을을 지나 산 미켈레로 되돌아오는 길에 나는 작은 정원에 있는 아담한 집을 가리키며 대사에게 저 집 주인은 아나카프리에서 아름답기로 손꼽히는 라 벨라 마게리타의 이모라고 알려줬다. 내가 잘못 알고 있는 게 아니라면 그녀의 이모는 대사와 친척뻘 되는 밀로드 잉글레세(영국 귀족)와 결혼했다. 그러자 대사는 사촌이 어느 이탈리아 농민 아가씨와 결혼해 집안을 실망시킨 것도 모자라 그 아가씨를 영국으로 데려온 일을 떠올렸다. 하지만 그녀의 얼굴을 본 적도 없고 남편이 죽은 뒤로는 그녀가 어떻게 되었는지 모른다고 했다. 대사는 무척 흥미를 느끼며 내가 알고 있는 게 있으면 모두 들려 달라고 부탁하였다. 그녀 남편 이야기라면 이미 충분히 알고 있다는 말도 덧붙였다. 나는 두 사람이 결혼한 건 내가 여기 오기 훨씬 전 일이라고 말했다. 그녀가 과부가 되어 영국에서 돌아온 지 한참이 지난 뒤에야 알게 되었는데, 그때 그녀는 이미 중년을 훌쩍 넘긴 나이였다. 대사에게 들려줄 수 있는 이야기는 그녀의 고해 사제이자 개인 교사였던 돈 크리소스토모에게 들은 것뿐이었다. 그녀는 글을 읽고 쓰지 못했지만, 무엇이든 이해가 빠른 카프리 사람답게 영어를 곧잘 배웠다.

영국 귀족의 아내로 영국에서 살 준비를 하던 그녀에게 학식 높은 돈 크리소스토모는 다양한 주제로 수업을 하며 대화의 폭을 넓혀 나갔다. 카프리의 아가씨들이라면 으레 그렇듯, 그녀도 이미 우아하고 예의바른 태도가 몸에 배어 있었다. 외모라면, 내가 늘 뛰어난 미의 감별사라고 꼽는 돈 크리소스토모가 아나카프리에서 가장 빼어난 아가씨였다고 장담했으니 그보다 믿을 만한 말이 어디 있겠나. 그녀가 섬 바깥 세상에 관심을 가지도록 무진 애를 썼지만 헛수고였다. 그래서 카프리의 역사만이라도 가르쳐 적어도 남편의 친척들과 나눌 이야깃거리로 삼을 수 있게 해주었다. 그녀는 티베리우스 황제가 살토 디 티베리오에서 희생자들을 내던진 이야기, 게의 앞발로 어부의 얼굴을 난도질한 이야기, 블루 그로토에서 어린 소년소녀들을 목 졸라 죽인 이야기, 이런 끔찍한 이야기에 진지하게 귀 기울였다. 그의 손자 네로가 노 젓는 사공을 시켜 섬이 바라다 보이는 곳에서 자신의 어머니를 때려 죽인 이야기, 그의 조카 칼리굴라가 포추올리 앞바다에 수천 명의 사람들을 빠뜨려 죽인 이야기도 들었다. 결국 그녀는 특유의 사투리로 이렇게 말했다.

"그 사람들 모조리 나쁜 사람들이었을 거예요. 카모라(불량배) 놈들이랑 다를 게 없잖아요."

"나도 그렇게 생각한단다." 그녀를 가르치는 선생이 말했다. "내가 한 이야기 들었잖니? 티베리우스가 블루 그로토에서 소년소녀들을 목 졸라 죽였다거나, 또…."

"그 사람들, 다 죽었나요?"

"물론이지. 이천 년 전 일인걸."

"그럼 우리가 지금 그 사람들을 왜 걱정해야 하죠? 우리랑 상관없잖아요." 그녀는 매력적인 미소를 지으며 말했다.

그 길로 그녀가 받던 교육은 끝이 났다.

남편을 여의고 섬으로 되돌아온 그녀는 영국 귀족인 남편의 가문보다 이천 년은 더 오래된 자신의 조상들이 누렸던 소박한 삶으로 서서히 돌아갔다. 우리는 페르골라에 앉아 묵주를 쥐고 무릎에 고양이를 앉힌 채 햇볕을 쬐고 있는 그녀를 만났다. 그라쿠스 형제의 어머니처럼 위엄 있는 로마 여인의 모습이었다. 더퍼린 경은 마치 옛 궁정 신하가 예를 갖추듯 그녀의 손에 입을 맞췄다. 그녀는 영어를 거의 다 잊어버리고 어린 시절 쓰던 사투리로 되돌아갔다. 대사가 쓰는 고전 이탈리아어는 나도, 그녀도, 알아듣기 어려웠다.

"저분에게 내 말을 전해주게나." 그만 가야겠다며 일어서는데 더퍼린 경이 말했다. "내가, 남편이었던 밀로드 잉글레세만큼이나 부인도 훌륭한 숙녀라고 하더라고 말일세."

대사가 부인의 조카 라 벨라 마르게리타를 보고 싶어 했냐고? 물론이다. 그럴 수 있다면 더 바랄 게 없다고 말했다.

라 벨라 마르게리타는 매력적인 미소를 지으며 파로코가 준 가장 좋은 포도주 한 잔으로 우리를 맞이하였다. 친절한 노신사는 그녀의 장밋빛 뺨에 다정하게 입 맞추어 서로 친척임을 기꺼이 인정했다.

오랫동안 기다렸던 레가타(요트 경기)가 다음 일요일로 잡혔다. 카프리, 포실리포, 소렌토 세 곳을 잇는 코스로, 우승자는 더퍼린 부인에게 우승컵을 받을 예정이었다. 나의 멋진 소형 보트 '레이디 빅토리아'는 스코틀랜드에서 건조한 고급 보트로, 티크와 강철로 만들어져 어떤 상황에도 대처할 수 있으며, 잘만 다루면 사시사철 안전했다. 배워두길 참 잘했다 싶은 것이 바로 보트를 조종하는 방법이었다. 작은 요트 두 척은 자매 보트로, 더퍼린 경의 두 딸이 본인들 이름을 그 배에 붙여주었다. 승산은 서로 비슷했다. 바람이 심하고 거친 바다였다면 내가 질 가능성이 높았겠지만, 살랑 부는 바람과 잔잔한 바다에서라면 새로 마련한 잭야드 톱세일과 실크 스피네커에 의지해 우승컵을 거머쥘 수 있을 것 같았다. 새로 주문한 이 돛들은 내가 아직 로마에 있을 때 영국에서 들여온 것으로, 집안에서 가장 믿을 수 있는 늙은 파치알레가 돛 창고에 안전하게 걸어두고 관리했다. 그는 자신이 얼마나 중요한 일을 맡았는지 잘 알았다. 잠을 잘 때에는 열쇠를 베개 밑에 잘 숨겨두어 누구도 그 신성한 곳에 함부로 발을 들이지 못하게 했다. 늦은 나이에 열정 넘치는 사토장이가 되었지만, 그의 마음은 소년 시절부터 '페스카토레 디 코랄리(산호 어부)'로 살며 고생했던 바다에 늘 가 있었다. 아메리카 대륙의 저즈가 카프리에 내리기 전까지만 해도 모든 남자들이 튀니스와 트리폴리 인근 '바르바리아' 지역에서 산호를 캤다. 마냥 험하고 궁핍했으며 온갖 위험을 겪을 수 있는 고된 일이었고, 많은 사람들이 섬으로 돌아오지 못했다. 파치알레는 바다에서 20년 동안 고생한 끝에 아내를 맞이하는 데 필요한 자금 300리라를 모았다. 거기서 100리라로 보트와 어구를 샀고, 200리라로는 침대, 의자 두 개, 결혼할 때 입을 정장 한 벌을 샀다.

 나머지 일은 성모님께 맡겼다. 아가씨는 숱한 세월을 기다리며 실을 잣고 베를 짜서 혼수로 가져갈 물품들을 만들었다. 다른 사람들처럼 파치알레도 아버지에게 손바닥만 한 땅덩어리를 물려받았다. 다메쿠타에서 1천 피트 아래에 물가에 있던 그 땅은 완전히 돌밭이었다. 그는 한 해가 가고 두 해가 가도록 바구니에 흙을 담아 등에 지고 날라 포도나무 몇 그루와 까끌까끌한 배나무를 심을 토양을 일구었다. 하지만 포도주를 한 방울도 만들지 못했다. 불어오는 남서풍에 소금기 어린 안개가 밀려와 어린 포도나무가 자꾸만 말라 죽어버렸기 때문이다. 그는 가끔 섬에서 가장 먼저 수확한 감자를 가지고 와 아주 뿌듯해하며 내게 나눠주었다. 틈이 날 때마다 마세리아(농막)에 내려가 무거운 곡괭이로 돌을 고르거나 흙으로 빚은 담뱃대를 물고 바위 위에 앉아 바다를 바라보았다. 가끔 내가 염소조차 발을 내딛기 망설일 만큼 가파른 절벽을 내려가 방문하기라도 하면 그렇게 기뻐할 수가 없었다. 발아래엔 바다 쪽에서는 들어갈 수 없는 동굴이 하나 있었다. 지금도 사람들이 잘 모르는 그 어둑어둑한 동굴에는 거대한 종유석이 매달려 있었다. 파치알레에게 듣자하니, 한때 루포마나로라고 하는 늑대인간이 살았던 곳이었다. 신비롭고 경외감을 불러일으키는 이 늑대인간도 티베리우스만큼이나 섬사람들의 상상 속에 여전히 존재하고 있었다. 내가 동굴 모래더미에서 발견한 화석은 큰 포유동물의 치아였다. 이 동물은 아직 섬이 본토와 연결되어 있던 시절에 이곳에서 죽음을 맞이한 거다. 부싯돌과 흑요석 조각들은 원시인이 쓰던 도구의 잔해였다. 동굴이 동쪽을 향하는 데다가 이곳 사람들이 종종 태양의 신 미트라스를 섬겼으니, 어쩌면 신이 여기서 살았을지도 모른다.

하지만 지금은 동굴을 탐험할 시간이 없었다. 생각이 온통 다가올 요트 경기에 가 있었다. 파치알레에게 아침 식사 후 새 돛을 점검하러 가겠다고 일러두었다. 돛 창고 문이 열려 있었지만 놀랍게도 나를 맞이해야 할 늙은 파치알레는 보이지 않았다. 새 돛을 하나하나 펼치다가 기절하는 줄 알았다. 잭야드 톱세일이 크게 찢겨 있었고, 우승컵을 안겨줄 실크 스피네커는 거의 두 조각이 났으며, 경주용 지브(작은 돛)는 흙투성이에 너덜너덜했다. 잠시 말문이 막혔던 나는 소리를 지르며 파치알레를 찾았다. 하지만 그는 오지 않았다. 창고 밖으로 뛰쳐나가니 그가 정원 벽에 기대어 서 있는 모습이 눈에 들어왔다. 정신이 나갈 만큼 화가 난 나는 손을 들어 그를 내리치려 했다. 그런데도 그는 아무 말 없이 꿈쩍하지 않았다. 그저 고개를 떨구고 두 팔을 옆으로 뻗은 채 벽에 기대 서 있을 뿐이었다. 나는 손을 내렸다. 그 모습이 무얼 뜻하는지 알고 있었다. 예전에도 그런 모습을 본 적이 있으니까. 고통에 시달리고 있다는 표현이자, 아무런 죄가 없다는 뜻이었다. 두 팔을 벌리고 고개를 떨군 모습은 십자가에 못 박히신 우리 주 예수의 모습이었다. 누그러진 목소리로 그에게 말을 걸었지만 그는 아무 대답도 하지 않았다. 고통의 십자가를 진 채 꼼짝도 하지 않았다.

 나는 돛 창고 열쇠를 주머니에 넣고 온 집안사람들을 불렀다. 돛 창고에 들어갔던 사람은 아무도 없었다. 모두들 뭐라 할 말이 없었다. 그런데 조반니나가 앞치마에 얼굴을 묻고 울음을 터뜨렸다. 나는 조반니나를 방으로 데려가 어르고 달랜 끝에 이야기를 들을 수 있었다. 그녀가 흐느끼며 들려준 이 가슴 아픈 이야기를 하나하나 잘 전달할 수 있으면 좋겠다. 내가 이 불쌍한 파치알레에게 손을 쳐들었던 순간만 생각하면 울컥해진다. 그 일은 두 달 전, 우리가 아직 로마에서 지내던 5월 1일에 일어났다. 몇 해 전 세상을 어수선하게 했던 그 유명한 5월 1일을 기억할지 모르겠다.

 유럽 모든 나라에서 사회적 격변이 일어나 부자들은 공격을 당하고 그들이 축적한 저주받을 재산은 산산조각이 날 것이라는 소문이 돌았던 날이었다. 적어도 신문에서는 그렇게 떠들었다. 작은 신문일수록 닥쳐올 재앙을 크게 떠들었다. 그중에서도 가장 규모가 작은 신문이 바로 마리아 포르타-레테레가 일주일에 두 번 어망에 담아 본당신부에게 배달했던 『보체 디 산 젠나로(산 젠나로의 목소리)』였다. 마을 지식인들이 서로 돌려보았던 그 신문은 목가적이고 평화로운 아나카프리에 세상의 소식을 전하는 희미한 메아리였다. 하지만 이번에 그 신문 지면에 실려 지식인들에게 들려온 것은 결코 희미한 메아리가 아니었다. 온 마을을 벌컥 뒤집어놓은 청천벽력이었다. 오래 전부터 예고되었던 세계적인 대재앙이 5월 1일에 일어날 것이라는 소식이었다. 악마가 부추긴 야만적인 아틸라의 무리들이 부자들의 성을 약탈하고 그들의 재산을 불태우고 파괴할 것이라고 했다. 그것은 끝의 시작이었다. 카스티고 디 디오! 신의 채찍, 아틸라다! 이 소식은 아나카프리 곳곳에 들불처럼 퍼졌다. 본당 신부는 산 안토니오의 보석들과 교회의 성물들을 침대 밑에 숨겼다. 마을 유지들은 가지고 있던 재산을 몽땅 포도주 창고로 옮겼다. 마을 사람들은 광장으로 달려 나가 제대에서 거리로 옮겨온 수호성인에게 우리를 보호해 달라고 외쳤다. 운명의 날을 하루 앞둔 그날, 파치알레는 본당 신부에게 조언을 구하러 찾아갔다. 발다사레는 이미 다녀갔다. 본당신부에게 산적들이 시뇨르 도토레가 가지고 있는 돌조각이나 접시 조각, 로바 안티카 따위에 관심을 두지 않을 것이라는 말을 듣고 마음을 놓으며 돌아갔다. 발다사레는 이런 잡동사니를 그 자리에 그대로 두어도 괜찮을 터였다. 그러나 돛을 책임지고 있던 파치알레에게는 상황이 곤란하게 되었다고 신부가 말했다. 도적들이 섬을 침입하려면 배를 타야 할 텐데, 뱃사람들에게 돛만큼 귀한 전리품은 없지 않겠는가. 돛을 포도주 창고에 숨기는 것은 너무나 위험했다. 뱃사람들은 좋은 포도주도 좋아했으니까. 신부는 차라리 다메쿠타 절벽 아래에 있는 외딴 농막으로 옮기라고 조언했다. 산적들이 돛을 가지러 그 절벽 아래까지 목숨을 걸고 오지는 않을 테니, 이보다 적당한 장소가 어디에 있겠냐며 말이다.

해가 지자 무거운 몽둥이를 하나씩 든 파치알레와 그의 동생, 믿을 만한 동료 둘이 내 새 돛을 끌면서 농막으로 내려갔다. 밤이 되자 폭풍이 몰아치더니 곧 폭우가 쏟아졌다. 등불이 모두 꺼졌다. 모두들 목숨을 걸고 미끄러운 절벽을 더듬더듬 내려갔다. 한밤중에 농막에 도착한 그들은 루포마나로 동굴에 돛을 두었다. 그리고 5월 1일 내내 말아놓은 젖은 돛 위에 앉아 있다가 한 사람씩 돌아가며 동굴 입구를 지켜 섰다. 해가 질 무렵 파치알레는 썩 내켜하지 않는 동생을 마을에 보내며 분위기를 살피고 오라고 일렀다. 쓸데없이 위험한 짓은 하지 말라는 당부도 잊지 않았다. 세 시간이 지나 돌아온 동생은 산적의 흔적은 찾아볼 수 없었고 모든 것이 평소처럼 돌아가고 있다고 알렸다. 마을 사람들이 모두 광장에 나와 있고, 교회 제대 앞에 촛불을 밝혀놓았으며, 성 안토니오를 광장으로 모시고 나와 또다시 파괴될 뻔한 마을을 구해준 것에 감사를 드리기로 했다. 다시 한밤중이 되자 파치알레 일행은 물에 젖은 돛을 들고 동굴에서 나와 마을로 다시 올라갔다. 엄청난 참사를 목격한 파치알레는 물에 빠져 죽으려 했고, 그의 딸들은 도저히 아버지를 눈앞에서 떼어놓기가 불안하여 몇 날 며칠을 밤낮으로 지켜보았다. 그날 이후로 파치알레는 전혀 딴사람이 되어버렸고, 말도 거의 하지 않았다.

나도 그의 상태를 진즉에 깨닫고 몇 번이나 그에게 무슨 일이 있냐고 물었다. 조반니나가 그간의 일을 다 이야기하기도 전에 내 마음에 쌓였던 분노가 모두 사라졌다. 그 말을 해주고 싶어 온 동네를 돌아다니며 파치알레를 찾았지만 어디에서도 보이질 않았다. 드디어 농막 아래에서 그를 찾았다. 평소 늘 앉아 있던 바위에 앉아 바다를 바라보고 있었다. 그에게 사과했다. "자네를 때리려 하다니, 부끄러운 짓이었네. 이게 다 신부 탓이야. 새 돛 따위 어찌되든 상관없네. 쓰던 돛으로도 충분해. 내일 배를 타고 한동안 여행을 떠날 생각인데, 이제까지 일들은 다 잊고 함께 가겠나?"

나는 그가 무덤 파는 일을 하는 게 늘 못마땅했다. 그것을 눈치챘던 그는 이제 그 일을 동생에게 맡기고 바다로 돌아가는 게 낫겠다고 생각했다. 그날부터 그는 내 소형 배를 책임지는 선원으로 승진했다. 가에타노는 어차피 해고할 생각이었다. 그가 칼라브리아에서 두 번이나 술에 취하는 바람에 우리 모두 물귀신이 될 뻔했으니까. 파치알레와 함께 집으로 돌아온 나는 영국에서 막 도착한 새 유니폼을 그에게 입혔다. 가슴팍에 붉은 글씨로 'LADY VICTORIA R.C.Y.C'라고 적혀 있었다. 그 뒤로 파치알레는 이 옷을 벗지 않았다. 이 옷만 입고 살았고, 죽을 때에도 이 옷을 입고 있었다. 우리가 처음 만났던 때에 파치알레는 이미 노인이었다. 나이가 몇인지는 그도 몰랐고, 그 딸들도 몰랐다. 사실 아는 사람이 없었다. 그의 출생과 관련한 흔적을 시청 등록부에서 찾아보았지만 헛수고였다. 그는 애초에 잊혀졌다. 그러나 나는 결코 그를 잊지 않을 것이다. 나라, 계층 불문하고 내가 만났던 사람 중 누구보다 정직하고 누구보다 깨끗한 마음을 지녔으며 아이처럼 순수한 사람으로 늘 기억할 것이다. 그의 자녀들은 아버지가 어머니는 물론 자신들을 다그치거나 험한 말을 한 번도 하지 않았다고 했다. 심지어 동물들에게도 다정했다. 그는 빵 부스러기를 주머니에 가득 담아서 포도밭에 날아오는 새들에게 먹이로 주었다.

이 섬에서 덫을 놓아 새를 잡지도 않고 당나귀에게 채찍질을 하지도 않는 사람은 오직 그뿐이었다. 그와 나는 더 이상 충실한 늙은 하인과 주인이 아니었다. 그는 나의 벗이었다. 내게는 영광스러운 일이었다. 그는 나보다 훨씬 훌륭한 사람이었으니까. 그는 내가 알지 못하는 세상에 속했지만, 우리는 서로를 깊이 이해했다. 낮이고 밤이고 단둘이 바다에 나갈 때면 그는 내가 책이나 다른 사람들에게서 배울 수 없는 많은 것들을 가르쳐주었다. 그는 말수가 적은 사람이었다. 아주 오래 전, 바다는 그에게 침묵을 가르쳐주었다. 그는 생각을 많이 하지 않았다. 그 편이 그에게는 다행이었다. 하지만 그가 하는 말은 시와 같았고, 고풍스럽고 단순한 그의 비유는 그리스의 그것과 같았다. 사실 그가 하는 말 중에는 그리스어가 많았다. 율리시즈의 배가 그 해안을 항해하던 그 시절부터 선원들의 입에서 입으로 전해오던 그 말들을 기억하고 있었다. 우리가 집에 있는 날에는 평소처럼 내 정원에서 일을 하거나 그가 좋아하는 바닷가 농막에 내려가 일상생활을 이어갔다. 가파른 절벽을 오르내리는 탐험은 내 취향이 아니었다. 그를 보고 있으면 동맥이 갈수록 굳어지는 듯했다. 한참 절벽을 올랐다 돌아올 때면 종종 숨을 몰아쉬었다. 그렇지만 그는 한결같았고, 아무런 불평도 하지 않았다. 언제나 마카로니를 맛있게 먹었고 해가 뜨고 질 때까지 바지런히 움직였다. 그러던 그가 어느 날부터 갑자기 먹기를 거부했다. 우리가 어르고 달래보았지만 꿈쩍도 하지 않았다. 그는 "운 포토 스탄코", 조금 피곤하다고 말했다. 며칠 동안 페르골라 아래에 앉아 바다를 바라보는 모습이 꽤 행복해 보였다. 그러더니 농막으로 내려가겠다고 고집을 부렸다. 우리와 함께 지내자고 설득했지만 쉽지 않았다. 그가 거기로 가려는 이유를 정작 본인은 몰랐겠지만 나는 알았다.

 태고의 본능이 다른 사람을 피해 바위 뒤나 덤불 아래 혹은 동굴 속에 몸을 뉘어 영원한 잠에 들도록 그를 이끈 것이다. 수천 년 전 원시인들이 숨을 거두었던 그곳으로. 정오 무렵 그는 잠시 침대에 누워 쉬고 싶다고 말했다. 평생 침대에 누워 본 적이 없는 사람이 말이다. 내가 오후에 몇 번이나 괜찮은지 물었지만, 그럴 때마다 그는 기분이 아주 좋다고, 신경을 써 줘서 감사하다고 말했다. 저녁 무렵 나는 그가 누워 있는 침대를 창가로 옮겼다. 그 자리에서는 바다 저 편으로 해가 넘어가는 모습을 볼 수 있었다. 저녁기도를 마치고 다시 방으로 돌아오니 온 집안 식구들과 그의 동생, 동료들이 방 앞에 앉아 있었다. 아무도 그들을 불러 모으지 않았다. 나도 그때가 그렇게 가까이 왔는지 몰랐다. 그들은 아무 말도 하지 않았다. 기도도 하지 않았다. 그저 밤새도록 자리를 지키고 앉아 있을 뿐이었다. 이곳의 풍습에 따라 누구도 침대 가까이 다가가지 않았다. 늙은 파치알레는 그 자리에 아주 고요하고 평화롭게 누워 바다를 바라보았다. 모든 것이 너무나 단순하면서도 엄숙했다. 삶이 끝나가는 순간은 그래야 한다는 듯이. 사제가 마지막 성체를 주러 왔다. 늙은 파치알레에게 죄를 고백하고 용서를 청하라고 했다. 그는 고개를 끄덕이고 십자가에 입을 맞췄다. 사제는 그의 죄를 사하여 주었다. 전능하신 하느님께서는 미소를 지으시며 늙은 파치알레에게 어서 천국으로 들라고 말씀하셨다. 그가 이미 천국에 들었다고 생각하는 순간, 갑자기 그가 손을 들어 내 뺨을 가만가만 부드럽게 쓰다듬었다.

"시에테 부오노 코메 일 마레." 그가 중얼거렸다.

나더러 바다처럼 선한 사람이라니!

우쭐한 마음에 이 말을 적는 게 아니다. 그저 경이로울 뿐이다. 이런 말은 어디서 왔을까? 분명 아주 먼 곳에서 왔겠지. 오래 전에 잊힌 황금시대로부터 들려오는 메아리처럼. 판 신이 살아 있고, 숲의 나무들은 말을 하고 바다의 물결은 노래를 부르며, 인간은 그 말과 노래를 듣고 이해할 수 있었던 그 시절로부터.

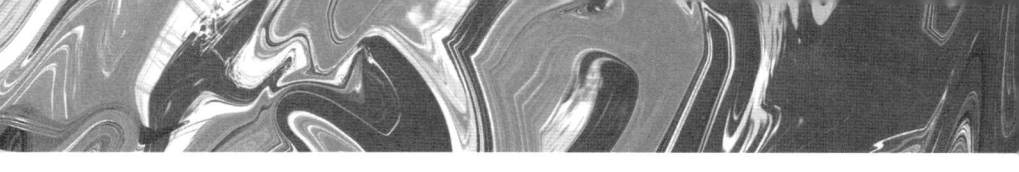

32

끝의 시작

한 1년, 산 미켈레를 떠나 있었다. 얼마나 바보 같은 짓이었는지! 다시 돌아올 때는 눈을 하나 잃었다. 그 일을 말하고 싶진 않다. 이런 상황을 대비하라고 처음부터 눈 두 개를 가지고 태어났나 보다. 떠날 때와는 완전히 다른 사람이 되어 있었다. 남은 눈 하나로 바라보는 세상은 전과 달랐다. 더럽고 추악한 것들은 더 이상 눈에 들어오지 않는다. 아름답고 사랑스러우며 깨끗한 것들만 보인다. 게다가 주변에 있는 남자와 여자들도 예전과 다르게 보인다. 신기한 착시 현상 덕에 그들이 지금의 모습이 아니라 원래 가지고 있던 모습, 혹은 기회가 주어진다면 되고 싶었던 모습으로 보인다. 눈을 잃었어도 많은 바보들이 거들먹거리는 모습은 여전히 볼 수 있다. 하지만 예전처럼 거슬리지는 않는다. 그들이 무슨 말을 떠들어대든 신경 끊고 마음껏 지껄이게 내버려둘 테다. 나에게 현재는 의미가 없다. 언젠가 내가 인간을 사랑하기 위해서는 먼저 남은 눈마저 잃어야 하지 않을까. 나는 동물들을 대하는 인간의 잔인함을 용서할 수 없다. 마음 속에서 어떤 퇴화가 일어나 다른 사람들로부터 점점 더 멀어지고 대자연과 동물들에 가까이 다가가는 것 같다. 주변 사람들이 예전만큼 그다지 중요하지 않다. 그들과 괜한 시간낭비를 했다는 생각이 든다. 그들 없이도 잘 지낼 수 있을 것 같다. 그들도 그럴 것 같다. 그들이 더 이상 나를 필요로 하지 않는다는 걸 잘 안다. 쫓겨나기 전에 필리 아 롱글레즈, 조용히 떠나는 게 낫다. 해야 할 일이 많지만 시간이 얼마나 남았을지 모르겠다. 행복을 찾아 세상을 돌아다니던 나의 여행은 이제 끝났다. 유행을 따르는 의사로 살던 내 인생도 끝났다. 바다에서 지내는 삶 역시 끝났다. 지금 있는 이 자리에 영원히 머물며 최선을 다해보려 한다. 하지만 이곳 산 미켈레에 머물 수 있을까? 발아래 펼쳐진 나폴리 만 전체가 거울처럼 반짝이고, 페르골라를 받치고 있는 기둥들과 로지아와 예배당도 모두 눈부시게 빛나고 있다. 이 찬란한 빛을 견디지 못한다면 나는 어떻게 될까? 책을 읽고 글을 쓰는 일을 포기하고 노래를 부르기 시작했다. 모든 것이 괜찮을 때에는 하지 않던 일이었다. 아, 타자치는 법도 배우고 있다. 한쪽 눈만 보이는 홀로 사는 남자에게 그만큼 유용하고 즐거운 취미가 없다고들 한다. 자판을 두드릴 때마다 타자봉들이 종이는 물론 내 두개골도 두드려대며 내 뇌에서 겁도 없이 튀어나오려 하는 생각에 결정타를 날린다. 더군다나 나는 생각하는 일에 익숙하지도 않았다. 차라리 생각이라는 걸 하지 않는 편이 훨씬 나은 것 같다. 내 머리에서 손에 쥔 펜까지 편안하게 이어지는 길이 있었나 보다. 머릿속에 떠오른 생각들은 알파벳과 씨름하기 시작하면서부터 줄곧 이 길을 더듬어 내려왔다. 그러니 미국에서 온 이 톱니바퀴의 미로 안에서 길을 잃는다 한들 하나도 이상하지 않다! 이에 덧붙여 독자들에게 경고하는데, 나는 손으로 쓴 글에 책임을 질 수 있지만 코로나 타자기 회사와 합작하여 만들어낸 글에는 책임이 없다. 독자들이 이 두 가지 중 무엇을 더 좋아할지 궁금하다.

하지만 사납게 날뛰는 이 페가수스에 올라타는 법을 익힌다면, 역사상 가장 뛰어난 노래꾼인 사랑하는 슈베르트에게 감사의 뜻으로 보잘것없는 노래를 바치고 싶다. 그는 내게 많은 것을 베풀었다. 한 주 한 주 아무런 희망도 없는 어둠 속에 갇혀 누워 있던 동안, 난 그의 노래를 한 곡 한 곡 흥얼거렸다. 어두컴컴한 숲을 지나며 하나도 무섭지 않은 척 휘파람을 불어대는 소년처럼. 슈베르트가 괴테의 『마왕』에 곡을 붙여 겸손히 존경의 뜻을 담아 그에게 보냈을 때 나이가 열아홉이었다. 나는 그저 그런 음악을 쓴 첼터에게는 감사의 편지를 쓸 만큼 시간이 남아돌면서 정작 자신의 시를 불멸의 작품으로 만들어준 사람에게 감사의 인사는커녕 편지를 받았다는 말 한마디 전하지 않은 현대의 가장 위대한 시인을 용서할 수 없다. 괴테는 음악을 듣는 귀나 미술작품을 보는 눈이나 모두 아주 형편없었다. 이탈리아에서 1년이나 보냈지만 고딕 예술을 하나도 이해하지 못했다. 그 엄격한 태고의 아름다움을 이해할 능력이 없었다. 그의 이상은 카를로 돌치와 귀도 레니였다.

  최고로 꼽히는 순수 그리스 미술을 보면서도 아무런 감흥을 느끼지 못했다. 그가 가장 좋아한 작품은 '벨베데레의 아폴로'였다. 슈베르트는 바다를 본 적이 없었다. 하지만 호메로스를 제외한 그 어떤 작곡가, 화가, 시인도 고요한 바다의 장엄함과 신비로움과 분노를 슈베르트만큼 우리에게 잘 전달하지 못했다. 나일 강을 본 적 없는 슈베르트이지만 그 멋진 <멤논>의 도입부는 룩소르 사원에서 울려 퍼졌을 법했다. 친구인 마이어호퍼가 알려준 것 말고는 헬레니즘 미술과 문학을 알지 못했지만 <그리스의 신들>, <프로메테우스>, <가니메데스>, <아이스킬로스의 단편> 같은 작품들은 헬라스의 황금기에서 탄생한 걸작이다. 여인의 사랑을 받아보지 못한 그였지만, <실 잣는 그레첸>보다 가슴 아픈 격정의 외침도 없었고, <미뇽>만큼 감동적인 체념도 없으며, <세레나데>보다 감미로운 사랑의 노래 역시 없었다. 그가 아무리 비참하고 가난한 삶을 살았다지만 서른한 살, 너무 이른 나이에 세상을 떠나고 말았다. <음악에>와 같은 곡을 쓴 그가 자기 피아노 하나 없었다니! 그가 죽고 난 뒤 옷가지와 책 몇 권, 쓰던 침대 같은 물건들은 경매에서 모두 63플로린에 팔렸다. 그의 침대 아래에 놓여 있던 낡은 가방에서는 그가 태어나 평생을 살았던 빈에 로스차일드 가문이 보유하고 있던 금보다 훨씬 값진 다른 불멸의 가곡들의 악보가 발견되었다.

또다시 봄이 찾아왔다. 바람에 봄이 가득하다. 지네스트라가 흐드러지게 피고 머틀에 꽃봉오리가 맺혔으며 포도나무에 싹이 돋았다. 세상이 온통 꽃이다. 장미와 인동덩굴이 사이프러스 줄기와 페르골라 기둥을 타고 올라간다. 아네모네, 크로커스, 야생 히아신스, 제비꽃, 난초, 시클라멘이 향긋한 풀밭에서 자라고 있다. 캄파눌라 그라실리스와 블루 그로토만큼이나 짙푸른 리토스페르뭄이 바위 위로 고개를 내민다. 담쟁이덩굴 사이로 도마뱀들이 술래잡기를 한다. 거북이들은 힘차게 노래 부르며 내달린다. 설마 거북이가 노래 부를 수 있다는 사실을 모르지 않겠지? 몽구스는 그 어느 때보다 더 안절부절못하는 것 같다. 작은 미네르바 부엉이는 로마 캄파냐에 있는 친구를 찾아 날아가려는 듯 날개를 펄럭인다. 마렘마 종인 대형견 바르바로사는 나름 용건을 보러 사라졌고, 늙고 병든 타피오조차도 라플란드에서 한바탕 신나게 놀아도 문제가 없어 보였다. 눈을 반짝이며 무화과나무 아래를 왔다 갔다 하는 빌리는 무슨 일이든 해내는 마을 젊은이처럼 늠름하다. 조반니나는 정원 담벼락 밑에서 구릿빛 피부의 연인과 긴 대화를 나누고 있다. 그래도 괜찮다. 두 사람은 결혼의 수호성인 성 안토니오를 본받아 결혼하기로 했으니까. 산 미켈레 위로 솟아 오른 신성한 산에는 짝짓기를 하고 새끼들을 키우러 고향으로 돌아가는 새들로 가득하다. 새들이 그곳에서 평화로이 쉴 수 있어 얼마나 기쁜지! 어제는 불쌍한 어린 종달새를 주웠다. 오랫동안 바다를 건너 여행하느라 지쳤는지 날아가려고도 하지 않고 내 손바닥에 가만히 앉아 있었다. 친구의 손, 어쩌면 동포의 손이란 것을 아는 모양이었다. 다시 떠나기 전에 나에게 노래를 불러줄 수 있냐고 물었다. 세상에 그보다 더 좋아하는 새소리는 없었다. 하지만 새는 그럴 시간이 없다며, 서둘러 고향인 스웨덴으로 돌아가 여름 내내 노래를 불러야 한다고 했다. 일주일 넘게 황금마도요의 피리 같은 소리가 내 정원에 울려 퍼졌다. 얼마 전 월계수 덤불에 숨어 있는 녀석의 신부를 발견했다. 그리고 오늘 그들의 둥지를 보았다. 그것은 새가 지은 경이로운 건축물이었다. 예배당 옆 로즈마리 덤불에서도 새들의 날갯짓 소리와 부드럽게 종알거리는 소리가 들려온다. 나는 아무것도 모르는 척 시치미를 떼고 있지만, 그곳에서 서로 희롱질을 하고 있는 게 확실하다. 어떤 새일까? 지난 밤 그 궁금증이 풀렸다. 잠자리에 들려고 하는데 나이팅게일 한 마리가 내 창문 아래에서 슈베르트의 세레나데를 부르질 않겠나.

    나의 노래 조용히 그대에게 애원하네
    밤새도록 그대에게
    고요한 숲속으로
    사랑하는 그대여, 나에게 와 주오

"페피넬라가 정말 아름다운 아가씨가 되었구나." 이런 생각을 하며 나는 잠이 들었다. "혹시 페피넬라가…."

33

고탑에서

'산 미켈레 이야기'는 시작되는가 싶은 순간 갑자기 이렇게 끝나며 무의미한 미완의 글이 되고 말았다. 이야기는 새들의 날갯짓 소리와 지저귐 그리고 봄기운 가득한 분위기 속에서 끝이 난다. 무의미한 내 인생 이야기도 창문 아래서 새들이 노래하고 하늘이 환하게 빛나는 가운데 끝맺을 수 있다면! 요즘 들어 죽음 생각뿐이다. 까닭을 모르겠다. 정원에는 여전히 꽃이 가득하고, 나비와 벌들도 여전히 날아다닌다. 도마뱀들도 여전히 담쟁이덩굴 사이에서 햇빛을 즐기고 땅에는 기어 다니는 생명체들로 가득하다. 어제도 때늦은 휘파람새 소리가 창문 아래에서 들려왔다. 나는 왜 죽음을 생각할까? 자비로운 하느님께서는 죽음이 인간의 눈에 보이지 않게 하셨다. 죽음이 그림자처럼 달라붙어 우리한테서 눈을 떼지 않는다. 하지만 우리는 죽음을 보지 못한다. 생각하지도 않는다. 우리가 무덤 가까이 갈수록 죽음은 우리 생각에서 더 멀어지니, 참으로 이상하다. 사실 하느님만이 그러한 기적을 행하시지 않는가!

　나이 든 사람들은 좀처럼 죽음을 이야기하지 않는다. 그 흐릿한 눈은 과거와 현재에 가 닿는다. 그러다 기억력이 약해지고 과거가 희미해지면 오로지 현재만을 사는 것 같다. 그러니 자연의 의도대로 육체의 고통에서 그럭저럭 벗어난 노인들은 젊은이들이 생각하는 것만큼 불행하지 않다.

우리는 죽는다. 누구나 안다. 앞으로 닥칠 일 중에서 유일하게 우리가 아는 사실이다. 나머지는 다 추측일 뿐이다. 그마저도 십중팔구는 틀린다. 숲속에서 길을 잃은 아이처럼 우리는 다행히도 어떤 일이 일어날지, 어떤 고난을 겪을지, 어떤 흥미진진한 모험을 만나게 될지 모른 채 하루하루 삶을 살아간다. 그 모든 것의 끝에는 가장 흥미진진한 죽음이라는 모험이 기다린다. 가끔 난처한 일을 겪을 때 운명에게 아주 사소한 질문을 던지지만, 답을 듣기엔 별들이 너무 멀리 떨어져 있다. 우리 운명은 별이 아니라 우리 손에 달려 있음을 조금이라도 빨리 깨닫는 편이 좋다. 행복은 우리 자신에게서만 찾을 수 있다. 타인에게서 찾아봐야 시간 낭비일 뿐이며, 그럴 만한 여유가 있는 사람도 별로 없다. 최선을 다해 홀로 슬픔을 견뎌야 한다. 남자든 여자든 다른 사람에게 슬픔을 전가하려는 것은 옳지 않다. 우리는 각개 전투를 벌이고 있다. 싸움꾼으로 태어난 이상 최선을 다해 공격해야 한다. 그러다 보면 언젠가 평화가 찾아온다. 패배자라 하더라도 자기 몫을 다하려 노력했다면 부끄럼 없이 평화를 누릴 수 있다.

나는 싸움을 끝냈고 싸움에서 졌다. 평생을 다 바쳐 일군 산 미켈레에서 쫓겨났다. 이마에 흐르는 땀방울도 잊은 채 내 손으로 돌 하나하나 쌓아 올렸다. 무릎을 꿇고 지어 올린 태양의 신전에서 평생토록 섬겼던 영광의 하느님께 지혜와 빛을 구하였다. 내 눈에 타오르는 불꽃이 몇 번이나 경고했다. 너는 거기에 살 자격이 없다. 너의 자리는 그늘진 곳이다. 하지만 나는 그 경고를 외면했다. 불타오르는 마구간으로 돌아가 불길 속에서 죽어가는 말처럼, 나는 여름만 되면 산 미켈레의 눈부신 빛으로 돌아갔다. 빛을 조심해, 빛을!

결국 내 운명을 받아들였다. 너무 늦어 신에게 맞설 힘이 없다. 최후의 저항에 나서려고 이 오래된 탑으로 물러났다. 수도사들이 수도원이자 요새이며 바위처럼 튼튼한 마테리타 탑을 짓기 시작할 때만 해도 단테는 살아 있었다. 내가 여기 온 뒤로 그의 처절한 외침이 얼마나 자주 벽을 통해 들려왔던가? "네쑨 마조르 돌로레 케 리코르다르시 델 템포 펠리체 넬라 미제리아(불행 속에서 지나간 행복을 기억하는 것만큼 큰 고통은 없다)." 결국 피렌체의 예언자인 그의 말이 옳았던 걸까? 나는 그렇게 생각하지 않는다. 내 인생에서 가장 행복했던 시간을 보낸 산 미켈레를 떠올리는 일은 슬픔이 아니라 기쁨이다. 그러나 더는 그곳으로 가고 싶지 않다. 온 세상이 젊고 태양이 내 친구였던 지난날, 다시는 돌아갈 수 없는 그 시절에 바친 신성한 땅을 함부로 침범하는 기분이 든다.

마테리타의 올리브 나무 아래에서 부드러운 햇살을 받으며 산책하는 게 좋다. 고탑에 앉아 꿈을 꾸는 게 좋다. 지금 내가 할 수 있는 일은 그뿐이다. 탑은 서쪽을 향하고 있다. 해가 지는 서쪽을. 이제 곧 해가 바다 저편으로 넘어갈 거다. 그러면 황혼이 찾아오고, 밤이 밀려들겠지.

아름다운 날이었다.

*

채색된 미사전서와 벽에 걸린 13세기 은 십자가, 식당 탁자에 놓인 섬세한 타나그라와 베네치아 유리잔, 화환을 쓰고 판의 피리 소리에 맞춰 춤을 추는 님프와 바커스 신의 신도들을 새긴 그리스 부조, 황금색 바탕 위에 희미하게 그려진 사랑받는 움브리아의 성 프란체스코와 백합을 손에 든 성 클레어. 고딕 양식 창문으로 쏟아져 내린 마지막 황금빛 햇살이 이 오래된 탑 구석구석을 차례로 비추었다. 이제 황금빛 후광 속에 차분한 피렌체의 성모님 얼굴이 빛났다. 날랜 죽음의 화살이 담긴 화살통을 맨 엄하고 차가운 여신 아르테미스 라 프리아가 어둠 속에서 자태를 드러냈다. 이제는 태양 원반이 태양의 아들이자 나일강 변의 왕실 몽상가 아크나텐의 망가진 머리에 다시 한 번 왕관을 씌어주었다. 바로 곁에는 인간 영혼의 심판자인 오시리스와 매의 머리를 한 호루스, 신비로운 이시스와 그 자매인 네프티스가 서 있고, 무덤을 지키는 아누비스가 그 발치에 웅크리고 있었다.

빛이 사라진 자리에 밤이 밀려들었다.

낮의 신이시여, 빛을 내리시는 분이여, 제 곁에 조금 더 머물러 주실 순 없습니까? 밤이 너무 길어 감히 태양이 떠오르기를 꿈꿀 생각조차 할 수 없습니다. 밤이 너무 어두워 별조차 보이질 않는군요. 당신의 아름다운 세상을, 사랑하는 바다를, 떠도는 구름을, 장엄한 산들을, 조잘대는 시냇물을, 친근한 나무들을, 풀밭에 핀 꽃들을, 하늘과 숲과 들판에서 나의 형제자매인 새와 들짐승들을 볼 수 있게 당신의 영원한 빛을 잠시 더 허락해주실 수는 없습니까? 제 마음을 따뜻하게 보듬어줄 야생화 몇 송이만이라도, 길을 밝혀줄 별 몇 개라도 남겨주실 수는 없습니까?

제 주변의 남자와 여자들 얼굴을 이제 더 이상 볼 수 없다면, 적어도 어린아이나 친근한 동물의 얼굴을 잠깐이라도 볼 수 있게 허락해줄 수는 없습니까? 남자와 여자의 얼굴은 하도 오래 보아 너무 잘 압니다. 그 얼굴들에선 배울 게 별로 없습니다. 하느님의 말씀이 담긴 성서와 대자연의 신비로운 얼굴에서 배운 것에 비하면 단조롭기

그지없습니다. 주름지고 늙은 손으로 불덩이 같은 내 이마를 부드럽게 어루만져 수많은 사악한 생각을 멀리 내몰아주는 사랑하는 늙은 유모여, 나를 어둠 속에 혼자 내버려두지 말아요. 어둠이 무섭군요! 조금만 더 나와 함께 있어줘요. 불안해하는 당신의 아이가 기나긴 밤 편히 잠잘 수 있도록 그 멋진 옛날이야기를 몇 개 더 들려줘요!

세상의 빛이시여! 당신은 신이십니다. 생명이 유한한 인간이 바치는 기도가 하늘에 닿은 적이 없습니다. 버러지 같은 제가 무자비한 태양신인 당신께 어찌 자비를 바랄 수 있겠습니까. 태양을 찬미하는 불멸의 노래를 지은 파라오 아크나텐마저도 내치신 당신께 말입니다. 그의 찬가는 호메로스보다 오백 년 앞서 나일 강의 계곡에 이렇게 메아리쳤습니다.

> 그대가 떠오를 때 온 땅에 기쁨과 환희가 넘치는구나.
> 사람들이 말하네,
> 그대를 보는 것은 삶, 그대를 보지 못하는 것은 죽음.
> 서쪽과 동쪽이 그대를 찬미하는구나.
> 그대가 떠오르면 그들은 살고, 그대가 지면 죽네.

그러나 당신은 고대의 신들이 당신의 가장 위대한 숭배자가 지은 신전을 나일 강에 내던지고 그의 이마에서 태양 원반을 지웠으며 가슴에서 왕실의 독수리 상징을 떼어내고 그의 연약한 몸을 감싸고 있던 얇은 황금에서 미움 받던 그의 이름을 지워버렸습니다. 그리고 이름 없는 그의 영혼이 영원토록 저승을 떠돌도록 저주하는 것을 동정심이라고는 느껴지지 않는 그 빛나는 눈으로 지켜볼 뿐이었습니다.

나일의 신들과 올림포스의 신들, 발할라의 신들이 한 줌 먼지로 사라지고 오랜 시간이 흐른 뒤, 당신을 숭배하는 또 다른 이가 나타났습니다. 듣기 좋은 목소리로 <태양의 노래>를 부른 아시시의 성 프란체스코였습니다. 불멸의 태양신이여, 그는 두 팔을 하늘 높이 들어 올려 오늘 내가 당신에게 드린 것과 똑같은 기도를 바쳤습니다. 기도와 눈물로 짓무른 병든 눈에서 당신의 복된 빛을 거두지 말아 달라고 말입니다. 형제들의 간곡한 부탁을 받아들인 그는 유명한 안과 의사를 만나러 리에티로 떠났고 의사가 권한 수술을 두려움 없이 받아들였습니다. 의사가 쇠를 불에 넣어 달구자 성 프란체스코는 친구를 대하듯 불을 보며 말했습니다.

"형제인 불이여, 지극히 거룩하신 분께서 그 무엇보다 아름답고 힘차며 우아하고 쓸모 있게 창조하신 그대여. 지금 이 시간 나를 자비롭고 정중하게 대하여 주기를. 그대를 창조하신 위대하신 주님께 비오니, 그분께서 나를 위해 그대의 열기를 덜어주시어 그대가 나를 지지는 동안 참고 견디게 하소서."

뜨겁게 달궈진 쇠를 앞에 두고 기도를 마친 그는 성호를 그었고 쉭쉭 소리를 내는 그 쇠가 연약한 살을 뚫고 들어가 귀부터 눈썹까지 지지는 동안에도 굳건하게 견뎌내었습니다.

"형제인 의사여," 성 프란체스코가 의사에게 말했습니다. "아직 충분히 지져진 게 아니라면 다시 찔러 넣으시오."

그러자 의사는 연약한 육신에 이토록 놀라운 영혼의 힘이 깃든 것을 보고 감탄하여 말했습니다.

"형제들이여, 오늘 아주 이상한 일을 경험하였소!"

아! 모든 이들 가운데 가장 성스러운 이의 기도는 헛되었고, 그가 겪은 고통도 헛되었습니다. 당신은 위대한 파라오를 버렸듯이 일 포베레로(작고 가난한 이)를 버리셨습니다. 고향으로 돌아오는 길에 그의 충실한 형제들이 언덕 기슭의 올리브 나무 아래에 한없이 약해진 몸을 실은 들것을 내려놓자, 성 프란체스코는 더는 볼 수 없는 사랑하는 아시시를 향해 두 손을 들어 올려 마지막으로 강복하였습니다.

그런데 죄인인 제가, 당신을 찬미하는 이들 중에서 가장 미천한 제가 냉정한 생명의 통치자인 당신께 어찌 자비를 구하겠습니까! 아낌없이 베푸시는 손으로 이미 너무도 많은 귀한 선물을 제게 주신 당신께 어찌 감히 또 다른 은혜를 구할 수 있겠습니까! 당신께서는 기쁨으로 빛나고 눈물로 가득 채울 눈을 제게 주셨습니다. 당신께서는 제 심장이 그리움에 뛰고 연민에 피 흘리게 하셨으며, 제게 잠과 희망을 주셨습니다.

이 모든 것이 당신께서 제게 주신 선물인 줄 알았습니다. 제 착각이었습니다. 단지 그것을 잠시 내주셨을 뿐이지요. 이제 당신께서는 이 모든 것을 돌려받아 다른 존재에게 넘겨주려 하십니다. 그리하여 제가 돌아가야 할 바로 그 영원으로부터 그를 일으켜 세우실 것입니다. 빛의 주님, 말씀대로 이루어지소서! 주님께서는 내어주고 거두는 분이시니, 주님의 이름은 찬미 받으소서!

*

캄파넬라(종탑)의 종들이 저녁기도 시간을 알리고 있었다. 창밖 사이프러스 숲 사이로 바람이 살랑이고 한참을 지저귀던 새들도 잠이 들었다. 바다 소리가 조금씩 조금씩 잦아들고 축복받은 밤의 고요함이 고탑에 드리웠다.

너무나 지쳐 휴식이 간절했던 나는 사보나롤라의 의자에 앉아 있었다. 울프는 내 발치에 누워 잠들었다. 밤이나 낮이나 내 곁을 떠나지 않았다. 가끔 눈을 뜨고 사랑과 슬픔이 가득한 표정으로 나를 바라보았다. 그 모습을 보는 내 두 눈에 눈물이 차올랐다. 녀석은 가끔 자리에서 일어나 그 커다란 머리를 내 무릎에 기대었다. 헤어질 시간이 다가오고 있다는 사실을 녀석도 알고 있을까? 나처럼 이해하려나? 가만히 녀석의 머리를 쓰다듬었다. 이렇게 막막하기는 처음이었다. 녀석에게 무슨 말을 해야 할까. 스스로도 납득할 수 없는 그 거대한 신비를 녀석에게 어떻게 설명해야 할까.

"울프, 나는 이제 긴 여행을 떠날 거야. 아주 먼 곳으로. 이봐, 이번에는 날 따라갈 수 없어. 너는 여기, 너랑 나랑 오랫동안 좋은 일, 궂은 일 함께 나누며 살았던 이곳에 있어야 해. 나 때문에 슬퍼하지 마. 다른 사람들처럼 너도 나를 잊는 거야. 그게 생명의 이치란다. 걱정 마. 나는 괜찮을 거야. 너도 그럴 거고. 네가 행복할 수 있게 미리 다 손 써놨거든. 넌 이 익숙한 환경에서 계속 살면 돼. 친절한 사람들이 나처럼 사랑으로 보살펴 줄 거야. 매일 아침 종소리가 울리면 네 앞에 먹이를 넉넉히 놓아주고, 예전처럼 일주일에 두 번 육즙 가득한 뼈다귀도 줄 거야. 네가 뛰어놀던 넓은 정원에서 계속 뛰어놀 수 있어. 그리고 네가 규칙을 어기고 올리브 나무 아래에서 호시탐탐 사냥할 틈을 노리는 고양이를 뒤쫓아 다니더라도, 나는 보이지 않는 눈으로 그 모습을 지켜보고 멀쩡한 눈은 우리의 우정을 위해 감아줄게. 그러다가 네 몸이 뻣뻣해지고 눈이 흐려지면, 너도 저 고탑 옆 사이프러스 숲속 고대 대리석 기둥 아래, 너보다 먼저 그곳에 묻힌 네 동료들 곁에서 영원히 쉬게 될 거란다. 그렇게 모든 게 끝나고 나면 우리가 다시 만날지도 모르잖아? 크건 작건 우리에게 주어진 기회는 다 똑같단다."

"가지 말아요, 나랑 함께 있어요. 아니면 나도 데려가요." 그 충직한 눈동자가 애원했다.

"나도 내가 어디로 가는지 몰라. 거기서 어떤 일을 겪을지도 모르고. 네가 나와 함께 간다면 무슨 일이 벌어질지 더더욱 모르겠어. 그곳에 대한 이상한 이야기를 읽은 적이 있지만 그건 그냥 이야기일 뿐이야. 거기에 갔다가 다시 돌아와 무엇을 봤는지 이야기해준 사람은 아무도 없으니까. 한 사람은 말해줄 수 있었겠지. 하지만 그는 하느님의 아들이었고, 헤아릴 수 없는 침묵 속에 입을 꾹 다물고 다시 아버지 곁으로 돌아갔지."

그 커다란 머리를 계속 쓰다듬었지만, 무뎌진 손은 녀석의 윤기 나는 털의 감촉을 더는 느낄 수 없었다.

녀석에게 작별의 입맞춤을 하려 허리를 숙이자 녀석의 눈동자에 갑자기 공포의 빛이 어렸다. 녀석은 두려움에 뒷걸음치며 식탁 아래에 놓아둔 자리로 기어갔다. 이리 오라고 아무리 불러도 녀석은 오지 않았다. 무슨 뜻인지 깨달았다. 전에도 이런 모습을 본 적이 있었다. 그래도 하루이틀 더 시간이 남았을 줄 알았는데. 나는 창가로 가 공기를 깊게 들이마시려고 자리에서 일어났다. 하지만 팔다리가 말을 듣지 않았다. 나는 그대로 다시 주저앉았다. 그리고 이 오래된 탑을 둘러보았다. 사방이 온통 어둡고 조용했다. 엄격한 여신 아르테미스가 화살 통에서 빠른 화살을 꺼내 겨누는 소리가 들리는 것 같았다. 보이지 않는 손이 내 어깨를 어루만졌다. 온몸에 전율이 흘렀다. 정신을 놓을 것 같았지만 아무런 고통도 느껴지지 않았고 머리는 맑았다.

"어서 오십시오, 마왕이여! 당신의 검은 말이 밤을 가르며 달리는 소리를 들었습니다. 어두운 얼굴로 가만히 나를 굽어보고 있는 것을 보니, 결국 당신이 경주에서 이겼군요. 당신은 내게 낯선 존재가 아니랍니다. 생 클레어 병동 침대 곁에 우리가 나란히 섰던 날 이후로 자주 만났지요. 그땐 당신을 사악하다, 잔인하다, 희생자가 서서히 고통 받는 모습을 즐기는 망나니라고 불렀는데. 그 시절엔 지금처럼 삶이 무엇인지 알지 못했습니다. 이제는 우리 둘 중에 당신이 훨씬 자비롭다는 것을 압니다. 당신은 한 손으로 거두고 다른 손으로 되돌려주니까요. 커다래진 눈에 공포를 불어넣고 숨을 헐떡이는 가슴에 근육을 긴장시켜 또다시 숨을 불어넣어 고통을 또 겪게 한 건 당신이 아니라 삶이었다는 걸 깨달았습니다."

"오늘은 당신과 씨름할 생각이 없어요. 혈기 왕성할 때 당신이 찾아왔다면 이야기가 또 달랐을 겁니다. 그때는 내 안에 생명이 가득했어요. 아주 열심히 반격하면서 잘 싸웠죠. 하지만 지금은 힘도 다 빠지고 눈도 침침하죠. 팔다리가 말을 듣지 않고 심장도 지칠 대로 지쳤어요. 남은 거라고는 머리뿐인데, 이 머리가 싸워봐야 소용없다고 하는군요. 그러니 그냥 내 사보나롤라 의자에 이렇게 앉아서 당신이 할 일을 하게 놔두렵니다. 당신이 어떻게 일을 할지 궁금하군요. 생리학적인 면에서 늘 궁금하긴 했어요. 경고 하나 하지요. 내가 몸이 꽤 좋아요. 그러니 있는 힘껏 치는 게 좋을 겁니다. 안 그러면 내가 실수하지 않는 한, 당신은 또 실패할지도 몰라요. 전에도 몇 번 그랬잖아요. 마왕이여, 부디 지난날 일로 고깝게 여기지는 말아요. 아! 빌리에 대로에서 지내던 시절, 당신이 나 때문에 꽤 바빴던 것 같군요. 내가 생각보다 용감하지 않아요. 일을 시작하기 전에 가지고 있는 영원의 수면제 몇 방울만 주면 고맙겠군요."

"나는 늘 그러는데. 내가 일하는 모습을 자주 봤으니 알 것 아닌

가. 아직 시간이 좀 있는데, 사제를 부르겠나? 사람들은 내가 오는 것을 보면 늘 그러더군."

"사제를 불러봐야 소용없어요. 지금 사제가 내게 해줄 수 있는 일이 없습니다. 내가 회개하기에는 너무 늦었고 사제가 내 죄를 사해 주기에는 너무 이르지요. 당신이야 뭐가 됐든 상관없겠지만."

"그렇지, 상관없지. 착한 사람이건 악한 사람이건 나한테는 다 똑같거든."

"지금 사제를 불러 뭘 하겠어요. 그가 와서 내가 죄 중에 태어났다, 내 생각과 행동은 죄로 물들었다, 그러니 회개하고 용서를 구하라고만 할 텐데. 난 내가 한 일을 조금도 후회하지 않아요. 뉘우칠 게 없지요. 내 본능에 따라 살았을 뿐입니다. 그리고 내 본능이 꽤 괜찮았다고 믿어요. 내 이성이 이끄는 대로 행동하려다 바보 같은 짓을 저지른 게 한두 번이 아니에요. 내 이성에 문제가 있었던 거죠. 이미 그 죗값을 치렀어요. 내게 친절을 베풀어준 이들에게 감사하고 싶군요. 원수같이 지내던 사람이 몇 명 있어요. 대부분 의사였는데, 나한테 별로 해를 끼치지 않았어요. 그래도 나는 내 갈 길을 갔습니다. 나 때문에 고통을 받은 이들에게 용서를 구하고 싶군요. 그게 다예요. 나머지는 하느님과 나의 일이지, 사제가 할 일이 아닙니다. 그를 내 죄의 심판자로 인정할 수 없어요."

"나는 네가 사제라고 부르는 사람들을 좋아하지 않아. 그들이야말로 사람들에게 영원한 내세와 지옥의 불길이라는 말로 위협하며 내가 다가오면 두려워하라고 가르치지. 내 어깨에 달린 날개를 뜯어내고 내 친절한 얼굴을 일그러뜨린 이들, 나를 흉측한 해골로 만들어 낫을 들고 밤손님처럼 이집 저집 떠돌게 하고 회랑 프레스코화 속에서 그들의 성인과 저주받은 자들의 손을 맞잡고 단스 마카브레(죽음의 춤)를 추게 만든 이들이 바로 사제들이란 말일세. 나는 그들이 말하는 천국이나 지옥과는 아무 관계가 없다네. 나는 자연의 법칙일세."

"어제 정원에서 황금마도요가 지저귀는 소리를 들었습니다. 해가 막 지려할 때 작은 새가 창문턱에 앉아 노래를 불러줬지요. 그 노래를 다시 들을 수 있을까요?"

"천사들이 있는 곳에 새도들 있지."

"누구든 다정한 목소리로 내게 『파이돈』을 다시 읽어주었으면."

"그 목소리는 필멸하고, 그 말은 불멸하니, 그것을 다시 듣게 될 걸세."

"모차르트의 <레퀴엠>을 다시 들을 수 있을까요? 내가 사랑하는 슈베르트와 베토벤의 웅장한 화음도?"

"그것은 네 머리 위 천국에서 들려오는 메아리일 뿐이었다."

"이제 준비됐습니다. 어서 쳐요, 친구여."

"나는 너를 치지 않을 것이다. 그저 잠들게 할 뿐."

"내가 깨어날 수도 있을까요?"

내 질문에 아무런 대답도 들려오지 않았다.

"꿈을 꾸는 것일 수도 있나요?"

"물론. 모두 다 꿈이라네."

*

"아름다운 소년이여, 그대는 누구인가? 잠의 신 히프노스인가?"

꽃으로 장식한 머리칼과 몽환적인 분위기에 젖은 이마를 가진 그가 내 곁에 서 있었다. 사랑의 신답게 아름다웠다.

"그와 나는 한 어머니 밤에게서 태어났다. 내 이름은 타나토스, 죽음의 천사다. 내가 짓밟고 있는 횃불의 빛 속에서 꺼져가고 있는 것은 너의 생명이다."

*

꿈속에서 지친 듯 비틀거리며 외딴 길을 걸어가는 늙은 남자를 보았다. 남자는 가끔 길을 알려줄 누군가를 찾는 것처럼 하늘을 쳐다보았다. 가끔은 더 이상 버틸 힘이 없다는 듯 무릎을 꿇었다. 들과 숲, 강과 바다가 이미 그의 발아래 놓였고, 눈에 덮인 산들도 희미해지는 안개 속으로 이내 자취를 감췄다. 그는 계속해서 위로, 위로 나아갔다. 폭풍이 구름을 몰고 와 그 강인한 어깨 위에 그를 앉히고는 아찔한 속도로 무한히 펼쳐진 공간을 가로질러 나아갔다. 별들이 밤도 죽음도 없는 땅으로 가까이, 조금 더 가까이 오라고 손짓하였다. 드디어 그는 단단한 바위 위에 황금빛 경첩으로 단단히 고정된 천국의 문 앞에 섰다. 문은 닫혀 있었다. 영겁의 시간이었을까, 하루였을까, 아니면 찰나의 순간이었을까? 그는 들어갈 수 있다는 희망을 품고 문 앞에 무릎을 꿇은 채 기다렸다. 갑자기 보이지 않는 손에 거대한 문이 활짝 열리더니, 천사의 날개와 잠자는 아이처럼 고요한 얼굴로 부유하는 무언가가 지나갔다. 절망에 대담해진 그는 벌떡 일어나 문이 닫히기 직전 안으로 들어섰다.

"겁 없는 침입자로군. 누구인가?" 근엄한 목소리가 들렸다. 하얀 망토를 입고 손에 황금 열쇠를 든 키 큰 사람이 내 앞에 섰다.

"천국의 문을 지키는 성 베드로시여, 간절히 비오니 저를 이곳에 머물게 하소서!"

성 베드로가 지상에서 보낸 내 빈약한 삶의 기록이 담긴 명부를 빠르게 훑어보았다.

"형편없군." 성 베드로가 말했다. "아주 형편없어. 그런데 어떻게 여길 왔지? 뭔가 착오가 있는 게 틀림없어…."

그때 말씀을 전하는 작은 천사가 재빠르게 우리 앞에 내려오자, 성 베드로는 갑자기 말을 멈췄다. 보라색 날개를 접은 천사는 아침 이슬이 맺혀 있는 고운 실과 장미꽃잎으로 장식한 짧은 튜닉을 고쳐 입었다. 그 자그마한 다리는 장미꽃잎 같은 분홍빛이 도는 맨살이었고, 그 앙증맞은 발에는 황금색 샌들을 신고 있었다. 한쪽으로 곱게 넘긴 곱슬머리에는 계곡에서 자라는 튤립과 은방울꽃으로 만든 요정 모자를 비뚜름히 썼다. 그 눈에는 햇살이, 그 입술에는 기쁨이 가득했다. 자그마한 손에 들고 있던 찬란한 미사경본을 성 베드로에게 건네며 천사는 의미심장한 미소를 지었다.

"곤란한 일이 생기면 꼭 나를 찾는단 말이지." 성 베드로는 경본을 읽으며 눈살을 찌푸렸다. "모든 게 잘 돌아갈 땐 내 경고 따위 귓등으로 흘리면서 말이야. 가서 전해라." 그는 전령인 천사에게 말했다. "곧 갈 테니 내가 도착할 때까지 어떤 질문에도 답하지 말라고."

전령인 천사가 튤립 모자에 분홍빛 손가락을 대고 보라색 날개를 펼친 뒤 새처럼 노래 부르며 빠르게 날아갔다.

성 베드로는 난처한 듯 나를 유심히 바라보았다. 그리고 뽑아든 칼에 의지하며 금빛 휘장을 지키고 서 있던 나이 든 대천사를 돌아보며 나를 가리켰다.

"내가 돌아올 때까지 여기서 기다리라고 하게. 대담하고 교활한 자일세. 혀를 매끄럽게 놀린다네. 그러니 저 자가 자네 혀를 풀지 못하게 주의하고. 우리 모두 약점을 가지고 있지 않나. 난 자네 약점을 알고 있지. 이 영혼, 어딘가 이상해. 어떻게 여기까지 왔는지 도무지 이해할 수가 없군. 어쩌면 천국을 떠나 루시퍼를 따르라고 자네를 유혹하여 타락시킨 무리와 같은 족속일지도 모르겠군. 잘 지키게. 조용히, 방심하지 말고!"

그러고는 가버렸다. 나는 늙은 천사를, 늙은 천사는 나를 쳐다보았다. 아무 말도 하지 않는 편이 현명할 것 같았다. 하지만 계속 곁눈질로 그를 흘끔거렸다. 얼마 지나지 않아 그는 검대를 풀고 조심스럽게 검을 청금석 기둥에 기대어 놓았다. 꽤 홀가분해 보였다. 그의 나이 든 얼굴은 참으로 인자하였고 두 눈은 참으로 온화하였다. 그도 나와 마찬가지로 평화를 지지하는 게 분명했다.

"존경하는 대천사님," 내가 우물쭈물 망설이며 물었다. "성 베드로를 얼마나 기다려야 할까요?"

"심판의 전당에서 나팔 소리가 울리더군." 대천사가 말했다. "거기서 성 베드로에게 변호를 요청한 추기경 둘을 심판하고 있지. 뭐, 그리 오래 걸리지 않을 걸세." 껄껄 웃은 천사가 한마디 덧붙였다. "하지만 천국에서 가장 예리한 변호사인 성 이냐시오라 해도 그들을 구할 수 없을 걸세. 검사가 너무 버거운 상대라서. 그들이 화형에 처한 사보나롤라라는 수도사가 바로 검사라네."

"최후의 심판자는 인간이 아니라 하느님이십니다." 내가 말했다. "그리고 하느님은 자비하시지요."

"그래, 하느님은 최후의 심판자이시며 자비하신 분이지." 대천사가 내 말을 받아 말했다. "그러나 하느님은 그 두 사람이 살았던, 이제는 거의 잊힌 작은 별보다 훨씬 더 찬란하고 풍요로운 무수한 세계를 다스리는 분이라네."

대천사는 내 손을 잡고 활짝 열려 있는 아치 모양 입구로 이끌었다. 나는 경외심 가득한 눈으로 찬란하게 빛나는 수많은 별과 행성들을 보았다. 그 모든 것이 생명과 빛으로 고동치며 무한한 우주 속에 예정된 길을 가고 있었다.

"저기, 꺼져가는 촛불처럼 희미한 아주 작고 작은 점이 보이는가? 그 두 추기경이 떠나온 세상일세. 그들은 지구라는 흙덩이 위를 기어 다니는 개미 같은 존재였다네."

"하느님께서 그들의 세상을 지으셨고 그들 또한 빛으셨습니다." 내가 말했다.

"그렇지. 하느님께서 그들의 세상을 창조하셨지. 그분께서는 태양에게 그 얼어붙은 땅속 깊은 곳을 녹이라 명하셨네. 강과 바다로 그 땅을 깨끗이 하셨고, 거친 표면을 숲과 들로 덮으셨으며, 온순한 동물들을 그곳에 살게 하셨지. 세상은 아름다웠고 모든 것이 좋았어. 그리고 마지막 날에 인간을 만드셨네. 어쩌면 하느님께서 인간을 창조한 다음 날이 아니라 그 전날 쉬었더라면 더 좋았을지도 모르지. 그리고 무슨 일이 벌어졌는지 그대도 알지 않는가? 어느 날 배고픔에 미쳐버린 커다란 원숭이가 그 투박한 손으로 다른 동물들을 죽일 수 있는 무기를 만들기 시작했네. 6인치 길이의 송곳니를 가진 마케로두스가 검치호랑이의 송곳니보다도 날카로운 인간의 부싯돌에 맞서 무엇을 할 수 있었겠나? 낫처럼 생긴 우르수스 스펠라에우스의 발톱이 가시와 잔가지 같은 못과 날카로운 조개껍질이 박혀 있는 인간의 나뭇가지와 맞붙은들 할 수 있는 일이 무엇이겠는가? 아무리 사나운 힘을 가지고 있다 한들 인간의 교활함, 그가 던지는 유혹, 그가 만든 덫에 맞서 무엇을 할 수 있었겠나? 그렇게 그는 프로탄트로포스로 자라 친구고 적이고 닥치는 대로 죽였지. 모든 생명체에게 악마 같은 존재, 짐승들 사이에서 사탄과 같은 존재가 된 걸세. 그는 희생물을 밟고 올라서서 피로 얼룩진 승리의 깃발을 치켜올리며 스스로 창조의 왕으로 군림했네. 자연 선택으로 그의 얼굴 각도는 곧아지고 두개골은 커졌지. 분노와 두려움에 질려대던 시끄러운 울음소리는 차츰 또렷한 소리와 말로 변하였고 불을 다루는 법을 배웠다네. 그는 천천히 인간으로 진화했지. 그가 동물을 사냥해 던져주면 새끼들은 아직도 핏줄이 파닥거리는 살덩어리에서 피를 빨아 먹는가 하면, 동굴에 흩어진 뼛조각들을 두고 굶주린 늑대새끼들처럼 서로 으르렁대며 싸웠다네. 그렇게 새끼들도 강하고 사나워졌고, 몸을 낮춰 먹이를 노리다가 길을 오가는 모든 생명체를 공격해 집어 삼키려했지. 심지어 함께 자란 친형제까지도. 그들이 다가오는 소리에 온 숲이 떨었고 짐승들 사이에는 인간을 향한 공포가 번져나갔네. 곧 살인 욕망에 사로잡혀 돌도끼를 휘두르며 서로 죽이기 시작했지. 그렇게 잔혹한 전쟁이 벌어졌고, 그 전쟁은 끝날 줄을 몰랐다네."

"주님의 눈은 분노로 타올랐고, 그분께서는 인간을 창조한 것을 후회하셨지. 그리고 이렇게 말씀하셨네. '이 세상에서 인간을 영원히 멸망시키겠다. 그로 말미암아 세상은 부패하고 폭력으로 가득 찼다.' 그분께서는 깊고 깊은 곳의 샘물을 터뜨리고 궁창을 열어 피와 죄악으로 더럽혀진 인간과 세상을 집어 삼키라고 명하셨다네. 차라리 인간들을 모두 물에 빠뜨리셨더라면! 하지만 그분께서는 그 충만한 자비로 그들의 세상이 홍수의 물로 다시 한 번 깨끗해지고 정화되기를 바라셨지. 하지만 그분께서 방주에 머물도록 허락하신 몇몇 불운한 민족들의 씨앗에 저주가 남아 있었어. 또다시 살인이 일어나고, 절대 멈추지 않을 전쟁의 고삐가 다시 한 번 풀렸지."

"하느님께서는 무한한 인내심으로 지켜보셨고, 그들을 내치지 않으셨네. 끝까지 용서하고자 하셨지. 심지어 악인들의 세상에 아들을 보내시어 온유와 사랑을 가르치고 그들을 위해 기도하라 하셨어. 그런 그분에게 세상이 무슨 짓을 했는지 알지 않나? 그들은 하늘나라에 도전장을 던졌고 온 세상이 지옥의 불길에 휩싸이고 말았다네. 사탄처럼 교활한 그들은 서로를 죽이는 새로운 무기를 만들었지. 인간들은 죽음을 이용하여 하늘에서 곧장 그들이 사는 곳을 덮쳤고, 생명을 주는 공기를 지옥의 증기로 오염시켰어. 인간들이 벌이는 전투에서 들려오는 굉음이 온 땅을 뒤흔들었지. 밤이 창공을 감싸 안을 때면 우리는 여기 위에서 피로 얼룩진 듯 붉게 빛나는 그들의 별을 볼 수 있었다네. 그리고 부상당한 이들의 신음 소리를 들을 수 있었지. 하느님의 보좌를 지키는 한 천사가 내게 말해주더군. 매일 아침 성모님의 두 눈이 눈물에 젖어 붉어지고, 그 아드님이 옆구리에 입은 상처가 다시 벌어졌다고 말이야."

"그런데 자비의 주님께서는 어째서 이런 고통이 계속되도록 내버려두십니까?" 내가 물었다. "이런 고통 가득한 외침을 들으면서도 어쩜 그렇게 냉정하실 수 있나요?"

나이 든 대천사는 누가 들을 새라 불안한 눈으로 주위를 살폈다. "하느님은 늙고 지치셨네." 그는 자기가 하는 말이 두렵다는 듯 낮게 속삭였다. "그리고 그분의 마음은 슬픔으로 가득하지. 무한한 사랑으로 그분 곁을 지키는 이들은 이 끝나지 않는 공포와 비통함 가득한 소식을 전하여 그분의 안식을 방해할 생각이 없다네. 그분께서는 종종 고뇌에 겨우 잠드셨다가 귓가에 들려오는 천둥소리와 어둠을 꿰뚫는 강렬한 빛의 번쩍임에 깨어나 이것이 어디에서 비롯하는지 물으시네. 그러면 그분을 지키는 이들은 이렇게 말하지. 천둥은 그분의 폭풍이 몰고 온 구름에서 나는 소리이고 번쩍이는 불빛은 그분이 일으키신 번개의 불빛이라고. 그러면 그분은 지친 눈을 다시 감으신다네."

"차라리 그러는 편이 낫습니다, 존경하는 대천사님, 그게 나아요! 그분의 눈이 제가 봤던 것들을 보고 그분의 귀가 제가 들었던 소리를 들으신다면, 주님은 인간을 창조하신 것을 더욱 후회하실 겁니다. 그리고 또 한 번 저 깊고 깊은 샘에게 둑을 터뜨려 인간을 멸망시키라고 명령하시겠지요. 이번에는 방주에 짐승들만 남기고 모두 물에 빠뜨리실 겁니다."

"하느님의 진노를 조심하게! 하느님의 진노를!"

"하느님은 두렵지 않습니다. 하지만 한때 인간이었던 이들, 엄격한 선지자와 거룩한 교부들, 엄한 목소리로 돌아올 때까지 여기서 기다리라고 말한 성 베드로는 두렵습니다."

"하긴, 나도 성 베드로는 좀 무섭다네." 나이 든 대천사도 고개를 끄덕였다. "그가 루시퍼에게 현혹되어 길을 잃었던 나를 꾸짖었다는 말은 들어 봤겠지? 하느님께서 그런 나를 용서하신 덕에 이렇게 천국으로 돌아왔다네. 용서한다는 말이 잊는다는 말과 같다는 것을 성 베드로는 모르는 걸까? 자네 말이 맞네. 선지자들은 엄격하지. 그러나 그들은 정의롭고, 하느님을 통해 깨달음을 얻었으며, 그분의 목소리로 말한다네. 거룩한 교부들은 필멸의 눈에 비친 희미한 빛으로만 다른 사람의 생각을 읽을 뿐이야. 그들의 목소리 또한 인간의 목소리일 뿐이라네."

"사람은 다른 사람을 알지 못합니다. 자기가 알지 못하는 것, 이해하지 못하는 것을 어떻게 판단할 수 있겠습니까? 부디 성 프란체스코가 내 심판관이시길. 저는 그를 평생 사랑했습니다. 그는 저를 알고, 저를 이해합니다."

"성 프란체스코는 결코 누구를 심판하지 않으셨네. 그리스도께서 마치 그의 형제인 듯 그에게 손을 얹으셨던 것처럼 용서했을 뿐이지. 자네가 곧 서게 될 심판의 전당에서 성 프란체스코를 뵙는 일이 많지 않아. 그곳에서도 썩 환영받지 못하거든. 많은 순교자와 성인들이 그에게 나타난 성스러운 오상을 질투한다네. 그리고 금실과 보석으로 화려하게 장식된 망토를 입은 하늘의 귀족들도 여기저기 닳고 해진 누더기 수사복을 입고 나타나는 이 '일 포베렐로(가난한 이)'를 마주하기가 거북한가 보더군. 성모님께서는 늘 그의 수사복을 고치고 기워주면서도 그에게 새 수사복을 줘야 소용없다고 말씀하신다네. 그가 새 수사복을 다른 사람에게 줘버릴 테니까."

"그분을 뵙고 싶습니다. 평생 스스로에게 던졌던 질문을 그분께 묻고 싶어요. 그 질문에 답할 수 있는 사람은 그분밖에 없으니까요. 혹시 현명한 대천사님께서 대답해주실 수 있을까요? 친구처럼 지내던 동물들의 영혼은 어디로 갑니까? 그들의 천국은 어디에 있나요? 정말 알고 싶습니다. 왜냐하면, 왜냐하면 나는…."

더는 말할 수 없었다.

"우리 주께서 말씀하셨지. '내 아버지의 집에는 거처할 곳이 많다.' 동물을 창조하신 하느님께서 분명 준비하셨을 걸세. 그들이 쉴 곳도 마련할 수 있을 만큼 천국은 아주 크고 넓다네. 자, 들어보게." 늙은 대천사가 열려 있는 아치입구를 가리키며 속삭였다. "잘 들어봐!"

엘리시아의 꽃향기가 가득한 천국의 정원을 바라보니 하프 줄과 아이들의 사랑스러운 목소리에서 흘러나오는 감미로운 화성이 내 귀에 들려왔다.

"눈을 들어 보게나." 대천사가 경건하게 고개를 숙이며 말했다.

내 눈이 그녀의 머리 위에 빛나는 옅은 금빛 후광을 알아차리기도 전에 내 마음이 그녀를 알아보았다. 산드로 보티첼리는 정말 대단한 화가다! 그가 종종 그렸던 모습 그대로 그분은 젊고 순수하였으며 눈에는 어머니다운 부드러운 신중함이 감돌았다. 미소를 머금은 입술과 소녀 같은 눈을 가진 처녀들이 화환을 쓰고 영원한 봄의 기운으로 그분을 에워싸고, 보라색과 금색 날개를 접은 자그마한 천사들이 그녀의 망토를 받들었으며, 다른 천사들은 그분의 발 앞에 장미를 펼쳐놓았다. 성 프란체스코가 사랑한 성 클레어가 성모님의 귀에 뭐라 속삭이니, 그리스도의 어머니께서 지나가며 잠시 나를 바라보시는 것 같았다.

"두려워 말게나." 대천사가 자상하게 말했다. "두려워하지 말게, 성모님께서 그대를 보셨으니. 그분께서 기도 중에 자네를 기억하실 걸세."

"성 베드로가 늦는군." 대천사가 계속 말했다. "추기경들을 구하려고 사보나롤라와 열심히 싸우고 있나 보네."

대천사는 황금빛 커튼 한 귀퉁이를 슬쩍 걷어 올리고는 기둥들로 둘러싸인 페리스타일을 흘끗 내려다보았다.

"저기, 하얀 가운을 입고 귀에 꽃을 꽂은 친절한 영혼이 보이나? 종종 그와 잠깐씩 이야기를 나누는데, 여기 있는 모두에게 사랑을 받는다네. 아이처럼 단순하고 순진하지. 가끔 호기심에 그를 지켜보는데, 늘 혼자 돌아다니며 땅에 떨어진 천사의 깃털을 줍더군. 그 깃털들을 엮어서 빗자루를 만들었다네. 아무도 보는 사람이 없다 싶으면 허리를 굽혀 황금 바닥에 떨어진 별 가루를 쓸어내는 거야. 왜 그러는지는 본인도 잘 모르겠지만 그러지 않고는 참을 수가 없다더군. 생전에 어떤 사람이었으려나? 여기 온 지 얼마 안 되었으니, 최후의 심판에 대해 궁금한 게 있으면 물어보게나. 아마 알려줄 걸세."

나는 하얀 가운을 입은 영혼을 보았다. 아칸젤로 푸스코였다, 파리에 있는 이탈리아 빈민지역에서 거리를 청소하던 내 친구! 겸손하고 순진한 눈동자는 그대로였다. 귀에 꽂은 저 꽃! 내가 살바토레의 아이들에게 인형을 선물하려고 백작 부인을 데리고 갔던 날, 남부 사람 특유의 정중함을 발휘해 그가 백작 부인에 선물했던 장미였다.

"이런, 아칸젤로 푸스코." 나는 친구에게 손을 내밀며 말했다. "자네라면 틀림없이 여기에 올 줄 알았어."

그는 나를 모른다는 듯 평온하고 무심한 표정으로 바라보았다.

"아칸젤로 푸스코, 나일세, 기억 안 나나? 살바토레네 아이들이 디프테리아에 걸렸을 때 자네가 밤낮으로 얼마나 친절하게 간호해줬나? 그 집 큰아이가 죽었을 때 자네가 가지고 있던 가장 좋은 옷을 팔아 관을 마련해줬지 않나? 그 집 막내딸을 얼마나 예뻐했고?"

그의 얼굴에 고통의 그림자가 스쳐 지나갔다. "기억나지 않습니다."

"아! 이보게, 친구! 지금 그 말에서 엄청난 비밀을 알아냈다네! 내 마음에서 엄청난 짐을 덜어줬어! 그래, 기억하지 못하는 거야! 그런데 어째서 나는 기억을 하지?"

"사실은 죽지 않았나 보죠. 어쩌면 죽었다는 꿈을 꾸고 있는지도 모릅니다."

"나는 평생 꿈을 꾸며 살았네. 지금 이게 꿈이라면 내 인생에 가장 엄청난 꿈을 꾸는 걸세."

"아니면 나보다 더 강한 기억을 가지고 있나 보죠. 육체와 떨어져 있어도 한동안 남아 있을 만큼 말이죠. 모르겠습니다. 이해가 안 되는군요. 나에겐 너무 심오한 문제예요. 아무것도 묻지 않으렵니다."

"이보게, 그래서 자네가 여기 있는 걸세. 하지만 말해보게, 아칸첼로 푸스코. 여기에는 지상에서의 삶을 기억하는 사람이 아무도 없나?"

"그렇진 않대요. 지옥에 간 사람만이 기억을 한다고 하던데. 지옥이 괜히 지옥이 아니라고 하더군요."

"그러면 아르칸젤로 푸스코, 이것만 말해주게. 재판은 힘들었나? 판사들이 엄격한 편인가?"

"처음에는 꽤 엄해 보였습니다. 그래서 온몸이 마구 떨렸지요. 그들이 나폴리 구두장이가 내 마누라랑 도망간 일이며 내가 그의 칼로 그를 찔렀던 일을 자세히 물을까 봐 겁이 났어요. 그런데 다행히도 그들은 구두장이에 대해선 묻지 않았어요. 그냥 나보고 금을 만져본 적이 있냐고만 물었어요. 그래서 동전 말고는 아무것도 만져본 적이 없다고 말했죠. 그다음엔 내게 쌓아 놓은 물건이나 소유물이 있냐고 묻기에, 병원에서 죽을 때 입고 있던 셔츠 한 벌이 전부라고 대답했습니다. 그들은 더 묻지 않고 나를 들여보냈어요. 그리고 커다란 꾸러미를 든 천사가 다가오더군요.

'입고 있는 낡은 셔츠는 벗고 이 나들이옷으로 갈아입어라.' 천사가 말했어요. 세상에, 장의사한테 팔았던 그 옷이었어요. 거기에 천사들이 진주로 수를 놓았더군요. 선생님이 다음 주 일요일에도 여기 계신다면, 제가 그 옷을 입은 모습을 볼 수 있을 거예요. 그리고 다른 천사가 커다란 돈 자루를 내 손에 쥐어줬어요.

'열어 보아라.' 천사가 말했어요. '네 몫이다. 네가 너처럼 가난한 이들에게 주었던 동전들이지. 네가 지상에서 나누는 것들은 모두 하늘 곳간에 쌓이고, 네가 지킨 것들은 모두 잃는다.'

그런데 돈주머니에는 동전이 들어 있지 않았어요. 글쎄, 동전들이 모두 황금으로 변해 있지 뭡니까."

"저기," 푸스코는 우리가 하는 말을 대천사가 듣지 못하게 나지막이 속삭였다. "당신이 누군지는 모르겠지만 꽤 딱해 보이네요. 내 말, 너무 기분 나쁘게 듣지 말아요. 이 돈주머니에서 얼마든지 가져가세요. 천사한테 이 돈을 다 어떻게 해야 할지도 모르겠다고 하니까, 내가 맨 처음 만나는 거지한테 주라고 그러더라고요."

"아, 아칸젤로 푸스코, 내가 자네의 모범을 따랐더라면 오늘 이렇게 남루해보이진 않았을 텐데. 그래! 난 나들이옷을 벗어준 적이 없어. 그래서 지금 이렇게 누더기 옷을 입고 있는 거로군. 그들이 자네가 저 세상으로 보낸 나폴리 구두장이에 대해 자세히 묻지 않았다니 마음이 놓이네. 내가 30년 넘게 의사로 일하면서 얼마나 많은 구두장이들의 목숨을 책임져야 했는지 주님은 아시겠지!"

보이지 않는 손이 황금 커튼을 걷자 한 천사가 우리 앞에 나타났다.

"이제 심판대에 설 시간이 되었나 보군." 늙은 대천사가 말했다. "곁손하게, 입을 조심하고. 무엇보다 침묵하게나! 나의 몰락은 입에서 비롯됐다는 사실을 기억하고. 자네도 혀를 함부로 놀렸다가는 몰락할지도 모르지."

"아무렴요," 아칸젤로 푸스코가 짓궂게 눈을 찡긋하며 속삭였다. "괜히 위험한 짓은 안하는 게 좋겠어요. 내가 선생이라면 지금 말한 다른 구두장이들 이야기는 입에 올리지 않을 겁니다. 나도 그 구두장이에 대해 아무 말도 하지 않았어요. 그들이 안 물어봤거든요. 어쩌면 그에 대해 아무것도 몰랐을 수도 있어요. 키 로사, 누가 알겠어요?"

나는 천사의 손에 이끌려 페리스타일로 내려가 심판의 전당에 섰다. 오시리스의 전당처럼 어마어마한 그곳에는 벽옥과 오팔, 황금 연꽃으로 장식한 기둥이 줄지어 서 있었고 찬란한 햇살이 하늘의 별들로 수놓은 웅장한 천장을 떠받치고 있었다.

고개를 드니 흰 가운을 입은 수많은 순교자와 성인들이 보였다. 누비아의 태양에 그을려 얼굴이 거칠어진 은수자, 은둔자, 고행자들, 덥수룩하게 자란 머리카락이 비쩍 마른 몸을 덮은 헐벗은 수도사들, 가슴팍까지 수염을 길게 드리운 엄중한 눈빛의 예언자들, 손에 종려나무 가지를 들고 있는 성스러운 사도들, 여러 땅에서 신념을 지킨 조상들과 사제들, 화려한 관을 쓴 몇몇 교황들과 붉은 제의를 입은 추기경들도 보였다. 내 앞에는 근엄하고 냉정해 보이는 심판관들이 반원 모양으로 둘러 앉아 있었다.

"좋지 않군요." 성 베드로가 그들에게 내 증명서를 건네며 말했다. "아주 나빠요!"

대 심문관인 성 이냐시오가 자리에서 일어나며 말했다.

"그의 삶은 극악무도한 죄로 더럽혀졌고, 그의 영혼은 사악하며, 그의 마음은 불순합니다. 그리스도인이자 성인으로서, 나는 그를 지옥으로 보내어 악마들이 그의 몸과 영혼에 영원한 고통을 안겨주기를 청합니다."

전당 안에 동의한다는 소리가 웅성웅성 울려 퍼졌다. 나는 고개를 들어 심판관들을 바라보았다. 그들은 모두 엄숙한 침묵 속에 나를 돌아보았다. 나는 고개를 숙인 채 입을 꾹 다물었다. 나이 든 대천사가 침묵하라고 일렀던 말이 떠올랐다. 사실 무슨 말을 해야 할 지도 몰랐다. 문득 저 멀리서 작은 성인 한 명이 나에게 필사적으로 고개를 끄덕이는 모습이 보였다. 이내 그 성인은 더 큰 성인들 사이를 조심조심 헤치고 걸어 나와 문 앞에 서 있는 내게 다가왔다.

"나는 그대를 잘 아네." 작은 성인이 온화한 눈빛으로 다정하게 바라보며 말했다. "자네가 오는 것을 보았지." 성인은 손가락을 입에 대며 이렇게 속삭였다. "그리고 자네의 충직한 친구가 자네 뒤를 따르는 모습도 보았다네."

"친절한 사도여, 당신은 누구십니까?" 이번에는 내가 속삭였다.

"나는 개들의 수호성인, 성 로코라네." 작은 성인이 자신을 소개했다. "자네를 돕고 싶지만, 보시다피 여기서는 한낱 작은 성인이라 그들이 내 말을 듣지 않을 걸세." 성인은 예언자들과 교황들을 슬쩍 쳐다보며 속삭였다.

"그는 하느님을 믿지 않는 자였습니다." 성 이냐시오가 말을 이어갔다. "신성 모독자, 거짓말쟁이, 사기꾼, 흑마법에 물든 주술사, 음행을 저지른 자…."

옛 예언자 몇몇이 그의 말에 귀를 기울였다.

"그는 젊고 열정이 넘쳤을 뿐이지요." 성 바오로가 나를 변호했다. "그보다 나은 점도…."

"나이가 들어도 나아지지 않았어요." 한 은수자가 중얼거렸다.

"그는 아이들을 좋아했습니다." 성 요한이 말했다.

"그 아이들의 어머니도 좋아했지요." 수염을 길게 기른 한 조상이 화난 목소리로 말했다.

"그는 성실한 의사였어요." 존경받는 의사 성 루카가 말했다.

"그가 돌본 환자들이 천국에 가득하다더군요. 물론 지옥에도요." 성 도미니코가 받아쳤다.

"감히 자신의 개를 데려왔어요. 그 개는 지금 천국의 문 밖에서 제 주인을 기다리고 있습니다." 성 베드로가 알렸다.

"주인을 오래 기다리지 않아도 되겠군." 성 이냐시오가 낮은 목소리로 말했다.

"천국의 문 앞에 개라니!" 근엄한 표정의 늙은 예언자가 잔뜩 화가 난 목소리로 중얼댔다.

"저분은 누굽니까?" 나는 개들의 수호성인에게 물었다.

"부디 입을 다물게. 대천사의 경고를 잊지 말게나. 아마 하바쿡이지 싶네만."

"하바쿡이 심판관이라면 저는 어떤 경우에도 지겠군요. 볼테르가 말했죠. '일 에 캐파블르 드 투', 그는 뭐든 할 수 있다."

"천국의 문 앞에 개가 있답니다." 하바쿡이 고함쳤다. "개라니, 더러운 짐승!"

나는 도저히 참을 수가 없었다.

"그 녀석은 더러운 짐승이 아닙니다." 나는 잔뜩 화가 나서 하바쿡을 노려보며 외쳤다. "그 녀석도 여러분과 저를 창조하신 하느님께서 창조하신 생명입니다. 우리에게 천국이 있다면, 저 동물들에게도 천국이 있어야 합니다. 하지만 근엄하신 옛 예언자님들은 그 굳건한 성덕에도 그들을 다 잊으셨나보군요. 거룩한 사도들께서도 똑같으십니다." 나는 점점 이성을 잃었다. "그렇지 않고서야 거룩한 성서에 우리 주 하느님께서 우리 말 못하는 형제들을 옹호하신 말씀이 어떻게 단 한 글자도 기록되지 않을 수 있단 말입니까?"

"내가 지상에서 속했던 거룩한 교회에서는 동물들에게 아무런 관심도 두지 않았다." 성 아나스타시아가 끼어들며 말했다. "우리는 이곳 천국에서 동물들 이야기를 듣고 싶지 않구나. 하느님을 모독하는 바보 같은 놈, 그들의 영혼이 아니라 본인의 영혼을 걱정해야 하지 않겠는가. 너의 그 사악한 영혼은 원래 있던 어둠으로 되돌아갈 텐데."

"제 영혼은 천국에서 왔습니다. 당신이 세상에 풀어 놓은 지옥이 아니라고요. 나는 당신의 지옥을 믿지 않습니다."

"곧 믿게 될 게다." 대심판관이 씩씩거리며 말했다. 그의 눈동자에 보이지 않는 불꽃이 이글거리는 듯했다.

"하느님의 진노가 그에게 내리셨다. 그는 미쳤다, 미쳤어!" 한 목소리로 외쳤다.

심판의 전당에 공포의 외침이 울려 퍼졌다.

"루시퍼다! 루시퍼! 사탄이 우리 가운데에 있어!"

거대하고 사나운 모습의 모세가 자리에서 일어섰다. 십계명을 들고 있는 손에는 힘줄이 툭 불거졌고 눈에서는 번개가 번쩍였다.

"화가 단단히 나셨나봅니다." 그 위엄에 주눅이 든 나는 개의 수호성인에게 조용히 속삭였다.

"언제나 화가 나 있지." 작은 성인이 두려워하며 조용히 대답했다.

"이 영혼에게 더는 말을 걸지 마라." 모세가 큰 소리로 말했다. "내가 들은 목소리는 연기가 피어오르는 사탄의 입에서 나오는 소리다. 인간이든 악마이든, 여기서 썩 물러가라! 주님, 이스라엘의 하느님이시여, 당신의 손을 내밀어 그를 치소서! 그의 살을 태우고 그의 몸에 흐르는 피를 말려주소서! 그의 뼈들을 모조리 부숴주소서! 그를 천국과 땅에서 내치시고 그가 온 지옥으로 돌려보내소서!"

"지옥으로! 지옥으로!" 심판의 전당에 메아리쳤다.

말을 하려했지만 입이 떨어지지 않았다. 심장은 얼어붙었다. 하느님과 인간에게 버림받은 기분이었다.

"최악의 상황이 온다면 네 개는 내가 돌보마." 작은 성인이 내 옆에서 속삭였다.

갑자기 경건한 분위기 속에 사방이 조용해졌다. 새들이 지저귀는 소리가 들리는 것 같았다. 작은 새 한 마리가 거리낌 없이 내 어깨에 내려앉아 귓가에 노래를 불렀다.

"당신은 바위투성이 섬에서 인간의 손이 저지른 고문과 죽음으로부터 우리 할머니와 우리 이모와 나의 세 형제의 목숨을 구했지요. 어서 오세요! 잘 오셨습니다!"

그 순간 종달새 한 마리가 내 손가락을 쪼며 이렇게 지저귀었다.

"라플란드에서 만난 딱새가 알려줬어요. 그의 조상 중 하나가 날개를 다쳤을 때 어린 당신이 날개를 고쳐주고 품에 안아 얼어붙은 몸을 따뜻하게 해줬다고. 그리고 그 새에 입을 맞추고 이렇게 말하고는 손을 벌려 날려주었다지요. '행운을 빌어 귀여운 친구야! 잘 살아야 해!' 어서 오세요! 잘 오셨습니다!"

"도와줘, 친구야! 나를 도와줘!"

"노력할게요, 노력할게요." 종달새가 날개를 펼치고 기쁨으로 떨리는 목소리로 지저귀며 날아올랐다. "노력할게요요요요요!"

고딕 양식의 아치형 입구 너머로 보이는 푸른 언덕을 향해 날아가는 종달새를 눈으로 뒤쫓았다. 참으로 익숙한 언덕이었다. 프라 안젤리코가 숱하게 그렸던 그 언덕이었다! 그림에서 본 것과 똑같은 은회색 올리브 나무가 보였다. 포근한 저녁 하늘을 배경으로 어둑어둑해 보이는 사이프러스 나무도 똑같았다. 삼종기도를 알리는 아시시의 종소리가 들렸다. 그리고 그가, 창백한 모습을 한 움브리아의 성인이 나타났다. 레오 수사와 레오나르도 수사와 함께 바람 부는 언덕길을 따라 천천히 내려오고 있었다. 빠르게 날갯짓하는 새들이 그의 머리 주위를 날며 지저귀었다. 어떤 새들은 그가 내민 손에 앉아 먹이를 먹고, 어떤 새들은 그가 입은 수도복에 진 주름 사이에 겁 없이 매달려 있었다. 성 프란체스코가 내 옆에 가만히 다가와 서더니 그 아름다운 눈으로 재판관들을 바라보았다. 하느님도, 인간도, 짐승도, 바라보기만 하여도 분노를 잊게 만드는 눈이었다.

모세는 자리에 앉다가 그만 십계명을 떨어뜨렸다.

"또 그로군." 모세가 입꼬리를 비틀며 중얼거렸다. "또 그자야. 새 떼와 거지들, 버림받은 자들만 따르는 그 물러 터진 몽상가. 오, 주님, 그렇게 물러 터졌지만 당신 복수의 손을 멈춰 세울 만큼 강력한 자입니다! 그렇다면 당신은 불과 연기에 휩싸여 시나이 산에 내려오시어 이스라엘 백성을 경외심에 떨게 하신 주님, 질투의 하느님이 아니십니까? 저에게 들판의 모든 초목을 치고 나무를 부러뜨려 사람과 짐승을 모두 죽이라 하신 것 또한 당신의 분노가 아니었습니까? 당신의 음성으로 십계명을 말씀하신 게 아닌가요? 새들의 지저귐이 당신 진노의 천둥소리를 잠재운다면, 오, 주님, 누가 당신이 내리치시는 번개를 두려워한단 말입니까?"

나는 성 프란체스코의 어깨에 머리를 기대었다.

나는 죽었다. 그러나 그조차 깨닫지 못했다.

산 미켈레 이야기

1판 1쇄   2025년 10월 28일

지은이   악셀 문테
옮긴이   이혜진
편집   김효진
교열   이수정
디자인   최주호
제작   재영 P&B
인쇄   천일문화사
펴낸곳   마르코폴로
등록   제2021-000005호
주소   세종시 다솜1로9
이메일   laissez@gmail.com
페이스북 www.facebook.com/marco.polo.livre

ISBN   979-11-92667-35-5 03920

책값은 뒤표지에 있습니다. 잘못된 책은 교환하여 드립니다.